I0307631

16

INDICATEUR GÉNÉRAL

DE

L'ALGÉRIE

8°
LK
116
85

ALGER. — TYPOGRAPHIE ET LITHOGRAPHIE BASTIDE

PLACE DU GOUVERNEMENT

INDICATEUR GÉNÉRAL

DE

L'ALGÉRIE

OU

DESCRIPTION

GÉOGRAPHIQUE, HISTORIQUE ET STATISTIQUE

DE

TOUTES LES LOCALITÉS

COMPRISES DANS SES TROIS PROVINCES

par

Victor BERARD

RECEVEUR DE L'ENREGISTREMENT ET DES DOMAINES

Membre de la Société Historique algérienne

2me ÉDITION, ENTIÈREMENT REFONDUE

ALGER

BASTIDE, LIBRAIRE-ÉDITEUR

CONSTANTINE

BASTIDE et AMAVET, Imp.-Libraires

Rue du Palais

PARIS

CHALLAMEL, Commiss. pour l'Algérie

30, r. des Boulangers

1858

PRÉFACE DE L'ÉDITEUR

POUR CETTE SECONDE ÉDITION.

J'offre aujourd'hui au public la seconde édition de l'*Indicateur Général de l'Algérie*, par M. Victor Berard; la première, publiée vers le commencement de l'année 1848, étant depuis longtemps épuisée. Cet ouvrage, qui se recommandait par la lucidité de la classification et l'heureux agencement des détails sans nombre que comporte son titre, est journellement demandé par les voyageurs, les personnes qui sont dans l'intention de venir se fixer en Algérie et par les habitants du pays eux-mêmes. Les bienveillants suffrages de la presse locale et de celle de France, l'avait honorablement distingué des essais du même genre qui s'étaient produits jusque-là; depuis, tous les efforts ont été faits, dans le remaniement de ce livre, tous les renseignements ont été recueillis, pour le maintenir au premier rang, et mériter de nouveau, dans cette seconde édition, un accueil pareil à celui qui inaugura la première.

La distribution des matières, dans cet ouvrage, reproduit la division administrative que la politique a tracée sur l'Algérie.

Chacune des trois provinces, Alger, Constantine, Oran, est partagée — en *Territoire civil*, — comprenant le Département, se subdivisant en Arrondissements, Districts, Communes et Annexes; — en *Territoire militaire*, — comprenant la *Division* proprement dite, avec ses Subdivisions embrassant des Cercles, des Annexes, qui circonscrivent des Aghaliks, des Kaïdats, dont l'autorité s'étend sur des oasis, des villages, des tribus arabes.

Pour faciliter les recherches dans ce répertoire, de nombreux documents, nous signalerons :

1° En tête du livre, une *Table analytique des matières* qui y sont contenues, dans l'ordre de leur développement;

2° Un *Article préliminaire*, relatif à tout ce

qui concerne le voyageur partant de Paris pour Alger, ou qui prend la navigation côtière.

3° Une *Introduction générale*, frontispice de l'ouvrage, destinée à donner une idée nette, rapide, sommaire, de tout le pays.

4° Un aperçu respectif à chacune des trois provinces, formant un cadre spécial, où sont groupés les renseignements généraux qui leur sont relatifs.

5° Une seconde table, à la fin du volume, énonçant, par ordre alphabétique, l'indication de chaque point d'occupation, et présentant ainsi un véritable *Dictionnaire géographique de toute l'Algérie*.

6° Une *Carte générale de l'Algérie*, avec la division des provinces, par M. O. Mac Carthy, et un *Plan figuratif de la ville d'Alger*, dressé par M. Portmann.

Puisse le désir d'être utile au pays, — que l'auteur et l'éditeur habitent depuis plus de vingt-cinq ans, — être apprécié par tous ceux auxquels ce livre s'adresse !

AVANT-PROPOS

DE LA PREMIÈRE ÉDITION.

L'Algérie, — en regard des plus opulents rivages de l'Europe, dont elle n'est séparée que par quelques heures de traversée, — étend ses plaines fertiles, favorisées du plus beau ciel, ouvre un immense théâtre à l'industrie, une large carrière à la fortune. Riche d'un illustre passé, cette région appelle les intelligences studieuses sur ses ruines fécondes en graves enseignements, invite les cœurs valeureux à ses lauriers, les esprits calculateurs à ses moissons. Elle évoque les belles âmes et les enflamme d'une généreuse confiance en ses espérances renouvelées.

A côté de ces natures actives, qui viennent reprendre sur cette plage un sillon commencé sur le sol de la mère-patrie, les touristes ont encore lieu de prendre place, s'ils veulent saisir l'aspect de la côte barbaresque, de la ville du pirate, de la tente du bedouin, dont l'image s'efface chaque jour.

Dans le but de faciliter cette excursion; — que ce soit expédition de guerre, course pour affaires, ou promenade de plaisir, — ce livre se présente, répertoire de renseignements géographiques, historiques, statistiques, topographiques, administratifs et usuels; peinture fidèle d'un pays dont le tableau complet et détaillé se déroule pour la première fois dans un ordre nouveau.

A la peinture de chaque localité, aux mentions exactes des

textes de législation qui lui sont applicables, vient se joindre l'histoire de son passé. De pareils ouvrages ne s'improvisent pas et s'inventent encore moins; c'est assez dire que les événements marchent pendant qu'on les raconte, et que, toutes choses n'étant pas réunies dans un rayon rapproché, l'écrivain a pu être débordé par son thême, bien qu'il se soit entouré de mille documents officieux et obtenus d'hommes spéciaux. Pour trouver du concours à sa pensée de centralisation, il a dû aussi compulser et lire tout ce qui a été écrit, jusqu'à cette heure, sur la contrée objet de ses études, et la citation des auteurs consultés par lui, serait ici la bibliographie algérienne la plus complète.

Qu'on ne cherche pas, dans ce volume, des réflexions critiques, des considérations, des plans qui abondent ailleurs. Il n'a pu entrer dans l'esprit de l'INDICATEUR GÉNÉRAL DE L'ALGÉRIE, de se faire le censeur du passé, le mentor du présent, ni le prophète de l'avenir. Dans un cadre nécessairement restreint, il a constaté, avec toute l'exactitude qu'il pouvait mettre en œuvre, ce qui existe aujourd'hui, plein de confiance en l'avenir du pays et en l'Étoile de la France, qui préside à ses destinées.

TABLE ANALYTIQUE DES MATIÈRES.

(UNE TABLE ALPHABÉTIQUE DE TOUS LES POINTS D'OCCUPATION EST A LA FIN DU VOLUME).

INTRODUCTION GÉNÉRALE. — L'ALGÉRIE.

PROVINCE D'ALGER.

PROVINCE DE CONSTANTINE

ARTICLE PRÉLIMINAIRE.

DE PARIS A ALGER.

Le voyageur qui a l'intention de se rendre en Algérie, doit se munir d'un passeport, pour ne pas être retenu à Marseille par des formalités administratives.

Plusieurs départs ont lieu chaque jour par le chemin de fer de Paris à Marseille. La distance entre ces deux points est de 857 kilomètres, qui sont franchis en 20 heures.

Des buffets bien garnis, à la disposition des voyageurs, sont établis dans les principales stations de la ligne.

Arrivé à Chalon, le voyageur peut, s'il le préfère, prendre les bateaux à vapeur qui descendent la Saône jusqu'à Lyon, et de là, ceux qui descendent le Rhône jusqu'à Avignon. Cette route, un peu plus longue à parcourir qu'en chemin de fer, est remarquable par la beauté des sites qu'offrent les rives de la Saône et du Rhône, mais ne peut convenir qu'aux voyageurs ayant du loisir.

Pour prendre place sur l'un des bateaux à vapeur des Compagnies qui font les voyages de l'Algérie, il est prudent d'être rendu à Marseille dès la veille des départs. (Voir ci-après les jours et heures de départ des différentes Compagnies).

Deux compagnies font actuellement le service du transport des dépêches, des voyageurs et des marchandises, entre Marseille et l'Algérie. Ce sont : 1° les Messageries impériales ; 2° la compagnie Arnaud Touache.

MESSAGERIES IMPÉRIALES.

ADMINISTRATION A PARIS, RUE NOTRE-DAME-DES-VICTOIRES.

L'administration de la guerre a passé un traité avec l'administration des services des Messageries impériales à Paris, rue Notre-Dame-des-Victoires n° 28, pour le transport du personnel et du matériel dépendant de son ministère, par le moyen des paquebots-postes à vapeur. — L'individu qui veut se rendre en Algérie pour coloniser, doit s'adresser au préfet de son département, s'il désire avoir le passage gratuit, et dès qu'il l'a obtenu, se rendre à Marseille, où il se présente à la Préfecture et au Sous-Intendant militaire chargé des embarquements, à qui il présente son permis. C'est aussi ce que doivent faire en cette ville tous les Employés civils du Gouvernement; les sujets des ministères des cultes, de la justice et des finances, qui viennent à Marseille avec leur commission pour l'Algérie, ne doivent se présenter qu'au Sous-Intendant militaire, boulevard Notre-Dame-de-la-Garde. La direction des Services des Messageries, est rue Montgrand, no 33. — C'est au bureau des inscriptions des voyageurs, place Royale no 1, qu'il faut se rendre une heure et demie avant celle fixée pour le départ, pour y prendre le bulletin d'embarquement, et, de là, conduire les bagages au bureau de l'inscription des marchandises, au port de la Joliette, où leur poids est vérifié.

Un tableau est annexé à l'arrêté du 20 mai 1847, déterminant la position des fonctionnaires, employés et agents de l'ordre civil en Algérie, à bord des bâtiments de l'État ou des bâtiments subventionnés par l'État.

Messieurs les voyageurs qui prennent passage doivent se présenter la veille du jour fixé pour le départ, dans l'après-midi, au bureau de la Compagnie, à Marseille, place Royale no 1, pour y déposer leur passeport visé le jour même. Les agents de la Compagnie se chargent gratuitement de toutes les formalités à remplir à Marseille pour l'embarquement, ainsi que des démarches auprès des différents consulats, pour l'obtention des visa nécessaires. — Le déboursé du prix des visa est seul réclamé aux voyageurs.

Les personnes qui prennent un billet d'aller

et de retour, valable pour quatre mois, jouissent d'une réduction de 20 p. 0/0 aussi bien que les familles composées de trois personnes au moins et portant le même nom.

Les bureaux de la Compagnie sont situés :

A Marseille, place Royale, n° 1 ;

A Alger, quai de la Marine, en face la Santé.

COMPAGNIE ARNAUD TOUACHE ET Cᵉ.

La Compagnie A. Touache et Cᵉ, exécute le même service que celle des Messageries impériales, excepté les transports du Gouvernement, dont cette dernière est seule chargée.

Les renseignements que nous avons donné relativement aux heures auxquelles il faut se présenter dans les bureaux pour y déposer son passeport et retirer son bulletin d'embarquement, sont applicables en tous points à cette Compagnie.

Les bureaux sont situés :

A Marseille, rue Canebière, 23 ;

A Alger, rue de la Marine, maison Bizarry.

BATEAUX A VAPEUR DE L'ÉTAT.

Les navires de l'État apportent aussi parfois, de Toulon, des troupes et le matériel appartenant aux divers ministères.

Service du littoral.

Les bateaux à vapeur de l'État qui font le service du littoral de l'Algérie, ne transportent, outre quelques voyageurs payants, que le personnel et le matériel du Gouvernement. Ils ne prennent pas de marchandises.

Les bulletins d'embarquement payants se délivrent à la Poste, rue Bab-Azoun, à Alger.

Favorisé d'un beau temps, le voyageur ne souffre pas du mal de mer. A peine les côtes de France sont-elles hors de vue, que l'on aperçoit les îles Baléares. Lorsqu'on s'en éloigne, la terre d'Afrique ne tarde pas à apparaître, verdoyante et radieuse par un temps clair.

Les personnes qui redoutent le plus le mal de mer n'ont rien de mieux à faire que de prendre la position horizontale avant qu'on ne lève l'ancre, et de la garder durant tout le temps de la traversée. — Elles s'alimenteront sobrement sans autre précaution médicale.

Du reste, le mal de mer en lui-même n'a rien de dangereux; c'est une indisposition qui se dissipe naturellement dès qu'on débarque. Il est même regardé, par quelques personnes, comme un stimulant favorable à la santé.

Dans le tableau ci-après, indiquant la marche des correspondances par bateaux à vapeur, à la colonne *Compagnies faisant le service*, les lettres M. I. désignent les Messageries impériales, et A. T. la compagnie Arnaud Touache.

TABLEAU GÉNÉRAL

INDIQUANT LA MARCHE DES CORRESPONDANCES PAR BATEAUX A VAPEUR

Desservies par les Messageries impériales, *la Compagnie* A. Touache et Cie, *et* l'État.

INDICATION des LIGNES.	DÉPART du Port d'embarquement. JOURS.	HEURES	JOURS de L'ARRIVÉE.	COMPAGNIES faisant le service.	PRIX DU PASSAGE.
Alger à Marseille.	Mardi	midi	Jeudi	M. I.	1res 95 fr.; 2mes 74 fr.; 3mes 27 f.
— **à Marseille.**	Jeudi	midi	Samedi	A. T.	1res 79 fr.; 2mes 59 fr.; 3mes 27 fr.
— **à Marseille.**	Samedi	midi	Lundi	M. I.	1res 95 fr.; 2mes 74 fr.; 3mes 27 fr.
— **à Cette.** . . .	les 10 et 25	midi	les 12 et 27.	A. T.	1res 68 fr.; 2mes » fr.; 3mes 21 fr.
— **à Bône.** . . . (touchant à Dellys, Bougie, Djidjeli et Stora.)	les 3, 13, 23	midi	les 5, 15, 25	État	1res » f.; 2mes 58 f. 80; 3mes 38 f. 80.
— **à Oran.** . . . (touchant à Cherchel, Tènès, Mostaganem et Arzew.)	les 4, 14, 24	8 h. s.	les 6, 16, 26	État	1res » f.; 2mes 50 f. 40; 3mes 33 f. 60.
— **à Malte.** . . .	t. les 20 jours	» »	» »	A. T.	» »
[illegible] gie et Dellys.)	[illegible]	[illegible]	[illegible]	[illegible]	[illegible]
à Stora.	Lundi	6 h. s.	Mardi	M. I.	» »
— **à Tunis.** . . .	Mercredi	midi	Jeudi	M. I.	» »
Cadix à Oran.	le 7	Au soir.	le 11	État	» »
Cette à Alger. . . .	les 3 et 18	midi	les 5 et 20	A. T.	1res 68 fr.; 2mes » fr.; 3mes 21 fr.
Malte à Alger. . . . (touch. à Tunis, Bône, Philippeville, Djidjeli et Bougie.)	t. les 20 jours	» »	» »	A. T.	» »
Marseille à Alger. . . .	Mardi	midi	Jeudi	M. I.	1res 95 fr.; 2mes 74 fr. 3mes 27 fr.
— **à Alger.** . . .	Jeudi	midi	Samedi	A. T.	1res 79 fr.; 2mes 69 fr.; 3mes 27 fr.
— **à Alger.** . . .	Samedi	midi	Lundi	M. I.	1res 95 fr.; 2mes 74 fr.; 3mes 27 fr.
— **à Oran.** . . .	Jeudi	midi	Dimanche	M. I.	1res 143 fr.; 2mes 113 fr. 3mes 32 fr.
— **à Oran.** . . . (touchant à Cette, Barcelone, Valence et Alicante.)	Mardi (t. les 15 j.)	midi	Dimanche.	A. T.	» »
— **à Philippev.**	Mardi (t. les 15 j.)	midi	Jeudi.	A. T.	
— **à Stora.** . .	Vendredi	midi	Dimanche	M. I.	1res 118 fr.; 2mes 93 fr.; 3mes 32 fr.

INDICATION des LIGNES.	DÉPART du Port d'embarquement.		JOURS de L'ARRIVÉE.	COMPAGNIES faisant le service.	PRIX DU PASSAGE.
	JOURS.	HEURES			
Marseille à Tunis. . . (touchant à Stora et Bône.)	Vendredi	midi	Lundi	A. T.	» »
Oran à Alger. . . (touch. à Arzew, Mostaganem, Ténès et Cherchel.)	les 8, 18 et 28	8 h. s.	les 10, 20, 30	État	1res » fr.; 2mes 50 f. 40; 3mes 33 f. 60.
— **à Marseille**.	Jeudi	midi	Dimanche	M. I.	1res 143 f.; 2mes 113 fr.; 3mes 52 fr.
— **à Marseille**. (touchant à Alicante, Valence, Barcelone et Cette.)	Mardi (t. les 15 j.)	midi	Dimanche	A. T.	» »
— **à Cadix**. . .	le 2	6 h. s.	le 5	État	» »
Philippev. à Marseille.	Mardi (t. les 15 j.)	» »	Jeudi	A. T.	» »
Stora à Marseille.	Mercredi	midi	Vendredi	M. I.	1res 148 fr.; 2mes 93 fr.; 3mes 32 fr.
— **à Bône**. . .	Mardi	6 h. s.	Mercredi	M. I.	1res 15 f.; 2mes 10 fr.; 3mes 5 fr.
Tunis à Bône. . .	Dimanche	midi	Lundi	M. I.	» »

Dans les prix des premières et deuxièmes sont compris les frais d'embarquement, de passage, et de nourriture pendant la traversée.

Les troisièmes n'ont droit ni aux couchettes, ni à la nourriture, pour laquelle il est facultatif de traiter de gré à gré avec le pourvoyeur.

Les enfants de cinq à dix ans, paient moitié place et moitié nourriture. Ils doivent coucher avec les personnes qui les accompagnent. Il est accordé un lit pour deux enfants. Ceux au-dessous de cinq ans sont admis gratis.

Il est accordé à chaque voyageur, sur les bagages, une franchise de poids de 100 kilos pour les premières, 60 kilos pour les deuxièmes et 30 kilos pour les troisièmes. L'excédant est payé suivant le tarif de chaque localité.

Les passagers du Gouvernement jouissent d'une franchise de 175 kilos à la 1re classe,
150 — à la 2me —
60 — à la 3me —
30 — à la 4me —

Les *Chiens* doivent être muselés et attachés sur le pont. Le prix de leur transport est fixé à 5 fr. pour toute destination.

Le prix du transport d'un cheval de Marseille à Alger est fixé à 100 fr., plus 10 francs de débarquement.

Il est traité de gré à gré pour le transport des autres animaux.

ARRIVÉE EN ALGÉRIE.

Le climat du nord de l'Algérie étant à peu près le même que celui de l'Italie et de l'Espagne, et les chaleurs n'y dépassant guère que de 1 ou 2 degrés celles des départements méridionaux de la France, les voyageurs ne devront pas se dessaisir des vêtements qu'ils ont coutume de porter, en hiver. Ils n'auront rien à changer à leurs habitudes d'alimentation, et, à leur arrivée en Afrique, devront craindre de s'abandonner aux douces insinuations d'une atmosphère attiédie, sous peine d'éprouver de graves perturbations dans leur santé, ce qui peut s'appeler *payer le tribut* de l'imprudence à la nouveauté.

Voir, comme complément aux renseignements relatifs aux concessions de terres, à l'hygiène et à la navigation, ce qui est dit aux pages 56, 61, 66 et 174 ci-après.

INTRODUCTION GÉNÉRALE.

L'ALGÉRIE.

SITUATION. L'Algérie comprend, le long de la Méditerranée, sur le continent de l'Afrique, au Nord, toute cette onduleuse étendue de côtes qui court entre l'embouchure de la petite rivière Oued Zeïnah, par 6° 33′ de longitude orientale, et celle de l'oued Adjeroud, par 4° 31′ de longitude occidentale.

LIMITES. Au Nord, l'Algérie est bornée par la Méditerranée; au Sud, par le grand Désert; à l'Est, par la régence de Tunis; à l'Ouest, par l'empire du Maroc.

ÉTENDUE. L'Algérie a une étendue de 1000 kil. (250 lieues) entre ses deux limites orientales et occidentales, sur une profondeur, en moyenne, de 390 kil. (97 lieues). Sa surface totale pourrait être estimée à 390,000 kil. carrés (24,375 lieues carrées).

MONTAGNES, PLAINES ET LACS. L'Atlas, groupe de plusieurs chaînes de montagnes, qui se développent en s'élevant de l'E. à l'O. sur trois lignes principales, et presque parallèlement aux rivages de la Méditerranée, prend un grand nombre de noms qui changent dans chaque tribu. Quelques-uns des plus connus, que porte le *Grand Atlas*, chaîne la plus haute régnant le plus au S. sont : Djebel Aurès, Djebel Bou Kahil, Djebel Amour, Djebel Ksen.

Ces divers points culminants commandent de vastes contrées qui sont, au S. le bassin du lac Melghich (le plus grand de toute l'Algérie, se prolongeant jusqu'au cœur de la régence de Tunis); les oasis du Ziban, de Oulad Righ, de Temacin, de Ouargla, de l'oued Mzab, des Ksour, des Oulad Sidi Cheikh, divisées et dominées en divers endroits par des montagnes sablonneuses, telles que celles de l'oued Souf, des Beni Mzab et des Areg. Au-delà, plus au S. encore, s'étend le grand Désert.

Au N. s'ouvrent de vastes plaines formées par des marais salans que les indigènes désignent, de l'E. à l'O., par les noms de plaine d'El-Hodna, qui est occupée par le lac (chott) El-Saïda; plaine d'El-Mahaguin, au pied du Djebel Bou Kahil; la Sebkha, qui renferme une série de petits lacs; la plaine du Saghez, comprenant les deux lacs de ce nom; la plaine du Sersou, traversée par le Chélif; la plaine des

Chott, comprenant les lacs El-Gharbi et El-Chergui, entre le petit désert d'Angad, dit le *Sahara algérien* au S. et la région des hauts-plateaux au N.

Les déclivités septentrionales qui supportent cet immense terrassement et tracent au sein de l'Algérie la ligne de démarcation entre le Tell (sol labourable) et le pays du Sahara, ont reçu les noms de Djebel Hargoub, Bou Taleb, Mzeïla, Mazzem, Magraount, Harbour, Lachdar, El-Haoud, Ras el-Ma, Ouled Ali Hemel.

Plusieurs contreforts nommés Djebel Edjrès, Bougareb, Braham, Raz el-Oued, Ouenouga, Dira, El-Guessa, Ouarensenis, Beni Smjel, — qui déterminent les tortueuses vallées du Rumel, à Constantine, du Bou Selam, près de Sétif, du Chélif près de Médéa, — lient cette seconde chaîne de montagnes à une troisième, vulgairement nommée le *Petit Atlas*, qui descend graduellement au N. vers la mer.

Le bourrelet sinueux que forment ces masses, offre, de l'E. à l'O. les noms remarquables de Djebel Bellarat, Alia, Mtaya, Bougareb, Ouaëch, Mouila, Bour Kach, Ras Seba Rous, Zougga, Babor, Mogrès, Trouna, Biban, Ouenouga, Jurjura, Mouzaïa, Zakar, Tedjera, Dahra, Beni Amer, Ouersous.

Non loin du littoral, et au pied de cette troisième chaîne, dont l'Edough, le Gouraïa et le Sahel sont les derniers anneaux, on rencontre le Bassin de la Seybouse près de Guelma; la plaine de Bône et le lac Fezzara; la plaine de la Metidja; le lac Alloula; la plaine du Chélif; la plaine d'Oran et le lac Sebkha; le Bassin de l'Habra.

FLEUVES ET RIVIÈRES. Le fleuve le plus considérable de l'Algérie coule au S. de l'Atlas; c'est l'oued El-Gedy, qui, après un cours de 100 lieues à travers des régions stériles, va se perdre dans le lac Melghich.

Pour l'importance, vient après, au N. de l'Atlas, le Chélif qui prend sa source aux confins du Sahara. Il est navigable pour des petits bâtiments qui le remontent jusqu'à son coude, c'est-à-dire l'espace de plus de 25 myriam. Son parcours est d'environ 45 myriam. Il a son embouchure entre le cap Ivi et Mostaganem.

Les autres principaux fleuves, si ce nom doit être donné à tout cours d'eau qui se jette à la mer, sont, de l'E. à l'O. l'oued Kebir, la Seybouse, l'oued Bou Mansour, l'Isser, l'Harrach, le Massafran, le Rio-Salado et la Tafna.

CAPS, GOLFES ET ILE. Les caps dont la saillie est la plus avancée sont, de l'E. à l'O., les caps de Fer, Boudjarone, Bengut, Caxine, Ténès, Carbon, Falcon, Fégalo et Melonia.

Ils déterminent les golfes de Bône, de Stora, de Bougie, d'Alger, d'Arzew, d'Oran et de Rachgoun.

La seule île qui ait quelqu'importance par son

étendue est celle de Rachgoun, près de l'embouchure de la Tafna.

RIVAGES. Les côtes se déchirent en pentes abruptes sur la plus grande étendue de leurs bords. Des roches sous-marines, des grèves profondément dentelées, des falaises taillées à pic, des criques dangereuses y sont l'effroi des marins, si elles déploient d'ailleurs aux géologues de curieux enseignements. La rade de Bougie, le mouillage d'Arzew, les ports de Mers el-Kebir et de Djidjeli, sont les seuls refuges assurés que ces rivages ouvrent aux navires battus des tempêtes. Quelques attérages d'un moins difficile accès mêlent de loin en loin quelque verdure et l'image de la civilisation renaissante, à ces mornes plages battues des vents du N.-O. en hiver, ou brûlées d'un soleil sans nuage qui les dévore durant la moitié de l'année, et tarit la plupart des faibles cours d'eau qui viennent déverser leurs tributs à la mer.

INTÉRIEUR DU PAYS. L'aspect de l'intérieur de l'Algérie est, en général, plus riant; une végétation vigoureuse le décore avec luxe partout où le ruisseau murmure. Le Tell, le Sahel se tapissent des plus tendres pelouses, s'ombragent des plus épais berceaux; mais la roche se redresse aux régions de l'Atlas, le sable, le gravier s'étendent au Sahara, sur les confins du Grand Désert, sur la moitié de la surface du pays, que la fécondité la plus puissante d'une part et la stérilité la plus invincible de l'autre, se partagent en deux zônes marquées, et se disputent aussi sur ces deux terrains par des exceptions fréquentes.

TEMPÉRATURE. La température dont l'influence produit ces phénomènes, est douce sur les bords de la Méditerranée, froide en deçà des sommités du petit Atlas, brûlante au-delà. L'hiver porte la moyenne de 10° à 15° du thermomètre octogésimal, et si dans l'été elle atteint de 26° à 32°, des vents frais et des brises régulières sur les rivages viennent en modérer l'ardeur. Le vent du Simoun ou du Désert apporte soudainement avec lui la sécheresse et l'accablement, à trois ou quatre reprises de quelques heures, ou de quelques jours, dans tout le cours de l'année.

Les pluies tombent par orages et sont peu fréquentes, mais la quantité d'eau est abondante; d'après des calculs faits à Alger, on peut l'évaluer à une moyenne de 89 cent. sur une période de neuf années. Les observations établissent que le nombre moyen des jours de pluie pendant décembre, durant treize années, est de onze seulement; la hauteur de l'eau tombée est de 12 cent. — Du 11 décembre 1856 au 11 janvier 1857, on a eu à Alger 21 jours de pluie et une quantité d'eau de 32 cent.; la température moyenne a été de 10°. — Depuis 1843, on n'avait pas vu une pareille continuité de mauvais temps pendant la durée d'un mois.

D'après des observations faites au môle, à Alger, la température moyenne, durant le troisième trimestre 1857 (temps d'été), fut de 26,43.

PRODUCTIONS. Les principes généraux qui font la base de l'agriculture en Europe, sont les mêmes en Algérie. Tout cultivateur devra particulièrement s'attacher à faire des labours profonds, à entretenir le plus de bétail possible, afin d'obtenir les engrais sans lesquels on ne peut conserver la fertilité des terres, ou augmenter la puissance de celles qui ne sont pas suffisamment fertiles. Ici, plus qu'en Europe, il faut être fort en attelages, pour pouvoir préparer promptement les terres et les couvrir de semence lorsque la saison arrive. Il est à remarquer que certaines cultures, pour lesquelles en France on n'a qu'un mois, peuvent avoir lieu en Afrique pendant trois ou quatre mois de l'année; les pommes de terre, les petits pois, les céréales sont dans ce cas.

La culture des céréales peut se diviser ici, comme en France, en deux époques :

1° En automne, durant les derniers jours d'octobre, et les mois de novembre et décembre;

2° Au printemps, dans les mois de janvier et février.

Un tableau de l'année agricole, dans le Tell algérien, exposera mieux que toutes les généralités que nous pourrions dessiner à grands traits, dans le cadre étroit de cet aperçu général, les ressources naturelles du sol, qui font sa plus certaine richesse.

En Janvier, le colon laboure pour le tabac, la pomme de terre, le maïs, le coton et pour toutes les cultures du printemps en général. Il peut semer des blés, des orges, des avoines, des betteraves, des fèves et aussi des petits pois dans des terrains à l'abri de la gelée. La pomme de terre et les topinambours sont plantés. La herse passe sur les fèves au moment où elles commencent à lever. On plante les arbres et la vigne. L'amandier est en fleurs à la fin du mois. La récolte des oranges et des citrons continue, ainsi que celles des petits pois et des pommes de terre semés en septembre. Les bananes sont mûres, c'est le moment d'en envoyer aux amis et aux protecteurs, qui en sont très-friands. Les fraisiers produisent beaucoup, les parterres sont remplis de fleurs.

En Février, on continue de préparer les terres pour les cultures du printemps et on sème encore des blés, des avoines, des petits pois, des fèves, des pommes de terre, des betteraves, des carottes, des navets, du persil, des melons, des concombres, des pastèques, des courges. Les patates sont mises sous couche pour donner des drageons enracinés. Récolte des pommes de terre semées en automne.

En Mars, la herse passe sur les blés et les avoines; les fèves, les petits pois sont sarclés.

Le cultivateur sème des haricots, des pois pointus, des betteraves, du maïs, du sorgho, des melons, des pastèques, courges et cornichons. Il doit planter la patate et peut encore planter des pommes de terre dans les terrains qui conservent la fraîcheur ou dans ceux qu'on peut arroser. Le repiquage du tabac commence ; le mûrier pousse des feuilles, les vers à soie éclosent, les abeilles essaiment. Les prunes, cerises, abricots sont noués. Récolte des fèves et des petits pois que la France nous enlève en masses sous le prétexte du carême.

En Avril, la graine des melons, des pastèques, du piment, du maïs, du sorgho est jetée dans les terrains frais et arrosés. Les petits pois, les fèves, les petites courges donnent encore ; tous les légumes en général montent à graine ; les jardins produisent des fleurs de toute sorte, dont on charge les guéridons des dames et les autels. Le mûrier donne des feuilles en abondance. On commence à semer le coton.

En Mai, on continue à repiquer le tabac. Il faut sarcler celui qui a été repiqué en mars ; la greffe des oliviers commence ; la graine des mûriers est récoltée et semée de suite. Les prairies sont fauchées. Dans les terrains frais, il est possible de semer des melons, des pastèques, du maïs, du sorgho. Les drageons enracinés des patates sont plantés et arrosés pour que la reprise en soit assurée.

En Juin, les faucheurs s'occupent des fourrages; les moissonneurs des céréales, les jardiniers des légumineuses. C'est le moment de châtrer, d'ébourgeonner le tabac; de préparer les séchoirs; de sarcler les maïs, les cotons; de greffer le figuier à œil dormant. Récolte de pommes de terre.

En Juillet, la moisson se fait sur tous les points et le dépiquage commence. Le tabac mûr est récolté en première cueillette. Le grenadier et la clématite sont en fleurs, ainsi que l'agave (aloès). Le maïs en bonne terre a six pieds de haut et commence à mûrir. Récolte d'oignons, d'échalottes, de melons, de pastèques et de pommes de terre encore.

En Aout, a lieu le battage des céréales, la coupe du tabac à mesure qu'il mûrit, la récolte du maïs, celle des figues et aussi du miel. Les melons et les pastèques couvrent les tables; on peut cueillir quelques patates en évitant de toucher à celles qui sont trop petites. Les pommes de terre ne font pas défaut. Le jardinier sème des choux, des oignons.

En Septembre, les jujubiers, les grenadiers, les bananiers offrent de beaux fruits. Le raisin est complètement mûr et la vendange commence. Le sorgho arrive à maturité. Les Arabes cueillent les figues de Barbarie (produit du cactus). Le fumier porté dans les champs y est répandu aussitôt après les premières pluies. C'est alors que l'on confie, aux terrains bien exposés, la semence des petits pois qu'on veut recueillir en janvier et février.

En Octobre, le laboureur travaille et sème les céréales, les fèves, les petits pois. Le repiquage des oignons, des échalottes, des artichauts préoccupe les paysans qui se livrent aux cultures maraîchères. Les papillons reparaissent, les oiseaux reprennent leur ramage; c'est comme un printemps qui renaît.

En Novembre, les narcisses, tulipes, jacinthes sortent de terre. Les renoncules et anémones prennent de la force, la violette va fleurir. Quelques choux-fleurs sont mûrs, les fruits de l'arbousier sont bons à manger et le coton à recueillir. On livre le tabac, on cultive et fume le pied des arbres, sans oublier de préparer les trous pour les plantations. Les travaux de grande culture se poursuivent.

En Décembre, mêmes labours pour les céréales. La transplantation des arbres s'opère avec succès. L'herbe abonde partout; le sainfoin, le trèfle et la luzerne forment de bons pâturages. Quelques melons d'hiver paraissent encore. Les orangers et les citronniers donnent leurs fruits.

En 1855, la culture des céréales a opéré sur une étendue de 994,416 hectares et la valeur de la récolte a été de 115,872,809 fr.

Les cotons algériens de la récolte de 1856 ont été vendus au Hâvre, le 25 octobre 1857,

L'ensemble de l'envoi a été de 658 balles, et le prix de la vente s'est élevé à la somme brute de 236,185 fr. 80 cent.

La prime de 20,000 fr. promise par le Gouvernement pour l'année 1855, a été partagée entre M. Rouchouse, directeur de la Compagnie méridionale, colon à l'Abra, et la Compagnie du Sig, qui a été gratifiée, en outre, de la médaille d'or.

Un arrêté de M. le Ministre de la Guerre, en date du 16 mars 1857, dispose que pour la culture cotonnière en Algérie, dans cette année, il sera distribué dix prix dont l'un de 5,000 fr.

La culture cotonnière, fin mai 1857, avait obtenu un développement de 1,500 hectares.

La soie de la campagne de 1856 a été vendue, à Lyon, 117 fr. le kilogramme. Le produit de la vente brute est de 18,356 fr. 95 c.

La culture du tabac, fin juin 1857, offrait la situation suivante :

	NOMBRE de PLANTEURS.	CONTENANCE.		NOMBRE de PLANTES.
		hect.	ares.	
ALGER. . . .	2,287	4,337	55	123,364,500
CONSTANTINE	441	366	21	10,433,300
ORAN	507	387	61	12,999,880
	3,235	5,091	37	146,797,680

En vertu de la décision ministérielle du 2 avril 1857, à partir du 1er juillet 1857, les débitants de poudres à feu de la régie vendront les tabacs des Manufactures de France suivant le tarif du 31 mai 1854 : Tabacs dits étrangers 8 fr., tabacs ordinaires 6 fr., le kil.

La garance, le ricin, le laurier-rose, le lentisque vivent à l'état sauvage. Les chênes blancs, verts, à glands doux, les lièges, les peupliers, l'orme, le frêne, l'aulne, le pin, le génévrier, le pistachier peuplent les vastes forêts nouvellement explorées. Le noyer, le châtaignier, le houblon prospèrent en divers cantons.

D'autres productions végétales, moins connues que celles que nous venons de signaler, et se ressentant des climats chauds, ornent aussi le pays. Le goyavier donne ses fruits en abondance. Le sorgho à sucre, venu de la Chine, dont, à Alger, on commença à parler en 1853, donne 50,000 kil. de tiges par hectare. Ces tiges fournissent environ 60 % de jus, qui lui-même contient de 18 à 20 % de sucre, tant cristallisable qu'incristallisable. Enfin, 100 kilog. de tiges, dépouillées de leurs feuilles, peuvent donner jusqu'à 7 litres d'alcool à 90 degrés. Les palmiers se montrent plus nombreux à mesure qu'on pénètre dans l'intérieur; ce n'est qu'au versant méridional de l'Atlas qu'ils sont productifs, et donnent quelquefois jusqu'à 300 livres de dattes. Le cyprès, le thuya articulé atteignent à la hauteur de 20 mètres. Le cèdre et le térébinthe ont la même altitude. Le premier présente une circonférence de 4 à 5 mètres et le second quelquefois de 8 mètres. Le sumac épineux parvient à 7 mètres. L'azedarac *(lilas des Indes)*, le nopal de Castille *(opuntia coccinillifera)*, où s'élève la cochenille, le bambou, la canne à sucre, l'indigotier, le caféier, l'arbre à thé peuvent s'acclimater. Le riz sec de la Chine prospère dans de certains fonds. Le pavot somnifère, dont on extrait l'opium, produit 627 kilogrammes de capsules par hectare. La salsepareille du Pérou, le carthame d'Égypte deviendront des produits habituels de l'Algérie. Les plantes oléagineuses sont nombreuses : le sésame, la navette, l'œillette, le colza, la moutarde blanche, la caméline, la madia sativa, l'arachide (pistache de terre vulgairement nommée *cacahuate*), produisant 3,000 kilogrammes de gousses par hectare. Les drupes du margousier donnent aussi une huile vermifuge, vulnéraire et rhumatismale. A l'Exposition générale des produits de l'agriculture et des différentes industries agricoles, qui a eu lieu en 1854, à Paris, vingt sortes d'essences odoriférantes et trente-trois espèces de matières premières pour pommades et eaux de senteur ont été offertes au Jury. L'essence de géranium et des échantillons d'alcool d'asphodèle ont été particulièrement remarqués. Une exposition permanente des produits de l'Algérie, rue de Grenelle-Saint-Germain, n° 107, à Paris, a été inaugurée, le 13 mai 1856, par S. Ex. le

Ministre de la guerre, juge si savant en tout ce qui a trait à la botanique et aux sciences naturelles. Un arrêté du 15 septembre suivant a disposé que chaque année serait renouvelé ce magnifique spectacle des richesses agricoles de notre conquête.

La Société impériale et centrale d'Agriculture, en sa séance du 11 novembre 1857, a décerné 27 récompenses aux produits algériens : une médaille d'or à M. le Ministre de la Guerre, 8 médailles en argent de 1re classe et 18 de 2e à divers colons.

MINÉRALOGIE. L'opulence du sol ne fleurit pas seulement à la surface, et renferme dans son sein soulevé fréquemment par des commotions intestines, des preuves solides de sa fécondité. Le grès, le marbre, sont communs dans toute l'Algérie, et surtout dans la province de Constantine. On trouve aussi le fer sous toutes les formes, depuis les cristaux spéculaires jusqu'à l'ocre pulvérulent. De nombreux concessionnaires exploitent les mines de cuivre et les gisements de plomb, d'antimoine, de mercure, de cinabre. Près de Mascara on a vu un lit étroit de chalcédoines très-grosses, des monceaux de cristal de roche à Collo, et des mines de sel gemme sur les hauteurs de l'Atlas. Le calcaire hydraulique, le combustible minéral se montrent sur quelques points. Il existe des schistes bitumineux qui pourraient donner des produits utiles.

Le sulfate de magnésie se rencontre dans plusieurs localités, où il se dépose par évaporation sur le bord des ruisseaux.

Les sources minérales sont assez abondantes dans une bande qui court parallèlement à la côte, surtout de la Calle à Sétif.

Les eaux thermales sont fort multipliées, tièdes, chaudes et brûlantes quelquefois jusqu'à une température de 76° du thermomètre Réaumur, ainsi qu'il a été observé aux bains d'Hammam Maskoutyn, où elles cuisent la viande en quelques minutes.

ZOOLOGIE. Les coraux de Bône et les éponges des environs d'Alger, sont les seuls produits marins remarquables sur les côtes de l'Algérie, qui abondent en toute sorte de poissons et en crustacés de toute espèce, langoustes, homards, oursins, moules, pétoncles et autres coquillages. Les serpents, pourchassés par les cigognes, sont communs; les espèces venimeuses habitent les régions du Sud. Les lézards, les caméléons, les tortues sont fort multipliés. L'invasion de sauterelles est un des fléaux les plus redoutables de l'Afrique; nul moyen n'a d'efficacité contre ces colonnes dévorantes, lorsqu'elles ont pris leur cours à travers un pays; en quelques heures est consommée la dévastation de la plus riche campagne; heureusement ces migrations, toujours suivies de maladies endémiques, sont rares. En revanche, la punaise, le moustique et la puce en quantités innombrables, causent à l'homme une vive et continuelle incommodité. Une multitude de petites sangsues remplissent les mares et occasionnent de douloureux accidents, lorsqu'on use sans précaution de l'eau où elles vivent presqu'imperceptibles. Le scorpion, le mille-pieds (*scolopendrum ferrugineosum*), et la tarentule sont rares, mais fort à craindre.

Des animaux, dont quelques-uns sont formidables, parcourent ces cantons et, s'égarant de ravins en ravins, descendent quelquefois jusqu'aux abords de la mer; ce sont le lion, la panthère, les lynx. Les singes, les porc-épics, les gracieuses gazelles fréquentent les solitudes; les nombreux sangliers y deviennent la proie de la hyène qui est commune et redoutable. Le chameau est employé avec avantage par les Arabes, dont les chevaux, de petite taille, ont bien dégénéré de leur antique réputation.

Toutefois, les résultats déjà obtenus pour l'amélioration de la race chevaline, autorisent à cet égard de légitimes espérances. Les tentatives dans cette voie, datent du gouvernement du maréchal Bugeaud; mais M. le maréchal Randon a donné à la question une impulsion décisive. La création de dépôts d'étalons appartenant soit à l'État, soit aux tribus; l'établissement de courses dans les chefs-lieux des trois provinces; l'allocation de primes aux meilleurs produits, ont fait marcher à grands pas dans ce chemin tracé.

En 1859, le chiffre des saillies opérées dans les trois provinces s'élève à 16,677 ainsi réparties :

	PROVINCE d'Alger.	PROVINCE d'Oran.	PROVINCE de Constantine.
Étalons de l'État	2,074	1,030	181
Étalons des [illegible]	2,130	5,530	5,732
	4,204	6,560	5,913

Nous devons à une des plus illustres spécialités les deux notes suivantes, que nous reproduisons textuellement :

« L'espèce bovine, qui est réellement rabougrie « et de nature médiocre, pourrait être perfec- « tionnée par des soins bien entendus et une ali- « mentation convenable. Si nous voyons sur les « marchés de mauvais types, parce qu'ils ont été « mal soignés, on en remarque d'assez beaux « quand ils ont été élevés par des mains intelli- « gentes, ce qui prouve qu'il sera possible de « perfectionner les bœufs de l'Algérie quand on « voudra sérieusement employer les moyens rai- « sonnés qui doivent provoquer ce résultat. »

« Quant à l'espèce ovine, elle est bien déve- « loppée et dans d'assez bonnes conditions de « production. On porte à dix millions de têtes « environ, le nombre de moutons que possède « l'espèce. On pourrait facilement tripler et, que

« drupler cette quantité, ce qui serait d'une res-
« source immense pour la production de la laine
« et de la viande. C'est des côtes de Barbarie
« qu'est venu le mérinos, répandu aujourd'hui
« dans toutes les parties du monde civilisé, et
« cependant l'Algérie en est privée. Il faut espé-
« rer que bientôt les progrès de l'agriculture fa-
« ciliteront sa multiplication en Afrique, comme
« ils l'ont fait en France, en Allemagne, en
« Grèce, surtout en Australie. L'administration
« algérienne a commencé à donner l'exemple.
« Elle a créé un troupeau modèle où elle veut
« produire parfaitement le mérinos par des types
« des meilleures bergeries de France. Des études
« expérimentales sont faites à ce sujet, et tout
« fait espérer qu'elles contribueront à résoudre
« heureusement la question de la reproduction
« des laines fines et de la viande. »

Les chiens sont forcées et ingrats; ils tiennent du chacal, sorte de loup timide qui ne
fait la guerre qu'aux produits des jardins et
aux basses-cours. Les aigles, les vautours et les
milans, concurremment avec ces voleurs domestiques, sont très-rapides à enlever les belles
poules du Carthage et les pintades de Constantine qu'on y garde. Les pigeons et les tourte-
relles forment de nombreuses espèces; les ros-
signols, les serins, tous les oiseaux chanteurs
se plaisent dans les campagnes ombragées, où
abondent les insectes dont ils font leur nourri-

ture. Une belle allouette bleue annonce le printemps ; les étourneaux et les cailles arrivent en Algérie par nuées vers le milieu de l'automne, tandis que l'autruche arpente, au midi, les steppes du désert éloignés des cantons habitables et fertiles.

NOTE HISTORIQUE. Les premiers hommes qui furent appelés par la Providence à régner sur cette création variée avec tant de magnificence, furent, au dire de Strabon et de Josèphe, les Gétules, descendants de Cham (2105 av. J.-C.). Ils se virent refoulés dans l'intérieur par l'armée composée de Mèdes, d'Arméniens, de Perses, qui marchait à la civilisation du monde sous la conduite d'Hercule (1300). Ce héros laissa fuir les Gétules sur l'Atlas, où ils prirent par la suite le nom de Berbères, tandis que ses soldats, les conquérants du rivage, adoptèrent celui de Maures dès cette époque reculée. L'émigration des peuplades du pays de Canaan, chassées par Josué (1030), l'introduction de l'élément arabe par les tribus sabéennes à la suite d'*Afriqui*, dont ce continent prit le nom, ne tardèrent pas à compliquer le mélange de ces nations diverses. Une invasion de nomades Lybiens, trop à l'étroit dans leur patrie, vint l'augmenter encore et imposer le nom particulier de *Numidie* à la partie orientale du territoire actuel de l'Algérie. Jarbas, roi des Gétules et de l'ensemble hétérogène de toutes ces hordes, désira vainement unir son sort à Didon (860), lorsque cette princesse tyrienne fonda Carthage sur les bords de la Méditerranée. Ses successeurs, jamais vaincus par les Carthaginois, mais trompés par la foi punique, laissèrent dans tous leurs ports s'établir les comptoirs de ces marchands (400), qui finirent par s'y montrer les maîtres. Tout ce qui n'était pas d'origine phénicienne était alors désigné sous les noms de *Massyliens*, dans la Numidie orientale, et de *Massæsyliens* dans l'O. L'Oued el-Kebir, qui se jette dans la mer, auprès de Djidjeli, était, pour ces peuples, une ligne de démarcation. De cette division territoriale se formèrent deux royaumes (202), qui, après la ruine de Carthage (148), se dévoraient mutuellement, lorsque Scipion et les Romains vinrent donner à Massinissa, roi des Massyliens, une prépondérance marquée sur Syphax, roi des Massæsyliens, dont l'héritage fut absorbé par son rival. Massinissa, à sa mort, laissa le trône des deux Numidies à son fils Micipsa (146), qui les gouverna vingt-six ans, et les partagea (122) entre ses deux enfants Adherbal, Hiempsal, et son neveu Jugurtha. Mais ce dernier fit assassiner Hiempsal à Thirmida et dépouilla Adherbal de son apanage. Les Romains, intervenus dans la querelle, ordonnèrent que la Numidie serait également partagée entre les deux princes survivants. Les commissaires envoyés pour cette délimitation, corrompus par l'or de Jugurtha, lui attribuèrent les côtes et donnèrent la possession de l'intérieur, région peu fertile et moins riche, au jeune Adherbal. Jugurtha, mécontent encore de cette inégale répartition, où l'avantage était cependant tout de son côté, attaqua et prit dans Cirta le pauvre Adherbal qu'il fit périr dans les tourments. Les Romains accoururent venger le fils de leur ancien allié, et ne purent finir la guerre désastreuse, que la résistance invincible de Jugurtha prolongeait, qu'en s'emparant de sa personne au moyen d'une perfidie. Bocchus, son beau-père, roi de Mauritanie, qui l'avait trahi, reçut en récompense la Numidie. La partie orientale fut divisée entre Hiempsal II et Mandrestal, fils de Gulussa, prince numide, et la république romaine. De sa portion et des rivages qu'elle garda, elle composa la *province nouvelle*, qui, lors de son adjonction à la *province proconsulaire d'Afrique*, s'étendant aux anciennes possessions de Carthage (105). Juba Ier, qui succéda à son père Hiempsal, eut le malheur de prendre les armes contre César, après la bataille de Pharsale. Vaincu, il se donna la mort; son fils fut traîné en triomphe, et son royaume resta réuni à l'empire romain. — Ce fut alors que Salluste, envoyé en Afrique en qualité de proconsul, exerça les pillages les plus vexatoires. Peu de temps après, le jeune Juba II, marié à Sélène, fille de Cléopâtre et d'Antoine (42), revint régner sur sa terre natale, où la race des Bocchus s'était éteinte. La Massessylie lui fut donnée sous le nom de *Mauritanie césarienne*, s'étendant du fleuve Moulouïa à l'Ampsaga (Oued el-Kebir près de Djidjeli), et aussi la Gétulie, qui n'était que le domaine de l'intérieur, la région des hauts plateaux. Ce nouveau roi, abandonnant Siga, qui jusque-là avait été la capitale de la Mauritanie occidentale, établit son trône au port d'Iol, fondé par les Carthaginois, auquel il donna le nom de Julia Cæsarea, dont nous retrouvons les restes en la petite ville de Cherchell. Il y régna 48 ans, ne s'occupant que de sciences et d'arts. Les Athéniens lui érigèrent des statues et ses sujets des autels. Ptolémée, son fils, ne marcha pas sur des traces aussi glorieuses. Ce fut de son temps qu'apparut Tacfarinas, aventurier maure qui souleva contre Rome toute la Numidie. Ptolémée contribua puissamment à l'écraser. De concert avec le proconsul Dolabella, il le battit et le tua auprès du fort d'Auzéa (Bordj' el-Hamza) ; mais le luxe qu'il affichait ayant irrité la démence de Caligula, dont il avait éclipsé la pourpre dans une fête solennelle, il fut massacré par les ordres de cet insensé, et la Mauritanie césarienne, soulevée par Ædémon, son affranchi, se vit de nouveau réunie au territoire de l'empire romain (40 après J.-C.).

C'est à cette époque que se rapporte la plus belle expansion du génie artistique sur la terre d'Afrique, l'érection des monuments dont la rage des Barbares, durant douze siècles d'efforts, n'a pu parvenir à éteindre tous les vestiges. La prospérité de ce pays était parvenue à son comble. La magnificence des ruines qu'on y rencontre à chaque pas en a gardé la preuve, et déjà Tibère avait rendu un décret qui portait défense d'exiler en Afrique, parce qu'on y était, *en quittant Rome, on y retrouvait Rome*. L'opulence de quelques particuliers surpassait les bornes de toutes les fortunes qu'on puisse citer. Néron fut jaloux des six grands propriétaires qui possédaient entre eux la moitié de l'Afrique, et les sacrifia. La tyrannie des maîtres du monde, les crimes de leurs délégués, les forfaits des ambitieux et les brigandages des révoltés, promenèrent longtemps le ravage sur cette terre et ne parvinrent cependant pas à ravir à la ville éternelle les plaines de la Numidie et des Mauritanies, d'où elle tirait sa subsistance. Les prétendants à l'empire y déployèrent tour à tour les partis vaincus, sur ce théâtre où toutes les gloires et les infortunes de cette période ont eu le sort de se montrer. Les tribus qui habitent la partie centrale et montagneuse de l'Afrique, et avaient toujours prêté appui à quiconque voulait tenter l'expulsion des Européens, furent à la tête des conspirations tramées par les partisans de Vitellius, des Gordiens et de Gallien, et quand le moment fut venu de se délivrer ; indépendantes, mais réduites par Maximin Hercule (297), héritier présomptif du trône impérial, elles rentrèrent une nouvelle fois dans leur patrie. Sous Vespasien il y avait seize colonies romaines dans la Mauritanie césarienne et la Numidie. La Mauritanie césarienne fut scindée : d'une part, celle des côtes retint le premier nom ; de l'autre, le département de *l'intérieur*, l'étendue de terre du Tell qui règne entre le petit et le grand Atlas, fut appelée *Mauritanie sitifienne*, à cause de la ville de Sétif, qui y fut érigée en capitale. La portion orientale de la Numidie, jusqu'aux frontières de Tunis, conserva la dénomination ancienne et prit le second rang après la province romaine, divisée elle-même en *Byzacène* et *province proconsulaire d'Afrique*, proprement dite.

Le christianisme n'adoucit qu'imparfaitement les mœurs féroces des habitants de ces contrées ; du moins il mit en lumière l'énergie de leur caractère, la ténacité de leur foi. Saint Namphamon avait été le premier martyr qui avait eu le bonheur de donner sa vie pour J.-C. (198).

Son exemple fut suivi par des milliers d'Africains durant les cent quatorze ans que durèrent, à diverses reprises, les persécutions contre les chrétiens. Tertullien avait élevé sa voix éloquente pour l'apologie de la vérité (220). Saint Cyprien l'avait scellée de son sang. A peine quelque repos fut-il accordé à l'Église par la paix que la conversion de Constantin (312), et plus tard l'insouciance de Julien l'Apostat accordaient à la religion chrétienne (364), qu'elle vit avec horreur sortir de son sein de sauvages sectaires qui, sous le nom de Circoncellions, plus cruels que les Manichéens et autres hérétiques déjà apparus, descendirent de leurs montagnes, immolant les orthodoxes et torturant les Donatistes, leurs coreligionnaires. Firmus, un des principaux chefs des Maures, réunissant des brigands non moins barbares, dans la région montueuse de ce qui fut plus tard désignée sous le nom de province de Titteri, au sud d'Alger, leva l'étendard de la révolte contre le gouverneur Romanus, dont les exactions les avaient poussés au désespoir. Il organisa la résistance contre l'empire romain et s'empara de Julia Césarée, qu'il détruisit ; mais bientôt, pris par Théodose, usant de la trahison d'Igmazen, chef montagnard des Issaflens, il s'étrangla, et son cadavre fut envoyé à Sétif, comme preuve de sa mort. Son frère Gildon, fidèle aux Romains, fut revêtu par eux du titre de gouverneur des provinces de l'Afrique. Il y oppressa ses compatriotes et, après un règne de cruautés et de débauches inouïes, voulut se déclarer indépendant ; enfin, comme son frère, il n'eut d'autre refuge contre les forces d'Honorius que le suicide, dans l'île de Tabarca, où il s'était enfui. Le comte Boniface, homme d'un mérite bien supérieur, qui lui succéda, fut encore plus fatal au pays. Les gouverneurs romains entretenaient alors entre eux des rivalités qui, à leur insu, avaient pour résultat la perte de la puissance de leur métropole dans les diverses parties de l'univers où ils exerçaient le pouvoir. Boniface, marié à une femme vandale, fut dénoncé par son faux ami Aétius à l'impératrice Placidie, comme un traître qui voulait livrer son gouvernement aux Barbares du nord. Boniface en vint à cet acte de perfidie, en effet, lorsqu'il se crut perdu à la cour. Les remontrances de saint Augustin n'eurent aucune force sur cet esprit aveuglé par les trames des courtisans. Les Vandales d'Espagne, sous la conduite de Genséric (430), envahirent les trois Mauritanies qu'on leur avait promises, établirent leur quartier-général à Bougie, et, après avoir chassé Boniface, qui les avait introduits en Afrique, ne s'arrêtèrent pas même à Carthage, qu'ils détruisirent de nouveau. De là, ils se portèrent sur Rome qu'ils saccagèrent, et revinrent chargés des dépouilles de l'Italie. Ils occupèrent presqu'exclusivement la partie dont Carthage était la capitale, ne laissant dans les Mauritanies que des postes cantonnés sur des ruines. Genséric était véritablement l'empereur d'Occident, sa marine était formidable, et la piraterie semblait être le seul génie de ses barbares sujets. Ses descendants n'eurent rien tant à cœur que de la favoriser, et c'est là qu'il faut chercher les préludes des brigandages exercés au moyen-âge, par les corsaires de ces côtes. Ariens, ils persécutèrent avec fureur les Catholiques. Sous Hunéric, il y avait encore 466 évêques en Afrique, dont 120 dans la Mauritanie césarienne, 44 dans la province de Sétif, et 125 en Numidie. A l'extinction de la monarchie vandale, ils étaient réduits à 217; ils avaient été 690 au temps des empereurs romains.

Les tribus de l'Atlas ne tardèrent pas à recommencer leurs courses, et chassèrent peu à peu de l'intérieur ces étrangers divisés entre eux. Gélimer ayant usurpé le trône sur son oncle Hildéric, allié de Justinien, empereur de Constantinople, celui-ci envoya en Afrique Bélisaire, à la tête d'une armée de 35,000 hommes, qui soumit le pays et mit enfin la main sur Gélimer (534), réfugié sur le mont Édough, près des sources de la Seybouse; ainsi tomba l'empire des Vandales, lesquels furent eux-mêmes anéantis.

Les Numides, sous la conduite de Jabdas, chef des tribus du mont Aurès, tombèrent à leur tour sur les Gréco-romains; ils favorisèrent la révolte de Stoza, un des Grecs, et, après sa défaite, le recueillirent dans leurs contrées; ils y furent poursuivis et jamais soumis. Les exarques, préfets du prétoire, qui gouvernèrent pour l'empereur de Constantinople, eurent sans cesse à lutter contre les Gétules, Maures ou Numides, qui étaient décidés à expulser du sol de leur patrie tout habitant d'origine ou de mœurs européennes. Les soldats byzantins révoltés, les Maximins, les Gontharis, trouvaient dans les indigènes Olaas, Antalas, de féroces auxiliaires; la dévastation fut longtemps la seule tactique des deux partis. Dans l'espace de 20 ans, la population diminua de cinq millions d'âmes et la Numidie était presque un désert. Les incursions successives des hordes de l'Atlas avaient resserré les Greco-byzantins sur l'étroite lisière de la plage, lorsque les Arabes musulmans envahirent en plusieurs expéditions le nord de l'Afrique, sous la conduite d'Abdallah fils de Saïd, de Moavïah (653), d'Okka ben Nafé (670), de Zuchéir (688) et de Hassan le Gassanide, gouverneur de l'Egypte, qui détruisit enfin pour toujours Carthage, sortie pour la deuxième fois de ses cendres.

Les généraux grecs et les Maures ne laissèrent pas s'établir les Mahométans sans de grandes batailles et d'affreux carnages sur cette terre, nommée par ces derniers venus, le *Moghreb* (le pays d'occident), qu'ils divisèrent en *Moghrèb el-Aksa* (extrême région de l'ouest, s'étendant de Tlemcen à l'Océan), et le *Moghreb el-Aousa* (région intermédiaire de l'ouest, de Tlemcen à Bougie). Le nom *Afrikia* demeura au reste de l'ancienne Mauritanie césarienne et à la vieille province romaine, qui était ce territoire que nous connaissons sous l'indication actuelle de Tunisie. Un formidable système d'opposition s'organisa cependant contre les Arabes. La reine Kahinah, femme berbère, qui régnait (700) sur les monts Aurès, désola toute la côte, renversa les édifices, détruisit les ombrages qui formaient, disent quelques auteurs, de Tripoli à Tanger, une suite non interrompue de bocages et de palais, voulant, par cette immense dévastation, rebuter les Asiatiques de la possession d'un désert. Mais ces efforts échouèrent contre la constance qu'inspire un esprit de prosélytisme, et, après d'horribles massacres (711), Tarek, lieutenant de Moussa, dicta la loi du Coran jusqu'à Ceuta, que possédait encore le comte Julien, pour les Goths d'Espagne. Ce chef chrétien, pour se venger d'une injure faite à sa fille par le roi Rodéric, traita avec les Arabes et les introduisit en Espagne. Des multitudes de Maures suivirent leurs vainqueurs dans cette excursion, et laissèrent leurs noms aux Musulmans qui occupèrent dès-lors les provinces conquises en Europe. Le Moghreb Aousah qu'ils laissaient presque dépeuplé, après tant de guerres d'extermination, fut divisé en deux grandes provinces, dont l'une, dans l'intérieur, devint l'apanage des Rostamytes, princes peu connus, qui régnèrent à Tekedempt; et l'autre, releva des Aghlabites, dont la famille tenait Kairouan, et le pays où fut Carthage. Les Aghlabites tiraient leur origine d'Ibrahim, fils d'Aghlab qui, envoyé gouverneur à Kairouan, à huit journées des ruines de Carthage, par Haroun al-Raschid l'Abasside (800), y avait usurpé le pouvoir. Il laissa une dynastie qui a donné onze monarques, durant 108 années de règne. Ces rois s'emparèrent de la Sicile et furent célèbres par leur magnificence et par leurs crimes. Enfin, ils furent chassés (908) par les Fatimites, qui apparurent avec tout le merveilleux des légendes orientales, et firent jeter un grand éclat dans l'Occident; leur chef, Obeid-Allah, tiré d'un cachot pour monter sur le trône, laissa une suite d'enfants, qui transportèrent peu après le siége de leur puissance en Égypte, où ils ont fondé la ville du Caire. Ils concédèrent toutefois aux Hamadytes, à Bougie, une sorte de royauté qui s'étendait de ce point à leurs anciennes possessions en Afrique, et protégèrent, au pays d'Aschir, où était situé Alger, les tentatives de Zeyry, fils de Monad, d'origine berbère, pour y créer un trône à sa race. Ce trône subsista 200 ans, et fut fortement ébranlé, vers la fin de sa durée, par Roger, roi de Sicile. Au moment où l'émir almoravide du Maroc, Youssouf ben Tachfyn, vint, par une invasion qui refluait d'Occident en Orient, adjoindre ces petits états à son vaste empire, la contrée de Tlemcen était aux mains des Ouahlédytes. Les Almohades (1148), qui formaient la seconde dynastie des kalifes marocains, possédèrent à leur tour le Maghreb presque tout entier. La domination passagère de ces derniers fut promptement remplacée par celle des Zyanytes de Tlemcen (1270), et des Hafsytes de Bougie (1270), gouverneurs révoltés et maîtres alternatifs d'Alger, suivant que la guerre en décidait. De tout le pays ils firent des lambeaux qu'une guerre incessante déchira encore d'une manière déplorable, jusqu'à ce que Tunis, possédée par cette dernière dynastie, en eut réuni les principales divisions. Elles lui échappèrent souvent, et l'éloignement de Tlemcen ou de Tunis laissait naître entre ces deux capitales une anarchie que les formes gouvernementales des Musulmans entretiennent partout où elles s'étendent.

A cette époque, les Maures, chassés d'Espagne, s'établirent sur quelques points de la côte africaine et s'y livrèrent à la piraterie. Les Espagnols, qu'ils inquiétaient, s'emparèrent de Mers-el-Kebir, en 1505, sous la conduite de Diego de Cordova; d'Oran, en 1509, sous les ordres du cardinal Ximénès; dans les années suivantes, de Bougie et d'un îlot en face d'Alger. Les Algériens, devenus tributaires du fort que les Castillans y avaient construit, appelèrent à leur aide Haroudj Barberousse. Ce célèbre forban, qui venait de perdre un bras à l'attaque de Bougion; mais que la prise de Gigelli consolât de l'échec essuyé par ses armes, se hâta de venir en aide aux habitants de cette ville, dont il convoitait l'heureuse position. Il ne tarda pas à s'y faire déclarer roi, et s'y maintint, malgré les Espagnols, qui firent en 1518 une descente à la suite de Diego de Vera. Attiré à Tlemcen par une révolution intestine, il fut forcé de s'en échapper avec un petit nombre des siens, lorsque le marquis de Comarès, gouverneur d'Oran, vint le cerner. Poursuivi et atteint, il vendit chèrement sa vie, non loin de l'oued Maleh (Rio Salado). Khaïr-eddin Barberousse, à la nouvelle de la mort de son frère, fut reconnu souverain d'Alger, où il eut le bonheur de voir échouer la même année (1517), l'entreprise de Hugo de Moncade, et de prendre sur Martin de Vargas la forteresse du Peñon (mai 1520), qui fermait le port. Ces divers succès ne l'empêchèrent point de faire hommage à Selim, empereur de Constantinople, qui le remplaça dans la position de pacha d'Alger, par l'eunuque Hassan. Il ne fut donc pas témoin de la singulière défaite qu'essuya Charles-Quint, débarqué devant Alger, le 23 octobre 1541, avec une armée de 25,000 hommes. Depuis cette catastrophe, amenée par les éléments conjurés, l'insolence des pirates algériens monta à son comble. Salah-Raïs, Hassan Barberousse, Dragut, Ali Fartas, [illegible] se vantèrent d'être l'effroi de la Chrétienté. Cependant leurs conquêtes en Afrique avaient toujours progressé. Tlemcen, où les dissensions des Zyanytes les avaient souvent appelés; Bougie l'imprenable; Oran, perdu, repris par les Espagnols et abandonné par eux, étaient soumis à leur despotisme; l'impériale cité de Fez elle-même les avait vus deux fois lui imposer des chérifs. Les rois de Tuggurt et les Ouarghlites avaient été battus et rendus tributaires, et les orgueilleux pachas de la régence d'Alger avaient [illegible] leur nouvel empire en dix-huit provinces. Mais l'usage établit bientôt une répartition administrative moins compliquée, et les trois beyliks d'Oran, de Constantine et de Titteri furent créés pour comprendre dans leurs circonscriptions la division respective de tous ces petits états.

La Providence, qui destinait cette contrée à la France, semblait, par des indices encore peu positifs, lui donner une idée de son futur domaine. François de Noailles, évêque de Dax, ambassadeur de France à Constantinople, [illegible] traiter avec le sultan de la cession du *Royaume d'Alger*, en faveur de Henri, duc d'Anjou, depuis roi de Pologne, et ensuite roi de France sous le nom d'Henri III. La Porte s'en alarma, et Gilles de Noailles, qui succéda à François, rassura le Divan en faisant oublier les propositions dont Alger avait été le but. Sous le règne de Louis XIII, la France renouvela des capitulations qui dataient de 1520, et avaient été reconnues en 1580 et 1604 par Sélim et Amurat, empereurs de Constantinople. Elle releva un fort entre le cap Rose et le cap Gros, qu'on nomma le *Bastion de France*, sous la protection duquel se faisait la pêche du corail. Cet établissement, toujours ruiné à chaque rupture de traités illusoires, fut abandonné (1663) pour le comptoir de *La Calle*, où les vexations de tout genre suivirent la compagnie commerciale qui se dévouait à l'exploitation de cette concession. Les Barbaresques considéraient le droit des gens comme une digue bien frivole pour le débordement presque périodique de leur orgueilleuse férocité.

La terreur imprimée aux nations chrétiennes par la scélératesse et la cruauté des forbans, n'avait cependant point empêché qu'à diverses époques des châtiments sévères n'eussent été infligés à leur foule entassée dans les repaires de la côte. M. de Beaulieu (1617), Robert Mansel (1620), le chevalier Paul (1664), Édouard Spragg (1671), Ruyter, puis Duquesne en 1681 et 1682, Destrées et Tourville en 1688, l'anglais Beach, au commencement du dix-huitième siècle, les avaient tour-à-tour humiliés. Ces brigands incorrigibles se moquèrent des Danois en 1770; ils vainquirent encore, aux portes d'Alger, en 1775, les Espagnols, venus au nombre de 22,000, sous les ordres d'O' Reilly; expédition désastreuse, où tout manqua par la faute des hommes, comme tout avait échoué par le concours fatal des élémens en fureur, au temps de Charles-Quint. Les bombardements de 1783 et 1784 ne furent que d'inutiles démonstrations de l'Espagne qu'Alger était accoutumée à braver. L'amiral Nelson (1804), le commodore Décateur (1815), lord Exmouth (1816), qui obtint l'abolition de l'esclavage, produisirent plus d'impression sur ces corsaires en ruinant leur marine à tout jamais.

Pendant ces divers événements extérieurs, les séditions intestines des Coulouglis, fils de Turcs, avaient été étouffées (1620), et les sanglants débats dont les marches du trône étaient depuis longtemps le théâtre, avaient pris fin. Les souverains d'Alger, envoyés d'abord par la Porte ottomane, en qualité de gouverneurs, trop souvent rappelés et nommés de nouveau par elle, avaient partagé leur autorité (1627), avec un homme du choix des milices turques de cette capitale. Les successeurs de ce magistrat à vie étaient parvenus à éliminer le pacha envoyé de Constantinople et à obtenir du sultan l'investiture de leur position, pour la forme, lorsque l'élection la leur avait donnée. C'est à un de ces princes, appelés *Deys* par les Européens, c'est à Hassan Pacha que la France demanda cette fameuse fourniture de grains, dont la dernière guerre a été la suite.

La créance à laquelle elle avait donné lieu, avait été liquidée, en 1819, à la somme de *sept millions de francs.* Des Français, créanciers du juif algérien Bacri, titulaire de la créance, formèrent opposition au paiement. Le dey réclamait avec instance, et, arrêté par le peu de succès de ses réclamations, il saisissait toutes les occasions de témoigner son mécontentement au consul français, M. Deval. Le 30 avril 1827, il fit avec l'éventail qu'il tenait à la main, un geste de mépris; peu de jours après, le consul de France quitta Alger. Le gouvernement français demanda satisfaction au dey qui, loin de l'accorder, fit détruire l'établissement de La Calle (27 juin 1827). Alger fut bloqué; mais cette mesure qui coûtait à la France sept millions par an, ne produisit aucun résultat. L'expédition contre Alger, décidée à la fin de 1829, fut poussée avec une vigueur extrême dans les premiers mois de 1830. Le commandement en fut donné au général de Bourmont, ministre de la guerre. L'amiral Duperré eut celui de la flotte et fut chargé de diriger le débarquement. Rien ne fut épargné pour assurer la réussite. Trente-cinq mille hommes furent embarqués à Toulon avec tout le matériel nécessaire. La flotte comptait 11 vaisseaux de ligne, 19 frégates et 274 bâtiments de transport. Elle quitta le port de Toulon en trois divisions, les 25, 26 et 27 mai. Une tempête, rare dans cette saison et dans ces parages, força l'amiral Duperré à jeter l'ancre le 2 juin, dans la baie de Palma, île Majorque, et d'y rester jusqu'au 10. Le temps devenu plus beau, permit de mettre à la voile et de se diriger sur la baie de *Sidi-Ferruch*, où, contre l'attente générale, l'amiral Duperré avait résolu d'opérer le débarquement, qui eut lieu, si heureusement le 14 du même mois. Ce n'est que le 19 que les Algériens se montrèrent au nombre de quarante mille, la plupart Arabes, conduits par les beys de Constantine et de Titteri, sous le commandement d'Ibrahim Aga, gendre du Dey. Une bataille s'engagea; les Algériens, attaqués avec impétuosité, ne purent résister à la bravoure et à la tactique française; ils furent entièrement défaits. Cette action a été nommée *Bataille de Staouéli*, du nom de l'endroit où Ibrahim Aga avait établi son camp. Le général de Bourmont aurait pu, dès le 20, marcher sur Alger, mais la grosse artillerie n'était pas encore débarquée, et ce ne fut que le 25, et après plusieurs combats, tous avantageux aux Français, mais sans être décisifs, que l'armée commença son mouvement. Les dispositions durèrent jusqu'au 29, et le 4 juillet, les batteries de siége ouvrirent le feu contre le Fort-l'Empereur. Les Turcs qui le défendaient l'abandonnèrent après une résistance opiniâtre, et en firent sauter le donjon. — Le dey Hussein, déjà découragé par les défaites successives essuyées par ses troupes depuis le jour du débarquement, céda aux conseils de la prudence et aux instigations du consul d'Angleterre. Une convention fut arrêtée dans la matinée du 5 juillet, entre lui et le comte de Bourmont. La prise de possession d'Alger ne présenta aucun incident remarquable. Le dey a dit depuis, à Paris, que ce qu'il y avait eu de plus surprenant pour lui et les siens après la conquête, était la générosité des conquérants. M. de Bourmont, nommé maréchal de France, remit le commandement à son successeur et quitta Alger le 3 septembre. Le dey et les principaux chefs de la milice turque étaient partis le 17 juillet avec leurs familles et la plus grande partie de leur fortune.

M. de Bourmont, par l'occupation momentanée de Bône et de Mers-el-Kebir, avait témoigné l'intention d'étendre la domination de la France à l'E. et à l'O. dans l'ancienne régence d'Alger. Son successeur, le maréchal Clauzel, donna les mêmes manifestations par son expédition dans l'Atlas, le passage du Col de Mouzaïa, la prise de Blida et l'occupation de Médéa. Le lieutenant général Berthezène, qui lui succéda (20 février 1831) en qualité de général en chef, abandonna cette dernière place, et, dans sa retraite, éprouva toute la fureur des Arabes dont Sidi-Saadi avait formé une coalition. Le lieutenant général duc de Rovigo, qui le remplaça (7 janvier 1832), vint alors exercer de cruelles représailles sur la tribu des el-Ouffia et la malheureuse ville de Blida. Toutefois, Bône aussi bien qu'Oran, furent enfin acquis à la France; et durant le long intérim exercé par le lieutenant général Voirol, Bougie augmenta de sa conquête les trophées de gloire de nos soldats sur les bords [illegible]

Cependant un jeune Arabe, *Abd-el-Kader*, considéré comme un saint par ses compatriotes, était élu bey de Mascara par les habitants (28 septembre 1832). Il prit le titre d'émir et commença par attaquer Oran, Arzew, Mostaganem, et à désoler les campagnes; puis, déclinant tout à coup devant l'honneur de traiter avec la France qui lui reconnaissait le caractère du pouvoir, il signa une convention de paix (20 février 1834). Fort de ce titre et de la condescendance du lieutenant général Drouet d'Erlon, nommé gouverneur général des possessions françaises dans le nord de l'Afrique, le 27 juillet 1834, il grandit à vue d'œil, massacra nos tribus alliées et mit nos troupes en déroute sur les bords de la Macta (28 juin 1835). Le maréchal Clauzel, nommé gouverneur le 8 juillet 1835, et désigné à ce poste par les habitants de l'Algérie, vint donner à la colonisation une impulsion heureuse et venger notre défaite par la prise de Mascara (6 décembre 1835) et de Tlemcen (19 décembre 1835). Toutefois, sous les murs de Constantine (1836), il essuya un revers. Le lieutenant-général Damrémont, investi des pouvoirs de gouverneur (12 février 1837), revint un an après sous les remparts de cette ville, où il périt glorieusement. Le lieutenant-général Valée, qui commandait l'artillerie du siège, succéda et entra dans la cité formidable (13 octobre 1837). Nommé maréchal de France, il gouverna du 1er décembre 1837 au 20 décembre 1840.

Abd-el-Kader avait obtenu sur les bords de la Tafna (1er juin 1837) un traité de paix et de délimitation, qu'il interprétait avec perfidie. La glorieuse excursion du duc d'Orléans, prince royal, dans la province de Constantine, et son heureux passage à travers les Bibans (28 septembre 1839), irritèrent les insolentes susceptibilités de cet audacieux Arabe. Il fit connaître qu'il ne pouvait plus retenir l'élan des siens, qui voulaient la guerre sainte. L'attaque de Mazagran, des brigandages atroces exercés en même temps sur tout le territoire de l'Algérie, accompagnèrent ce manifeste hypocrite. Le prince royal, accompagné de son frère, le duc d'Aumale, culbuta, de la Mouzaïa, les tribus en armes; et bientôt le lieutenant-général Bugeaud (22 février 1841), élevé au poste de gouverneur, ruina Tekedempt, siège de la puissance de l'Émir, de sa nouvelle [illegible], détruisit Boghar, Taza, Saïda, toutes les places où il avait quelques ressources, et le pourchassa à travers le pays, jusque-là que sa smala (vaste agglomération d'une multitude sans refuge comme lui, qu'il entraînait à sa suite avec ses tentes et ses troupeaux), fut prise et dispersée par le duc d'Aumale. Abd-el-Kader s'enfuit dans le Maroc, où le chérif lui accordait protection. Là, des insultes furent faites à notre territoire; là, le général Bugeaud, déjà revêtu de la dignité de maréchal de France, depuis le 31 juillet 1843, terrassa l'orgueil des Marocains à la bataille d'Isly, où il conquit le titre de duc, tandis que le prince de Joinville écrasait Tanger et Mogador sous les feux de son escadre.

Un nouveau fanatique, sous le nom de Bou-Maza

(l'Homme à la Chèvre), apparut alors, et vint sourdement réchauffer l'instinct guerrier des tribus abattues, et leur inspirer le courage du désespoir, dont les grottes du Dahra furent l'affreux théâtre. Elles reprirent une sanglante revanche au marabout de Sidi-Brahim, sous les ordres d'Abd el-Kader, reparu sur la scène. Mais ce chef, traqué sur tous les points, ne pouvant plus défendre ni nourrir sa deïra (garde personnelle), la délaissa, en ordonnant le massacre de 300 soldats français qu'il tenait en captivité. Depuis cette atroce exécution, et les traités d'amitié entre la France et le Maroc, l'ex-émir, fuyant de douar en douar, et trouvant partout nos généraux prompts à étouffer les ferments de révolte que son influence pouvait faire naître dans les populations algériennes, se retira sur le territoire marocain, où ses menées ne purent échapper à la surveillance de la France.

D'autre part, Bou Maza, se donnant pour sultan du Moghreb, — sid Hamed ben-Salem, chef de la Kabylie, ex-khalifa de l'émir, et l'ex-agha Bel-Kassem ou Kassi, second personnage du même pays, vinrent faire leur soumission (11, 14, 19 avril 1847), et s'offrir à ramener leurs compatriotes de leur erreur à notre égard. La grande Kabylie commença à entrer sous notre domination (30 mai 1847). Après ces glorieux succès, le maréchal Bugeaud rentra en France, le 5 juin 1847, annonçant le désir de se démettre de ses fonctions, et le général Bedeau prit l'intérim, le 20 juillet 1847.

Le 11 septembre 1847, le duc d'Aumale fut nommé au poste de gouverneur-général de l'Algérie, dont il prit possession le 5 octobre suivant.

Le 23 décembre, il recevait, à Djema Ghazouat, la soumission d'Abd el-Kader qui, chassé du Maroc et cerné par nos troupes, était venu se rendre. Ainsi finit le rôle politique de cet Arabe qui, le 24, fut embarqué à Oran pour Toulon.

Le chérif Mouley Mohammed, l'agitateur des Kabyles, vint se rendre aussi au commencement de 1848. Les troubles qui régnaient en France, les changements fréquents des gouverneurs en Algérie — qui vit successivement les lieutenants-généraux Cavaignac, dès les premiers jours de mars 1848, Changarnier, le 29 avril 1848, Charon, le 9 septembre 1848, — firent espérer aux tribus les plus turbulentes qu'elles n'avaient qu'à s'insurger aussi pour nous chasser du pays. De sévères corrections infligées à propos, dans les trois provinces, les firent revenir de leur erreur. Ahmed, ex-bey de Constantine, qui, depuis sa défaite, battait la campagne entre Batna et Biskara, se rendit à discrétion (24 juin 1848). La révolte éclatait pourtant de toutes parts, et l'année 1849 fut employée à la poursuivre jusque dans ses lointaines retraites. Zaatcha fut prise le 26 novembre. Des exécutions rigoureuses marquèrent pareillement, en 1850, sous le gouvernement du lieutenant-général D'Hautpoul (22 octobre), la présence de nos soldats sur tous les points où se renfermèrent les Arabes dans leurs refuges les plus impénétrables. On refoula les Kabyles dans leurs montagnes, et les brigands marocains dans leurs frontières. Un nouvel adversaire de notre domination, Bou Bar'la *(l'Homme à la Mule)*, souleva ces derniers, et osa nous attaquer dès le 10 mars 1851. Toute cette année fut employée à parcourir la Kabylie et à peser sur elle.

Le lieutenant-général comte Randon fut nommé gouverneur-général le 11 décembre 1851.

L'année 1852 était l'époque fatale où les Français devaient être chassés de l'Algérie par le *Moul Sâa*, prédit aux Musulmans. Cette espérance ranime Bou Bar'la et ses hordes infatigables ; mais il est battu partout. Le chérif de Ouargla inquiète notre khalifa à Laghouat, et s'empare de la ville, qui est prise le 4 décembre, après quelques heures d'un assaut meurtrier. Ce ne fut que le 23 décembre de l'année suivante (1853), qu'on entra dans Ouargla. La Kabylie avait été châtiée encore durant le mois de mai. A pareille époque, en 1854, le gouverneur-général revenait punir les tribus du Sebaou, et, le 26 décembre, Bou Bar'la était tué, parmi des voleurs de troupeaux, chez les Beni Mellikeuch.

Nonobstant l'inquiétude causée par cette guerre sans cesse renaissante, qui n'était qu'un enchaînement de petits combats presque journaliers, la colonisation a marché activement sur la côte, où d'anciennes villes ont été agrandies, embellies, relevées, — et dans l'intérieur, où des centres de populations ont été créés, des établissements fondés, de vastes territoires défrichés. Tous les genres d'industrie sont venus exposer leurs produits sur cette terre, maudite naguère, sous le nom de *Barbarie*. Toutes les gloires sont venues y jeter au passage un rapide éclat.

Le calme le plus profond régna en 1855, tandis que nos aigles s'illustraient en Orient. Une excursion dans les Ksour du Sahara fut, pour nos soldats, dans les derniers mois de l'année, une belle promenade militaire. Cependant, une fermentation alarmante se manifestait depuis quelque temps en Kabylie, lorsqu'elle éclata dans les premiers jours de janvier 1856. Élevé à la dignité de maréchal de France (10 mars 1856), le gouverneur-général,

M. le comte Randon, repoussa l'insurrection qui gagnait au point que les 2 et 4 septembre le marabout d'Hadj-Amar attaqua Dra el-Mizan. Le 10 octobre, après divers châtiments infligés aux Kabyles indomptés, on avisait à des corrections appliquées aussi à l'est et à l'ouest. Le 19 mai 1857, les troupes furent réunies aux pieds des montagnes de la Kabylie ; le 25, on s'emparait des hauteurs des Beni-Raten, qui complétaient leur soumission le 27. Le 14 juin, on posait la première pierre du Fort-Napoléon, à Souk el-Arba, dominant les crêtes. Le 15 juillet, après avoir surmonté tous les pitons de cette contrée, vaincu tous leurs habitants, pris El-Hadj Amar, l'instigateur des Beni-Raten, toutes les troupes s'ébranlèrent pour rentrer dans leurs garnisons, heureuses et fières d'avoir contribué aux résultats si féconds et si complets qui ont été obtenus, et d'avoir pu, malgré des fatigues inouïes, par des combats glorieux et des travaux surprenants, vaincre les Kabyles, qui avaient échappé jusqu'ici à tous les conquérants, et établir ainsi définitivement la domination de la France sur l'Algérie toute entière (*Moniteur algérien,* 21 juillet 1857, n° 1562).

POPULATION. Dans le cours de cette revue rapide, qui a fait passer sous nos yeux plus de quarante siècles, se sont pressés, en foule, des peuples qui, en 1830, laissaient de nombreux représentants de leurs antiques races :

Les populations nomades du Sahara pouvaient être prises en ligne de compte pour un million d'âmes ;

Les Kabyles, descendants des Berbères, ou des Gétules, si l'on veut, considérés comme les primitifs habitants du pays, étaient au nombre de 850,000 ;

Les Arabes, enfants de ceux amenés par les trois grandes invasions musulmanes et les retours annuels du pèlerinage, 1,800,000 ;

Les Maures, fils de tous les peuples poussés

sur ces rivages, depuis les Argonautes jusqu'aux renégats du siècle dernier, 100,000 ;

Les Turcs et les Coulouglis, se perpétuant depuis les Barberousses, et recrutés sans cesse par les déportations de Janissaires, 6,000 ;

Les Juifs, dont les pères avaient émigré après la ruine de Jérusalem, au temps de Titus et d'Adrien, 19,000 ;

Les Nègres vendus à Tombouctou, ou provenant de mariages d'esclaves, 3,000.

Tous ces peuples existent sous notre domination, bien moins nombreux sans doute qu'au moment de la conquête où une statistique approximative fut dressée, pour tenir lieu de recensement. L'émigration, le choléra, les malheurs de la guerre, ont réduit leur multitude. Cependant le Kabyle, sauvage, barbare, couvert de haillons qui dérobent mal ses formes, dignes de la statuaire, habite encore les montagnes, où il nous cacha longtemps sa vie pleine de souvenirs des patriarches.

L'Arabe, agreste, fanatique et perfide, sort de sa tente ou de son gourbi avec le burnous drapé à l'antique, pour recueillir ses moissons, pour monter sur son coursier et nous harceler d'une guerre implacable. Aucun des nobles sentiments ne lui sont étrangers.

Le Maure, obséquieux, jaloux et cupide, habite les demeures champêtres les plus rapprochées des villes, où il se produit dans de petits négoces, dans de modestes emplois, sans compromettre son amour du repos et des voluptés faciles. Soutenu par la protection, il se montre insolent à l'occasion.

Les femmes de ces hommes, hâtivement flétries par des couches précoces, n'ont qu'un éclair de beauté éblouissante et traînent dans l'ennui des travaux les plus humbles, une décrépitude prématurée.

Le Turc, s'il en reste, gémit fier et solitaire de l'éclipse du croissant, et nourrit le vain espoir d'un retour de fortune.

Le Juif, timide, intelligent et sordide, dont la femme est belle, ici, comme toutes les filles d'Israël, trafique de tout et se pousse dans les affaires de la chicane.

Le Nègre, laborieux et content, toujours probe, fait son ouvrage, et comme nous, étranger au pays, semble le moins fâché de nous y voir.

Le Saharien, le Touareg, commencent à s'aventurer au milieu des merveilles de notre civilisation, et sont les seuls qui aient la bonne foi d'en manifester leur admiration et d'en exalter les bienfaits.

C'est au milieu de ces familles si différentes de mœurs, de physionomie, n'ayant d'autre lien qu'un idiome variable de la langue arabe, et dans lesquelles on peut dénombrer 2,500,000 individus, que les Européens sont venus apporter une population dont l'effectif, non compris les troupes, était, au 1er janvier 1857, de 167,670 âmes, ainsi répartie :

Français.		92,738		
Espagnols.	41,237			
Portugais	112			
Italiens.	9,118			
Anglo-Maltais.	6,841			
Anglo-Irlandais.	188			
Belges, Hollandais...	464	66,544	167,670	
Allemands.	5,567			
Polonais.	282			
Suisses.	1,748			306,580
Grecs.	88			
Divers.	4,064			
Population civile en bloc.		8,388		
Population indigène en territoire civil et en territoire militaire.			138,910	

Ce chiffre total va s'augmentant d'année en année dans une proportion de 9,000 individus, en moyenne, ainsi qu'il a été observé depuis 1852.

Dans ce chiffre de 167,670, la population urbaine figure pour 99,534, la population rurale pour 60,294; la population en bloc pour 7852. La population urbaine s'est accrue de 18,845 habitans, de 1852 à 1856, et la population rurale a gagné 16,036 individus.

Ce recensement porte le nombre des hommes		68,095	167,670
Celui des femmes à		50,199	
Celui des enfants au-dessus de 15 ans	garçons à	25,161	
	filles à	24,215	

Les enfants pullulent, abondent, surabondent en Algérie.

Le nombre des ménages est aujourd'hui de 43,656. Il est né en Algérie 33,564 enfans, soit le cinquième de la population, et soit encore, en 4 ans, 12,771 naissances d'excédant sur les décès. En 1854, on avait noté qu'il naissait un enfant naturel sur 4.46. — En cette même année que les mariages atteignaient une proportion de 1.16 sur cent. Il y avait eu 90 décès accidentels, dont 12 par morts subites et 39 suicides : 14 pour embarras d'affaires, 17 pour motifs inconnus, et un pour amour contrarié. L'immigration avait amené en Algérie 17,442 individus.

L'effectif de l'armée d'Algérie est approximativement de 60,000 hommes.

DIVISION. La nation nouvelle qui se forme avec des éléments si diversifiés, est répandue sur trois provinces : Alger, Constantine et Oran, dont chacune est divisée en territoire civil et en territoire militaire. Le territoire civil de chaque province forme un département, et le territoire militaire une *Division* proprement dite, mais en réalité la Division comprend et le territoire civil et le territoire militaire. Celui-ci, au point de vue administratif, est placé sous l'autorité du Général commandant la division.

GOUVERNEMENT. Le pays est gouverné aujourd'hui d'après les prescriptions des arrêtés organiques des 9 et 16 décembre 1848, sur l'administration générale et provinciale de l'Algérie, complétés par les arrêtés ministériels des 2 août 1848 et 31 mai 1849, déterminant les attributions des trois bureaux de la direction des affaires de l'Algérie au Ministère de la Guerre; le décret présidentiel du 17 décembre 1851, qui reconstitue sur de nouvelles bases le Comité consultatif de l'Algérie, auprès du Ministre de la Guerre, et enfin le décret impérial du 30 décembre 1856, relatif à la décentralisation administrative.

Chaque département est soumis au régime administratif des départements de la Métropole, sauf les exceptions résultant de la législation spéciale de l'Algérie, qui est publiée en *Bulletins officiels des Actes du Gouvernement*, et dans le *Moniteur Algérien*, journal officiel de la Colonie.

Le gouvernement-général de l'Algérie comprend le commandement de toutes les forces militaires et la haute administration du pays. Il se compose : 1° d'un Gouverneur-Général, fonctionnant sous l'autorité et les ordres du Ministre de la Guerre; 2° d'un Conseil du Gouvernement.

Le Gouverneur-Général est nommé par l'Empereur, sur la proposition du Ministre de la Guerre. Auprès de ce ministre est institué un *Comité consultatif de l'Algérie*, composé de onze membres, que des fonctions antérieures ou des études spéciales ont mis à même d'acquérir la connaissance des besoins et des affaires de la Colonie. Chaque année, les membres de ce Comité sont nommés par l'Empereur, sur la proposition du Ministre qui les préside lui-même toutes les fois qu'il le juge convenable, et offre à leur examen et à la discussion les projets de loi, décrets, réglements généraux, questions et affaires administratives qu'il juge utile de leur renvoyer. Le Comité n'a aucune action directe sur le service de l'Algérie, et toutes les demandes de communications ou de renseignements, doivent être adressées au Ministre de la Guerre.

Le Gouverneur-Général promulgue les lois, décrets et réglements exécutoires en Algérie. Il assure le maintien de l'ordre et de la sécurité publique. Dans les cas imprévus où ces intérêts seraient gravement compromis, il prend, sous sa responsabilité, les mesures autorisées par les lois de la métropole et en rend compte immédiatement au Ministre de la Guerre.

Un Secrétaire-Général du Gouvernement est chargé de centraliser, de préparer et d'expédier le travail du Gouverneur-Général, en ce qui touche ses attributions administratives.

Un Conseil du Gouvernement assiste le Gouverneur-Général dans l'examen de toutes les affaires qui intéressent la haute administration de l'Algérie, et qui lui sont soumises par le Gouverneur-Général, qui transmet, avec son avis, au ministre compétent, les délibérations de ce conseil. Le rang dans lequel siégent, sous la présidence du Gouverneur-Général, les membres du Conseil du Gouvernement de l'Algérie est réglé ainsi qu'il suit : le Procureur-Général, l'Évêque, le Chef de l'État-Major général, le Commandant supérieur de la Marine, le Commandant supérieur du Génie (les trois fonctionnaires qui précèdent d'après le grade et l'ancienneté dans le grade), le Recteur de l'Académie, le Secrétaire-Général du Gouvernement, l'Inspecteur-Général de la mission des Finances, le Chef du Bureau politique des Affaires arabes près du Gouverneur-Général, et quatre Conseillers civils rapporteurs. Un Secrétaire est attaché au Conseil. En cas d'absence ou d'empêchement du Gouverneur-Général, le Conseil du Gouvernement sera présidé par le Général commandant la division d'Alger, et à défaut, par le Procureur-Général.

Le Gouverneur-Général administre exclusivement, sous l'autorité du Ministre de la guerre, toutes les portions du territoire de l'Algérie classées en dehors du département. La direction supérieure des territoires militaires appartient, dans chaque province, au Général commandant la division.

Il y a, au chef-lieu de chaque subdivision, une Commission consultative chargée de donner son avis sur les affaires d'intérêt général ou local, concernant exclusivement le territoire militaire qui en dépend.

Les décrets des 29 avril et 20 octobre 1857,

ont rendu exécutoires en territoire civil et en territoire militaire, les lois et règlements en vigueur dans la métropole sur les servitudes défensives et le domaine militaire.

Le Gouverneur-Général a la haute direction de toutes les mesures qui intéressent la colonisation en Algérie. Il adresse à cet égard les instructions aux Préfets qui lui rendent compte de leur exécution.

Le département est subdivisé en arrondissements et communes. Il est administré par un Préfet qui correspond directement avec le Ministre de la Guerre pour tout ce qui se rattache à l'administration centrale, et avec les autres ministres en ce qui touche les services spéciaux qui ressortissent à leur département respectif, en vertu de la législation de la Colonie. Il correspond directement aussi avec le Gouverneur-Général pour l'instruction préparatoire des affaires du département qui doivent être soumises, avant décision, aux délibérations du Conseil du Gouvernement.

Il y a auprès de chaque Préfet un Conseil de préfecture ayant les mêmes attributions qu'en France, qui émet son avis sur toutes les affaires que lui soumet ce haut fonctionnaire. Ce Conseil est composé de quatre membres dans la province d'Alger, et de trois membres dans les autres départements, indépendamment du Préfet qui le préside.

Le Préfet rend compte au Gouverneur-Général des décisions prises et des nominations faites par lui en vertu des pouvoirs que lui confèrent les décrets précités.

Le Sous-Préfet administre l'arrondissement qui lui est confié sous l'autorité immédiate du Préfet. Les Sous-Préfets ont sous leurs ordres les Commissaires civils, qui administrent les territoires ne comportant pas encore l'organisation communale. (Arrêté ministériel des 18 et 31 décembre 1842). Ils remplissent les fonctions de Maire, indépendamment de leurs attributions spéciales comme délégués du Préfet Ils connaissent en dernier ressort, en matière civile, jusqu'à la valeur de 100 fr. et à charge d'appel jusqu'à la valeur de 200 fr., de toutes actions personnelles et mobilières; et en matière commerciale jusqu'à la valeur de 100 et à charge d'appel jusqu'à 500 fr. Ils exercent d'ailleurs dans l'étendue de leur district les attributions que les lois confèrent aux Juges-de-Paix, à qui ils doivent abandonner leurs fonctions judiciaires, lorsqu'un tribunal de ce ressort est établi au lieu de leur résidence.

Les indigènes administrés par l'autorité civile sont rattachés aux communes, leurs *cheikhs* sont en quelque sorte les adjoints au Maire.

L'ordonnance royale du 28 septembre 1847 sur l'organisation municipale en Algérie, dispose que les centres de population ne seront érigés en commune que lorsqu'ils auront acquis le développement nécessaire (Art. 1er). Le corps municipal de chaque commune se compose d'un Maire, d'un ou de plusieurs Adjoints et d'un Conseil municipal.

Par décret présidentiel du 17 janvier 1850, le service de l'Enregistrement et des Domaines, et celui des Contributions diverses, sont placés sous la direction immédiate et exclusive du département de la guerre. La législation métropolitaine sur les droits d'enregistrement, de greffe et d'hypothèques, a été successivement appliquée à l'Algérie, avec les modifications réclamées par la situation du pays. Il n'est perçu que la moitié des droits, soit fixes, soit proportionnels, décime non compris (Ord. royale du 19 octobre 1841). Une législation spéciale régit les Domaines. L'impôt du timbre a été établi (Ord. des 10 janvier et 12 mars 1843), et s'exerce, quant aux journaux, d'après les prescriptions combinées de la loi du 16 juillet 1850 et du décret organique sur le régime de la presse en France, du 17 février 1852. Les recettes afférentes à la caisse des dépôts et consignations ont été attribuées aux Receveurs des Domaines, par décret du 23 octobre 1856. Les attributions du service des Bâtiments civils ont été réglées par l'arrêté ministériel du 12 novembre 1850. Les architectes à ce titre et les ingénieurs chargés des services des Ponts-et-Chaussées et des Mines, les agents supérieurs chargés des travaux de la colonisation, sont sous les ordres directs des Préfets. Le service de la Télégraphie continue à ressortir du Gouverneur-Général. Les Inspecteurs des Finances relèvent directement du Ministère des finances, pareillement le service de la Trésorerie et des Postes, et l'administration des Douanes. La loi du 11 janvier 1851, présentée et soutenue à l'Assemblée nationale par M. le Général comte Randon, alors Ministre de la Guerre, a ouvert au commerce algérien et à la production coloniale une ère nouvelle, dont les bienfaits se font sentir. En vertu de cette loi, le tarif et la législation des douanes métropolitaines deviennent généralement applicables. Les dispositions successives qui prescrivent des exceptions ou des modifications aux règlements qui régissent ce service, aussi bien que tous les autres, ne sauraient trouver place ici, et seront rencontrées avec fruit dans l'excellent ouvrage de M. de Ménerville, conseiller à la Cour impériale d'Alger, intitulé *Dictionnaire de la législation algérienne*.

L'administration du territoire militaire est exercée par les officiers investis du commandement. Ils ont sous leurs ordres les officiers chargés des affaires arabes et les fonctionnaires et agents indigènes de tous rangs, Kalifa, Agha, Caïd, Cheikh, etc. Les Européens établis dans les territoires militaires sont soumis au régime administratif exceptionnel de ces territoires, où les fonctions judiciaires sont dévolu au Commandant de place qui remplit également celles d'Officier de l'état-civil.

Le décret présidentiel du 12 juin 1852 a déterminé les bases d'une organisation des milices algériennes (gardes nationales); et l'arrêté du Gouverneur-Général, du 13 mars 1855, a rendu l'uniforme obligatoire pour les citoyens inscrits au contrôle.

L'administration des populations indigènes a paternellement occupé le Gouvernement. — Le décret impérial du 8 août 1854, créa des bureaux arabes départementaux et régla leur mode d'administration sur les indigènes dans les villes, et au moyen des Cheikhs, commandant aux Arabes sous la tente, en territoire civil. Les *Berranis* (gens du dehors) eurent leurs *Amin* (syndics).

Le 10 octobre 1854, la justice musulmane fut régularisée avec un *Medjelès* (tribunal d'appel) pour fonctionner à partir du 1er juillet 1856, et confirmer les arrêts des *Cadis* (Juges-de-Paix et Notaires musulmans). Le décret du 15 fév. 1857, a soumis à un examen préalable les candidats aux emplois de muphtis et autres agents judiciaires musulmans.

L'administration a donné aux pauvres musulmans durant l'année 1856, et dans Alger seulement, une somme de 85,000 francs. Par décret du 5 décembre 1857, un bureau de bienfaisance spécial a été créé à Alger pour leur distribuer des secours. Postérieurement à ce décret, une décision ministérielle institua en leur faveur des salles d'asiles, pour les enfants; des ouvroirs, des infirmeries, des fourneaux économiques, etc. La bienveillance de l'administration, à l'égard des enfants de familles pauvres, qui ont bien mérité dans les écoles musulmanes, va jusqu'à entretenir durant trois ans, au moyen de bourses dites *d'apprentissage*, les sujets qui apprennent un métier utile chez un industriel ou un artisan.

Dès les premiers jours de l'année 1854, M. le Maréchal Randon a formé, à bord de la *Ménagère*, une école de mousses (actuellement à bord de l'*Allier*) qui sont aujourd'hui au nombre de 60.

L'impôt arabe a rapporté en 1856 :

Dans la province d'Alger.	4,646,585	»
— d'Oran	5,053,815	»
— de Constantine. .	3,818,256	»
Total.	13,518,656	»

CULTE. Saint Pierre de Nolasque, fondateur de l'Ordre de N.-D. de la Merci pour la rédemption des captifs, suivit les traces de saint Jean de Matha, fondateur des Trinitaires, qui, dans le même but de charité, avait souvent envoyé ses Religieux en Barbarie, et, vers 1232, vint lui-même à Alger, où il fut retenu prisonnier quelque temps. Son disciple, le bienheureux Pierre Armengaud, resté en ôtage pour des esclaves rachetés à Bougie, y fut pendu. Saint Raymond Nonat, appartenant au même Ordre, et dans un pareil exercice de dévouement héroïque, à Alger, eut les lèvres fermées d'un cadenas pour qu'il ne pût pas prêcher le nom de Jésus-Christ durant sa captivité (1240). Saint Sérapion, son confrère, avait été crucifié, dans la même ville, quelques mois auparavant. Les successeurs de ces saints martyrs obtinrent de rester enfermés dans les bagnes pour la consolation des captifs. En 1646, saint Vincent-de-Paul, qui avait été esclave en Tunisie et y avait appris que les Chrétiens, capturés par les Barbaresques de l'Algérie, n'étaient pas au-dessous du nombre de 20,000, obtint du roi Louis XIII une somme de 10,000 fr. pour établir, à Alger, quatre prêtres de la Congrégation des Lazaristes, dont il est le fondateur (1). Ces prêtres, pieux et dévoués, se perpétuèrent jusqu'à l'époque du blocus, en 1827. Le jour de la prise d'Alger, on célébra une messe d'action de grâces, à la Casbah, sur un autel composé de caisses de tambour. La chapelle des esclaves, au bagne de la caserne des Lions, rue Bab-Azoun, servit quelque temps pour l'exercice du culte, qui fut rétabli dans l'ancienne chapelle des Lazaristes, rue de l'État-major. Le 24 décembre 1832, la mosquée, rue du Divan, fut consacrée en église.

(1) Voir *Les Saints de l'Algérie*, par V. Bérard.

Par ordonnance royale en date du 25 août 1838, les possessions françaises dans le nord de l'Afrique forment un diocèse dont le siège épiscopal est établi à Alger, suffragant de l'archevêché d'Aix. Ce diocèse, dont la circonscription embrasse les trois provinces d'Alger, Constantine et Oran, a été érigé sous le titre de *Julia Cæsarea*, par N. S. P. le Pape, le 9 août de la même année. Mgr Antoine-Adolphe Dupuch fut nommé à cet évêché le 25 août 1838. Ce vénérable apôtre de la charité s'étant démis des fonctions épiscopales, Mgr Pavy, Louis-Antoine-Augustin, a été nommé Évêque d'Alger, par Ordon. royale du 26 février 1846. Préconisé le 14 avril de la même année, il a été sacré le 24 mai suivant.

Deux vicaires-généraux sont agréés par le Gouvernement; huit chanoines, dont deux faisant fonctions de vicaires-généraux, composent le Chapitre de la cathédrale; un séminaire diocésain, à Kouba près Alger, prépare au sacerdoce 60 étudiants; une école secondaire ecclésiastique, à Saint-Eugène près de la même ville, donne l'instruction à plus de cent élèves.

La maîtrise de la cathédrale exerce 30 enfants de chœur. Il y a 141 desservants et 40 Vicaires reconnus par l'État. A la fin de 1857, il y avait 252 prêtres, et 53 sujets avaient été promus aux Ordres sacrés dans l'année. Plusieurs communautés religieuses existent et sont toutes occupées à la vie active ; Trappistes, Jésuites, Lazaristes, dont la plupart tiennent des Orphelinats, ou se consacrent à l'éducation de la jeunesse, aussi bien que les Religieuses Trinitaires; les Sœurs de Saint-Vincent, de la Doctrine chrétienne, les Religieuses du Bon-Pasteur, du Sacré-Cœur. L'institution de Saint-Xavier et l'Œuvre de Saint-François Régis, qui a pour but la légitimation des mariages, fonctionnent concurremment avec les conférences de Saint-Vincent-de-Paul, dont les affiliés portent des secours aux indigents. Un Comité de la Propagation de la Foi recueille les offrandes hebdomadaires des fidèles de l'Algérie.

Par ordonnance royale du 31 octobre 1839, il a été établi, à Alger, une église consistoriale pour le culte protestant. Le consistoire est composé d'un Pasteur et de douze Anciens. Des Pasteurs auxiliaires, des Instituteurs et Institutrices ont été établis sur tous les points où l'utilité s'en est fait sentir.

Le culte israélite a été organisé civilement, en Algérie, par ordonnance royale du 9 novembre 1845, qui a établi un consistoire central et des consistoires provinciaux, et a créé des salles d'asile et des écoles.

La convention entre M. de Bourmont et le Dey d'Alger, le 5 juillet 1830, stipulait : « L'exercice de la religion mahométane restera libre. La liberté des habitants de toutes les classes, leur religion, ne recevront aucune atteinte. »

Ces paroles ont été religieusement observées, et on a vu, ci-dessus, tout ce que le gouvernement de la France a fait successivement pour le bien-être des Musulmans.

Il n'est peut-être pas inopportun de dire ici quelques mots sur la religion mahométane, dont plusieurs parlent sans savoir ce que c'est.

Les Mahométans adorent Dieu, invisible, immatériel, immense, tout-puissant. Ils vénèrent Mahomet comme le prophète suprême, médiateur entre Dieu et les créatures. Ils croient à la résurrection, au jugement dernier; ils croient à la prédestination de tels ou tels sujets qui arriveront plus tôt au séjour du bonheur, où doivent enfin se réunir toutes les âmes; l'enfer n'étant point une prison éternelle, n'étant, suivant leurs idées, qu'un purgatoire plus ou moins formidable.

Ils honorent N.-S. Jésus-Christ comme un homme animé d'une émanation directe de l'esprit de Dieu, et lui donnent le second rang après Mahomet. Ils croient à l'immaculée conception, à la virginité de sa sainte mère Marie. Ils ont foi aux vertus divines de Jésus-Christ, en ses miracles, mais pensent que Dieu l'enlevant à lui au jour de sa passion, n'a laissé que Judas lui-même, lequel fut crucifié à sa place. Ils respectent l'Évangile, qu'ils n'ouvrent pas, disant que les Chrétiens l'ont falsifié. La *Bible*, principalement les Livres de Moïse et le Psautier, sont pour eux des autorités de premier ordre. Les patriarches de l'Ancien-Testament sont aussi l'objet de leur vénération. Ils racontent sur ces saints personnages des légendes curieuses.

Ils trouvent leur doctrine dans le Coran, qu'ils croient apporté du ciel à Mahomet par l'ange Gabriel. C'est dans ce livre qu'ils ont leur code moral et politique et qu'ils puisent aussi les formes de leur liturgie, qui est très-simple. Ils prient cinq fois dans vingt-quatre heures à des moments déterminés et à l'appel du moudzin, dont la voix se fait entendre du haut de la tour de chaque mosquée. Le vendredi, vers midi, ils sont tenus de se rendre au plus prochain de ces temples, où ils font en commun les prières et prostrations journalières, et, après un prône et une courte lecture, ils continuent à vaquer à leurs occupations. L'époque du Ramadan, jeûne de trente jours, le pèlerinage de la Mecque, la grande fête du Mouloud (naissance de Mahomet), qui dure sept jours, et celle de l'Aïd-Kebir ou Doha, où l'on immole un mouton pour la rémission des péchés, amènent diverses veilles et cérémonies, où l'esprit de piété semble pénétrer tous les cœurs.

INSTRUCTION PUBLIQUE. L'instruction publique en Algérie comprend, comme en France, l'enseignement secondaire, dont le principal établissement est au Lycée d'Alger, — et l'enseignement primaire qui est maintenant répandu dans la presque totalité des communes des trois départements.

Des cours supérieurs pour l'enseignement de la langue arabe existent à Alger, Oran et Constantine, et le 4 décembre 1849, un décret accordait une prime annuelle aux employés des services civils qui pourront justifier, devant un jury d'examen, de leur connaissance de cette langue.

Cette administration est dirigée par un Recteur, dont le siége est à Alger. Il est secondé par 2 Inspecteurs d'Académie, 1 Inspecteur primaire et 2 Sous-Inspecteurs.

Les Frères des Écoles chrétiennes et différentes congrégations religieuses dirigent également des établissements d'instruction.

L'Instruction publique musulmane n'a pas été non plus négligée. Par décret du 14 Juillet 1850, des écoles arabes-françaises furent créées à Alger, Constantine, Bône, Oran, Blida, Mostaganem et Tlemcen. Le décret du 30 septembre de la même année institua par province une *medersa*, école supérieure, exclusivement musulmane, destinée à former des *eulama* (jurisconsultes). Enfin, un autre décret, du 14 mars 1857, a créé à Alger un collége impérial arabe.

Il sera parlé d'une manière plus détaillée de ces différents établissements et de plusieurs autres que nous avons passé sous silence, lorsque nous décrirons les villes où ils existent.

Il nous reste à dire que l'instruction est actuellement répandue sur 23,000 élèves de tous les cultes.

JUSTICE. Le service de la justice est placé sous la direction du Procureur-Général, pour les trois provinces, et du Ministre de la Justice (Arrêté du Pouvoir exécutif du 20 août 1848). Il est exercé par 1º une Cour impériale, dont la juridiction embrasse toute l'Algérie; 2º sept Tribunaux de première instance; 3º vingt-cinq Justices-de-paix, dont quelques-unes à compétence étendue; 4º deux Tribunaux de Commerce, et 5º six Conseils de Guerre et trois Conseils de Révision.

ESPRIT DES HABITANS. Par suite des sentiments de bienveillance naturels aux nations chrétiennes, l'esprit des Européens est favorablement porté à l'égard des Indigènes. On comprend qu'ils aient voulu défendre leur culte et leur pays contre des étrangers que des ambitieux leur désignaient comme hostiles à leurs croyances et à leurs usages. Aussi, après la victoire, après la soumission, les rapports se soudent immédiatement, sous les auspices de la loyauté française. On travaille ici beaucoup plus qu'ailleurs, par une surexcitation naturelle qui vient du climat et encore par le désir impatient de voir établi ce que l'on crée. La crise financière et mobilière de 1847 a eu ce résultat d'asseoir la propriété sur une base certaine et de la placer entre des mains capables de la faire fructifier? Un goût très-prononcé pour le plaisir se développe en compensation des labeurs. La mise des hommes est généralement soignée; celle des femmes devient coûteuse. Elles recherchent avec empressement les occasions de se montrer, et la religion, tenue avec pompe et grandeur, leur fournit, comme partout, un moyen d'effet qu'elles ne négligent point. Peu de Français suivent sérieusement le culte. L'époque où l'on souffre une moralité douteuse dans une colonie, est passée; cet état de choses est dû à de dignes exemples offerts en haut lieu. La volonté d'augmenter le bien-être absorbe presqu'entièrement cette foule, qui est venue chercher une place plus belle au soleil, et les agitations qu'ont amené de mauvais moments, ont excité plus de curiosité autour d'exaltés se posant en spectacle, que de sympathies pour des doctrines ne pouvant s'appliquer en rien à un pays nouveau qui a besoin d'une forte cohésion. Une gratitude justement acquise est vouée aux hommes de guerre, aux génies organisateurs, à quiconque fait quelque chose pour le bien de la Colonie; on s'intéresse à eux, on ne les oublie jamais. La nouvelle qui circula tout à coup d'un prochain voyage du Chef de l'État sur nos plages africaines, fit tressaillir le sol d'une joie universelle, et si cet heureux espoir eût été réalisé, la présence auguste de l'Empereur eut été accueillie avec la plus vive allégresse et saluée avec la reconnaissance la plus profondément ressentie.

CONCESSIONS. Les concessions inférieures à cinquante hectares sont délivrées par les Préfets des départements, ou par les Généraux commandant les divisions, suivant les territoires auxquels elles s'appliquent.

Les concessions de cinquante à cent hectares sont accordées par le Gouverneur-Général de l'Algérie en conseil du gouvernement.

Les concessions supérieures à cent hectares sont octroyées par décrets impériaux, rendus sur le rapport du Ministre de la Guerre, le conseil d'État entendu.

Les demandes doivent conséquemment être adressées au Préfet du département ou au Général commandant la division, au Gouverneur-Général de l'Algérie ou au Ministre de la guerre, selon l'étendue de terrain sollicitée.

Les pétitionnaires doivent faire connaître, sinon la localité, au moins le département ou la province où ils désirent être placés. Ils doivent également indiquer d'une manière précise leurs noms, prénoms, profession, domicile et ressources pécuniaires.

Les concessions s'appliquent à des terres incultes; les colons ont à faire par eux-mêmes tous les frais de leur installation et de leurs cultures; en conséquence, les étendues concédées sont toujours proportionnées à leurs moyens d'action constatés.

Il est généralement accordé autant d'hectares qu'il y a de fois 3 à 400 fr. dans le capital dont chaque demandeur dispose, parce que l'expérience a démontré que l'établissement d'une exploitation agricole revient en moyenne à cette dépense. Il est nécessaire de posséder un capital d'au moins 3,000 fr. pour devenir concessionnaire, parce que cette somme représente le minimum des frais à faire par l'émigrant pour se construire une habitation, commencer ses cultures et vivre en attendant les premières récoltes. Les justifications pécuniaires exigées à l'appui de toute demande de concession, en conséquence de ce qui précède, peuvent être produites sous la forme soit d'un extrait des rôles des contributions directes accompagné d'un certificat de non inscription hypothécaire, soit d'un acte de notoriété passé devant le Juge-de-paix de la résidence ou de la situation des biens du demandeur. Le coût de cet acte, qui dans les localités de l'Algérie, où il n'existe pas de justice de paix, est établi par le Commissaire civil du district ou par le Commandant de place, suivant les cas, est fixé ainsi qu'il suit par le décret du 23 avril 1852 :

Timbre de l'acte ou brevet...	0 f. 35 c.		3 fr. 45 c.
Vacation au greffier.........	2	»	
Enregistrement (droit fixe)...	1	20	

Un délai est fixé pour l'exploitation de chaque concession. A l'expiration de ce délai, si le concessionnaire a mis ses terrains en pleine valeur, il en devient propriétaire définitif au même titre que s'il les avaient achetés. S'il les a laissés incultes, ils font retour à l'État. Enfin, s'il n'y a exécuté que quelques travaux insuffisants, ils sont vendus aux enchères publiques à son profit, sur une mise à prix égale à la valeur de ces travaux.

Indépendamment de cette obligation de cultiver, le concessionnaire est assujetti au paiement à l'État d'une rente annuelle et perpétuelle, généralement fixée à 1 franc par hectare, mais dont les arrérages ne commencent à courir qu'à partir de l'expiration du délai accordé pour la mise en valeur du sol, c'est-à-dire à partir de l'époque où la concession doit être en plein état d'exploitation, de donner par conséquent tout le revenu qu'elle est susceptible de rendre. Cette rente est, au surplus, rachetable au taux de 10 0/0, c'est-à-dire, dans l'hypothèse d'une rente de 1 franc, moyennant 10 francs par hectare.

Tout titulaire d'une concession de terrain a droit à un permis de passage gratuit de Marseille en Algérie, pour lui, sa famille et les personnes attachées à son service.

Si dans le délai de trois mois, il n'a pas pris possession des terres qui lui ont été attribuées, il est déchu de plein droit du bénéfice de sa concession.

Les essais de ventes de terres par adjudications publiques, tentés depuis quelques années, ont donné des résultats très-satisfaisants. Les terres de l'Habra, dans la province d'Oran, ont été vendues au prix moyen de 172 f. l'hectare. Dans la province d'Alger, les prix ont varié de 150 à 300 fr. l'hectare, selon le plus ou moins d'éloignement des centres de population. Aussi le Gouvernement paraît vouloir persévérer dans cette voie. Ce mode de colonisation peut se concilier avec celui des concessions gratuites faites dans les zones plus éloignées.

Ce système est avantageux, surtout pour les personnes qui, ayant quelques avances, veulent sérieusement s'établir en Algérie, parce qu'il leur évite les lenteurs inhérentes à la délivrance d'une concession et leur permet d'user de suite de leur propriété de la manière qu'ils l'entendent, sans être astreints à aucune des conditions que l'administration a dû imposer aux concessionnaires à titre gratuit.

DÉPOTS D'OUVRIERS. Dès 1842, l'administration a créé, dans les principaux ports de débarquement de l'Algérie, des dépôts où les émigrants, petits concessionnaires et ouvriers, trouvent à leur arrivée dans la Colonie, un asile momentané pour se reposer des fatigues du voyage et préparer l'emploi de leurs bras.

TRADUCTEURS ASSERMENTÉS. Les transactions ont lieu souvent entre parties qui parlent des langues différentes, et ont besoin, par conséquent, d'un truchement pour s'entendre. L'arrêté du 2 février 1835 avait pourvu à cette nécessité par l'institution de traducteurs assermentés. L'ordonnance royale du 19 mai 1846, l'arrêté ministériel du 29 du même mois, et enfin le décret présidentiel du 20 novembre 1852 — ont fixé les honoraires qui leur sont alloués pour leurs vacations et rédactions.

DENRÉES. Les denrées sont généralement bonnes, mais trop chères en Algérie. Des Commissions sanitaires créées dans tous les centres de populations, pourvoient à ce que des matières d'une qualité nuisible ne soient pas mises en circulation; ce qui ne peut pas s'entendre de la falsification de certains liquides que le luxe consomme. Le prix élevé de la plupart des choses nécessaires à la vie est imposé par la nécessité d'en tirer d'Europe une grande partie. L'intempérie de l'hiver de 1856-1857, qui a frappé sur les troupeaux des Arabes vivant sans abri et sans provisions, est aussi cause de l'augmentation du prix de la viande. Les transports de la côte aux villes de l'intérieur augmentent encore cette cherté, dans cette proportion qu'une bordelaise de 220 litres de vin rouge ordinaire, provenant de Cette, coûte à Alger 110 fr. et peut se vendre à Bathna 200 fr. Généralement tout est plus cher dans cette dernière ville, à cause de sa position reculée; tout est de meilleur compte à Philippeville. Cette variation de prix nous semble devoir rendre inutile un prix moyen que nous établirions ici, pour toute l'Algérie, année commune.

HYGIÈNE. Les maladies qui ont cours dans l'Algérie sont la petite vérole et les fièvres pernicieuses. L'inoculation du vaccin, d'une part, et de l'autre, le soin de ne point s'exposer au soleil sans précautions, à l'époque des plus grandes chaleurs, sauront garantir de ces deux fléaux. Le séjour dans des cantons non encore assainis peut aussi donner des fièvres fort tenaces. L'excitation perpétuelle de tout le corps, que l'activité intempestive des Européens porte à l'extrême, les prédispose à des congestions cérébrales et appauvrit leur organisme : de là viennent des gastrites, des diarrhées. La dyssenterie est souvent la suite de l'abus des fruits ou des liqueurs alcooliques. La tempérance et un soin raisonnable de la santé, pareront à tous ces malheurs. L'interception soudaine de la transpiration, occasionne en tous pays les plus graves accidents; ici comme ailleurs les pleurésies, les rhumatismes. Les ophtalmies sont amenées par l'imprudence de promener et de dormir en plein air aux heures où tombe le serein. La syphilis sévit sur ceux qui s'offrent à son influence.

Il semble donc utile de se maintenir, en Algérie, dans un régime de modération inviolable; ne point prendre l'habitude des breuvages spiritueux; se défier des fruits, repousser l'eau pure; en été, faire usage de bains d'étuve, de mer ou d'eau douce, suivant le tempérament et la commodité; choisir une habitation située au nord, bien aérée, facile à maintenir dans un état constant de propreté, loin des marais et des matières putrescibles. Ne jamais s'endormir sans avoir soigneusement fermé portes et fenêtres; porter des gilets de flanelle, ou au moins des ceintures de laine, et des conserves en verres de couleurs, si l'on va dans la campagne et au grand soleil. Sans vouloir faire une caricature du colon, nous lui conseillerons, enfin, le caban en hiver, et le grand chapeau en été.

Si, malgré toutes ces précautions, la mort à laquelle personne n'échappe, venait à frapper quelqu'un de nos lecteurs durant son voyage en Algérie, il pourra dormir tranquille : l'ordonnance du 26 décembre 1842, portant institution, dans le ressort de chacun des Tribunaux de première instance d'Algérie, de curateurs aux successions vacantes, a pourvu à ce que les biens des défunts soient convenablement administrés et rendus aux héritiers; et le décret du 26 mai 1851 a rendu applicable à l'Algérie la législation métropolitaine concernant les cimetières où nous attend le repos.

Aucune maladie contagieuse ou endémique n'a son siége en Algérie. Les Arabes, les Maures, les Juifs, les Nègres, sont exempts de maux qui leur soient héréditaires, et jouissent également d'une bonne santé aussi bien que les Européens. L'arrêté du 31 décembre 1857 a fixé le prix de la journée de traitement, à rembourser par les malades admis à titre de pensionnaires de 1re classe dans les hôpitaux civils, au maximum de 1 f. 50.

LIVRETS D'OUVRIERS. — Le décret du 7 mai 1856, rend exécutoire en Algérie la loi du 22 juin 1854, sur les livrets dont les ouvriers des deux sexes sont tenus de se pourvoir auprès des Maires. Le prix en est de 25 centimes.

CAISSES D'ÉPARGNES. Des décrets successifs ont approuvé la fondation de Caisses d'épargne à Alger (1852), à Bône et à Philippeville (1844), à Oran et Constantine (1855).

BANQUE DE L'ALGÉRIE. L'Assemblée nationale a adopté d'urgence la loi du 4 août 1851, qui a fondé à Alger, une banque d'escompte, de circulation et de dépôt, sous la désignation de *Banque de l'Algérie*, au capital de 3 millions de francs, représentés par des actions de 500 francs. La Banque est autorisée, à l'exclusion de tous autres établissements, à émettre des billets au porteur, de 1000, 500, 100 et 50 francs, remboursables à vue au siége de la Banque ou de ses succursales, Oran et Constantine, reconnues par le Gouvernement.

TÉLÉGRAPHE ÉLECTRIQUE. Depuis le 31 octobre 1857, la communication immédiate de l'Algérie avec Paris, au moyen du câble électrique sous-marin, est établie. Le fil partant du cap de Garde, près de Bône, atteint le cap Spartivento, à l'extrémité S. de la Sardaigne, passe par Cagliari (de ce point un fil va sur Malte et Corfou), la Corse, la Spezzia, en Piémont, Turin, Chambéry et Marseille.

Tarifs officiels pour une dépêche de 1 à 15 mots.

D'ALGER À	fr. c.	DE PARIS À	fr. c.
Bône	6 80	Alger	19 50
Guelma	6 »»	Arzew	22 50
Constantine	5 20	Aumale	19 50
Philippeville	5 80	Blida	19 50
Bathna	5 10	Bône	18 »»
Sétif	4 20	Bordj-bou-Areridj	19 50
Bougie	3 80	Fort-Napoléon	19 50
Bordj-bou-Areridj	3 80	Bougie	18 »»
Aumale	2 90	Cherchel	21 »»
Dellys	2 80	Constantine	18 »»
Tizi-Ouzou	2 90	Dellys	19 50
Fort-Napoléon	3 10	Guelma	16 50
Blida	2 50	Marengo	21 »»
Médéa	2 70	Médéa	21 »»
Marengo	2 70	Mers el-Kebir	22 50
Cherchel	2 80	Miliana	21 »»
Miliana	3 »»	Mostaganem	21 »»
Orléansville	3 80	Oran	22 50
Ténès	3 60	Orléansville	21 »»
Mostaganem	4 80	Philippeville	16 50
Arzew	5 20	Bathna	18 »»
Oran	5 60	Sétif	18 »»
Mers el-Kebir	5 60	Ténès	21 »»
		Tizi-Ouzou	19 50

Les prix indiqués ci-dessus doivent être augmentés d'un dixième par chaque série ou fraction de série de 5 mots au-dessus de 15, pour les dépêches d'un point à un autre de l'Algérie.

Pour les dépêches d'Algérie en France, l'augmentation est d'un tiers.

Les bureaux électriques sont ouverts jusqu'à 9 heures du soir.

CHEMINS DE FER. Sa Majesté l'Empereur, pensant que le moment est venu de doter l'Algérie de chemins de fer, afin de donner satisfaction aux intérêts agricoles déjà créés, et d'en hâter le développement progressif, a décrété ce qui suit, le 8 avril 1857.

Art. 1er. — Il sera créé en Algérie un réseau de chemins de fer embrassant les trois provinces.

Ce réseau se composera :

1° D'une ligne parallèle à la mer, suivant, à l'Est, le parcours entre Alger et Constantine, et passant par ou près Aumale et Sétif ; à l'Ouest, le parcours entre Alger et Oran, et passant par ou près Blida, Amoura, Orléansville, Saint-Denis-du-Sig et Sainte-Barbe ;

2° De lignes partant des principaux ports et aboutissant à la ligne parallèle à la mer, savoir : à l'Est, de Philippeville ou Stora à Constantine, de Bougie à Sétif, de Bône à Constantine, en passant par Guelma ; à l'Ouest, de Tenès à Orléanville, d'Arzew et Mostaganem à Relizane, et d'Oran à Tlemcen, en passant par Sainte-Barbe et Sidi-bel-Abbès.

Art. 2. — Notre Ministre Secrétaire d'État au département de la Guerre est chargé de l'exécution du présent décret.

Ainsi, par le double mouvement qui constitue

l'échange commercial, en même temps que s'écouleront, vers les ports d'embarquement, les produits de ces immenses plaines qui se succèdent des frontières du Maroc aux frontières de Tunis; les produits des usines et des fabriques de la mère patrie, pénétreront et se répandront rapidement dans toutes les parties de l'Algérie.

Une telle œuvre, accomplie par l'armée pendant la paix, et rappelant avec plus de grandeur encore les travaux exécutés en Algérie par les légions romaines, augmenterait le renom de nos soldats, agrandirait le champ tracé à la colonisation européenne, et hâterait le moment où la population indigène, reconnaissant enfin l'ascendant de notre civilisation et se décidant à en accepter les bienfaits, confondra ses intérêts agricoles et commerciaux avec ceux de la France. (Extrait du rapport de M. le Ministre de la Guerre à l'Empereur.)

NAVIGATION. Les transports entre la France et l'Algérie et *vice versà* ne peuvent s'effectuer que par navires français.

Le décret impérial du 7 septembre 1856 sur la francisation des navires étrangers, naviguant au cabotage dans les eaux de l'Algérie, est mis à exécution à partir du 1er février 1857.

La police sanitaire, qui avait fait l'objet du décret présidentiel du 24 décembre 1850, a été établie sur cette base, en Algérie, par décret impérial du 12 août 1853, et son régime a été réorganisé par arrêté ministériel du 23 mars 1856.

De quelque port que vienne un navire dans les eaux de l'Algérie, tout capitaine, patron ou maître marin est tenu de remplir certaines formalités, qui sont indiquées en l'arrêté du 24 août 1828 : entre autres, de déclarer s'il n'a pas à bord des personnes qui ne soient pas portées sur le rôle d'équipage, ou qui ne soient pas munies des papiers voulus par la loi ou les règlements.

Par application des règlements sur la police des ports, M. le préfet d'Alger a pris, à la date du 9 décembre 1856, un arrêté portant qu'à partir du 1er avril 1857, les capitaines des bâtiments de commerce ne pourront allumer ni entretenir du feu à leur bord pour la cuisson des vivres, ou pour la fonte du brai, du suif ou du goudron, que dans des cuisines et postes à feu établis sur des emplacements spécialement désignés et moyennant de certaines rétributions.

D'autres prescriptions, relatives à la police intérieure du port, se trouvent en l'arrêté du 12 novembre 1832, que nous mentionnons seulement ici pour mémoire ; les renseignements de cette espèce, tombant dans une étroite spécialité à laquelle le genre de cet ouvrage ne peut être affecté. Pour tous les autres renseignements ayant trait aux tarifs de quarantaines, aux droits de douane et d'octroi sur les importations et exportations, toutes matières variables, quant à leur nature et à leurs tarifications, nous ne saurions mieux faire que d'adresser les intéressés aux courtiers maritimes et en marchandises, accrédités par le gouvernement.

PASSEPORTS. Tout individu arrivant en Algérie, est tenu de présenter, dans les vingt-quatre heures, son passeport au visa de l'autorité. Le passeport est visé par le Maire, si le porteur est Français, par le Préfet, et à défaut, par le Sous-Préfet, après visa préalable du Consul, si le porteur est étranger. Ainsi visé, le passeport est immédiatement rendu au titulaire. Nul ne pourra voyager en Algérie, s'il n'est porteur d'un passeport dûment visé à l'arrivée, comme il vient d'être dit.

Les passeports français sont délivrés en Algérie, savoir :

Par le Gouverneur-Général, pour les échelles du Levant, l'empire du Maroc, les régences de Tunis et de Tripoli ;

Par les Préfets, pour les colonies françaises et l'étranger ;

Par l'autorité municipale, pour la France et l'Algérie (1).

Les visas, au départ, sont délivrés par les mêmes

(1) L'individu qui demande la délivrance ou la régularisation d'un passeport, ne pourra l'obtenir qu'au moyen d'un certificat de la milice, constatant la remise des effets d'armement et d'équipement (Art. 18 de l'arrêté du 17 décembre 1841).

autorités, suivant la destination du porteur, et sous la réserve du visa préalable du Consul, pour les passeports des étrangers (Arrêté ministériel du 17 février 1854).

Il est défendu à tous capitaines de bâtiments marchands, français et autres, de prendre des passagers sans qu'ils soient munis de feuilles de route ou de passeports et permis d'embarquement, sous peine d'une amende de 100 francs par chaque individu en contravention pris à leur bord (Arr. du 25 avril 1831).

Les navires étrangers sont tenus, à leur sortie, de se pourvoir d'un passeport. Le prix de ce passeport ainsi que celui des permis, qui seront délivrés pour l'embarquement et le débarquement des marchandises, est fixé à 50 centimes (Ordon. royale du 7 décembre 1843).

Les navires venant des ports de l'Algérie, avec patente nette, sont admis immédiatement à libre pratique, dans les ports de France, après la reconnaissance et la vérification prescrites par les réglements (Ordon. royale du 17 février 1841).

NAVIGATION COMMERCIALE. Les arrivages comportent annuellement une moyenne de 3,000 navires, jaugeant 350,000 tonneaux, avec 35,000 hommes d'équipage. Dans ce nombre, les navires venant des ports français de la Méditerranée y entrent pour 1,200, jaugeant 210,000 tonneaux, et portant 17,000 hommes; les navires venant des ports français de l'Océan, pour 120, jaugeant 15,800 tonneaux, portant 1,000 hommes; les navires venant des pays étrangers, pour 1,700, jaugeant 124,200 tonneaux, portant 17,000 hommes d'équipage. Un fait intéressant se produit dans le mouvement de la navigation algérienne, eu égard au nombre des navires partis de l'Algérie à destination des ports français de l'Océan. On n'en comptait que 6 en 1851, on en a compté 18 en 1852, 30 en 1853, 46 en 1854, et 119 en 1855. Cela prouve que des relations commerciales s'établissent entre l'Algérie et ces ports, qui ne veulent pas laisser aux ports du midi de la France le monopole exclusif du commerce de ce pays avec sa grande possession africaine, et *vice versâ*. Il convient, en effet, que toutes les parties de la France participent aux avantages que promet le développement incessant de toutes les forces productives de l'Algérie, comme elles ont pris part aux charges qu'ont occasionnées les œuvres de la conquête et de la colonisation, et comme elles partagent les sympathies qu'inspirent si justement ces grandes et utiles œuvres. Le commerce de cabotage entre les ports de l'Algérie a participé au mouvement ascensionnel de la navigation coloniale. On a constaté l'entrée dans ces ports, en 1854, de 3,088 bâtiments, jaugeant 161,426 tonneaux, et en 1855, de 4,362 bâtiments, jaugeant 147,432 tonneaux.

MOUVEMENT COMMERCIAL. Le mouvement commercial de l'Algérie s'élève annuellement à une valeur approximative de 150 millions pour les importations, et de 50 millions pour les exportations. La part annuelle de la France a été ces dernières années : 1° dans les importations, de 80 millions pour les marchandises de fabrique et d'origine nationale, et de près de 5 millions pour les marchandises étrangères ou des colonies, tirées de nos entrepôts; 2° dans les exportations, de 35 millions en produits algériens, composés principalement de céréales, de laines, de dépouilles d'animaux, de tabacs, d'huile d'olive, de fourrages, de minerais, de corail, etc. Pendant ce même temps, la part du commerce étranger dans les importations algériennes a représenté une valeur de 18 millions et demi. Sa part dans les exportations a été de 6 millions.

Les droits de douane perçus annuellement sur les marchandises importées en Algérie, peuvent s'évaluer à 2 millions et demi; les droits de navigation à 320,000 francs, et les recettes accessoires et accidentelles à 270,000 francs, ce qui porte à 3,100,000 fr. environ les recettes effectuées chaque année par la douane algérienne, au profit du Trésor. Les droits d'octroi, également perçus par la douane algérienne, mais au profit de la Colonie, sur certains produits et denrées importés par mer, atteignent au chiffre de 2,390,000 francs. En sorte que le total des taxes de toute nature, perçues par la douane sur les marchandises et denrées des diverses provenances importées, et à titre de taxes de navigation, dépasse 5 millions et demi.

Voici maintenant la nomenclature des principales marchandises qui forment la matière du mouvement commercial de l'Algérie.

1° Importations. — Tissus de coton, de laine, de soie, de lin, et de chanvres; peaux préparées et ouvrages en peaux; ouvrages en métaux; merceries; matériaux de construction; fonte, fer et acier; bois à construire bruts ou équarris; bois sciés; houille; viandes salées; saindoux; fromages; poissons; farines; pommes de terre; légumes secs et leurs farines; riz; fruits frais, secs ou tapés; fruits oléagineux; sucre brut; sucres raffinés; café; tabacs; huile d'olive, de graines grasses; savons ordinaires; acide stéarique ouvré; vins de toute sorte; eaux-de-vie et alcools; poterie de terre grossière; faïence, porcelaine et grès commun; librairie, papier, carton; meubles.

2° Exportations. — Chevaux, bestiaux; bêtes à laine; sangsues; peaux brutes; laines en masse; soie; cire brute; graisses de toute sorte; poissons de toute sorte; corail brut; sabots et cornes de bétail; blé, orge, maïs, avoine, farines; pain et biscuit de mer; légumes secs; fruits frais, secs ou tapés; tabac en feuille; tabac fabriqué; huiles d'olive; fourrages; drilles; minerai de cuivre, de plomb auro-argentifère, d'antimoine; marbres;

coton; vannerie; crin végétal et feuilles de palmier-nain.

INDUSTRIE. — Les principales industries des populations indigènes consistent 1° dans la fabrication des vêtements à l'usage des hommes et des femmes de la contrée : haïcks en laine, et aussi en soie et laine; mouchoirs (foutah) de soie; gilets (fremlah) de velours brodé; gandoura en laine; pantoufles en maroquin jaune; babouches en velours chargées de broderies; anneaux de jambe; bracelets en argent repoussé; passementeries en soie et or; burnous blancs, gris, rayés, noirs, de Muscara; chapeaux en plumes d'autruche; 2° tout ce qui constitue l'équipement des cavaliers : ceinturons, gibernes, porte-pistolets en maroquin et velours brodés d'or; sabres, avec fourreaux en maroquin ou en argent; platines, bois de fusils incrustés d'argent, de corail, de nacre et d'ivoire, éperons chevaleresques; 3° le harnachement des chevaux : selles arabes, en bois, recouvertes de cuir ou velours, richement brodées d'or ou d'argent, couvertures de cheval; 4° l'aménagement des tentes et des maisons : nattes en laine et en alpha, tapis en haute laine, en drap brodé; étoffes et coussins pour tentes; tentes (kouba) en toile, drap et passementerie de soie; peaux de chèvres teintes; lanternes peintes en fer blanc, de forme orientale; étagères en bois peintes de couleurs tranchantes et de fleurs impossibles; œufs d'autruches ornés d'arabesques, entourés de passementeries d'or et de soie; éventails de plumes d'autruche, brodés et brillantés de canetille et de clinquant; porte-monnaie, porte-cigares de même genre; têtes de pipes dorées et tubes en bois de jasmin; vannerie, paniers, corbeilles, plats et cuillères de bois.

« L'Algérie, représentée à l'exposition universelle de 1855, par ses produits les plus saillants, a attiré sur elle l'attention générale et les sympathies les plus entières. Tous ont en effet compris ce grand enseignement d'une colonie née d'hier, au milieu de mille vissicitudes, et se révélant déjà par ce qui constitue la puissance et la richesse d'un grand pays. La France sortant comme d'un rêve profond et sous le coup encore des doutes et des incertitudes que l'on avait accumulés dans son esprit au sujet de sa grande et toute nouvelle possession africaine, ne savait s'il fallait en croire ses yeux, et si la vérité était bien la vérité. L'Algérie a effectué depuis vingt-cinq ans (de 1831 à 1855), du dedans au dehors et *vice versâ*, un mouvement commercial de 1 milliard 742,482 fr. dans lequel la France a pris une part de 1 milliard 225,557,000 fr., et 105 millions en 1855. Plus de 350 récompenses ont été accordées par le jury international aux produits algériens, indépendamment de 60 récompenses environ, attribuées à des exposants français qui avaient fabriqué avec des matières algériennes. Est-il besoin de rappeler que toutes ces récompenses accordées aux exposants de l'Algérie ont été dignement couronnées par la grande médaille d'honneur, hors ligne, attribuée au Ministère de la guerre, pour attester tout à la fois : 1° l'action pleine de sollicitude et la haute intelligence déployée par ce ministère dans la direction de l'œuvre colonisatrice ; 2° l'énergique et puissant concours apporté par la haute administration algérienne pour accomplir cette œuvre et pour mettre en évidence ses résultats les plus significatifs. » (Extrait du rapport de M. Bouvy, commissaire délégué du ministère, pour les produits de l'Algérie à l'Exposition universelle.)

FIN DE L'INTRODUCTION.

PROVINCE D'ALGER.

DE LA PROVINCE D'ALGER EN GÉNÉRAL.

SITUATION, LIMITES, ÉTENDUE. La province d'Alger comprend, le long de la Méditerranée, l'étendue de côtes qui serpente du cap Corbelin par 2°15' de longitude orientale, au cap Magrawa par 1°50' de longitude occidentale, et se prolonge au S. entre les deux lignes sinueuses que forment les limites des provinces de Constantine à l'E., et d'Oran, à l'O. jusqu'au grand Désert. Sa superficie totale est de 113,000 kilomètres carrés, dont 30,000 dans le Tell, et 83,000 dans le Sahara.

MONTAGNES. Les masses qui dominent les vallées hautes, et s'avancent de l'E. à l'O. sont :

Le Dira, entre Dellys et Bousada ;

Le Jurjura, qui règne au N. de Hamza, et s'étend jusque vers Bougie ;

Le Mouzaïa, qui domine, au S., le bassin de la Métidja ;

Le Zakkar, qui s'élève un peu au N. de Miliana, entre le bassin de la Métidja et celui du Chélif ;

L'Ouarensenis, qui détermine le large coude du Chélif ;

Les masses qui bordent le littoral et dominent les vallées basses, sont :

Le Tamgout, entre Bougie et Alger ;

Le Chenoua, près de Cherchell ;

Le Dahra, entre Ténès et Mostaganem.

PLAINE ET LAC. La plaine de la Métidja, qui a 96 kil. de long, sur une largeur moyenne de 22, est encadrée, au S., par l'Atlas, et au N.-O., par le Sahel d'Alger ; elle présente environ 211,200 hectares de terres cultivables.

Le lac Alloula, dont les eaux ont une saveur saumâtre, s'étend à son extrémité occidentale et occupe une superficie de 2 lieues de long sur une de large.

Des travaux de dessèchement entrepris depuis plusieurs années permettent d'espérer que d'ici à quelque temps cette vaste étendue d'eau, cause permanente de fièvres pour les riverains, sera devenue une riche plaine répandant la vie là où elle donnait la mort.

RIVIÈRES. Les cours d'eau les plus considérables sont, de l'E. à l'O. :

L'oued Sebaou, qui traverse la Kabylie de l'E. à l'O., il a son embouchure à l'O. de Dellys.

L'Issor, qui a son embouchure entre le cap Bengut et le cap Matifou. Ses principaux affluens sont : l'oued el-Berber, l'oued el-Mela, l'oued Boukhelfoun, l'oued el-Arba, l'oued Zagroua, l'oued Souffate ;

L'Harrach, qui a son embouchure au fond de la baie d'Alger, et prend sa source au versant N. du Djebel-Ouzra, près de Médéa ;

Le Massafran, qui a son embouchure au N.-E. de Coléa, à 2 lieues de Sidi-Ferruch. Les principaux affluens qui le composent, sont : l'oued el-Hammam, la Chiffa, l'oued Kebir, l'oued Ger, le Bouffarik ;

Le Chelif, le fleuve le plus considérable de l'Algérie, qui prend sa source aux confins du Sahara, et s'avance du S. au N. avec des détours rapprochés, pour dévier à l'O., en décrivant une courbe de plus de 60 lieues. Il rentre dans la province d'Oran, après avoir reçu à droite : l'oued el-Had, l'oued Melah, l'oued Harbenne, l'oued Esagaret, l'oued Ebda, l'oued Akheli, l'oued el-Khamis, l'oued Bou-Kahil, l'oued Taria, l'oued Ras, et à gauche : l'oued el-Kantara, l'oued Oullezan, l'oued el-Dir, l'oued Djemma, l'oued Djelida, l'oued Tleta, l'oued Zeïdina, l'oued Bougem, l'oued Fodda, l'oued Tigheraout, l'oued Belbous, et d'autres ruisseaux.

Les autres cours d'eau de quelqu'importance, sont encore de l'E. à l'O : l'oued Bou Merdas, l'oued Hamiz, entre l'Isser et le cap Matifou;

l'oued el-Hachem, entre le ras el-Hamouch et Cherchell ; l'oued Mousselmoum, l'oued Sebt, l'oued Khames, l'oued Bou Ghoussem, l'oued Bou Egghell, entre Cherchell et Ténès.

RIVAGES, CAPS ET ILES. Dans l'exploration que nous allons faire, nous suivrons la route tracée par M. Berard, capitaine de corvette, dans sa *Description nautique de l'Algérie*, dont nous empruntons tous les détails spéciaux contenus dans cet ouvrage. Ce savant officier a regardé Alger comme le point central auquel aboutissent toutes les communications qu'on peut avoir avec les autres parties du littoral. Il a donc supposé qu'on part de ce port, qu'on visite les côtes de l'E., et que, dans une autre course, on voit celles qui sont à l'O.

Le cap Matifou est formé par des terres basses; il occupe un espace de 2 milles, à 1/4 de mille; à l'E., on voit un groupe de petits rochers d'un brun presque noir, dont le plus remarquable, appelé Sandja, a environ 8 à 9 mètres d'élévation. Il y a des jours où le mirage le fait paraître très-grand. Le cap Bengut est formé par trois montagnes; le Bouberak, au milieu, dont le sommet paraît avoir 600 mètres de hauteur, et les monts Dellys et Ginet. Au pied de ce dernier est le Port des Poules *(Mers el-Djadj)*. Dellys est assis sur des terrains élevés. A partir de la pointe qu'elle prolonge en mer, la côte suit à peu près une direction E.-N.-O., sans sinuosités bien remarquables. Le cap Tedlès forme cependant une saillie rocheuse; il est peu élevé. La terre la plus saillante qu'on rencontre est le cap Corbelin, assez élevé, d'une couleur roussâtre et facile à reconnaître par les bandes inclinées que forment les diverses couches de roches dont il est composé. A l'O. de ce cap on trouve une petite baie et un mouillage pour les vents d'E., appelé *Mers el-Fahm* (Port au Charbon).

Arrivé à ce point extrême de la limite E. de la province d'Alger, nous reviendrons à la capitale, d'où nous sommes partis, et nous poursuivrons notre exploration de la côte vers l'O.

Le cap Caxine est cette masse de terre qui s'avance à l'O. de la baie d'Alger, dont le Bou-Zaréa est le sommet le plus élevé, et la Pointe-Pescade l'extrémité la plus saillante vers le N. Il se termine à la mer par des couches de rochers, qui sont taillés à pic presque partout, excepté vers la Pointe-Pescade, où il descend par une pente douce jusqu'à fleur d'eau. On voit les hautes montagnes qui sont situées au-delà de la Métidja, et il est impossible de confondre le mont Mouzaïa avec le Beni Salah, dont il est séparé par la vallée connue sous le nom de coupure de la Chiffa. A l'E. de la Pointe-Pescade, la côte s'arrondit peu à peu vers le S. Elle est très-dentelée et bordée de débris de rochers. A 2 milles et demi, il y a une falaise plus élevée que le reste de la côte, d'une couleur jaune et rousse, qui s'avance un peu au

N. C'est ce qui est le plus communément appelé cap Caxine. On voit des carrières avant le Ras-Aqnathyr, qui est une pointe basse; la côte après, tourne au S. et forme ensuite une grande anse. Il y a une petite crique que les Algériens ont appelé le Port-Calfate; la mer y est arrêtée par quelques falaises rocailleuses, après lesquelles vient une plage immense, qui va rejoindre sans interruption la presqu'île de Sidi-Ferruch. Cette presqu'île est large d'environ un tiers de mille. Elle s'avance d'un mille vers le N.-O., et forme ainsi deux baies très-ouvertes, remarquables par les grandes plages et les dunes qui les bordent; elle est défendue, du côté de la mer, par une bande de rochers escarpés, qu'on peut approcher de très-près. A la partie N.-E., il y a une île de peu d'étendue et de hauteur, qui laisse un passage si étroit, qu'on peut le franchir à pied sec. A la pointe S.-O., on voit d'abord, à une très-petite distance, deux îlots plats, et plus loin, deux autres semblables, entre lesquels les embarcations légères peuvent passer. C'est dans la baie de S.-O. qu'est venu mouiller, en 1830, l'armée française qui a fait la conquête d'Alger. Le côte, à partir de là, suit une direction générale vers le S.-O. Elle est peu élevée. Fouka est assis sur une hauteur. On voit au-dessus, le tombeau de la Chrétienne, monument ruiné, situé à 16 kil. plus loin au S.-O., dans l'intérieur. Une baie assez ouverte s'offre ensuite; une petite rivière s'y jette. A 1 mille plus vers l'E., auprès d'une petite pointe, on voit les ruines de Tipassa. Les terres qui forment le Ras el-Amouch, sont hautes ; elles occupent une grande surface de l'E. à l'O. La montagne principale, dont le sommet a 850 mètres de hauteur, est le Chenoua. A son extrémité la plus avancée, vers le N., on voit l'île Berinshel, rocher d'environ 20 m. de hauteur, d'un accès peu aisé, au sommet duquel il est resté un peu de terre végétale avec quelques plantes, des raquettes surtout ; sa distance au cap est de plus d'une encâblure. Le cap est souvent couvert de nuages, ce qui lui donne un aspect sombre. De Cherchel au cap Ténès, la côte suit une ligne presque régulière vers l'O., les terres de l'intérieur vont graduellement en s'élevant. A 1 mille et demi de la côte, il y a un rocher noir, à peine hors de l'eau de 2 mètres, qui est connu sous le nom de Ashak (l'île des Amoureux). Lorsqu'on approche du cap Ténès, à la distance de 10 milles, on s'aperçoit que la côte présente quelques sinuosités plus profondes. Le cap Ténès est formé par une grande masse de roches escarpées, qui occupe, de l'E. à l'O., une longueur de 3 milles ; il est plus avancé que les autres points de la côte.

La côte, à partir de Ténès, est assez droite, elle s'arrondit ensuite peu à peu en tournant vers le S.-O., et en faisant quelques sinuosités jusqu'à l'île Colombi ou Palombas. C'est un rocher d'une petite étendue, de 26 mètres de hauteur, éloigné de la côte de moins d'un demi-mille. On lui a donné ce nom, à cause de la grande quantité de pigeons qui viennent l'habiter. Après l'île Colombi la côte se courbe vers le S.-O., formant une rentrée peu profonde, mais d'une grande longueur, et bordée d'une belle plage. Cette grande baie est formée par la pointe Mogrova, qui marque, sur la côte, la limite occidentale de la province d'Alger.

TEMPÉRATURE. La température de la province d'Alger est généralement plus supportable que celle des deux autres provinces, sa plus grande étendue s'évasant au N. sur les côtes, et l'élévation de son sol n'étant pas aussi grande que celle de la province de Constantine, où l'on souffre, par conséquent, des grands froids en hiver. Son territoire cultivable et habitable n'est pas, non plus, autant prolongé vers le S. que celui de la province d'Oran, où de fortes chaleurs se font ressentir.

VÉGÉTATION. Le Tell de la province d'Alger offre 4,320,000 hect. cultivables, dont près du quart est mis en rapport.

Dans l'Introduction générale, nous avons tracé l'histoire de la végétation du littoral dans son développement annuel ; nous ne parlerons ici que des forêts : plus de 890,000 hectares ont été reconnus (1855) ; ils consistent principalement en :

32,400 hect. au bois de l'Ouarensenis, à 30 kil. O. de Teniet el-Had;

18,000 — au bois de Soumata, à 18 kil. de Blida;

14,400 — à la forêt des Beni Hassen et des Ouleds Antours, près de Boghar; le Chélif la partage en deux;

10,000 — à la forêt de Ksenna, à 12 kil. E. d'Aumale, et, à l'O. du même point, 3,000 hectares encore;

8,000 — au bois d'Aïn Kara et de l'Oued Dardar inférieur, à 32 kil. S. de Miliana;

7,500 — au bois de l'Oued el-Belalle ou Dardar supérieur, à 50 kil. de Miliana;

6,198 — à la forêt des Ouled Joannès, Ouled Abdallah, Ouled Ouffrid, aux environs de Ténès et d'Orléansville;

6,000 — au bois des Beni Menasser, à 30 kil. S. de Cherchel;

5,600 — au bois des Mouzaïa, à 9 kil. O. de Blida;

5,200 — à la forêt d'Aïn Talazit, à 5 kil. S. E. de Blida;

4,000 — à la forêt du Djebel Tigremont, à 30 kil. S. de Souk el-Had, chez les Beni Kh'alfoun (Kabylie);

4,000 — à la forêt de Teniet el-Had, à 3 kil. du poste.

3,200 hect. à la forêt de Timezarit, chez les Flissa ;

3,000 — au bois des Ouzraz, à 12 kil. N. de Médéa ;

2,400 — au bois des Attaf, à 6 kil. O. de Miliana ;

1,200 — au bois de Medjedja, à 12 kil. N.-O. d'Orléansville ;

1,800 — au bois de Bourouis, à 24 kil. S.-E. de Cherchel ;

Les bois du Massafran, du Boudouaou, de Beni-Sliman, de l'Arba, sont encore les étendues boisées les plus importantes de la province d'Alger. Les forêts du Jurjura sont peu connues, et leurs nombreux massifs restent à déterminer.

MINÉRALOGIE. M. Ville, ingénieur des mines, a publié, le 20 janvier 1855, une notice où nous trouvons tout ce qu'il est utile de dire, aujourd'hui, sur les richesses minéralogiques de la province d'Alger.

Les mines concédées sont au nombre de cinq : ce sont les mines de cuivre et de fer du cap Ténès, de l'Oued Taffilès, de l'Oued Allélah, des Mouzaïa et la mine de cuivre pyriteux de l'Oued Merdja.

Parmi les gîtes minéraux non concédés qui présentent quelque importance, on distingue :

Les gîtes de minerai de cuivre de Sidi Bou Aïssi, de l'Hammam Rhira, de Soumah ; — de minerais de cuivre et de fer du Djebel Haddid ; — de cuivre et de plomb de l'Oued Bou Hallou et de l'Oued Aïdous ; — de cuivre, de plomb et de zinc de Dalmatie ; — de cuivre gris argentifère de l'Oued Tabridia ; — de fer avec pyrite de cuivre aux environs du marabout de Sidi Abderahman ; — de fer bleuâtre du Djebel Temoulga ; — de fer, de cuivre et de plomb de l'Oued Rohan, d'Aïn Kerma et des Zaccar Rharbi ; — de plomb de l'Oued Fodda, au pied nord de l'Ouarensenis. Le gîte de zinc carbonaté, associé à de la blende et à de la baryte sulfatée, au sommet des montagnes du même canton. Le gîte de galène dans les roches cristallines de la Bou-Zaréa, auprès de la Pointe-Pescade, et de galène argentifère des environs de Tiziouzou. Le gîte de soufre, à 40 kil. O. de Boghar, près du marabout de Sidi Bou Zid. Les filons ferrugineux du versant N. du Djebel Mermoucha, à peu de distance de la plaine de la Métidja. L'argile bitumineuse avec pyrite et indices de lignite de l'Oued Allelah ; le lignite du Bled Boufrour, entre Ténès et Orléansville ; l'affleurement de combustible minéral, sur la rive gauche de l'Oued Taskroun, à 4 kil. S. de Médéa ; le bois fossile d'Aïn el-Jbel. Les terrains salpêtrés de Messad, à 70 kil. de Laghouat. Le basalte de Dellys, pour pouzzolane ; la pouzzolane de Teniet el-Haad ; le calcaire hydraulique du Ravin-des-Voleurs, à 12 kil. de Marengo.

Il y a quarante gîtes de plâtre; des carrières de marbres précieux : marbre blanc de l'Oued Rouman, contenant des émeraudes, à 16 kil. E. de Blida ; marbre gris à filets rouges, au Fondouck, à 36 kil. E.-S.-E. d'Alger ; marbre du cap Matifou, gris jaunâtre, veiné de rouge et blanc zoné de bleu, à 15 kil. E. d'Alger ; marbre de Djelfa, à 240 kil. d'Alger, calcaire cristallisé de diverses nuances ; marbre cervelas de Laghouat, à 312 kil. d'Alger. Les carrières de toute nature exploitées en 1855 étaient au nombre de 103. Elles ont produit 137,521 mètres cubes de matériaux divers, valant 619,964 francs sur le lieu d'extraction.

Les sources salées sont nombreuses. Un sondage au lac Alloula et à l'Oued Fétis a obtenu des eaux jaillissantes. Les eaux minérales sont : source acidule du Frais-Vallon, près Alger, et de Mouzaïa-les-Mines ; source acidule et ferrugineuse d'Aïn Hammama, à 3 kil. N.-O. de Miliana ; les sources thermales de l'Hammam el-Hamé, pour les galeux, dans le cercle d'Orléansville ; — d'Hammam Rhira, à 32 kil. N.-E. de Miliana, où un établissement reçoit les militaires affectés de douleurs chroniques ; — d'Hammam Melouan, dans la vallée de l'Harrach, à 34 kil. S. d'Alger ; — d'Aïn Hammam, à 32 kil. E.-N.-E. du caravansérail de Guelt es-Settel ; — du ksour Zerghuin, cercle de Boghar. La source thermale sulfureuse de Berouagouïa, à 22 kil. S. E. de Médéa,

ZOOLOGIE. Les hyènes sont fort communes dans cette province, et fort à craindre, aussi bien que les panthères. Ces animaux sont très-audacieux, et pénètrent, à la faveur des broussailles qui couvrent le Sahel, jusqu'au bord de la mer. Les sangliers et les chacals sont aussi nombreux dans les endroits solitaires.

RUINES SOLITAIRES. Un monument d'un haut intérêt est le sépulcre des anciens rois de Mauritanie, communément désigné sous le nom de *Tombeau de la Chrétienne* (Kober-Roumia), situé à 7 milles au S.-E. de Tipassa, et à 3 milles du Chenoua. C'est un édifice de 42 mètres de hauteur, dont la base polygonique a 60 mètres de diamètre. Des colonnes ioniques, présentant des déviations de ce style, flanquent au N. un monolithe, sorte de fausse porte de 4 mètres de haut sur 1 mètre 76 cent. de large. Au-dessus commence une série de 53 degrés, hauts chacun de 58 cent. qui, en rétrécissant graduellement leur plan circulaire, donnent au mausolée l'apparence d'un cône tronqué. Salah Raïs, en 1552, et Baba Mohammed Pacha, en 1706, ont fouillé ce bâtiment du côté de l'E. M. Berbrugger, conservateur du Musée d'Alger, l'a exploré à la fin de 1855, et dans les premiers mois de l'année suivante. Il a pénétré de 14 mètres, marchant de la circonférence vers l'axe du monument dont le rayon est de 30 mètres, et n'a rencontré que des assises de pierres de taille dont les caractères d'appareillage inconnus aujourd'hui, peuvent induire à penser que l'architecture extérieure du tombeau, en complet état de ruines, revêtait un édifice beaucoup plus ancien. Les cavernes (Er-Rirfan), d'où les pierres ont été tirées, se trouvent à 2 kil. O., vers la mer.

NOTE HISTORIQUE. Les Hafsites de Bougie, en devenant maîtres de Tunis perdirent de leur prépondérance dans le pays que nous nommons la province d'Alger. L'anarchie ne tarda pas à le fractionner en un grand nombre de petits centres d'action, réciproquement hostiles. Profitant de cette situation, les Espagnols s'étaient rendus maîtres de Bougie, où ils étaient venus éteindre la piraterie, lorsque Barberousse les y attaqua. Ils le repoussèrent vigoureusement, mais eurent la douleur d'apprendre bientôt après que ce barbare s'était emparé d'Alger, qui l'avait invoqué à son secours contre leurs compatriotes bloquant son port. Les gens de Tenès accoururent pour venger le meurtre du cheik d'Alger, indignement assassiné par Barberousse; ils furent battus par lui sur l'Oued-Djer, et Médéa aussi bien que Miliana, restèrent acquis à ses armes. Après la mort de Barberousse, sur les bords du Rio-Salado, son frère Khaireddin lui succéda, rendit Tlemcen tributaire, s'empara de Cherchel, et fit hommage de son pouvoir à Sélim, sultan de Constantinople. Les pachas qui furent successivement envoyés pour gouverner au nom de la Porte Ottomane, prirent leur résidence à Alger; ils en firent le principal repaire des écumeurs de mer. Aussi tous les efforts de la Chrétienté contre la piraterie se sont presque toujours concentrés sur Alger. La puissance des Turcs, souverains du pays, a laissé là aussi les plus profonds vestiges. La province était directement administrée par le pacha qui, en de certains cas, nommait un bey de Titteri, fraction du territoire presque intégral, à partir des monts de la Mouzaïa, et au-delà. Le pacha, se bornant aux soins de la politique générale, confiait quelquefois à l'agha la police de la Metidja elle-même, et, lorsque les Français occupèrent Alger, depuis longtemps la côte, entre cette ville et Bougie, aussi bien que le massif des montagnes de la Kabylie, étaient sous l'administration de caïds particuliers. La paix fut rarement troublée dans ce lieu de la centralisation de tous les moyens coercitifs. Toutefois, les tribus des Flissa et les beys d'Oran et de Constantine eux-mêmes, essayèrent plus d'une fois d'y porter le trouble à main armée.

En 1830, la France ayant à venger un outrage, y vint planter son drapeau sur la côte de Sidi-Ferruch. Maîtresse d'Alger, elle s'avança sur Blida. Au vainqueur, le maréchal de Bourmont, succéda le lieutenant-général Clauzel. Pour dissiper la coalition qui s'était formée dans la province, à l'E., par les prédications du marabout Ben-Aïssa et le concours de Ben-Zamoun, chef des Flissa; à l'O., par les menées de la famille des Embarrek de Koléa et du marabout El-Berkani de Cherchel, et principalement par la perfidie de Bou-Mezrag, bey de Titteri, d'abord venu à nous comme ami, le maréchal Clauzel marcha sur Médéa et y installa à sa place le maure Mustapha ben Omar. Pour arriver à ce point il avait fallu forcer le passage du Tenia, dans la Mouzaïa; au retour il fallut encore combattre dans les rues de Blida même, et l'on comprit que le moment n'était pas venu de placer des postes aussi éloignés du centre de notre puissance nouvellement implantée. Au maréchal Clauzel, qui voulait se borner à l'entière possession de la province d'Alger et de Titteri, succéda le lieutenant-général Berthezène, qui ramena notre bey de Médéa, et au retour essuya de grandes pertes au col de Mouzaïa. Il crut s'assurer le concours des Arabes en nommant agha Sidi Mohammed ben Embarek de Koléa, et resserra encore les idées de la colonisation dans la banlieue d'Alger. Le lieutenant-général duc de Rovigo, son successeur, eut la gloire d'y commencer les deux premiers villages, Dély-Ibrahim et Kouba. Il châtia sévèrement les traîtres, destitua l'agha et se fit craindre. Bougie, dont la plage avait été ensanglantée par le massacre de l'équipage d'un brick de l'État, et qui ne pouvait apercevoir dans ses parages un pavillon chrétien sans lui porter insulte, fut prise; mais les tribus de la Kabylie, qui l'entouraient, ne furent pas soumises. Les Hadjoutes soulevés par l'arabe Abd el-Kader, dont le personnage religieux avait pris, dans la province d'Oran, un caractère politique, commencèrent leurs brigandages aux alentours d'Alger, et le maréchal Clauzel, revenu au pouvoir, pour la seconde fois, vit avec douleur combien notre puissance était déchue en Algérie, lorsque vainement il voulut, selon son ancien plan, établir encore des beys à Médéa, Miliana et Cherchel. Les perfides Kabyles de Bougie massacrèrent, dans une embuscade, le trop confiant commandant de cette place; Dellys prit part à la rébellion; enfin, sous le gouvernement du lieutenant-général Damrémont, apparut le traité conclu avec Abd el-Kader, sur les bords de la Tafna, dans la province d'Oran, en conséquence duquel cet arabe, reconnu émir, était établi maître de l'ancienne province de Tittери, dont le périmètre composait, ainsi que nous l'avons dit, la province d'Alger, presque entièrement. Abd el-Kader, dont l'ambition était loin d'être satisfaite de cette immense donation, excita les tribus kabyles à inquiéter le retour à Alger du prince royal, duc d'Orléans, rentrant de la province de Constantine par le passage des Portes de Fer. Le fort de Hamza fut occupé par nos troupes, malgré Ben Salem, chef des Flissa; mais à partir de ce moment, Abd el-Kader ayant levé le masque et déclaré la guerre sainte, les beys de Médéa et de Miliana vinrent apporter la guerre dans la Mitidja; les Hadjoutes promenèrent la désolation dans les campagnes, et les détachements de nos troupes furent investis et massacrés près des camps de l'oued El-Alleg, de Bouffarick, de Blida. Le prince royal, accompagné de son frère, le duc d'Aumale, chassa les troupes d'Abd el-Kader du col de Mouzaïa (12 mai 1840); occupa Médéa, Miliana et Cherchel. Plus tard, il fallut encore châtier les Beni Menasser, tribu du voisinage de cette dernière ville, où des fanatiques entretenaient de sourds ferments de révolte. Ténès fut occupé; l'influence d'Abd el-Kader fut éteinte dans l'Ouarensenis, après que ses établissements eurent tous été ruinés par le lieutenant-général Bugeaud, gouverneur-général. L'ex-émir n'ayant plus d'asile, errait aux limites du désert, traînant à sa suite une population de 12 à 15,000 personnes, qui avaient eu foi en sa fortune; il fut poursuivi et atteint près de Taguin, dans la région des Hauts-Plateaux, par le duc d'Aumale, commandant supérieur de Médéa, qui lui tua 300 hommes, fit 3,600 prisonniers, saisit ses drapeaux et son trésor (16 mai 1843). Les restes de sa *smala* tombèrent quelques jours après entre nos mains, aux sources du Chélif et au pied du plateau de Djada, et Abd el-Kader ne dut son salut qu'à la vitesse de son cheval. A la suite de tous ces événements, le gouvernement de l'Algérie estima la province de Tittери soumise devant les armes de la France.

Le général Bugeaud, promu à la dignité de maréchal de France, pénétra alors dans la Kabylie et enleva les crêtes des Flissa; durant cette excursion, Dellys fut occupé. Les événemens survenus aux frontières du Maroc l'appelèrent dans la province d'Oran. Les révoltes suscitées dans le Dahra, par le jeune arabe Bou-Maza, qui se disait sultan de l'Algérie, par suite de l'investiture d'une société religieuse à laquelle il était affilié, attirèrent, en 1845, un châtiment terrible sur les Ouled Ria, étouffés par le feu dans des grottes impénétrables. L'Ouarensenis fut fouillé de nouveau, les Flissa attaqués, et les montagnes de la Kabylie encore abordées par nos soldats. Abd-el-Kader, de nouveau apparu dans la vallée de l'Isser, vit son camp enlevé. Pourchassé du Jurjura, il essuya de nouveaux désastres chez les Ouled Naïls. Hadj Seghir, son lieutenant, agitait encore l'Ouarensenis; le duc d'Aumale désorganisa complètement le pouvoir qu'il s'était créé dans ces montagnes. Bou-Maza, blessé au bras, fut battu par les troupes de la subdivision d'Orléansville. Le prince, à la faveur des beaux jours revenus, se porta sur l'Ouennougha, et châtia les tribus qui avaient livré passage à l'émir, lors de sa fuite du Jurdjura vers les Ouled Naïls. A la fin du même mois, le Tell et la presque totalité du désert étaient soumis à notre loi. A Sour Ghozlan, au S. de la Kabylie, une ville nouvelle, sous le nom d'Aumale, était fondée. Les Arabes, à cette démonstration non équivoque de notre intention de fixer à jamais notre drapeau sur le sol, comprirent que le moment de leur soumission était arrivé, et se mirent en devoir de se rendre à nous.

Les heureux effets de la politique du gouvernement sur le massif de montagnes qui règne du Hamza à la mer, et de Dellys à Bougie, commençaient à éclore. Les Arabes de la Kabylie venaient journellement offrir leur soumission. Si Ahmed ben Taïeb ben Salem, ancien khalifa de l'émir, se rendit lui-même au poste d'Aumale, le 27 février 1847. Le kaïd Bel Kassem ou Kassi, influent dans le Jurjura, suivit son exemple, et il en résulta le règlement de nos relations avec toutes les tribus du revers N. et du revers S. de la grande chaîne rocheuse du Jurjura. Ces territoires furent divisés en deux gouvernements, celui de Bel-Kassem ou Kassi, pour le revers N. et le grand bassin du Sebaou, et celui d'Omar ben Salem, frère de l'ancien khalifa, pour le revers S. Le maréchal Bugeaud quitta Alger le 7 mai 1847 pour se mettre à la tête d'une colonne dirigée sur Bougie, à travers la grande Kabylie, et, le 16, châtia sévèrement les Beni Abbès, qui avaient repoussé ses propositions de paix et dirigé une attaque de nuit contre nos troupes. La soumission de ces peuplades termina glorieusement la guerre et la série des hauts faits du maréchal Bugeaud, qui a quitté l'Algérie (le 5 juin 1847), croyant l'avoir entièrement conquise. En effet, dès le 13 avril précédent, le sultan Bou-Maza s'était livré lui-même aux avant-postes d'Orléansville. Ainsi nos adversaires les plus redoutables par leur habileté à faire jouer les ressorts du fanatisme, et il faut le dire aussi, à remuer la fibre sacrée du sentiment national parmi les Arabes, étaient venus jurer la paix entre nos mains et assurer, autant qu'il est en eux, l'établissement de notre puissance sur leur pays.

En 1848, les Arabes pensant que les troubles de la métropole diviseraient nos forces, se soulevèrent au S. de Médéa, et les Righa, les Beni Hassen, aussi bien que les Ouled Naïls, apprirent que nous étions toujours assez forts pour les punir. La tribu de Mzaïa Fouaga, dans la Kabylie, reçoit la même leçon le 7 juillet. Les Beni Zoug Zoug, près de Miliana, et les Beni Menad sont contenus. Les Ouled Sultan, les Beni Slyem, les Ouled Iounès se remuèrent en 1849, et furent activement poursuivis. Si Djoudy, chef des Zouaoua, et le marabout Si Amkran, usèrent de leur influence en Kabylie, pour inquiéter les Beni-Messaoud, nos alliés, et une expédition, qui finit le 30 mai, rendit à Bougie son importance, après avoir soumis les tribus de la rive droite de l'oued Sahel. Près d'Aumale, les Guechtoula, soulevés par les marabouts de la Zaouïa (congrégation) de Sid Abderhaman Boukobrin, sentirent le poids de notre bras. Les Ouled Naïls, dans le sud, s'imaginèrent qu'Abd el-Kader allait reparaître avec un sultan du Sous. Cette illusion leur fut fatale, le 12 juin, aussi bien qu'aux gens du Bou Sif (le 3 octobre), qui avaient accueilli un imposteur se donnant pour Bou Maza échappé de nos mains. Un nommé Bou Baghla (*l'homme à la mule*) se révéla, le 10 mars 1850, par le pillage du marabout de Chellata, au moyen des Zouaoua, qu'il conduisit contre nous jusque sous Bougie, où il fut battu (10 mai). La tête du faux Bou Maza, tué le 3 juin, fut envoyée à Milianah. En septembre on occupa Dra el-Mizzan, sur les crêtes qui servent de limite aux Nezlioua et aux Guechtoula, et, le 16 octobre, on s'établit à Tiziouzou (*le col des genêts épineux*). Les Flissa furent punis le 2 novembre, et Bou Baghla, leur instigateur, fut partout repoussé par le lieutenant-général Pélissier. Ce général, appelé vers la fin de 1852, par M. le Gouverneur, vers Laghouat, où, dès le 1er octobre, le chérif de Ouargla fomentait du trouble, l'assiégea dans cette place, qu'il enleva le 4 décembre, après quelques heures de combat, avec cette rapidité victorieuse qui est toujours le caractère de ses faits d'armes; le même jour, il écrasa les Larbaa et les Ouled Naïls, et poussa jusqu'à Aïn Mahdy, où le marabout Tedjini lui fit le plus noble accueil. La Kabylie attira encore nos armes vers le Babor, en mai 1853. — L'année suivante, le Gouverneur s'y transporta, en juin, après avoir fait punir, en avril, les mouvements des tribus du Sebaou. Il opéra entre Dellys et Bougie, et occupa le Sebt, qui est la clef du pays. — Le 26 décembre, Bou Baghla était tué dans une razia qu'il tentait contre nos alliés. Privés de ce ferment d'insurrection, et interdits sur nos marchés, les Beni Raten firent leur soumission. En octobre 1855, un nouveau schériff apparut sous le nom de Bou Hemâra *(l'homme à l'ânesse)*, et n'eut guère d'influence sur eux. Mais, dès les premiers jours de 1856, ils attaquèrent Tiziouzou, furent repoussés, et, exploitant une querelle entre les partis arabes, sur le marché des Ouadias, levèrent tout à fait l'étendard de la révolte, à laquelle Si Djoudy, qui s'était rendu à nous, dès le mois de mars 1852, et occupait l'emploi de bach-aga en notre nom, s'opposa vainement. Le marabout el-Hadj Amar primait son autorité parmi les turbulents. Il souleva les Guechtoula et attaqua Dra el-Mizan, les 2 et 4 septembre 1856. Ce mouvement attira durant tout ce mois l'incendie et la dévastation au cœur de la tribu rebelle, chez les Beni Mondez et les Beni Daoula, qu'elle avait entraînés. Tout sembla étouffé le 10 octobre, mais on ne pouvait compter sur des soumissions hypocrites, après avoir été si souvent trompé. L'attitude hostile de la grande Kabylie, au milieu de nos possessions, ne pouvait subsister seule, en face de notre puissance que toute l'Algérie reconnaissait avec reconnaissance ou suggestion du moins. — Le 17 mai 1857, M. le Gouverneur-Général arriva à Tiziouzou; le 19, il réunit ses troupes aux pieds des montagnes, le 21, les concentra, et le 24, attaqua les hauteurs des Beni Raten, dont il s'empara le lendemain. Le 27, ces montagnards firent leur soumission. On s'occupa de créer, sur la hauteur de Souk el-Arba, à 1,005 m. au-dessus du niveau de la mer, une forteresse, sous le nom de *Fort Napoléon*, du périmètre de 12 hect., se reliant à Tiziouzou; la première pierre en fut posée le 14 juin. Une route de 28 kil. joignant Souk el-Arba à Sik ou Middour, fut ouverte et terminée en 17 jours, le 22 juin. Le 24, on reprit les opérations de guerre contre les Beni Yenni: on s'éleva sur leurs plateaux, le 25, malgré la résistance énergique des gens d'Icheriden; leurs villages Aït el-Arba, Aït el-Hassem, Taourirt Mimoun, furent pris et saccagés. Le 27 on forçait le col de Chellata, on prenait le rocher de Tijibert. Le 28 Taourirt el-Hedjadj nous cédait. Le 29, le piton de Tobana tombait en notre pouvoir. Aït el-Aziz fut enlevé le 30, après la lutte la plus vive; Agmout Issen le lendemain, et Si el-Djoudi, notre bache aga, qui avait fait défection dès le commencement de juin, se rendit. Les Beni Menguillet furent attaqués le 2 juillet, les Beni Ouacifs et les Beni Boudrar le 3. Ils se rendirent tous le 4. — Le 9 juillet les Beni Touraghs, les Illitens et les Illoul ou Malou virent pénétrer nos colonnes par le col de Tirourda, au pied du roc pyramidal qui porte le nom de Djerdjer. Les Beni-Mellikouchs étaient vaincus le 20. El-Hadj Amar, la cause de toute cette conflagration, le Cheick-ou-arabe (chef des Beni-Raten), Lella Fathma, la maraboute des Beni-Illiten, et son frère Si-Mohammed-Tayeb, étaient pris le 11. — Le 12 juillet, tous ayant fait leur soumission, il n'existait plus dans toute l'étendue de la grande Kabylie une seule tribu qui n'ait accepté enfin la domination française. En songeant aux obstacles naturels, aux populations nombreuses et guerrières que nos soldats ont dû vaincre, on ne peut que s'étonner que des résultats si complets, si féconds et si glorieux, aient été obtenus en si peu de temps.

POPULATION. La population européenne, formant l'élément civil, se compose ainsi qu'il suit :

Français.	43,774	78,064
Espagnols.	20,729	
Italiens.	3,385	
Anglo-Maltais.	2,201	
Allemands.	1,694	
Autres nationaux.	6,281	
Population indigène.		58,016
Effectif de l'armée.		29,768

GOUVERNEMENT. Un Général de division, avec le titre de Commandant Supérieur, et un Préfet, exercent le pouvoir dans leurs attributions respectives.

RÉPARTITION DU TERRITOIRE. La province d'Alger se divise en territoire civil et territoire militaire.

Le territoire civil, formant le département d'Alger, dont la circonscription a été délimitée par décret du 28 octobre 1854, se subdivise en deux arrondissements : l'arrondissement d'Alger et l'arrondissement de Blida.

Le territoire militaire forme une *Division* proprement dite, qui comprend six subdivisions, savoir :

Subdivisions de Blida, de Dellys, d'Aumale, de Médéa, de Miliana, d'Orléansville.

Cet ouvrage étant plus spécialement destiné aux personnes qui ne font point partie de l'armée, nous donnerons d'abord la description des localités du département, et nous dirons, après, quelques mots sur la division militaire, qui englobe des villes et d'autres points dont nous aurons déjà eu à parler, à un autre titre.

DÉPARTEMENT D'ALGER.

ALGER.

SITUATION. Alger est situé par 0° 44' 10" de longitude orientale et par 36° 47' 20" de latitude nord, sur la côte septentrionale de l'Afrique, à 1,644 kilomètres de Paris, 800 de Marseille, 657 de Tunis, 911 de Fez, 1,266 de Maroc, 410 d'Oran, 422 de Constantine.

ASPECT EXTÉRIEUR. Alger, vu de la mer, présente un vaste amas de constructions qu'on aperçoit de fort loin. Cette agglomération affecte l'apparence d'un grand triangle incliné sur une pente exposée à l'orient. La tour du *phare*, se distingue d'abord à la base de cette figure triangulaire, qui s'étend le long de la plage, et dont le sommet, à 118 mètres au-dessus de la mer, est couronné par le château de la Casba. La nouvelle enceinte des remparts, vers le haut de la ville, n'enveloppe encore que des terrains vagues et extrêmement accidentés. A droite du spectateur, la Salpêtrière et l'hôpital du Dey déploient leurs vastes bâtiments, le quartier de Bab-el-Oued étale ses usines nombreuses, que domine le mont Bou-Zaréa ; enfin, plus près encore de la ville, on voit le jardin Marengo, dont les délicieuses allées sont le rendez-vous de la société élégante d'Alger. A gauche, le quartier de l'Agha prolonge fort loin sur la côte l'ancien faubourg, dont les constructions importantes, comprises aujourd'hui dans Alger, s'arrêtent au fort Bab-Azoun, assis sur un écueil; au-dessus apparaît au loin le fort l'Empereur. Dans cette direction, c'est-à-dire vers le S., et sur une ligne demi-circulaire, décrivant une courbe d'environ 16 kilom., qui revient à l'E., en face de la ville, les coteaux (le petit Sahel), en descendant graduellement, vont mourir aux abords de la plaine de la Métidja, et se relever un peu pour former le cap Matifou. De nombreuses maisons de campagne, assises sur les pentes verdoyantes de ces collines, bordent le golfe que forme cette configuration de la côte. Une seconde chaîne de montagnes sombres (les monts du Mouzaïa), étend un rideau continu sur le second plan du tableau, et les cimes neigeuses du Jurjura se dessinent en troisième ligne sur le ciel.

IMPORTANCE POLITIQUE. Alger, capitale de l'Algérie, est le siége du gouvernement-général du pays ; le lieu de la résidence de Son Excellence M. le Maréchal Gouverneur-Général ; du Conseil du Gouvernement qu'il préside ; du Procureur général, qui a auprès de lui la Cour impériale, un Tribunal civil de première instance, un Tribunal de police correctionnelle, un Tribunal de commerce, deux Justices de paix ; du 2e Conseil de Guerre et d'un Conseil de révision ; de Mgr l'Évêque de l'Algérie, au titre de Julia Cæsarea, qui a sa cathédrale à Alger ; du Recteur de l'Académie ; du Contre-amiral commandant supérieur de la marine ; de l'Intendant de la division d'Alger ; du Préfet du département d'Alger et des Chefs de service de toutes les parties spéciales de l'administration qui dépendent de son ressort.

La police municipale est exercée par un commissaire central ayant sous ses ordres six commissaires de police, bien que la commune d'Alger ne soit divisée qu'en cinq arrondissements.

NOTE HISTORIQUE. — Alger a été fondé par les Berbers Mesgan, ou Beni Mezarhanna, et par des compagnons d'Hercule le Lybien, qui, au nombre de vingt, quittèrent l'armée de ce héros, et se fixèrent dans l'endroit qu'on nomma plus tard *Icosium*, de leur nombre (Eicosi, *vingt*) ; les Romains ayant ainsi latinisé le mot grec.

La ville d'*Icosium* fit partie de la Mauritanie césarienne. A la chute de l'empire, elle devint la proie d'un chef vandale qui la détruisit, mais elle ne tarda pas à sortir de ses ruines, et à l'époque de l'invasion arabe, devint Mezarhanna. Elle dépendit longtemps du royaume de Tlemcen, et formait l'apanage du deuxième fils du roi de ce pays. Lorsque les princes de Tunis eurent soumis Tlemcen à leur puissance, et transporté à Bougie les privilèges de Mezarhanna, les habitants de cette dernière ville payèrent une redevance, au prix de laquelle ils se trouvèrent libres, et à la faveur de la tribu des Oulad Tehaliba, dont une famille, les Beni Toumi, était établie dans la plaine de la Métidja, ils se déclarèrent indépendants, et armèrent des navires pour la course. Pour arrêter ces corsaires, les Espagnols, avec Pierre de Navarre, sous le règne de Ferdinand V, vinrent élever un château, dit *le Pegnon*, sur un des îlots qui étaient en face de la ville, désignée alors sous le nom de Djezaïr Beni Mezarhanna *(les îles des enfants de Mezarhanna)*, d'où l'on a fait, par abréviation, el-Djezaïr *(Alger)*.

Le cheik des Oulad Tehaliba, Sélim el-Toumi, qui prenait le titre de roi, et avait consenti à payer un tribut aux Castillans, appela à son secours Bab Haroudj *(Barberousse)*. Ce pirate, malheureux devant Bougie, accourut de Djidjeli à Alger. Ses efforts furent encore inutiles contre les remparts dont les chrétiens avaient entouré l'écueil où s'élève aujourd'hui la tour du phare. Pour tout exploit, il étrangla au bain Sélim dont il fit pendre le cadavre aux créneaux de la porte Bab-Azoun. Le fils de Sélim s'enfuit en Espagne, où il obtint 10,000 hommes, sous la conduite de Diégo de Vera, et ne tarda pas à débarquer devant Alger (1516), avec ces forces, qui furent repoussées dans leurs navires, et anéanties dans la bourrasque qui les accueillit au large. Khaireddin, après la mort de son frère Barberousse, eut un succès pareil (1517) sur Hugo de Moncade, réduit en esclavage avec toute son armée, après la perte de leurs vaisseaux. Il prit enfin, sur Martin de Vargas, la forteresse du Pegnon, en mai 1520, aidé par un corsaire français, dont le canon rasa en partie la forteresse. Il établit alors, en trois ans, au moyen de trente mille esclaves chrétiens, le môle qui forme l'ancien port. Il fut remplacé, par le vieil eunuque Hassan, en sa position de pacha d'Alger, d'après les ordres de l'empereur de Constantinople, auquel il avait fait hommage de son trône. Charles-Quint, enflé de la gloire que son heureuse expédition contre Tunis lui rapportait dans toute la chrétienté, débarqua devant Alger, le 23 octobre 1541, à la tête d'une armée de 25,000 hommes, la plus belle que l'on eût vue depuis longtemps. Toute l'élite de la noblesse de l'Europe faisait partie de ce magnifique armement. Vaincues par un orage, ces bandes célèbres se retiraient en déroute, le 27, et le 29, se rembarquèrent à Matifou, sur les débris de leur flotte dispersée par une tempête.

Alger, depuis ce moment, devint le plus redoutable repaire de pirates qui fût au monde. Hassan conquit Biskara, Mostaganem, Tlemcen, et mourut à 50 ans. — Son successeur, Hassan, fils de Khaireddin, marcha contre le schérif de Maroc, dont il rapporta la tête à Alger (1544). Rappelé par suite d'intrigues de cour, il revint à quatre reprises au pouvoir, et se montra toujours digne de sa naissance, par son courage et la vigueur avec laquelle il poussa ses entreprises. — Salah Raïs, qui reprit Bougie aux Espagnols, mourut de la peste à Matifou (1555). — Mohammed Kordougli, fut assassiné à coups de lance, dans le marabout de Sidi Abd el-Kader el-Djilani, à la porte Bab Azoun, où il s'était réfugié (1556). — Mohammed, fils de Salah Raïs, embellit la ville, purgea la campagne des brigands qui l'infestaient, et fut destitué à cause de sa sévérité (1567). Ali Fartaz, célèbre corsaire, se distingua à Lépante, où il commandait la flotte musulmane (1571). Il ravit à la galère capitane de Malte, la statue de St-Jean, qui en décorait la proue, et vint pendre ce trophée à la porte de la marine d'Alger. — Hassan, renégat vénitien, pilla les côtes d'Espagne, d'Italie et de Sardaigne (1582). — Memmy et Akmed Turqui, passèrent successivement du gouvernement d'Alger à celui de Tunis (1585). — Chaban et Mustapha (1592), se firent aimer par leurs vertus. — En 1601, Doria paraît devant Alger, avec des Espagnols, qu'il rembarque, de crainte des vents contraires menaçant ses vaisseaux du même malheur que ceux de son oncle, sous Charles-Quint. En 1616, le magasin des poudres saute, et l'année suivante, M. de Beaulieu, ayant à venger des insultes faites à notre consul et à nos marchands, vint couler quelques bâtiments. — Le 21 mars 1619, un nouveau traité de commerce, fort inutile par ses effets, est signé entre Louis XIII et le pacha Hussein el-Cheik. — L'amiral anglais Robert Mansel, ayant à obtenir aussi un traité, parut devant Alger, avec 20 vaisseaux (1620). — M. Chaix, vice-consul de France, fut massacré l'année suivante, par représaille d'un pareil crime, commis à Marseille, sur des sujets de la régence. En 1624, l'amiral hollandais Lambert, se montra avec six vaisseaux. — C'est en 1626, que les Coulouglis, fils des Turcs, exclus de tous les emplois, se révoltèrent et furent presque tous massacrés. La milice des janissaires, après cette barbare exécution devint intraitable. En 1629, elle renvoya à Constantinople le pacha Younis, qui ne lui plaisait pas, et, en 1631, mit en prison le pacha Hassan, qui n'avait pas été en fonds pour faire la solde. M. Blanchard, consul de France, fut mis aux fers, la piraterie se montra plus audacieuse que jamais. En même temps, la disette désolait le pays, et les pachas, aggravant les maux de leurs administrés, frappaient des contributions excessives. — Dans les deux années 1631 et 1634, l'incendie éclata à la Casba. — Des navires français, en 1637, prirent le pacha Ali, qui venait de Constantinople. Un tremblement de terre renversa Alger, presque tout entier, et les habitants, fuyant leur pays que ravageait la peste, furent battus sur mer par les Vénitiens, et sur terre par les tribus de Constantine, émigrant en masse pour chercher du pain. Les Janissaires se révoltèrent alors contre le pacha. La Porte en envoyait un nouveau presque tous les ans. — En 1550, les esclaves eux-mêmes, rompirent leurs fers, et commirent les plus grands excès joints aux ravages de la peste, qui reparut et régna jusqu'en 1654.

Enfin, Khelil se mit à la tête d'un mouvement qui eut pour résulat d'annihiler le pacha, et mit le gouvernement entre les mains d'un conseil d'officiers *(aghas)*, qui le massacrèrent quelques jours après (1660). Toutefois, le grand seigneur approuva cette modification dans l'administration, et envoya, en qualité de pacha, Ismail, homme nul, qui n'était que le représentant du sultan, sans exercer aucune autorité. Ramdan, Chaban, Ali, qui se succédèrent à la présidence du conseil des aghas, furent tour-à-tour massacrés en plein divan. A cette époque, le chevalier Paul, commandeur de Malte, nettoya la mer avec 15 vaisseaux, qui anéantirent beaucoup de corsaires. A la suite de l'expédition du duc de Beaufort sur Djidjeli, la paix fut signée avec la France, le 17 mai 1666.

Les janissaires, simples soldats, remanièrent encore, en 1671, le faîte du pouvoir ; ils nommèrent l'un d'entre eux, Hadj Mohammed Trick, pour commander dans le divan, sous le nom de dey (patron, protecteur). — L'amiral anglais, Edouard Spray, et l'amiral hollandais, Ruyter, manœuvrèrent dans la baie d'Alger, doublement menacé par la peste et l'incendie. La poudrière sauta (1677), et le dey, effrayé de tant de malheurs, s'enfuit à Tripoli. — Duquesne vint bombarder le 4 septembre 1682 et le 26 juin 1683 ; Baba Hassan, dey, fut poignardé par Mezzo Morto, au moment de ce dernier châtiment, et son assassin, poursuivant le cours des crimes les plus atroces, fit mettre à la bouche d'un canon le P. Levacher, consul de France, et massacrer 25 chrétiens. Lorsque le maréchal d'Estrée vint bombarder de nouveau, du 1er au 16 juillet 1688, les mêmes scènes d'horreur se renouvellèrent, et M. Piolle, consul de France, périt de la même manière, avec 39 de ses compatriotes. Mezzo Morto réunit en ses mains les pouvoirs de pacha et de dey, et après quelques mois de règne, disparut tout-à-coup. Durant les dernières années de ce siècle, ce ne sont que des assassinats qui s'alternent avec des combats contre Tunis et Maroc. — En 1700, l'Anglais Beach vint couler 7 frégates. — La population d'Alger est décimée par la peste, et les deys subissent le cordon, l'exil ou la prison, lorsqu'ils ne sont pas en mesure de payer la solde aux troupes. — Le bey d'Oran, venu en armes contre Alger, essuya une grande défaite sur les bords de l'Harrach (1710), et sa tête fut attachée à la porte Bab-Azoun.

Ali Chiaous, dey, renvoya alors à Constantinople Baba Bouseba, qu'on envoyait en qualité de pacha, et obtint qu'à l'avenir, le dey serait investi de cette dignité après son élévation, et demeurerait le seul maître à Alger. — Le grand tremblement de terre qui détruisit tout Alger, en 1716, ne parut pas, aux yeux des musulmans, d'un bon augure pour ce nouvel arrangement. — Mohammed Effendi, qui succéda et eut à lutter 5 ans contre une disette affreuse, fit un traité de paix avec la France, le 23 décembre 1719. Fort débauché, il reçut la punition de ses galanteries : il fut tué d'un coup de fusil, en passant devant la caserne de la porte de la Marine (1724). — Des froids excessifs se firent sentir en 1726; Alger était étouffé sous la neige. Le dey Carabdy ne voulut pas laisser débarquer Azlan Mohammed, que le grand seigneur envoyait avec le titre de pacha, pour rétablir cette position à Alger; il mourut tranquillement dans son lit en 1732. Il fut loin d'en être ainsi pour ses successeurs : le 23 août, jour de sa mort, six furent élus et massacrés dans la même matinée; Ibrahim, le septième, demeura souverain. Sous son règne, la peste et la guerre contre Tunis furent les événements les plus remarquables. — Ibrahim Kasnadji, son successeur (1745), fut aussi heureux que lui contre Tunis et Tlemcen, et mourut d'apoplexie (1748). — Mohammed, surnommé *Il Retorto*, poète vertueux, vint après. De son temps, une éclipse de soleil épouvantable jeta la terreur dans le pays, (1755). Des froids rigoureux, la neige, la glace, étonnaient les habitants. Il fut assassiné l'année suivante. — Ali, dey, qui fit la guerre avec bonheur contre Tunis, accabla d'outrages nos consuls (1757). L'escadre du chevalier Fabry vint l'obliger à des excuses humiliantes (1760). — Mohammed ben Otsman, son successeur, ne remporta aucun avantage dans sa longue guerre contre les tribus. Il vit les Danois faire une vaine démonstration contre Alger en 1770, et en 1775, fut témoin de la désastreuse expédition des Espagnols, sous la conduite d'O'Reilly, qui se rembarquèrent en désordre au nombre de 22,000, après avoir perdu 4,000 hommes dans la plaine de Mustapha pendant six heures de combat. Ils revinrent bombarder deux fois, en 1783 et 1784, avec l'amiral Barcelo. — Baba Hassan, en 1793, fournit des grains à la France, et en 1798, Mustapha, son successeur, se voit forcé à nous déclarer la guerre, par suite de l'expédition d'Egypte. — En 1800, un armistice fut signé. — Le fléau des sauterelles dévasta les campagnes; l'amiral Nelson, en 1804, vint menacer Alger avec une flotte formidable. — L'année 1805 fut fatale aux juifs; ils furent tous pillés, et Busnach, leur chef, fut assassiné comme ami des Français. — Les deys Ahmed (1808), Ali Khodja Gharsol, (1809), Hadj Ali (1815), et Mohammed Khasnadji, furent étranglés les uns après les autres. — Omar agha, enfin élu, accorda au commodore Décatour que les États-Unis seraient affranchis de toute redevance auprès du divan. Lord Exmouth vint dicter les conditions de la sainte-alliance relativement à l'abolition de l'esclavage des blancs. Mal accueilli, il revint bombarder Alger, (1816) avec l'amiral hollandais Van-Den-Capellen. — Les sauterelles reparurent avec la peste, et Omar fut étranglé le 8 septembre 1817. On élut à sa place Mogheur Ali Khodja, maniaque sanguinaire qui, en une nuit, transporta le siége du gouvernement à la Casba. Dans l'intérêt des mœurs, il exila toutes les femmes publiques à Cherchel, ce qui causa la révolte des Turcs, qui se réunirent hors d'Alger, et vinrent former le siége de la Casba. Ali y mourut de la peste au mois de février 1818. — Hussein lui succéda sans élection régulière, et se tint enfermé dans la forteresse. Il accueillit mal les amiraux Jurien et Freemantle, lorsqu'ils vinrent le sommer d'arrêter la piraterie. — Ce fut le 30 avril 1827 qu'eut lieu la violente discussion avec le consul de France, relative au paiement arriéré de la fourniture des grains, à la suite de laquelle la guerre fut déclarée. L'amiral Collet vint recueillir tous les nationaux (21 juin 1827), et commencer le blocus. L'amiral La Bretonnière le maintint (1829). Le 14 juin 1830, enfin, 35,000 Français, sous les ordres du lieutenant-général de Bourmont, prenaient terre à Sidi Ferruch. Le 19, on gagnait la bataille de Staouëli, le 24, celle de Sidi Kaleff; le 4 juillet on prenait le Fort l'Empereur, et la ville était rendue le 5. L'ex-dey Hussein fut déporté en Italie le 17.

POPULATION. La population de la ville d'Alger est de 45,746 individus, habitant 1,752 maisons, et formant 8,349 ménages. Il y a, dans la population européenne, d'après l'État civil, 5,257 hommes mariés, 421 veufs et 7,936 célibataires, 6,925 filles et 1,463 veuves. Sur ce nombre on peut compter 26,508 catholiques et 540 protestants. Voici le classement par nationalité :

Français	14,580	27,360
Espagnols	9,081	
Italiens	1,775	
Anglo-Maltais	1,183	
Autres nationaux	741	
Population indigène		17,018
Population civile inscrite en bloc		1,368 (1)
		45,746

BAIE D'ALGER. La baie d'Alger occupe un espace de 8 à 9 milles, de l'E. à l'O., et sa profondeur est d'environ 4 milles. Elle n'offre aucun mouillage assuré contre les gros temps de l'hiver ; car on ne peut nulle part s'y mettre à l'abri des coups de vent du N. Durant la belle saison, on mouille partout indifféremment, dès qu'on est à la distance d'1 mille à 1 mille 1/2 de la côte. Au N. du phare toute la côte est rocailleuse ; on n'y mouille jamais.

Au S.-S.-O. du phare, à la distance d'un mille environ, est le fort Bab-Azoun, construit sur le roc, à la naissance de la jetée du S. Au S. de ce fort, la côte forme une petite anse où l'on croi-

(1) La population totale de la commune est de 54,865 individus, non compris l'armée.

rait, au premier abord, que le bâtiment pourrait trouver un abri; mais pendant les grands vents de N., il y a un ressac très-dangereux. La côte continue encore à être rocailleuse jusqu'à l'embouchure d'un ravin assez profond, qui conduit à la mer les eaux pluviales des hauteurs voisines; ensuite commence une grande plage qui tourne à l'E.-S.-E., et se courbe insensiblement en remontant enfin vers le N. jusqu'à la rivière Hamis, formant ainsi la plus grande partie du circuit de la baie. Cette plage conserve presque partout une grande largeur.

L'embouchure de l'Harrach se trouve presque au milieu de la baie; elle est souvent obstruée par un banc de sable que les vagues y forment et que les eaux de la rivière emportent tous les ans à l'époque des pluies. A l'E. de l'Harrach la plage commence à se relever vers le N. 2 milles et 1/2 à 3 milles plus loin, elle est interrompue par un pâté de roches basses, où l'on a bâti le Fort-de-l'Eau. Un joli village portant le même nom, est assis en avant, en face de la mer. A la rivière Hamis, le sable disparaît entièrement. Là c'est une falaise qui, s'élevant graduellement jusqu'au cap Matifou, dans une direction N. et S., ferme la partie orientale de la baie d'Alger.

PORT. Le port d'Alger est entièrement artificiel. Il se composait, à l'arrivée des Français, d'une jetée de 210 mètres environ de longueur allant de l'O. à l'E. bâtie par Khaïreddin Barberousse, en 1518, au moyen de quelques îlots reliés ensemble, et rattachant la ville au château du phare. Ce fort fut bâti par Pierre de Navarre; il est élevé sur un groupe de rochers qui prolonge, du N. au S. une étendue de 350 mètres formant un coude à partir du château, sommet de l'angle, et qui, fléchissant en pointe de musoir, revient vers la ville. Entre cette extrémité, où sont les forges de l'artillerie, et l'avancée où se trouve le bureau de la santé, est l'entrée de ce vieux port, dont l'ouverture est de 144 mètres, et où la profondeur des eaux est de 3 à 5 mètres. Il ne contient que 25 navires de 150 à 300 tonneaux, et n'a que 3 hect. d'étendue.

Dès l'année 1836, divers projets pour l'enrochement de cette partie du môle, qui est ramenée du N. à l'E., vers l'intérieur de la baie, par une déviation d'environ 40°, ont été mis à exécution. Des blocs de beton, de 60 à 90 mètres cubes, ont été lancés à une profondeur de 10 à 20 mètres et forment une digue qui porte le nom de jetée du N. Son développement est de 700 mètres; à la pointe s'élève un fort.

La jetée du S., a un développement de 1235 mètres à partir de l'angle S.-E. du fort Bab-Azoun. Elle se compose de deux branches faisant entre elles un angle de 97° 15'. La branche d'enracinement a une longueur de 500 mètres. Elle est orientée E. 15° S. La branche du large, à partir d'un fort dit *du coude*, prend la direction du N.-

N.-E. Elle présente un développement de 735 mètres, coupé par un espace de 60 mètres vers son milieu, dans le but de faciliter les communications entre la rade et la partie sud du port. Un fort se dresse à son musoir. Il y a 340 mètres de passe entre les musoirs des deux jetées. Les profondeurs d'eau, sur la branche d'enracinement sont de 13 à 14 mètres au milieu, et de 18 mètres à l'extrémité. Sur la branche du large, entre le coude et le musoir, elles sont comprises entre 18 et 23 mètres. L'élévation des deux jetées au-dessus du niveau de la mer, est de 3 mètres.

La longueur des quais, depuis le fond du port jusqu'à la santé, et de ce point jusqu'à l'origine de la rampe Bab-Azoun, est de 700 m. La profondeur de l'eau est, en moyenne, de 2 mètres 15 cent. sur le devant de ce premier alignement, et de 5 mètres 30 cent. pour l'autre. Sur ce dernier développement le commerce aura à sa disposition un quai très-large, qui sera accostable suivant les besoins, par les navires marchands du plus fort tonnage.

L'étendue du port, ainsi constitué, est de 95 hectares. On a élevé, au milieu, une batterie sur un rocher nommé el-Djefna.

QUARTIER DE LA MARINE. A partir du point où la jetée du N. se rattache à l'entrée de l'ancien port, on trouve des batteries formidables défendant la baie. Quelques grotesques peintures du temps des Turcs se voient encore aux voûtes massives des portes extérieures de ces fortifications. Tous ces bâtiments sont actuellement occupés par l'administration de la marine, qui est parvenue à les utiliser pour magasins, ateliers, bureaux ou logements. Quelques travaux de carénage pour la marine impériale, ont lieu sur le quai qui suit ce prolongement.

Au point le plus avancé vers le N., le château du phare est élevé sur les fondations de la forteresse espagnole dite le *Pégnon*, prise en 1520 par Khaïreddin-Barberousse. La construction actuelle est l'œuvre de son fils Hassan-Pacha, en 1544. La tour est octogone. Le phare, qui a 35 mètres d'élévation au-dessus du niveau de la mer, est éclairé par un feu tournant, de quatrième grandeur, dont la portée est de 5 lieues, et dont les éclipses, se succédant de demi-minute en demi-minute, ne sont totales qu'au-delà de 2 lieues. Une partie de l'avancée du château, du côté de la ville, une caserne adjacente, et les bureaux de la direction de la marine ont sauté le 8 mars 184[illegible] par l'explosion d'un ancien magasin à poudre, dont l'existence était ignorée. Des batteries et un parc d'artillerie occupent l'intérieur de ce fort.

Au fond du port, et à l'endroit où la jetée *Khaïreddin* joint l'emplacement du château du phare, est un débarcadère voûté, au-dessus duquel se voit un pavillon carré, couronné d'une coupole. Il a été bâti par Hussein, le dernier dey. Il servit de demeure au ministre de la marine du temps des Turcs, et, depuis l'occupation française, a été affecté à l'habitation du contre-amiral commandant supérieur de la marine impériale.

Des hampes de pavillons, pour les signaux, s'élèvent au-dessus de cette construction. L'état-major de la marine et un tribunal de marine commerciale, occupent les maisons voisines. Le corps de la marine occupe aussi un magasin faisant face au Sud, s'étendant tout le long du quai de l'E. à l'O., où sont établis les bureaux de l'inscription maritime, de la direction du port et des armements, un corps-de-garde de marins et autres postes de service. Un autre magasin parallèle règne à la partie supérieure de cette jetée, du côté du Nord. Il est affecté aux objets de campements qui arrivent ou qu'on embarque, à l'entrepôt des subsistances militaires et aux magasins du génie. Il joint, à l'O., le corps-de-garde des préposés des douanes, qui fait face à l'E., et touche à la porte de la ville qui, aujourd'hui, fait face au N. On y parvient en venant du quai par des rampes et des escaliers, entre lesquels sont situés les bureaux de l'administration des douanes.

Deux belles fontaines, ornées de marbre, sont sur le quai.

Sur un petit môle qui, s'avançant de l'O. à l'E. formait l'ancien port, apparaît un monument, à l'instar d'un temple grec, orné de festons et de colonnes. Cet édifice est affecté au service de la santé. A la pointe de l'avancée est une petite pyramide en marbre blanc, ornée de couronnes de chêne et de lauriers, dont le socle, accosté de deux bassins et de têtes d'anubis, en bronze, a été disposé à usage de fontaine. Cet espèce de cénotaphe est élevé à la mémoire de Charles de Lyvois, capitaine d'artillerie, mort à 33 ans, victime de son dévouement, dans la tempête du 11 février 1835, où quatorze navires de commerce se brisèrent dans le port.

En suivant le nouveau quai, qui s'avance au S. et fléchit à l'E., on longe les postes à feu pour la cokerie (cuisine des marins), divers bureaux pour la navigation commerciale, l'entrepôt des douanes pour l'embarquement et le débarquement, les bureaux du service maritime des Messageries impériales, la succursale de l'usine du gaz à l'Agha, la direction de l'enrochement, qui a fait ouvrir, vis-à-vis, un petit bassin pour ses travaux, et les magasins du lestage des navires du commerce. Les maisons de la ville, dans la rue de la Marine, des galeries, de mosquées et les balustrades de la place du Gouvernement, dominent et couronnent tout ce parcours.

ENCEINTE. La ville d'Alger a deux enceintes : les anciens remparts, et les nouveaux, qui doublent l'étendue de la cité. Hassan, en 1540, éleva le mur, long de 900 mètres, au N.-O., et de 750 au S.-O., creusa les fossés remplis de verdure et de jardins, qui enveloppent encore Alger du point culminant de la Casba au Fort-Neuf, vers le N., et à la nouvelle rue de la Lyre, vers le S. Cette muraille, double et triple en quelques endroits, est couronnée de créneaux, percés eux-mêmes de meurtrières et coiffés d'un sommet en triangle qui leur donne l'apparence d'autant de guérites de pierre. Elle renfermait 50 hectares 53 centiares.

Les anciens remparts avaient cinq portes.

Il n'en reste plus que la porte de la Marine, devenue un corps de garde de la Douane, ainsi que nous l'avons dit. Les parois des murs extérieurs sont ornés à la façon mauresque et reproduisent, en une sculpture peinte et fort réduite de dimension, la vaste fresque qui étalait, naguère, à cette orientation, une sorte d'écusson armorié et des emblêmes dont le frontispice du présent livre offre la copie.

La porte de la Pêcherie, où l'on a fait un magasin d'agrès et un restaurant maltais.

La porte Neuve qui tombe en ruines. C'est là que les esclaves étaient lancés sur la *glanche*, appareil de grands hameçons de fer, fixés au talus des remparts.

La Casba était devenue le lieu de la résidence du souverain d'Alger, depuis la translation (novembre 1816), du siége du gouvernement dans cette citadelle par Megheur-Ali, craignant autant les conspirateurs que la peste, qui désolait alors le pays. Ce fut dans cette forteresse que Hussein-Dey se rendit coupable envers la France de l'injure qui amena son expulsion; mais on ne trouve plus guère de vestiges de son séjour dans cet édifice, qui est devenu une caserne. La porte du château existe encore, bardée de tôle, peinte en vert et fermée par une chaîne avec cadenas, suivant l'usage des Maures. Elle est surmontée d'une inscription arabe et d'une galerie mauresque en bois, où brûlait le fanal et se déployait le drapeau, double emblême de la puissance souveraine. La voûte de cette porte sert de prison de dépôt pour les Arabes arrêtés dans la plaine. On voit encore dans la Casba un minaret assez gracieux, quelques arceaux à colonnes de marbre, et des peintures de plafonds qui s'effacent; un jardin privé, dont les murs intérieurs sont recouverts de carreaux vernissés et entourent une vasque de marbre. Mais il faut renoncer à retrouver le célèbre *salon des miroirs* où quatre-vingts pendules sonnaient midi durant une heure, et le kiosque où le prince barbare s'emporta contre le consul Deval; la tradition en est déjà perdue. Des caveaux qui renfermaient le trésor, gardent cependant quelques traces de leur ancienne destination. Tout cela est encastré, perdu, dans des transformations à la française, des chambrées de soldats, des cantines, des salles de police. Les militaires et les gens qui vinrent à leur suite au moment de la conquête du pays, n'y ont rien estimé digne d'aucun souvenir. La demeure du commandant du fort est encore belle et riche de perspective.

Les Français ont fait passer une route au milieu du château de la Casba, qu'ils ont ouvert par deux portes, vis-à-vis l'une de l'autre, vers l'O. Ils ont encore percé une autre petite porte non loin du fort, et au-dessous vers le N., qui est nommée porte de la Victoire.

La nouvelle enceinte commence au-dessus de la Casba et du quartier des Tagarins, à l'endroit où sera bâtie une citadelle heptagonale, et descend vers la mer, sur deux lignes, dont l'une, au N.-O., de 1,600 mètres, atteint la plage Bab-el-Oued, et l'autre, au S.-O., de 1,500 mètres, se termine au fort Bab-Azoun.

Les remparts bâtis en pierres, soutiennent des boulevards sinueux, plantés d'une double rangée d'arbres et bordés de rigoles maçonnées qui contiennent les eaux descendant le long des mille lacets de cette promenade magnifique, d'où la vue embrasse toute la ville et l'immense horizon de la mer. Des jardins, des vallons, des fontaines, des maisons champêtres, du côté du sud; deux grandes routes impériales qui partent, l'une du quartier Bab-Azoun, et l'autre de Bab-el-Oued, pour se réunir à la porte du Sahel, sont enfermés dans cette défense, qui a un circuit de plus de trois quarts de lieue sur un plan très-incliné. Treize forts bastionnés, suivant le système de Vauban, viendront encore s'ajouter à cette œuvre formidable, qui enveloppe aussi le Fort-Neuf, bâti à Bab-el-Oued par le dey Mustapha. Il sert aujourd'hui de prison aux militaires condamnés aux travaux.

Le fort Bab-Azoun, assis sur un écueil, au bord de la mer, fut bâti avec les ruines de Rusgunia, par Hassan-Pacha, renégat vénitien, en 1582; augmenté en 1798 par le dey Mustapha, il fut réparé en 1816 par des officiers du génie exilés de France pour cause politique. On en a fait une prison pour des militaires.

Les portes de la nouvelle enceinte sont :

La porte Bab-Azoun, au S., auprès du fort de ce nom, qui n'est qu'une ouverture dans la courtine du rempart.

La porte de Constantine, dite d'*Isly*, à peu de distance au-dessus vers l'O.; construction monumentale de l'effet le plus grandiose, qui ouvre deux portiques ornés de colonnes et couronnées d'entablements ;

La porte du Sahel, plus à l'O. encore ;

La porte Valée, au N.-E., vers Bab-el-Oued ;

La porte Bab-el-Oued, presqu'au bord de la plage;

La porte de France, qui donne accès dans la ville par le quartier de la marine.

PHYSIONOMIE LOCALE. Il n'est guère possible à un Français d'entrer dans Alger sans éprouver une profonde émotion. La vue de tant de travaux opérés pour transformer une ville barbare en capitale d'une nouvelle France, pénètre d'un noble attendrissement et d'une généreuse confiance, que l'habitude n'use quelquefois pas, même après de longues années d'efforts sur cette terre d'avenir.

L'intérieur de la ville d'Alger présente un grand disparate dans son aspect : ici des rues larges et nivelées, parfaitement alignées, bordées de constructions neuves, à arcades, et d'une architecture toute européenne, souvent élégante ; là, des ruelles étroites et tortueuses, que de vieilles maisons mauresques, appuyant leurs murs lézardés l'un contre l'autre aux étages supérieurs, privent quelquefois d'air et de clarté. Ces labyrinthes escaladent des pentes rapides, et aboutissent presque toujours à d'infects impasses.

Du reste, Alger, la capitale de l'Algérie, ne semble exister que dans cet espace aplani qui s'étend du fort Bab-Azoun à Bab-el-Oued, et à la naissance du rocher incliné, sur lequel sont assis les deux tiers de la ville. Les Romains n'en occupèrent pas davantage. Dans ce bas quartier, il n'y a aujourd'hui que quatre maisons occupées par des Musulmans.

RUES. Les belles rues sont : la rue de la

Marine, conduisant du port à la place du Gouvernement; toutes les ruelles qui desservent le quartier marchand de la ville, tombent dans cette rue, où règne un air de solitude aux heures et aux jours de repos.

La rue Bab-el-Oued se montre plus fréquentée; elle joint la porte de ce nom, vers le N., à la place du Gouvernement.

La rue Bab-Azoun est la plus populeuse d'Alger; elle part de la porte de ce nom, au S., et va joindre aussi la place du Gouvernement.

La rue de Chartres, parallèle à la rue Bab-Azoun, est toujours encombrée de la population qu'attire le petit commerce; elle longe la place de Chartres, où se tient le marché aux légumes, et les salles de ventes des Commissaires-priseurs.

La rue Juba, entre la rue de Chartres et la place du Gouvernement; la rue Neuve-Jénina, la rue du Vieux-Palais et la rue Mahon qui aboutissent à la rue Bab-el-Oued; la rue Cléopâtre; les rues Bugeaud, d'Isly et de Tanger, au nouveau quartier Bab-Azoun, sont des larges rues, nouvellement construites, qui feraient honneur aux plus grandes et aux plus belles villes.

La rue de la Casba, qui montait par 497 marches, de la rue Bab-el-Oued à la Casba, élevée à 118 mètres au-dessus du niveau de la mer; la rue de la Porte-Neuve, qui, de la porte de ce nom, descend le long du même coteau, sur un parcours de plus de 700 mètres, à la place du Gouvernement; les rues des Consuls et Blondel, etc., ont aussi quelques constructions neuves d'une grande élévation.

La rue de la Lyre récemment percée et non encore ouverte jusqu'au bout de son parcours du N. au S. sera une des plus utiles améliorations apportées à la ville.

C'est dans le haut de la ville qu'il faut voir ce que c'est qu'une rue, ainsi que l'entendent les Maures. La rue Kléber, qui est restée une des grandes et des plus belles voies de communication dans ce genre, pourra donner idée de ce qu'il a fallu faire pour transformer la partie inférieure d'Alger comme on la voit aujourd'hui.

MAISONS. Généralement, les maisons françaises de la partie basse d'Alger ont une belle apparence et sont assez commodes. C'est au quartier Bab-Azoun, aux approches et aux entours des places d'Isly et du Gouvernement, que s'élèvent en plus grand nombre les constructions remarquables avec façades ornées de sculptures, de niches monumentales pour statues, de fenêtres à balcons, corniches et consoles sculptées; des passages, dont l'architecture ne manque pas de grandiose, en décorent quelques-unes.

Les maisons mauresques sont bien autrement riches et curieuses. Elles sont bien différentes de celles en usage aujourd'hui en Europe; les maisons romaines, les anciens monastères, les couvents avec leurs cloîtres, pourraient toutefois en donner une idée. Elles présentent, à l'extérieur, l'aspect d'une prison : porte de chêne garnie de gros clous en fer et de guichets grillés; murs blanchis, percés de quelques fenêtres, fermées par de nombreux barreaux. Derrière une espèce de poterne s'ouvre un ou plusieurs vestibules sombres, dont le parallélogramme est bordé de bancs en marbre qui supportent des colonnettes formant une suite de petites niches. C'est là que les fermiers, clients et amis venaient visiter le propriétaire de la maison. Des lampes suspendues par des chaînes à la voûte cintrée, éclairaient cette salle d'attente d'où part l'escalier de la maison, qui conduit à une cour carrée, pavée de marbre ou de faïence vernissée; cette cour est au milieu d'une galerie de une, deux, trois et quelquefois quatre arcades à ogive, sur chacune de ses faces. Des colonnes torses à gracieux chapiteaux, de hauteur d'homme, soutiennent cette galerie dominée par un second péristyle décoré d'une balustrade en bois, travaillée avec goût. Les divers appartements de la maison prennent leur entrée et leurs jours sur cette galerie intérieure. Les portes sont à deux battants, garnis chacun d'une plus petite porte. Les fenêtres carrées et défendues par des grilles de cuivre ou de fer, sont fermées de vitres enchâssées dans des croisées que renforcent des volets de marqueterie. Les chambres sont hautes, étroites, et de toute la longueur de chacun des côtés de la maison. Vis-à-vis de la porte s'enfonce une niche où est placé d'ordinaire un divan. Vis-à-vis de chaque fenêtre, une retraite du mur ménage parallèlement une petite armoire. Aux deux bouts de chaque pièce règne, à quatre ou cinq pieds au-dessus du sol, une estrade cachée par un rideau pour recevoir les lits, auxquels on parvient au moyen d'une échelle. Quelquefois une étuve avec son plafond en dôme se trouve dans ces habitations, où de nombreuses retraites sont ménagées avec assez d'art. Le toit de l'édifice, où s'ouvre un portique du côté de quelque beau point de vue, est applani en terrasse.

Toutes les maisons mauresques sont établies sur le même plan, et ne diffèrent que de dimension et de magnificence. Ici telle partie est en brique, en pierre, en fer, qui ailleurs est en émail, en marbre, en cuivre, admirablement entretenus.

Les habitations de maîtres, à la campagne, sont conçues dans le même genre, quant au corps de logis, et répandent aux alentours des constructions pittoresques dans des sites romantiques choisis avec bonheur.

Nous indiquerons, comme les plus dignes de l'admiration des européens : la maison provenant d'Hassan Pacha, où demeure le Gouverneur-Général. Les colonnes de marbre blanc à chapiteaux peints et dorés, qui forment le péristyle intérieur, aussi bien que les piliers de la salle à manger, sont d'une grande beauté; une étuve mauresque, en deux cabinets, toute revêtue de marbre de Carrare, et dont le dôme en dentelle de pierre, soutenu par des colonnettes d'albâtre, laisse filtrer le jour à travers des vitraux azurés, se trouve dans un des détours de cette vaste demeure, pleine de réduits mystérieux, habilement ménagés. Les plafonds des appartements, sculptés en bois, sont richement coloriés et rehaussés de dorures. Le génie militaire, dans l'intention de donner une façade à cette habitation princière, a construit un bâtiment accolé contre, revêtu de marbre blanc, et percé de fenêtres qu'on dit être dans le goût vénitien. Ce travail a donné à l'hôtel du Gouverneur-Général, quelques corps-de-garde de plus; un escalier et une grande salle de réception, étouffée par un plafond trop bas, mais, au demeurant, meublée avec magnificence. Un grand tableau, d'après Horace Vernet, représente l'Empereur, à cheval, passant les troupes en revue dans la plaine de Satory. Deux autres grands tableaux, des deux côtés de la cheminée, reproduisent, en pied, l'Empereur et l'Impératrice.

L'évêché, qui s'élève vis-à-vis, est remarquable par les délicates dentelles de pierre qui encadrent les ogives, et, par son double portique, à la galerie supérieure; un vestibule mauresque, au rez-de-chaussée, a été utilisé avec goût, pour la chapelle domestique.

Non loin, dans la rue de l'État-Major, est la demeure de Mustapha Pacha, plus vaste que belle, où est établi un pensionnat de jeunes demoiselles. Auprès, est l'Intendance militaire, la plus vaste maison mauresque d'Alger; les colonnes n'y sont qu'en pierre de taille. Le Tribunal de première instance qui communique avec la Cour impériale, dont l'entrée est dans la rue Bruce; l'hôtel du Secrétariat-Général du gouvernement, vis-à-vis; les maisons de la Direction des Domaines, rue Porte-Neuve, celle du Général commandant supérieur du génie, rue Philippe, et celle du Général commandant supérieur de l'artillerie, rue de la Charte, sont toutes pourvues de charmantes colonnes en marbre blanc. La maison de M. le Procureur-Général, rue Soggémah, possède un beau salon sculpté par M. Latour, en architecture sarrazine, dans le goût de l'Alhambra.

D'autres maisons, importantes par leur étendue et leurs ornements, jouissent de la vue ravissante de la mer, au bord de laquelle leurs appartements sont comme suspendus, telles sont la Grande-Bosa, où sont les bureaux de l'État-Major général; la maison rue des Lotophages, la plus riche de toutes en marbre blanc, entièrement garnie de faïence et d'émaux de couleurs, où sont établis le Musée et la Bibliothèque, et les maisons rue de la Licorne, où les RR. PP. Jésuites tiennent un pensionnat et les diverses congrégations auxquelles ils président.

PLACES. La plus grande place d'Alger, est la place du Gouvernement, pouvant avoir 130 mètres du N. au S., sur une largeur d'environ 75 mètres; elle est subdivisée en plusieurs parties par les rues Cléopâtre, de la Marine, Bab-Azoun et Bab-el-Oued, qui la traversent en divers sens, plutôt qu'elles n'y viennent aboutir. Un espace impénétrable aux voitures, présente un pentagone irrégulier s'étendant en vue de la mer, au-dessus de magnifiques magasins voûtés, actuellement affectés au service des subsistances militaires, et servant autrefois de chantiers de construction pour les navires, au temps des Turcs. On parvient à ces vastes casemates, que défend une batterie découverte, par une rampe menant aussi à la Pêcherie. La figure polygonique de cette partie de la place, est marquée, au N., au S. et à l'O., par une double rangée de jeunes platanes, et des candélabres de bronze éclairés au gaz, dont les pareils se dressent aussi à l'E., vers la mer. A cette exposition, la place est bordée par une balustrade en pierre, qui forme les deux côtés de l'angle obtus du pentagone.

C'est dans l'ouverture de cet angle que s'élève, sur un piédestal en marbre blanc, la statue équestre du duc d'Orléans, fondue par M. Soyez, de Paris, avec du bronze provenant des canons pris à Alger. Cet ouvrage est dû au ciseau de Marochetti. Le groupe entier a 5 mètres et pèse 8,000 kilogrammes. Les faces du piédestal sont décorées de deux bas-reliefs en bronze, représentant au N. la prise de la citadelle d'Anvers, au S., le passage du col de la Mouzaïa. Au milieu de cette portion de la place, est une colonne garnie de quatre appareils d'éclairage et supportant une aigle bronzée.

La rue Cléopâtre vient joindre, à angle droit, la chaussée de la rue de la Marine, qui traverse de l'E. à l'O. la place du Gouvernement, et coupe ainsi en deux le vaste périmètre occupant l'emplacement du forum de l'antique *Icosium*; à l'E., c'est un espace planté d'orangers; à l'O., c'est une charmante promenade ombragée d'arbres de la même espèce, et pareillement défendue par des bornes de fonte reliées par des chaînes de fer. Au milieu, un jet d'eau épanche, dans une coupe de bronze, une onde qui tombe en cascade dans une vasque de granit. Quand, la nuit, où le ciel laisse briller tous ses astres, on voit, à la lueur des feux du gaz, scintiller, autour de cette élégante fontaine, l'eau qui flotte en panache, au moindre souffle du vent, à travers les orangers, le spectacle est vraiment féerique, bien qu'il ne soit guère animé que par la partie la moins brillante de la population, qui s'est, comme exclusivement, adjugé les causeuses et reposoirs de ce ravissant oasis.

Au N., et ajoutant encore par la décoration de ses arcades et la vivacité de son éclairage au charme de cet endroit, règne la maison La-Tour-du Pin, déployant sa façade sévère, où s'ouvrent de riches magasins.

Chaque heure amène sur ce grand théâtre son genre d'habitués ; le costume des personnages y change aussi souvent que l'aspect de la scène, toujours grandiose et magnifique.

Le jour, c'est la vue immense de la mer, qui fait miroiter au soleil sa surface d'azur chargée de paillettes d'or. Le navire à vapeur, en exhalant sa fumée, quitte le port sous les yeux des heureux oisifs, qui voient, au même instant, les vaisseaux entrer dans la baie, à pleines voiles, se couronner de mille couleurs éclatantes, comme des corbeilles de fleurs, et, tout-à-coup, enveloppés de blancs nuages, lancer pour salut leurs bordées retentissantes. La ville toute entière s'étage vis-à-vis en amphithéâtre, et semble ouvrir les yeux de toutes ses maisons pour contempler ce grand spectacle. Les coteaux verdoyants de Mustapha et la bordure sombre du Jurjura au lointain, encadrent ce tableau, qui est un des plus riches sur lequel l'œil puisse se reposer.

Le soir, la place du Gouvernement se couvre de siéges pour la commodité des promeneurs fatigués. Dans les belles soirées de toutes les saisons, où la lune plane paisible sur la terre attiédie, il est doux de se reposer là, sous les fraîches influences de la brise marine. Alors la musique militaire exécute des morceaux à grands effets. Une couronne de feux, entretenus par les brillants cafés, les portiques lumineux qui environnent la place, l'entourent d'une double guirlande aux chatoyants reflets. Cependant la cathédrale d'un côté, et la mosquée de l'autre, se regardant, immuables et tranquilles, au milieu de cette agitation des plaisirs, mêlent quelques idées graves aux pensées des amateurs de la promenade, sur cette place qui est une des plus belles du monde.

La place Mahon, qui n'est séparée de la place du Gouvernement que par la maison à arcades du café d'Apollon, formant saillie, est le lieu de station des fiacres en forme de calèches.

La place de Chartres, entre les rues de Chartres et Bab-Azoun, se rattachant à cette dernière par un large escalier de 34 marches. Elle est bordée d'arcades sur trois de ses faces; au milieu s'élève une fontaine abondante, où l'eau s'épanche d'une double coupe en pierre dans un bassin quadrangulaire. De jeunes arbres entourent ce monument.

La place de l'Évêché, ou du Palais, est un espace assez étroit entre la Cathédrale, la maison du Gouverneur-Général, dont nous avons parlé à l'article *Maisons mauresques* et l'Évêché, lequel offre, pour tout ornement extérieur, une porte dont l'encadrement est de marbre sculpté.

La place du Soudan, plus étroite encore que la précédente, n'en est séparée que par un angle saillant du bâtiment de l'Évêché.

La place de la Victoire, devant la porte de la Casba, du côté de la ville, n'est guère plus étendue que la précédente; le portique en marbre, où l'on a établi des écoles et des vestiaires d'enfants de chœur, qui fait face à l'entrée de l'ancienne demeure du dey, était le lieu où l'agha, général en chef des Turcs, tenait son tribunal, dont la juridiction s'étendait sur toute la campagne environnante.

La place Bab-el-Oued, est un immense champ de manœuvres au bord de la mer, entre le Fort-Neuf et les ruines du fort des Vingt-quatre-heures, entre un marabout devenu le pied à terre, à Alger, des trappistes de Staouéli, péniblement nivelé avec tous les décombres de la ville. C'est sur cette place que sont établis le parc et l'arsenal de l'artillerie, qui contient une belle bibliothèque, à la disposition exclusive des officiers de cette arme. Un peu plus à l'O., sur la route qui conduit à la Casba, se trouve l'arsenal du génie. C'est sur la place Bab-el-Oued que s'établit le champ de foire, au 20 septembre de chaque année et que les amateurs du jeu de boules se donnent rendez-vous. C'est aussi là que se font les exécutions à mort. Vers le N., surgit la masse rocheuse, où était assis le fort des Vingt-quatre-heures, ainsi nommé du temps qu'y passaient au corps-de-garde les jannissaires chargés de sa défense. Ce petit château mauresque avait été bâti, en 1569, par le pacha Ali el-Euldje. Ce fut le 27 décembre 1853, que, procédant à sa démolition, on découvrit, par l'explosion d'un pétard qui fendit un bloc de béton dans le sens de la longueur, un squelette humain qui fut reconnu pour être les restes de *Géronimo*, jeune Arabe, sacrifié pour la foi en Jésus-Christ, et maçonné dans le mur, le 18 septembre 1569, ainsi que l'indiquait l'historien espagnol Haëdo. Ces saints restes, conservés par ordre, furent transportés triomphalement, le 28 mai 1854, par Mgr l'Évêque d'Alger, dans la cathédrale (1).

Il y a sur la place Bab-el-Oued des carrioles et des mulets pour les excursions vers l'O.

La place Bresson, traversée par la rue Bab-Azoun, s'étend sur l'emplacement des deux vieilles portes de la ville, entre le théâtre impérial, à l'O., et un petit terrassement, à l'E., en vue de la mer, désigné autrefois sous le nom de place du Bournous; au S. de cette portion de la place, sont colloqués les bureaux de l'État-Major de la milice; au N., descend la rampe d'un lavoir couvert qui est établi dans l'ancien fossé de la porte Bab-Azoun. La place Bresson est vaste, elle est le lieu de stationnement des carrioles et voitures publiques.

La place d'Isly, que traverse la rue de ce nom, pour arriver à la porte de Constantine. Tout le côté O. de son quadrilatère est bordé par le

(1) Voir *Géronimo, ou le Martyr du Fort des Vingt-quatre-heures*, par M. Berbrugger, 2e édition.

beau collége français-arabe. Au milieu, surgit la statue du maréchal Bugeaud, élevée avec les fonds d'une souscription ouverte dans la population et dans l'armée, avec l'aide du Trésor de l'État. Elle a été exécutée par M. Dumont, de l'Institut, et coulée en bronze par MM. Eck et Durand, fondeurs à Paris. Le maréchal est représenté dans son costume de guerre, bien connu de ses anciens compagnons d'armes; il a la face tournée vers la ville, et peut être aperçu des deux extrémités de la belle voie qui conduit à la porte monumentale de Constantine. La statue, placée sur un piédestal de granit gris de mer, provenant du cap de Fer, d'après le dessin de M. Blouet, de l'Institut, est défendue par un grillage octogone en fonte, formé de flèches, de javelots et de piques en faisceaux, à chaque angle. L'inauguration de ce monument a eu lieu le 15 août 1852.

PASSAGES. Il existe à Alger, plusieurs passages :

Le passage La-Tour-du-Pin, qui communique à la place du Gouvernement et à la rue Mahon. Il est construit avec magnificence; des colonnes et des statues le décorent. Il est pavé de marbre noir et blanc. Il donne entrée à l'hôtel de la Régence, par deux doubles escaliers.

Le passage Gaillot, qui met la rue des Consuls en communication avec la rue d'Orléans.

Le passage Duchassaing, qui communique avec

la rue Bab-Azoun et le quai supérieur, est couvert de vitres. Le café de la Bourse et le Cercle d'Alger, y prennent entrée.

Le passage d'Orléans, qui communique avec la rue du Lézard et l'impasse Jenné, est occupé par des Maures brodeurs et marchands d'essences; par des tailleurs juifs et des revendeurs d'objets à l'usage des indigènes; les boutiques sont formées par des entre-colonnements, que des arcades mauresques décorent. Au milieu du passage est une rotonde couronnée d'une coupole en verre.

Le passage du Divan, qui communique avec la rue de ce nom et l'impasse Jenné, habité par des marchands qui font le même commerce que ceux dont nous venons de parler, traverse un bazar, maison carrée, dont la cour est protégée d'un vitrage.

Le passage Salomon, entre les rues de la Porte-Neuve et du Lézard, est occupé par des tailleurs juifs.

Le passage Mantout, communiquant avec la place de Chartres et la rue du même nom, avec la rue et l'impasse Scipion. Il est habité par des israélites tailleurs, et traverse une cour carrée.

Le passage Narboni. Des maures, marchands de tabac et de menus objets, ont établi leur commerce dans ce passage, à ciel ouvert, qui forme l'Y, aboutissant aux rue Bab-Azoun, de Chartres et du Caftan.

Le passage du Commerce, mettant en communication la rue de Chartres et la place du Gouvernement, traverse la maison de la compagnie Ltaou Chich. Il est couvert de vitres. Le Cercle du Commerce y prend entrée.

Le passage Napoléon, parallèle au précédent, traverse les maisons Sarlin, Sarlande et compagnie. Recouvert d'un splendide vitrage, orné de sculptures, dallé de marbre, éclairé au gaz avec un superbe éclat, jouissant d'une fraîcheur délicieuse, et bordé de magnifiques magasins, c'est un des plus beaux ornements de la ville d'Alger. — Le grand hôtel d'Orient, en vue de la mer, y prend entrée.

MARCHÉS. Le marché, pour les objets de consommation journalière, est tenu sur la place de Chartres. Il y en a un autre, presqu'aussi important sur la place d'Isly, où viennent les Arabes, qui y apportent des denrées de toute espèce; c'est là que les touristes trouveront en tout temps, des oranges succulentes et à très-bas prix.

Le marché aux poissons est à la Pêcherie, sur le quai, au-dessous de la place du Gouvernement.

Le marché aux bestiaux, établi à Mustapha, en dehors de la porte Bab-Azoun, est fréquenté par 250 à 300 Arabes. Ce marché fournit, terme moyen, 80 taureaux, bœufs, vaches, veaux, et 100 moutons par jour.

Le marché aux grains et aux huiles, où les indigènes apportent leurs produits, est établi dans une halle qui, pour les céréales, a son entrée par la rue d'Isly, et pour l'huile, au-dessous, par la rue de Tanger.

BAZARS. Le bazar d'Orléans, déjà mentionné, est une espèce de salle de vente perpétuellement ouverte, entre la rue du Lézard et l'impasse Jenné, où le fripier maure circule sans cesse, où l'encanteur fait retentir sa voix et met à prix des tapis, des vêtements, des ustensiles à l'usage des indigènes.

Le bazar Narboni, rue de Chartres, cour ronde, couverte d'un toit en verre, ayant une fontaine en marbre au milieu, et une grille en fer à la porte, est occupé par des Arabes qui y font des burnous, y vendent des poteries du pays et de grossiers ouvrages de sellerie.

Le bazar Parsifico, à côté du précédent, est rempli de Maures et Juifs, marchands de tabac et de corail, et se livrant aux mêmes industries ci-dessus indiquées.

INDUSTRIE. Il n'y a de spécial à Alger, sous le rapport de l'industrie, que des confections isolées de broderies sur cuir, en or et en argent pour selles mauresques, portefeuilles, gibernes, pantoufles. On fait aussi des ceintures de soie brochées d'or, des essences de rose et de jasmin. Les Européens, et surtout les Maltais, se consacrent, avec un entrain que le succès justifie, à desservir des débits de comestibles sous toutes les formes. Les tailleurs et les marchands d'habillements, d'étoffes et d'objets de luxe, ont aussi trouvé à placer avantageusement les produits dont la vente les fait vivre dans les grandes villes.

De nombreuses usines existent dans les environs d'Alger; quelques-unes sont très-importantes. Il y a des minoteries à vapeur, des fonderies de métaux, des tanneries, des usines opérant sur le palmier-nain pour en obtenir de la pâte à papier et du crin végétal, des distilleries de sorgho, d'asphodèle, de figues, de caroubes et de fleurs odoriférantes, des brasseries, des vinaigreries, etc.

MONUMENTS PUBLICS. Alger est trop nouveau encore entre nos mains, pour que nous ayons pu y fonder beaucoup de monuments publics.

La Cathédrale, sur la place de l'Evêché, est un édifice qui n'est point achevé. Les fidèles ne jouissent que des deux tiers du vaisseau, qui n'offre encore qu'un portail décoré de quatre colonnes de marbre noir veiné de blanc, au-dessus de 23 marches de granit, accosté de deux tours, et la nef dont la voûte en stuc, sculptée par MM. Fulconis et Latour, est soutenue par des colonnes de marbre blanc, dans le goût mauresque. Ces appuis soutenaient le dôme d'une charmante mosquée située au même endroit, la Djema Ketchaoua, qui a servi de cathédrale durant plusieurs années. Il y a trois chapelles seulement, dans le bas côté de droite. Dans l'une est une statue en bois de la Sainte-Vierge, délicatement travaillée et couronnée d'un diadème d'argent repoussé, rapportée de Sébastopol par M. le chanoine G'Staller. Dans une autre s'élève le tombeau en marbre blanc du Vénérable Géronimo. On y lit cette inscription en lettres d'or :

OSSA
VENERABILIS SERVI DEI GERONIMO
QUI
ILLATAM SIBI PRO FIDE CHRISTIANA MORTEM OPPETIISSE
TRADITUR
IN ARCE DICTA A VIGINTI QUATUOR HORIS
IN QUA INSPERATO REPERTA
DIE XXVII DECEMBRIS ANNO MDCCCLIII.

Ce qui signifie :

« Ossements de Géronimo, vénérable serviteur » de Dieu, qui, pour la foi chrétienne, a souffert » volontiers la mort, selon la tradition, au fort » des Vingt-quatre-heures, où ses restes ont » été retrouvés d'une manière inespérée le 27 » décembre 1853. »

Deux plaques de marbre encastrées dans le mur, des deux côtés du tombeau, portent, l'une la copie gravée de la bulle qui donne introduction au procès de la béatification du Vénérable Géronimo, l'autre les noms des commissaires d'enquête qui ont vérifié l'identité des restes du martyr.

Il y a dans la nef une chaire formée avec les marbres qui composaient l'ancienne tribune du prédicateur musulman, au même lieu. Le chevet de l'église et le chœur sont en construction. Quelques dispositions provisoires, avec de modestes ornements, en tiennent place depuis quelques années.

Le Temple protestant, rue de Chartres, ouvre un beau portique, composé de quatre colonnes cannelées, de l'ordre toscan, soutenant un fronton. Sur la porte, on lit : *Au Christ Rédempteur*. Ce vaisseau, d'une simplicité grave, est éclairé par la voûte. C'est un carré long, dont trois des côtés sont ornés de colonnes supportant une galerie, à pilastres. Au fond de cet édifice, et vis-à-vis l'entrée, une demi coupole gigantesque, qui creuse toute la surface du quatrième côté, contient la chaire évangélique, bel ouvrage en bois de noyer, précédé d'un pupitre, et accosté de deux escaliers. La table de communion en marbre blanc, est au devant. Des stalles et des fauteuils remplissent l'hémicycle. Des tapis et des siéges d'une grande propreté, complètent le mobilier de ce temple. Les dépendances en sont disposées de manière à offrir des salles d'archives commodes, et des logements pour le Pasteur et les Chantres.

Une grande synagogue est en construction dans la rue Caton. L'ensemble promet un édifice religieux d'une grande importance.

La galerie de 14 arcades sarrazines, de 3 mètres d'ouverture chacune, qui, courant de l'E. à l'O., longe au S., la rue de la Marine, figure les portes de la grande mosquée. Elle a été construite par les condamnés militaires, depuis notre occupation, avec les colonnes provenant de la mosquée, bâtie par le pacha Ismaïl, en 1671, qui occupait une partie du périmètre de la place du Gouvernement. Cette galerie, établie sur une ligne brisée, présente, au sommet de l'angle obtus qu'elle forme, un double portique, soutenu par des faisceaux de colonnes. Une coupe en marbre blanc s'élève au-dessus d'un bassin de marbre noir, qui est disposé de manière à se déverser dans une seconde cuve de même matière.

Le Théâtre impérial, sur la place Bresson, est le monument le plus remarquable de la ville. Il a été construit par M. Sarlin, sur les plans de MM. Chassériau et Ponsard. Il présente une façade de 30 mètres de largeur, élevée au-dessus de 11 marches, accostées de rampes et de candelabres en bronze. Le gaz est le moyen d'éclairage employé dans tout l'édifice. Sept portiques donnent entrée dans un vestibule grandiose, d'où partent des escaliers de marbre d'une grande beauté. Un magnifique foyer, qui occupe toute la façade en vue de la mer, est éclairé par de doubles fenêtres à entre-colonnement. Au-dessus, s'élève encore un autre foyer, dit *des fumeurs*, communiquant avec les vastes terrasses qui entourent la voûte de l'édifice, recouverte en zinc. Le bâtiment est complètement isolé. Tout son revêtement extérieur présente un appareil de solides pierres de taille, orné de sculptures; mais ce n'est qu'au frontispice du monument que des statues emblématiques, des mascarons, des marbres encastrés, des frises et corniches festonnées se montrent avec splendeur sous la protection d'un aigle gigantesque, qui plane sur tout le monument. L'intérieur de la salle est décoré de peintures, blanc et or, et de tapisseries rouges. Le plafond, où se suspend un lustre étincelant, imite une coupole azurée, fleurie et historiée d'emblèmes. Il y a place pour 1200 spectateurs, qui se plaignent quelquefois de l'exiguïté du local, et toujours de la perspective et de l'acoustique. Du reste, le public algérien est difficile à satisfaire. Il se pique de goût et de sévérité artistiques.

C'est au théâtre que la population a pu voir souvent, en janvier 1856, les Touaregs, qui étaient venus lier sur la place des relations de commerce.

Un escalier monumental est en construction derrière le théâtre, pour mettre la rue de la Lyre en communication avec le bas quartier de la ville.

La statue du duc d'Orléans, celle du maréchal Bugeaud, la fontaine de la place du Gouvernement et la fontaine de la place de Chartres, dont nous avons déjà eu lieu de parler, sont tout ce qu'Alger possède encore comme monuments; en y joignant, si l'on veut, quelques fontaines, dont plusieurs ne manquent pas d'élégance.

On compte à Alger un grand nombre de fontaines, et l'eau n'y manque pas en temps ordinaire. Quatre aqueducs, créés par le pacha Hussein, en 1622, ceux de Hammam, de Telemly, d'Aïn Zeboudja, et de Bir Treriah, avec une source dite du Rempart, y portent une quantité d'eau qui suffit aux besoins de la ville.

Un immense monument souterrain, est le grand égoût de ceinture qui se déverse, au N., derrière le Fort-Neuf, et, au S., derrière le fort Bab-Azoun.

ÉGLISES. Le culte catholique a pour ses cérémonies quatre temples à Alger.

La Cathédrale, déjà décrite à l'article *monuments*.

Notre-Dame-des-Victoires, mosquée à l'angle des rues de la Casba et Bab-el-Oued. C'est un dôme, entouré de petites coupoles, recouvrant un espace fort insuffisant pour la population de la paroisse. Un chœur a été bâti; la voûte qui le domine prend jour à travers un grand vitrage de couleur. Les murs sont revêtus d'une boiserie sculptée. Un magnifique autel de marbre blanc, rehaussé d'or, a été élevé par souscription des fidèles, et au moyen d'une riche offrande de M. le Maréchal Pélissier, après la prise de Malakoff. Un groupe en pierre, reproduit la Sainte-Vierge avec son divin Fils, d'après le type adopté par l'archiconfrérie centrale de Paris, qui en a fait don. Quatorze tableaux, peints sur toile avec talent et richement encadrés, autre don fait par les pensionnats et les fidèles de la paroisse, marquent les stations du chemin de la croix.

Sainte-Croix de la Casba *(ara cœli)*, est une autre mosquée, tout aussi peu grande, située à l'angle des rues de la Casba et de la Victoire.

Saint-Augustin est un bâtiment construit par les Français au faubourg Bab-Azoun.

Les RR. PP. Jésuites ont aussi, dans leur maison, rue de la Licorne, plusieurs chapelles fréquentées par les Italiens et les Espagnols qui y tiennent des congrégations.

Les prêtres lazaristes ont une charmante chapelle, rue du Vinaigre, à côté d'un joli jardin parfaitement entretenu. Une imitation du Saint-Sépulcre est à visiter au pied du grand escalier qui mène à cet endroit de prière.

Les Frères de la Doctrine chrétienne ont un oratoire, pour leurs élèves, dans la rue de l'État-Major, où est leur maison centrale.

Le temple protestant a été décrit à l'article *monuments*.

MOSQUÉES. Il n'y a plus que quatre mosquées où se fasse la prière d'obligation du vendredi. La Grande mosquée *(Djama kebir)*, rue de la Marine, à laquelle la galerie de marbre, décrite à l'article *monuments*, sert comme de portique; c'est un édifice carré, dont les nefs sont soutenues de colonnes. Il prend jour du côté de la mer, et se trouve accosté de terrasses, où les moudzins entretiennent quelque verdure. La mosquée Djedid, formant l'angle de la rue de la Marine et de la place du Gouvernement, prend jour aussi du côté de la mer, et domine le quai de la Pêcherie. Elle est bâtie en forme de croix par un architecte génois, qui reçut la mort pour prix de son travail, considéré des imans comme une insulte à la religion de Mahomet; les quatre nefs voûtées ont un dôme à leur jonction; quatre pavillons ajoutés dans les angles des bras de la croix, en ont fait un bâtiment carré; une couronne de créneaux sarrazins encadre tout le pourtour; une galerie ouverte, fort vantée par Léon l'Africain, et qui n'en valait certainement pas la peine, règne du côté de la mer; le minaret est une tour carrée, revêtue d'émail, où l'horloge publique, dont les trois cadrans sont éclairés la nuit, a été établie. Cette mosquée est affectée au rite hanéfi, professé par les Turcs. La mosquée dite Djama Safir, rue Kléber, et la mosquée Sidi Ramdan, dans la rue de ce nom, sont situées dans la partie haute de la ville.

Ces quatre mosquées sont les seules qui soient en correspondance ostensible par les signaux et l'appel vocal aux heures de prières.

L'intérieur des mosquées est simple : des tapis

où des nattes et quelques lampes, sont tout l'ornement de ces temples, où se trouve une chaire à prêcher, une niche vide désignant la situation relative de la Mecque, et quelques cadres renfermant des versets du Coran et la configuration des pantoufles du prophète, entourées d'arabesques. Tout Chrétien, en déposant sa chaussure à la porte, peut examiner l'intérieur de l'édifice sans y pénétrer. Il verra, à l'entrée, une fontaine qui sert aux ablutions préalables à la prière. Aux heures canoniques, il remarquera sans doute, dans le jour, une petite bannière blanche ou verte, dans la nuit, un fanal, que l'on hisse à une potence fixée sur les minarets, appelant de loin les fidèles que la voix du crieur ne pourrait atteindre.

Il y a encore à Alger un grand nombre d'oratoires sur les tombeaux de saints personnage, ou en des lieux consacrés par le sentiment religieux des Musulmans. La nouvelle enceinte a enveloppé les deux plus remarquables de tous, qui sont : le marabout de Sidi Abd el-Kader el-Djilani, à Bab-Azoun, au bord de la mer, où il est enterré en sa qualité de gardien du port; et à Bab-el-Oued, le sanctuaire de Sidi Abd er-Rhaman Talebi, sorte de Saint-Denis des pachas d'Alger, aggrégation de bâtiments et de chapelles au milieu desquelles on voit une longue salle où reposent plusieurs Deys, autour de la tombe du patron de l'endroit.

Les marabouts reposent, pour la plupart, dans de petites constructions isolées, recouvertes d'une coupole que leur nom désigne. On n'y trouve guère que le tombeau du vénérable personnage, protégé d'un grillage en bois peint de couleurs riantes, environné de drapeaux de soie, et de pans d'étoffes, offerts en manière d'*ex-voto*.

Il faut bien se garder de confondre les exercices religieux des musulmans avec les sacriléges jongleries de quelques indigènes, qui se rendent au bord de la mer, en de certains endroits solitaires, et, pour obtenir la santé ou quelque avantage temporel, immolent aux esprits (djinn) des moutons ou des poules, dont le sang est répandu sur un réchaud saupoudré d'encens. Ce spectacle se renouvelle tous les mercredis, au soleil levant, près d'Alger, auprès de deux sources connues sous le nom d'Aïoun Beni Menad, sous les rochers qui bordent la plage Bab-el-Oued, vers la Salpêtrière. « C'est là, dit Pierre Dan, en son chapitre *des sortiléges*, que les femmes d'Alger allument un petit feu, brûlent de l'encens et de la myrrhe. Cela fait, elles coupent la tête à un coq, dont elles font découler le sang dans ce même feu, en abandonnant la plume au vent, après l'avoir rompue en plusieurs pièces qu'elles sèment de tous côtés, et en jettent la meilleure partie dans la mer. A quoi ces misérables s'emploient avec passion, à cause que par cette cérémonie, qui est, à vrai dire, un pacte avec le diable, elles croient que leurs maris doivent avoir un bon succès dans leur voyage.

La grande synagogue est encore tenue dans un bâtiment qui prend son entrée dans la rue Sainte, et ses jours sur la place de Chartres.

Les Israélites ont d'autres lieux de prière en divers quartiers de la ville, principalement rue Bisson, où ils ont inhumé un Juif du nom d'El-Ghilour, qui s'était fait musulman, et qu'ils honorent comme Saint. Ils ont encore, dans un de leurs anciens cimetières, à Bab-el-Oued, deux personnages, Harouch et Barrouch, devant la tombe desquels ils n'oseraient mentir en cas de contestation.

CIMETIÈRES. Les cimetières des différents cultes sont au dehors de la ville et du faubourg Bab-el-Oued. Le cimetière chrétien, divisé d'après les diverses communions, est entouré de murs, vis-à-vis du fort dit *Des Anglais*. Un portique d'un style grave y donne entrée. Tout est parfaitement entretenu dans ce séjour du repos. Beaucoup de tombes monumentales, et des caveaux de famille s'y font remarquer. Un prêtre, pour les dernières prières, habite dans le cimetière. Le tarif des concessions de terrain dans le cimetière européen est fixé comme suit :

Concessions.	Le mètre carré.	
Perpétuelles.	150 fr.	
Trentenaires.	60 —	pouvant être renouvelées.
Temporaires.	15 —	pour 15 ans, sans renouvellement.

Pour en finir avec ce triste sujet, en ce qui concerne l'arrondissement d'Alger, nous prions d'être estimé quitte en disant ici que Mustapha (annexe de la commune), est frappé d'un droit de 40 fr., 15 fr. et 5 fr. dans les cas de durée de concessions ci-dessus énoncés, et tous les autres villages, de 30 fr., 12 fr. et 5 fr. aux mêmes termes.

Le logement du concierge est un riant pavillon, entouré d'un charmant parterre.

Les Musulmans ont deux cimetières ; l'un à Mustapha, auprès de la mosquée où se trouve un des tombeaux de sidi Mohammed, surnommé *Bou Koberin* (1), et l'autre sur le versant N. de la Casba.

Le nouveau cimetière des Israélites est à Bab-el-Oued, un peu plus loin que le cimetière chrétien auquel il est contigu.

ÉTABLISSEMENTS MILITAIRES. Les établissements militaires sont nombreux à Alger.

La Direction politique des Affaires arabes est établie rue Boutin. Le bureau pour la subdivision de ce service est rue du Faubourg Bab-Azoun. L'Intendance militaire est rue de l'État-Major. Le bureau du Sous-Intendant chargé des embarquements est tout contre la Porte de la Marine. La Direction de l'Artillerie est rue Jean-Bart. La Direction du Génie est sous le tunel de

(1) Voir les *Poëmes barbaresques*, traductions et imitations de légendes et de poésies algériennes, par V. BÉRARD.

la rue Philippe. La caserne Lemercier, rue de la Marine, et les deux casernes de la rue Médée sont d'anciennes casernes de janissaires. La caserne de la Casba est l'ancien palais du Dey. La caserne au N. de la Casba est un immense bâtiment qui peut loger un régiment tout entier. Le Grand Tagarin est un ancien caravansérail voûté, que le dey Hussein fit construire au moment du débarquement de l'armée française, pour servir de refuge aux habitants qui fuyaient la ville, dans la crainte d'un bombardement. C'est aujourd'hui un quartier d'artillerie, au-dessus de la Casba. La caserne du train est un beau bâtiment neuf, dans la rue du faubourg Bab-Azoun. Le quartier de la Gendarmerie occupe une maison particulière dans la même rue.

La poudrière, située sur un mamelon dominant le cours de l'Oued, a été laissée en dehors de la nouvelle enceinte qui, du côté du fort l'Empereur, a enveloppé un autre dépôt de poudre et la salle d'artifice.

Les magasins des fourrages ont une succursale rue du faubourg Bab-Azoun et leur entrepôt général, à Mustapha Inférieur. La manutention *(Pain)* est au même quartier. Les magasins des subsistances *(Vivres de campagne et liquides)* sont sous les voûtes immenses qui supportent le terrassement de la place du Gouvernement, et à la Salpêtrière *(Magasin aux blés)*, qui sert parfois de succursale à l'hôpital militaire du Dey. Le Fort-Neuf contient un dépôt de *blé* et d'*orge*. A la Marine, près la porte de France, se trouve le magasin des *farines* et du *mobilier* des subsistances. Le magasin du *bois* et *chandelles* pour la troupe est rue d'Isly, près la porte. Le magasin central des hôpitaux militaires est rue des Consuls; l'entrepôt de la Pharmacie centrale, rue Macaron, dans une ancienne caserne de janissaires. Le magasin du *campement* occupe un bel édifice, au bord de la mer, rue du faubourg Bab-Azoun. Le magasin central des *matériaux de constructions* militaires, est dans la même situation, en dehors de la nouvelle porte Bab-Azoun. L'hôtel des Conseils de guerre est situé rue Scipion. Il y a une prison militaire, rue Salluste. C'est au fort l'Empereur que les militaires subissent les punitions disciplinaires. Ceux d'entre eux qui sont condamnés aux travaux publics, habitent le Fort-Neuf. Les locaux, qui sont fort étendus, se composent d'une suite d'anciennes casemates bien aérées, où l'on a établi une grande chapelle voûtée, une école d'enseignement mutuel, des salles de conférences, de lecture, de gymnastique, et même de spectacle. Les condamnés à la réclusion sont enfermés au fort Bab-Azoun.

L'hôpital du jardin du Dey, magnifique villa, bâtie en 1791, se composant de beaux et grands édifices mauresques et de jardins enchanteurs, arrosés des eaux les plus vives, est un beau séjour, enclos de murs, qui appartenait à la famille de Hassan-Pacha. L'administration militaire a élevé de grandes baraques contenant 1600 lits, une chapelle, et de vastes dépendances sur cette propriété. On y substitue une construction importante pour la même affectation. La Salpêtrière (édifice construit pour la confection de la poudre au temps des Turcs), développe aussi des cours et des constructions étendues, qui sont contigues au jardin du Dey.

L'État-Major de la place a sa maison rue de Chartres.

L'inspection générale des lignes télégraphiques est rue du Laurier, 7. La direction pour l'envoi et la réception des dépêches est rue de l'Aigle.

Par décret impérial du 9 août 1854, les communications par le moyen des lignes télégraphiques électriques, entre les principaux points de l'Algérie, a été mise à la disposition du public. (Voir, pour le tarif, la page 64 de l'introduction.)

ÉTABLISSEMENTS CIVILS PUBLICS. Le palais de Son Exc. le Gouverneur-Général est situé sur la place dite *du Palais* ou *de l'Évêché*.

Sont situés : le Secrétariat-Général, rue Bruce; l'hôtel de la Cour impériale, même rue; — on y conserve une bibliothèque à l'usage exclusif des membres du Parquet; — les Tribunaux civils de première instance, rue de l'État-Major;

les prétoires de Justice de paix, rue Jean-Bart; le Tribunal de Commerce, rue d'Orléans; l'Évêché, sur la place de ce nom; la Préfecture, dans la rue Soult-Berg, entre les rues d'Orléans et de la Révolution.

M. Lautour-Mézeray, investi des hautes fonctions de Préfet depuis le 9 octobre 1849, n'a point cessé d'encourager principalement l'agriculture, qui a pris dans la province d'Alger une grande extension.

Les bureaux de l'Ingénieur en chef des Ponts-et-Chaussées sont rue du Lézard. Ceux de l'Ingénieur en chef des mines sont rue des Consuls; les laboratoires et des collections de minéralogie sont rue Bab-Azoun. La Direction des Domaines a ses bureaux rue Porte-Neuve; la Direction des Douanes, dans la maison Catala, rue Bab-Azoun; la Direction des Contributions diverses, rue des Lotophages. La vérification des Poids et Mesures a lieu à la maison qui fait l'angle des rues Traversière et d'Orléans; le Service des Bâtiments civils est situé rue de la Porte-Neuve, au coin de la rue de la Lyre. Les bureaux des Bâtiments communaux sont sur la place Mahon. L'hôtel de la Mairie est dans la rue Bruce; les bureaux de la Police centrale sont rue Jean-Bart.

Le bureau arabe départemental est rue de la Charte. Le Cadi tient une prison dans la même rue, n° 9, où il inflige des corrections à ses coreligionnaires. Il y a de l'amélioration dans l'exercice des pénalités : les coups de bâton qu'on donnait sur la plante des pieds, se sont changés en coups d'étrivières qu'on applique plus haut.

La Prison civile, entre les deux enceintes, du côté de Bab-el-Oued, est un fort beau bâtiment neuf d'une grande étendue, d'une grande salubrité et parfaitement entretenu. Toutes les cellules rayonnent vers un point central où les divins offices sont célébrés avec édification.

Le Bureau de Bienfaisance a répandu en 1857, une somme de 35,700 fr. (tous frais payés), en secours de toute sorte : argent, aliments, médecin et sage-femme, en aumônes aux indigents européens. Le bureau de bienfaisance spécial pour les indigènes, et le bureau arabe civil, distribuent des secours aux pauvres musulmans, en faveur desquels de nombreuses fondations avaient été faites, au temps des Turcs.

Le Mont-de-Piété, situé faubourg Bab-Azoun, a commencé à fonctionner le 1er juillet 1853.

Le tableau ci-après, fait connaître l'importance de ses opérations jusqu'au 31 décembre 1857, c'est-à-dire dans un espace de 4 ans et demi.

L'intérêt des prêts consentis par le Mont-de-Piété, qui était primitivement de 15 p. 0/0 par an, a été réduit à 12 à partir du 1er janvier 1858.

Le premier mois l'intérêt est dû en entier, quelque soit le jour du dégagement; après le premier mois on décompte par quinzaines : la quinzaine commencée est due en entier.

Le droit de prisée alloué aux Commissaires-priseurs est de 1 p. 0/0.

La durée des prêts est d'un an ; elle est réduite à 3 mois pour les gages et tissus, sujets à détérioration.

	ARTICLES.	PRÊTS.
Les Engagements du 1er juillet 1853 au 31 décembre 1857, ont été de	84,428	fr 2,333,818
Les Dégagements, id. id.	71,281	1,893,134
Les Ventes, id. id.	3,627	123,112
	74,908	2,016,246
Il restait en nantissement au 31 décembre 1857	9,520	317,572

	fr
Les Bonis sur les Ventes se sont élevés à.	58,925 00
Sur lesquels il a été remboursé.	28,953 00

Ont déposés :	ARTICLES.	PRÊTS.
Les Européens. . . .	36,519	832,425 00
Les Arabes.	22,846	690,845 00
Les Israélites. . . .	25,063	810,548 00
	84,428	2,333,818 00

La Banque de l'Algérie est constituée par la

loi du 4 août 1851, qui l'autorise pour 20 ans, au capital de 3 millions, représenté par 6,000 actions de 500 fr., nominatives ou au porteur, dont l'émission est autorisée au fur et à mesure des besoins, par M. le Ministre des finances. Tous les six mois, aux époques des 1er mai et 1er novembre, les comptes sont arrêtés. Sur les bénéfices, 4 p. % sont attribués aux actionnaires, pour intérêts de sommes versées, et 3 p. % à l'État, pour servir l'intérêt de ses avances; le surplus des bénéfices est partagé en deux parts égales : l'une d'elle est répartie aux actionnaires comme dividende complémentaire; l'autre moitié est attribuée à la formation d'un fonds de réserve. Voici sa situation au 31 octobre 1857 :

Actif.

En Caisse à Alger	1,915,107 24		
— à Constantine	761,430 78	3,241,377	12
— à Oran	566,839 10		
Succursales, leur compte à Alger		3,732,021 fr.	87 c.
Comptes courants extérieurs		1,107,120	22
Effets escomptés		4,476,816	78
— à l'encaissement, à Alger		572,417	25
— remis par les succursales		245,154	30
— remis par la Banque		120,346	13
— à la caisse		370,152	65
— à rendre		6,241	85
— en souffrance		1,333	20
Dépenses de premier établissement		73,230	08
Hôtel de la Banque		161,055	00
Total		14,106,134 fr.	25 c.

Passif.

Capital	3,000,000 fr. 00 c.
Billets à émission	4,400,000 00
Mandats sur divers	864,043 75
Compte de la Banque d'Alger aux succursales	3,712,377 00
Comptes courants sur places	701,145 65
Recouvrements à effectuer	339,800 56
Récépissés payables à vue	155,325 00
Bordereaux à payer	15,498 40
Mandats à payer	100,791 00
Dividendes à payer	7,460 70
Réescomptes de portefeuilles	27,170 06
Profits et Pertes	154,291 21
Fonds de réserve	540,161 02
Total	14,100,134 fr. 25 c.

Les opérations de la Caisse d'épargne d'Alger, pendant l'année 1857, se résument ainsi :

La Caisse d'Épargne a reçu en 1857,

1° En 1713 versements en espèces, dont 485 nouveaux, la somme de . . . . fr. 276,024

2° En transferts, recettes . . . . 65,515 02 c.

Ensemble, en 1800, versements s'élevant à . . . . 341,539 02 c.

En outre, la Caisse a bonifié aux déposants, en intérêts liquidés capitalisés sur 350 comptes soldés dans le courant de l'année . . . . fr. 5,175 37 c.

En intérêts capitalisés sur 1025 comptes existant au 31 déc. 1857 . . . . 12,645 11

} fr. 15,820 30 c.

Total des recettes en 1857 . . . . fr. 357,360 30 c.

Par contre la caisse a remboursé :

1° En 1104 retraits en espèces	fr. 319,541 49 c.	fr. 362,074 29 c.
2° En 42 transferts, paiements	33,373 98	
3° En 10 achats de rentes	9,859 10	

Diminution dans l'année, ou excédant des remboursements sur les versements. fr. 5,613 97 c.

Lequel excédant déduit du solde dû le 1er janvier à 978 déposants ... 478,219 67 c.

Le solde restant, dû, au 31 décembre 1857, à 1025 déposants, se trouve être de ... fr. 472,605 70 c.

Le Dépôt des Ouvriers est un vaste édifice, rue du faubourg Bab-Azoun, servant d'asile aux ouvriers qui, à leur arrivée de France, n'ont point encore de destination ni d'emploi. Ils trouvent là un refuge, des aliments et de l'ouvrage, par les soins de l'administration qui favorise leur placement, soit dans les ateliers de l'État, soit dans les industries particulières. Un bureau de placement est tenu à l'entrée de cet établissement. Le prix de la journée de travail est réglé annuellement, par arrêté de M. le Gouverneur-Général.

L'Hôpital civil est en dehors d'Alger, à Mustapha inférieur ; il est établi dans un ancien camp, où 450 lits remplissent des salles vastes et bien aérées. Il est administré, en exécution de l'arrêté du 5 novembre 1846, sous les ordres du Préfet. Des sœurs de charité, et un nombre suffisant d'infirmiers, donnent leurs soins aux malades. Cet établissement possède toutes les dépendances nécessaires à sa destination.

Les Sœurs de l'Espérance soignent les malades à domicile. Leur maison est située rue du Lézard n° 15, près la voûte de la rue du Vinaigre.

Dans la rue Gagliata, se trouve un hôpital (dispensaire), pour les femmes surveillées, qui sont malades ou insoumises. Il y a 60 lits dans cet établissement, et une chambre de correction. Le nombre de ces femmes, inscrites sur les contrôles de la police, dépasse le chiffre de 600.

Le Lazaret est un bel édifice situé en dehors de la nouvelle porte Bab-Azoun. Il communique à un débarcadère qui est spécialement affecté au service sanitaire.

L'Entrepôt des farines et autres magasins de substances alimentaires, sont dans la rue d'Isly.

L'abattoir civil est dans la rue du faubourg Bab-Azoun, vers la mer.

L'Exposition permanente des produits algériens occupe, dans la même rue, deux immenses salles, remplies des plus curieux échantillons de la culture et de l'industrie du pays. Qu'on aille dans ce vaste musée, se pénétrer un peu de ce noble orgueil que ressentent les cœurs généreux et français, en admirant ces trophées de la conquête que nous sommes venus faire sur ces bords, au profit de la civilisation de l'Afrique et de la gloire de la France. Dans une salle qui règne au repos du grand escalier, s'élève un buste de l'Empereur sur un stylobate d'agathe translucide d'Aïn Ktebalet, reposant sur un socle de marbre blanc de Filfila. Des armoires vitrées contiennent une collection intéressante relative à l'ornithologie locale.

BIBLIOTHÈQUE ET MUSÉE. Au fond de la rue des Lothophages, ont été réunis 7000 volumes et 2000 manuscrits arabes qui forment la bibliothèque que le Gouvernement ouvre, les lundis, mercredis et vendredis, de midi à quatre heures, dans une magnifique maison en marbre blanc, prenant jour sur la mer, et jouissant d'une fraîcheur délicieuse. Dans les salles très-fréquentées de cet établissement, on voit une copie, par Ronot, du grand tableau de Gendron, représentant les chefs du Caire faisant leur soumission à Bonaparte, et une autre toile remarquable, reproduisant la tempête du 11 février 1835, dans le port d'Alger, par Morel Fatio. Quelques autres petits tableaux de ruines et de paysages du pays, sont épars dans ce vaste édifice. Une salle basse contient quelques animaux empaillés et des échantillons de minéralogie. Un grand nombre d'inscriptions arabes sont rangées dans les vestibules. Des magasins voûtés, au-dessous de la maison, ont été remplis de débris d'antiquités. Les plus importants sont : une belle statue de Neptune, de 2 mètres 40 cent. de hauteur; un torse de Vénus, une statue de jeune fille, un jeune Bacchus, une statue d'hermaphrodite, un cercueil de jeune garçon, curieusement sculpté; une chaise de bain; tous ces objets sont en marbre blanc. En mosaïque, on voit deux amphitrites, un chasseur et un parquet d'un dessin fort élégant. Quelques pierres tumulaires et la rosace d'une fenêtre d'église chrétienne, composent toute la richesse de ce musée. La relique la plus importante pour la fixation du nom d'Alger (*Icosium*), n'y figure pas, malgré les démarches du savant Conservateur de ces archives du passé : une pierre cubique, longtemps employée par un pauvre cloutier pour soutien de son enclume, ayant été exhumée de sa sombre demeure, et employée dans la construction que des Européens élevaient à l'angle formé par les rues Bab-Azoun et du Caftan, mit en évidence, au coin même des deux rues, une inscription que les curieux peuvent voir encore entre l'enseigne de M. Triaud, parfumeur, et celle de M. Prophette, dentiste.

L'administration tient sous sa direction, pour les besoins des services publics, une imprimerie qui exécute les états pour la comptabilité administrative et principalement le *Bulletin officiel des actes du gouvernement*.

L'industrie particulière compte quatre imprimeries en caractères, qui sont plus que suffisantes pour les besoins du pays. Il a y aussi sept imprimeries lithographiques et autographiques.

JOURNAUX ET REVUES. On compte en ce moment à Alger huit publications périodiques : 1o le *Moniteur Algérien*, journal officiel de la colonie, paraissant tous les cinq jours, et dont le premier numéro remonte au 27 janvier 1832 ; 10 fr. par an ; 2o le *Mobacher* (qui annonce de bonnes nouvelles), rédigé en arabe et en français, paraissant deux fois par mois. Cette feuille, destinée à propager nos idées civilisatrices dans les populations indigènes, ne reçoit pas d'abonnements ; 3o l'*Akhbar* (Nouvelles), paraissant quatre fois par semaine, en est à sa vingtième année de publication : 36 fr. par an ; 4o le *Derbouka*, journal de musique, théâtre, etc., paraissant deux fois par semaine : 5 fr. par trimestre ; 5o la *Revue africaine*, journal des travaux de la Société historique algérienne, paraissant tous les deux mois par cahiers de cinq à six feuilles : 12 fr. par an ; 6o la *Gazette médicale de l'Algérie*, paraissant tous les mois : 12 fr. par an ; 7o le *Bulletin de la Société d'Agriculture*, paraissant tous les trois mois ; 8o la *Vigie algérienne*, feuille commerciale et maritime, paraissant tous les jours (8e année) : 48 fr. par an.

INSTRUCTION PUBLIQUE. M. Bresnier tient, dans une des salles de la Bibliothèque d'Alger, la chaire de langue arabe. Un cours public de mécanique appliquée, est tenu par M. Simon, à quatre heures du soir, les vendredis et mardis, dans une des salles de la Bibliothèque d'Alger. Une école préparatoire de médecine et de pharmacie est instituée, par décret du 4 août 1857.

Le Lycée impérial, rue Bab-Azoun, est dans une ancienne caserne de janissaires, vaste édifice décoré d'un péristyle intérieur de 40 colonnes, qui supportent une galerie où sont de pareils appuis. La cour sert de lieu de récréation. Deux autres cours, à droite et à gauche, ont la même destination. Des salles, toutes tapissées de porcelaines aux couleurs chatoyantes, prennent du jour et de la fraîcheur sur la rade. On compte plus de 450 étudiants. Un aumônier, qui dessert une fort jolie chapelle, est attaché à l'établissement. Les élèves des cultes non catholiques reçoivent toutes les facilités désirables pour étudier et pratiquer leur religion. — L'enseignement comprend les langues française, latine, grecque, arabe, allemande, anglaise, belles-lettres, logique, mathématiques pures et appliquées, cosmographie, physique, chimie, sciences naturelles, le dessin d'imitation, dessin linéaire, le lavis, l'écriture, la musique vocale. — Un arrêté du pouvoir exécutif, du 21 septembre 1848, a fixé à 800 francs la pension des internes, y compris les frais de livres classiques. Un autre arrêté, du 23 décembre de la même année, a reconnu 52 boursiers. Par un décret tout récent, le prix de la demi-pension qui était de 400 francs, a été porté à 500 fr.

Un cours de mathématiques spéciales et préparatoire à l'école des arts-et-métiers, est tenu par M. Robert. Une école de dessin est tenue, le soir, par M. Bransoulié, rue du Lézard. Un cours public d'études commerciales, comprenant la comptabilité, le droit usuel et les coutumes du commerce, est tenu, par M. Joseph Lyon, dans l'institution de M. le professeur Simand, rue des Consuls.

Il y a, à Alger, cinq écoles primaires communales, qui sont situées rue de la Poudrière, au faubourg Bab-Azoun ; rue de l'Intendance, rue de la Fonderie, rue du Quatorze-Juin, et impasse Soggéma, sous le dôme d'une ancienne mosquée. Les trois premières sont dirigées par les Frères de la Doctrine chrétienne. Les jeunes protestants ont une école qui leur est particulière, et qui se tient dans leur temple, rue de Chartres.

Quant aux écoles communales pour les jeunes filles, elles sont tenues par les Dames religieuses de la Congrégation de St-Vincent-de-Paul, qui ont leurs classes au couvent de la Miséricorde, derrière la cathédrale ; elles ont aussi une salle d'asile en cet endroit, et une autre au faubourg Bab-el-Oued. Les Sœurs de la Doctrine chrétienne ont aussi une école communale et une salle d'asile rue des Mulets. Les demoiselles protestantes ont une école à part, rue de l'État-Major.

La maison centrale des crèches a été fondée en 1853 rue Bruce, en face de la Mairie, sous le vocable de Ste-Marthe. Une autre crèche est située à Bab-el-Oued.

L'industrie privée a fondé une quantité d'autres établissements sous le titre d'écoles d'instruction élémentaire, ou d'écoles primaires supérieures, dont quelques-unes préparent les sujets pour les humanités et les hautes études.

Plusieurs Dames ont ouvert de bons établissements pour l'adolescence féminine qui pullule à Alger avec une grande exubérance.

Les Musulmans et les Israélites ont pareillement divers moyens d'arriver à l'instruction :

Un collége impérial arabe-français est créé à Alger, par décret du 14 mars 1857.

Ce décret dispose : Art 1er ...... Les Jeunes Français sont admis à suivre les cours du collége.......

Art. 24. Les élèves qui auront subi avec succès, au terme de leurs études, un examen officiel, recevront un diplôme spécial, qui équivaudra au baccalauréat pour les emplois donnés en Algérie par le département de la Guerre.

Il y a des écoles maures-françaises pour les jeunes Musulmans, rue Porte-Neuve et rue Bleue.

Les Israélites ont également deux écoles françaises : la première, située rue Porte-Neuve, no 38, fondée par M. H. Cohen Solal, sous le nom de *Talmud thora*, donne, par souscription, à ses élèves les plus pauvres, la nourriture et l'habillement; la seconde est rue Scipion, no 4.

Les jeunes Maures et Israélites ne manquent pas de petites écoles ouvertes dans les quartiers les plus fréquentés par leurs familles, où leur sont données, dans leur langage, les éléments de lecture, pour leurs livres sacrés, et les premières instructions de leurs religions.

Les demoiselles mauresques, au nombre de 130, reçoivent une instruction choisie, dans l'établissement que tient Mme Luce, rue de Toulon, no 5. Une autre école, rue impasse Kléber, est dirigée par Mlle Chevalier.

Les demoiselles israélites ont une école française, rue Bélisaire, et une salle d'asile, rue Jean-Bart, fondées par M. H. Cohen Solal et administrées comme l'école du Talmud thora.

SOCIÉTÉS. L'archiconfrérie de la Ste-Vierge se réunit les dimanches et fêtes, à 7 heures du soir, dans l'église Notre-Dame-des-Victoires, rue de la Casba. — L'association des Dames de charité se compose d'une réunion de personnes pieuses qui, sous la présidence de l'une d'entre elles, veille aux moyens d'existence et d'éducation d'un nombre de jeunes orphelines confiées aux soins des Dames du Bon-Pasteur, et s'adonne aux bonnes œuvres de toute espèce. — La société de St-Vincent-de-Paul compte quelques membres laïcs recherchant les malheureux pour les secourir et les sustenter. — Le comité des secours pour les protestants travaille par les mêmes moyens et dans les mêmes intentions de miséricorde. — La société de St-François-Régis s'occupe officieusement à régulariser les mariages des personnes qui veulent rentrer dans le devoir et reconnaître leurs enfants. Fondée le 17 décembre 1844, dans une période de dix ans elle a fait légitimer 1,083 unions; en 1855, 202 mariages, dont 109 à Alger, ont été régularisés. — Les Italiens et Espagnols ont de nombreuses congrégations et confréries, dirigées par les RR. PP. Jésuites. — Comme réunion spéciale de bienfaisance, s'occupant de haute morale et de littérature philosophique, il convient de mentionner ici la Loge maçonnique chapitrale, et aréopagite, sous le titre distinctif de *Bélisaire*, dont le local est au fond de l'impasse Navarin.

La société agricole de l'Algérie, fondée par 30 membres, doit être mise ici en tête de toutes les réunions scientifiques comme ayant été constituée par arrêté du maréchal Vallée, en date du 25 octobre 1840. — La société historique algérienne, s'occupant de recherches archéologiques relatives au pays, a été créée par arrêté de M. le Gouverneur-Général, du 7 avril 1856. Elle se réunit les premiers vendredis de chaque mois, à 8 heures du soir, dans une des salles de la Bibliothèque, rue des Lotophages. Elle publie tous les deux mois un bulletin de ses travaux, sous le titre de *Revue africaine,* journal d'une portée scientifique qui a mérité des suffrages européens et une souscription du Ministre de la Guerre.

Une société philharmonique réunit de nombreux exécutants et amateurs.

Le Cercle d'Alger a son magnifique local

dans la maison Duchassaing, ayant vue sur la mer, sur la place, sur la rue Bab-Azoun. Il est pourvu d'un excellent maître d'hôtel. Le Cercle du Commerce, composé des notables habitants et des principaux commerçants d'Alger, passage du Commerce, a vue sur la place du Gouvernement. On reçoit, dans les splendides appartements qui sont à son usage, tous les journaux et les publications mensuelles. Le Cercle de la Nouvelle-France, dans la maison du café d'Apollon, place Mahon, réunit une nombreuse société d'amis, dont la joyeuse humeur ajoute à l'animation de ce beau quartier.

Les Musulmans ont des confréries religieuses, telles que celles des Aïssaoua, rue Kléber, qui mangent des scorpions, des serpents, du fer rouge, des carreaux de vitres (c'est une chose à voir); celle de Moulai Taïeb, rue du Lion, d'Abd er-Rahman Talebi, de sidi Mohammed Bou Koberin, etc.

Les Nègres idolâtres se rassemblent dans les rues Sidi Abdallah, Katarougil et impasse du Darfour, dans des maisons nommées *zouzou*, où ils se livrent à des cérémonies bizarres, aux jours de leurs fêtes appelées *dordoba*, au milieu desquelles apparaissent le diable, *chitan* (satan), et autres gens de fort mauvaise société.

THÉATRE IMPÉRIAL. Cet édifice, qui s'élève sur la place Bresson, a été décrit ci-dessus, à l'article *monuments*, page 136. On donne, sur ce théâtre, l'opéra comique, la comédie, le drame, le vaudeville, aux jours de dimanches, mardis, jeudis et samedis. Des bals, des concerts, des représentations extraordinaires d'artistes de passage, en tous genres, ont lieu aussi dans ce bâtiment. Le vaisseau ne contient que 1,200 spectateurs, dont un certain nombre jouit exclusivement, à titre d'abonnés à l'année, d'une quantité fixe de places et de loges, les dimanches exceptés.

PRIX DES PLACES,

Y COMPRIS LE DROIT DES PAUVRES, A RAISON DE 10 p. 0/0.

Loge de balcon........... 4 places,	13 fr.	20 c.
Baignoire de pourtour... 4 —	11	00
Loge de première....... 4 —	8	80
— de seconde......... 4 —	6	60
Fauteuil d'orchestre..................	3	20
— de balcon..................	2	75
Stalle..............................	2	20
Place de parquet....................	2	20
Amphithéâtre.......................	1	10
Parterre...........................	1	10
Troisième..........................	0	55

On peut, moyennant une augmentation de 0 fr. 50 cent. par place, retirer les billets d'entrée, dès l'heure de midi, au bureau de location qui est ouvert, au côté S. de l'édifice, au rez-de-chaussée. Le règlement du 30 juillet 1851, sur la police des théâtres, est applicable à cet établissement, qui est aussi soumis à la censure décrétée le 30 décembre 1852.

PROMENADES. La place du Gouvernement

forme un lieu de promenade très-fréquenté. La place Bab-el-Oued offre aussi un bel espace et l'air frais de la mer, aux amateurs de la solitude. Le jardin Marengo, ainsi nommé d'un colonel qui l'a créé par le moyen des condamnés militaires qui étaient sous sa direction, s'élève en terrasse en vue de cette place, et entoure de ses fleurs et de sa verdure la mosquée de Sidi Abd er-Rahman et-Talebi. On y trouve des kiosques tapissés d'émail, des bustes et des colonnes commémoratives, des jets d'eau, des parterres aux lignes droites, dessinés dans le goût de la France, et des allées sinueuses, dans le genre des jardins anglais.

HOTELS. Alger est plein d'hôtels, où les voyageurs de toutes les conditions et de toutes les fortunes peuvent trouver ce qu'ils désirent, comme dans les plus grandes villes d'Europe.

Les principaux établissements de ce genre et quelques autres, sont : les hôtels de la Régence, place du Gouvernement; d'Orient, idem; de Paris, rue Bab-el-Oued; de la Porte de France, rue des Consuls; des Ambassadeurs, rue de la Marine; de la Marine, idem; de Rouen, rue des Trois-Couleurs; d'Europe, place Bresson; de Genève, place Mahon; des Frères Provençaux, rue Philippe; du Jura, rue du faubourg Bab-Azoun. On peut prendre pension, pour la nourriture, dans ces maisons, ou se faire servir à la carte et au prix que l'on veut.

On rencontre aussi des restaurants nombreux de tous les étages et à tous prix; des pensions bourgeoises, où la nourriture coûte, par mois, de 50 à 100 fr. et au-dessus.

Dans ces derniers temps, beaucoup de particuliers ont aménagé, à grands frais, des chambres garnies, dans l'espoir de les louer aux étrangers, qui ont commencé à venir passer l'hiver en Afrique.

La taxe sur les loyers a été édictée par l'arrêté du pouvoir exécutif, en date du 4 novembre 1848. Le ministre en prescrivit l'application à partir de 1855. Elle est aujourd'hui exigée des habitants d'Alger, et payable par l'occupant.

BAUX A LOYER. Les logements, en Algérie, sont d'un prix trop élevé. Pour prévenir toutes contestations entre locataires et propriétaires, l'ordonnance royale du 10 août 1846 a déterminé les délais à observer et les formes à suivre pour obtenir la résiliation d'un bail, dont la durée et les clauses n'ont pu être fixées par le contrat. (Voir *Dictionnaire de la Législation algérienne*, par M. de Ménerville).

BAINS. Les bains, suivant l'usage européen, sont ceux du Bazar, rue de Chartres, les bains français, rue du Soudan, et les bains de la Marine, dans la rue de ce nom.

Aux abords de la plaine de Mustapha-Pacha, il existe un établissement de bains de mer chauds et froids, réunissant tout le confortable que l'on puisse désirer : appartements meublés, restaurant et café.

Les bains maures, étuves curieuses à visiter et à fréquenter, si le tempérament s'en arrange, sont :

Les bains de la rue de l'État-Major, de la rue du Divan, de la rue de la Casba, de la rue de Nemours, de la rue Porte-Neuve, des rues Sidi-Ramdan et Boutin.

Les bains maures ne ressemblent en rien aux nôtres, et méritent une description particulière :

Dans un vestibule couvert, on trouve une estrade garnie de tapis et de matelas, dont on choisit un pour s'y reposer plus tard, après le bain; on dépose ses habits sur des rayons disposés à cet effet, au-dessus des matelas. On remet son argent et ses bijoux au maître du lieu, qui les garde fidèlement dans un coffre fermé. Les garçons de bains sont des jeunes gens de seize à dix-huit ans, qui ne portent, pour tout vêtement, qu'un lambeau de toile bleue autour des reins, et pour chaussure, que des patins de bois. Ils accoutrent de la même façon ceux qui se présentent à l'établissement et s'abandonnent à leurs soins. Ils les conduisent par une galerie dont la température est graduellement élevée, jusque dans une salle chauffée à 30 ou 35°, au milieu de laquelle est une sorte de table en pierre recouverte de dalles de marbre. Le long des murs sont des niches où l'on peut s'asseoir, et plusieurs petites fontaines d'eau fraîche. On s'assied d'abord sur les dalles de la table de pierre, au-dessous de laquelle est le foyer, et bientôt on se trouve baigné de sueur. Alors le baigneur vous étend sur le sol, pareillement pavé de marbre, et recouvert par lui d'un linge cotonneux, il vous y frictionne avec une mousse savonneuse, et au moyen d'un gant en crin. On en éprouve, quelques instants après, un grand bien-être. Après s'être lavé avec de l'eau tiède, s'être promené dans la salle, ou avoir plusieurs fois recommencé l'exercice déjà décrit, on se revêt, avec l'aide du baigneur, qui vous essuie de linges bien chauffés, et on retourne dans le vestibule où on a laissé ses habits. Là, on trouve un lit tout garni, où l'on repose tant qu'on y prend plaisir, recouvert d'un tapis de coton, et avec une pipe et du café, si on le demande. Le jeune homme qui vous a assisté au bain reste auprès de vous jusqu'au moment de votre départ, vous massant doucement et épiant vos moindres désirs. Le prix est de 1 fr. 25 cent. Le bain est ouvert et toujours prêt de dix heures du soir à midi du lendemain. A partir de ce moment, les hommes sont exclus, et les dames admises.

Pendant la saison d'été des bains de mer s'établissent sur les plages de Bab-el-Oued et de Bab-Azoun, où, moyennant une légère rétribution, tout le monde est admis. Un emplacement y est réservé pour les personnes du sexe.

C'est ici le lieu de prévenir les amateurs de l'exercice du bain en plein air, que M. le directeur de l'intérieur, considérant qu'il appartient à l'autorité municipale de prendre toutes les mesures réclamées en pareil cas par la décence publique, a, par arrêté du 22 juin 1844, défendu de se baigner dans le port, et prescrit de prendre un caleçon à tous ceux qui voudraient nager dans l'espace compris entre l'hôpital du Dey et le champ de manœuvre de Mustapha.

CAFÉS ET BRASSERIES. Les cafés les plus opulents et quelques-uns aussi des moins beaux, sont :

Le café Valentin, où se réunit la fashion ; vaste et beau local qui a des salles suspendues au bord de la mer, comme l'accastillage d'un vaisseau. On y déjeûne à la fourchette. Ce café est situé dans la rue Bab-Azoun. — Le café d'Apollon, magnifique d'ornementations et de peintures, et le café de la Bourse, chacun à l'un des angles de la place du Gouvernement. — Le café de Paris, rue Bab-el-Oued, tout orné de glaces. — Le café de la Perle, rue de la Flèche et rue de l'Aigle, est ce qu'on appelle un café chantant. Chaque soir on y jouit d'un spectacle récréatif et varié, et souvent on y entend de fort belles voix.

Les brasseries de la Bosa, rue Bosa ; Kolb, rue du Marteau ; de l'Ours blanc, rue Jénina ; du Nord, rue Juba, et deux ou trois autres au quartier Bab-Azoun, sont les mieux dans ce genre.

Les deux premières sont installées dans de magnifiques pavillons ayant vue sur la mer.

Un Tivoli existe à Mustapha, un Château vert et un Château des Fleurs, à Bab-el-Oued. C'est dans ce dernier établissement que se donnent les fêtes de nuit à la vénitienne, les luttes d'hercules, et où règne un entrain juvénil des plus ronflants.

Il n'y a plus à Alger de ces cafés maures où se montraient les danseuses du pays, où Hamed bou Hamarra dirigeait l'orchestre nasillard avec son chef branlant, où *Garagouss* lançait les lazzis de ses plaisanteries plus que croustilleuses, à travers le papier huilé de son théâtre. Son ombre s'est évanouie. On entend encore cependant de la détestable musique, dans le goût des Indigènes, dans un café en haut de la rue de la Casba, et dans un autre rue Citati, près la place de Chartres. Beaucoup de cafés maures sont répandus dans la ville, où l'on boit du café à la façon de Barbarie.

TRÉSOR ET POSTES. Le local où sont établis les bureaux, rue Bab-Azoun, consiste en deux vastes cours décorées chacune de 20 colonnes de pierre qui soutiennent une galerie pareillement ornée. Au milieu du parallélogramme, s'élève une fontaine de construction mauresque, entourée de plantes verdoyantes et de fleurs odoriférantes. Ces deux fontaines pittoresques abreuvaient les janissaires qui habitaient les vastes bâtiments de ce double édifice, qui était nommé la caserne Karatine.

Trésor. — Les bureaux du Trésor sont ouverts au public (fêtes et dimanches exceptés), de 8 heures du matin à 10 heures, et de midi à 4 heures, pour les paiements, et jusqu'à 3 heures seulement pour les versements et aussi bien que pour la délivrance, au pair, de traites à dix jours de vue, payables : soit à Paris, au Trésor, soit à Marseille, à la Recette générale, dont les coupures sont de 100 fr., 200 fr., 300 fr., 500 fr., 1,000 fr., 2,000 fr., et 5,000 fr.

Les personnes qui ont à prendre des traites sont tenues de se munir d'un bulletin écrit à l'encre et contenant l'indication de la somme versée, les coupures de traites, l'ordre et le nom de la place sur laquelle elles ont à faire leur remise, soit à Paris soit à Marseille.

La caisse des Dépôts et Consignations, annexée au Trésor, est ouverte aux mêmes jours et heures.

Postes. — Les bureaux de la poste aux lettres sont ouverts au public, tous les jours, de 8 heures à dix heures du matin, et de midi à 6 heures, pour les affranchissements, et les dimanches et fêtes, jusqu'à 2 heures de l'après-midi, seulement.

La distribution des lettres poste restante, la vente des timbres-poste et la réception des paquets de service, ont lieu sans interruption de 8 heures du matin à 7 heures du soir.

Les paiements d'articles d'argent n'ont lieu, en jours ordinaires, que jusqu'à 5 heures du soir.

A l'arrivée de tous courriers de France, les bureaux sont fermés pendant le triage des dépêches. La distribution a lieu immédiatement après leur ouverture, et se continue sans interruption.

Pour les lettres à destination d'Alger :

LEVÉES.		DISTRIBUTIONS.
1re à 7 h. 1/2 du matin.	—	1re à 8 h. du matin.
2e à 11 h. 1/2 —	—	2e à midi.
3e à 5 h. du soir.	—	3e à 5 h. 1/2 du soir.

La dernière levée, pour les Communes rurales, a lieu à 5 heures du matin.

Il y a quatre boîtes aux lettres supplémentaires : 1o Au bureau du Commandant de la place, rue de Chartres. — 2o Au corps de garde de l'ancienne porte Bab-el-Oued. — 3o Rue de Tanger, vis-à-vis la Gendarmerie. — 4o Au corps de garde de la porte de la Casba.

La 1re levée a lieu	à 7 heures	du matin.
2e —	à 10 —	—
3e —	à 1 —	du soir.
4e —	à 5 —	—

La marche des Courriers est ainsi fixée :

DÉPARTS POUR

	DERNIÈRE LEVÉE.
Marseille. — Mardi, jeudi, et samedi à midi	11 h. du m.

	DERNIÈRE LEVÉE.
Aumale. — Les 1er, 4, 7, 10, 13, 16, 19, 22, 25, 28, à........	5 h. du m.
Blida et route. — Tous les jours, 2 fois par jour........	11 h. du m.
Bone. — Les 3, 13, 23, à midi..	10 h. 3/4 du m.
Miliana. — Tous les jours à....	11 h. du m.
Cherchel. — Tous les jours pairs à........................	11 h. du m.
Dellys (par terre). — Les 3, 6, 9, 12, 15, 18, 21, 24, 27, 30 ou 31, à........................	5 h. du s.
Oran. — Les 4, 14, 24, à 8 heures du soir....................	6 h. 3/4 du s.
Orléansville (par terre). — Les 2, 5, 8, 11, 14, 17, 20, 23, 26, 29, à........................	11 h. du m.
Ténès (par terre). — Les 2, 5, 8, 11, 17, 20, 26, 29, à.....	id.
Postes militaires de la Kabylie. — Les 3, 6, 9, 12, 15, 18, 21, 24, 27, 30 ou 31, à.........	5 h. du s.

Arrivées de

Marseille. — Les lundi, jeudi, samedi.

Aumale. — Les 3, 6, 9, 12, 15, 18, 21, 24, 26, et 30.

Blida et route. — Tous les jours, 2 fois par jour.

Bone. — Les 9, 19, et 29.

Miliana. — Tous les jours.

Cherchel. — Tous les jours impairs.

Dellys. — Les 3, 6, 9, 12, 15, 17, 20, 24, 27, 30.

Oran. — Les 10, 20, et 30.

Orléansville (par terre). — Les 2, 5, 8, 11, 14, 17, 20, 23, 26 et 29.

Ténès (par terre). — Les 2, 8, 11, 14, 17, 20, 23, et 29.

Postes militaires de la Kabylie. — Les 3, 6, 9, 12, 15, 17, 20, 24, 27, et 30.

NAVIGATION. Nous avons déjà donné, dans un article préliminaire relatif aux moyens de transports de France en Algérie, ce qui se rapporte aux bateaux à vapeurs qui, à différents titres, font le trajet pour aller et revenir, les jours de leur départ et le prix des places pour les diverses destinations. Nous n'avons plus à ajouter ici que des renseignements particuliers aux paquebots des Messageries impériales, à Alger, pour ceux qui veulent ou doivent les employer.

Le colon malade, qui veut retourner en France gratuitement, doit fournir des certificats de maladie et d'indigence. Si des affaires de famille le rappellent, ou l'intérêt de son exploitation agricole, il doit faire constater sa position par le maire de sa commune et l'inspecteur de colonisation.

Les employés du gouvernement ont le droit de passage gratuit, pour leur famille, aller et retour. Dans le cas de congé, ils payent les frais de nourriture, qu'ils n'ont point à supporter lorsqu'ils voyagent pour convalescence. C'est le chef de leur service qui obtient pour eux le passage.

Le bureau des embarquements, à la Préfecture, d'où l'on retire les bulletins d'embarquement, sont ouverts :

Pour les départs pour France, le jour du départ jusqu'à 10 heures du matin ;

Pour les départs pour Oran, la veille du départ jusqu'à 5 heures du soir ;

Pour les départs pour Bône, la veille du départ jusqu'à 5 heures du soir.

Les passagers de 3me et 4me classe doivent se rendre sur le môle, pour répondre à l'appel qui a lieu :

A 3 heures de l'après-midi, pour les départs sur Oran ;

A 8 heures du matin en hiver, à 6 heures en été, pour les départs sur Bône.

La Compagnie des Messageries impériales embarque les passagers et leurs bagages, qui doivent être présentés au quai de la Pêcherie, le jour du départ, avant 10 heures du matin. Les passagers pourront les envoyer par une personne qui présentera le bulletin d'embarquement et qui sera à même de payer le montant de l'excédant, s'il y a lieu. A 11 heures 1/2, les passagers se présenteront pour être embarqués pour France, et une heure avant le départ pour l'E. ou l'O. Passé l'heure indiquée, les bagages seront embarqués à leurs frais et la Compagnie ne les garantit point.

Passé 10 heures 1/2, personne autre que les voyageurs n'est admis à bord; à midi moins un quart, on y porte la boîte aux lettres, qui depuis 10 heures 1/2 est déposée au bureau de la direction du service des Messageries.

Il n'existe à Alger qu'une seule Compagnie d'Assureurs maritimes, sous la dénomination *l'Afrique française*, Administrateur-gérant, M. Martin, rue Sinaï, n° 1, près la rue de la Marine.

BATELIERS. Un arrêté a organisé la corporation des bateliers du port d'Alger, et les a soumis à un règlement qui détermine d'une manière précise leurs droits et leurs obligations vis-à-vis le public.

TARIF DES BATELIERS :

Par personne	30 c.
Par malle	20
Par colis	20
Par sac d'argent	20
Pour aller au stationnaire	50

Au-delà du stationnaire, le prix sera réglé de gré à gré.

Chaque quart d'heure de retenue à bord, donne droit au batelier à 0 fr. 15 cent.

Si la retenue a lieu à bord d'un courrier, pendant l'embarquement ou le débarquement des voyageurs, le prix sera réglé de gré à gré.

PORTEFAIX. Le portefaix a été aussi soumis à un règlement uniforme, dans l'intérêt du commerce et de la population. Voir pour les mesures d'ordre de police prises à l'égard de ceux qui exercent cette profession, l'arrêté du 19 mai 1843.

Il est d'usage à Alger de donner 0 fr. 10 cent.

à un enfant qui porte un paquet; 0 fr. 25 cent. à un homme; 0 fr. 50 cent. pour une malle qui, venant de la Marine, ne dépasse point la place du Gouvernement; au-delà, le poids du colis et la longueur du parcours doivent dicter la générosité du voyageur.

MOYENS DE TRANSPORT. Pour parvenir aux diverses localités qui entourent Alger, de nombreux omnibus dits *corricolos* sont au service de la population. L'arrêté du 10 décembre 1853 fait connaître les dispositions auxquelles sont assujettis les loueurs de voitures publiques, dans l'intérêt de la circulation, de la sûreté et de la commodité des voyageurs, aussi bien que les tarifs des distances parcourues et les obligations des cochers dans leurs rapports avec ceux qui font usage de leurs véhicules. Une planchette, fixée dans l'intérieur de la voiture, porte un extrait de ces diverses dispositions, entre autres (art. 12) qu'on n'y doit admettre aucun fumeur, aucun paquet, panier, chien ou ivrogne. Il est pourtant ordinaire de trouver quelque échantillon de l'un de ces désagrémens, chaque fois qu'on y monte. Ces carrioles stationnent sur la place Bresson et auprès de l'ancienne porte Bab-el-Oued. — Les cochers seront tenus, lorsqu'ils en seront requis, et sans aucune rétribution supplémentaire, de ramener les voyageurs jusque sur la place du Gouvernement. La nuit, ils doivent porter une lanterne allumée.

Le directeur de l'intérieur, considérant que les voitures desservant la ville et ses environs, n'offrent pas les avantages que réclame la classe aisée de la population, a autorisé, par arrêté du 20 mai 1845, l'établissement d'autres voitures de places, dites sous-remises, qui peuvent être louées à l'heure, à la demi-journée et à la journée; elles stationnent sur la place Mahon.

Voici les tarifs des unes et des autres

TARIF DES VOITURES.

	CALÈCHES.		OMNIBUS la place.	
La journée de 12 heures........	20	»	»	»
La demi-journée de 6 heures....	11	»	»	»
L'heure..........................	2	»		
Dans l'enceinte de la ville....	1	25	»	15
Au Champ de manœuvre........	1	50	»	20
Au Jardin d'essai...............	2	25	»	40
Au Ruisseau.....................	2	50	»	45
Au Palais du Gouverneur génér.	2	»	»	35
A la Colonne Voirol..........	2	50	»	40
Au commencement de St-Eugène.	1	50	»	25
A Saint-Eugène..................	1	50	»	25
A la Pointe-Pescade, au moulin.	2	50	»	40
A l'église de Bou-Zaréa........	6	»	1	10
Au commencement d'El-Biar....	2	50	»	60
Au Bivouac des Indigènes......	3	»	»	75
A Ben Acknoun..................	3	50	»	90
A l'extrémité d'El-Biar.........	4	»	1	20

Toute déviation de la ligne indiquée, à droite ou à gauche, augmentera de 50 c. le prix de la course; à moins qu'il ne s'agisse d'une avenue conduisant de la route à l'habitation.

Les points intermédiaires entre deux stations, seront payés au prix de la station la plus éloignée.

On trouve, à la porte Bab-el-Oued, des mulets

qui font le transport des personnes au Bou-Zaréa, moyennant 4 fr. pour la journée, 2 fr. 50 c. pour la demi-journée, et 1 fr. pour la course d'une heure et demie. Leurs conducteurs doivent être pourvus d'une plaque délivrée par la police, et, aux termes de l'arrêté du 27 septembre 1845, peuvent être punis du retrait de ce signe pendant huit jours, s'ils se refusaient de marcher aux prix du tarif.

Les particuliers qui parcourent à cheval ou en voiture l'intérieur de la ville, les routes de Bab-Azoun, entre Alger et le quartier de l'Agha, et de Bab-el-Oued, entre Alger et l'hôpital du Dey, devront se souvenir qu'il leur est défendu par l'arrêté du 22 avril 1834, de galoper ou d'aller au trot. Les propriétaires de cabriolets et autres voitures de luxe auront à en faire déclaration au commissaire central de police, pour obéir au vœu de l'arrêté du 9 octobre 1841, et à se munir d'un fanal allumé dans leurs courses nocturnes; ils devront prendre la droite lorsqu'ils rencontreront d'autres voitures, et leur laisser libre, au moins la moitié de la chaussée.

Il y a plusieurs services réglés de diligences, qui ne vont pas plus loin que Birkadem, Birmandraïs, El-Biar, etc. On n'y retient pas ses places. Elles partent à 10 h. du matin, de la rue Mahon et des abords de la place du Gouvernement.

Les Messageries générales, sur la place du Gouvernement, maison Sarlin, dirigent trois départs par jour sur Blida, à 6 heures du matin, à 2 heures du soir par Douéra, et à midi par Birkadem. Un départ, directement pour Médéa, a lieu chaque jour à 6 heures du matin. Cette exploitation dirige également les voyageurs et des colis sur Boufarik, Miliana, Orléansville, Ténès, Marengo, Cherchel et Aumale.

Les Messageries nationales, sur la place du Gouvernement, maison du bazar du Commerce, ont deux départs chaque jour pour Blida, à 6 h. et demi du matin, et à 1 heure du soir. Des transports ont lieu aussi pour Birkadem, Boufarik, Médéa, Miliana, Marengo, Boudouaou, les Issers, Cherchel, Ténès, Orléansville, l'Arba, Rovigo, Aumale, Rouïba, la Reghaïa. L'entreprise des *Gazelles* envoie chaque jour à Koléa des voitures, qui partent à 6 heures du matin et à 2 heures du soir.

A l'angle formé par la place du Gouvernement et la rue du Divan, maison Sarlin, est ouvert, dans une cantine, un bureau de diligences à grande concurrence, qui a un service régulier pour l'Arba à 6 heures du matin et à 2 heures du soir; Koléa, à 6 heures du matin et à 2 heures du soir; Boufarik, à 2 heures 1/2 du soir; Douéra, à 3 heures; en été, les départs ont lieu une heure plus tard.

Sur la même place, mais à l'angle formé par l'hôtel de la Régence et la rue Cléopâtre, chez un marchand de vin, se tient encore un bureau de diligences qui partent pour Boufarik tous les jours à 3 h. 1/2 du soir.

Les Messageries du Midi, place Bresson, vont à Rouïba, à la Réghaïa, à l'Alma, aux Issers; départs pour le Fondouk, tous les jours à 2 h. du soir; départ pour Tiziouzou, tous les deux jours.

D'autres voitures et des chevaux de louage sont à la discrétion des promeneurs et des voyageurs.

On trouve aussi des services accélérés de roulage sur tous les points.

ROUTES. Trois routes rayonnent d'Alger :

1° *Route du S.-E.*, qui se bifurque à Mustapha. La ligne qui court vers l'E., le long de la mer, contourne la Maison-Carrée, atteint le Bordj Menaïel, d'où elle descend, au N.-E., jusqu'à Dellys. L'autre ligne va au S.-E. vers l'Arba.

2° *Route du Sud*, qui passe par Birmandraïs et Kouba, pour s'embrancher à celle qui met l'Arba en communication avec le hameau dit des *Quatre-Chemins*.

3° *Route de l'Ouest*, qui se bifurque à El-Biar. Une branche passe à l'O.-S. par Chéraga, jusqu'à Koléa. L'autre va au S.-O., à travers Dely-Ibrahim, Douéra, les Quatre-Chemins et Boufarik, jusqu'à Blida.

Un réseau compliqué d'autres chemins carrossables et de nombreux sentiers sillonnent les flancs des coteaux formant ce qu'on appelle le *massif d'Alger*.

ENVIRONS D'ALGER. Les environs d'Alger

sont justement célèbres par leur beauté. Il est difficile de voir un panorama plus riche et plus varié que celui qui entoure cette ville. Dans un espace que l'œil embrasse, et qu'on peut parcourir en quelques heures, sont réunis des sites que rarement on trouve aussi rapprochés : aspect grandiose de la mer et des sommets neigeux de montagnes qui, s'étageant à l'horizon, viennent mourir sous des tapis de verdure, au bord du golfe ; — à Matifou, les vastes ruines d'une cité romaine ; non loin, les neuves constructions de tous nos jeunes villages ; — à Mustapha-Pacha, les palais champêtres des Maures, avec leurs colonnades et leurs cyprès ; — plus près de la cité, les forteresses massives des Turcs, revêtues de leur robe éblouissante de blancheur. Puis les coteaux verdoyants, les jardins, les établissements militaires alignés comme les troupes rangées en bataille ; — les sentiers de la colline et les routes impériales, déployant leurs vastes rubans, sur les flancs de la hauteur, où serpentent le chameau du désert et le fiacre de la banlieue ; puis au-delà et autour, la plaine immense avec son lointain azuré, comme une autre mer ; et enfin, les glorieux sables de Sidi-Ferruch, les steppes de Staouéli, venant étendre presqu'aux portes d'Alger une image aride et fidèle de la lisière du lointain désert.

FORTIFICATIONS. Les constructions de défense qui entourent Alger sont :

Le Fort l'Empereur, au S. de la ville, éloigné de 2,300 mètres de la Casba, et situé à 45 mètres au-dessus d'elle, qui domine toute la pente jusqu'à la mer, et toute la campagne d'alentour; ce fort se trouve à 1,050 mètres de la citadelle projetée, et à 700 mètres du saillant des nouveaux remparts. Le fort que nous appelons de l'Empereur (Bordj Muley Hassan), fut bâti par Hassan Pacha, en 1541, à l'endroit même (Coudiat el-Saboun), où l'empereur Charles-Quint, dont il a conservé le nom, avait fait dresser sa tente, lors de sa malheureuse expédition contre Alger. On dit même que la tour qui était au milieu de ce château, et que les Turcs ont fait sauter, en l'abandonnant le 4 juillet 1830, était l'ouvrage des troupes espagnoles. C'est au milieu de ce fort que M. de Bourmont reçut la capitulation du dey d'Alger, le lendemain.

Ce fort est éloigné de 20 kilomètres de la pointe de Sidi-Ferruch, où l'armée française est débarquée; les remparts ont été déblayés et restaurés. Il sert de caserne à un détachement de 200 hommes, et de prison disciplinaire.

La Maison-Carrée, qui est une grande caserne, en deux corps principaux, liés ensemble par des murs, peut contenir un bataillon; on en a fait la maison centrale dite de l'*Harrach*, pour les condamnés indigènes. Elle est située à 12 kilom. d'Alger, au-delà du pont de l'Harrach, éloigné lui-même de 1,800 mètres de la mer et construit, en 1697, par le dey Hadj Hamed, et réparé par Ibrahim, en 1737; ce pont a 40 mètres de long sur 4 de large. Cette localité est insalubre de juin à novembre.

Le Fort de l'Eau, à 18 kilom. d'Alger, au bord de la mer, pourvu d'un bon puits, auquel il doit son nom. Il y a un poste de douaniers.

A 30 kilom. d'Alger, par terre, et à 18 kilom. par mer, s'élève le Fort Matifou, situé à 650 mètres du cap de ce nom, qui ferme la baie d'Alger, au N.-E. On trouve des puits et des citernes abondantes dans cette belle et solide construction, due au pacha Mohamed Kurdogli, qui régnait en 1556.

Le Fort des Anglais, bâti en 1825, dans la crainte d'un nouveau bombardement par ces formidables insulaires, au lieu déjà défendu par une tour qui portait le nom de Bordj el-Kala, est une redoute maçonnée, au bord de la mer. Quelques douaniers y tiennent garnison. On y a établi l'entrepôt des poudres à feu.

Le Fort de la Pointe-Pescade, à 7 kilom. d'Alger, et au bord de la mer, se compose de deux constructions : l'une assise sur un récif, et que l'on dit avoir été construite par Barberousse; l'autre faite par le pacha Abdy, en 1736. Cette dernière est bien armée; un poste de douaniers y tient garnison.

ARRONDISSEMENT D'ALGER.

L'arrondissement d'Alger comprend douze communes : I° ALGER, II° DOUÉRA, III° L'ARBA, IV° BIRKADEM, V° CHÉRAGAS, VI° DÉLY-IBRAHIM, VII° DELLYS, VIII° FONDOUK, IX° KOUBA, X° ORLÉANSVILLE, XI° LA RASSAUTA, XII° TÉNÈS.

I.

COMMUNE D'ALGER.

La commune d'Alger a six annexes : 1° El-Biar, 2° Mustapha, 3° L'Agha, 4° Bou-Zaréa, 5° La Pointe-Pescade, 6° Saint-Eugène.

1° EL-BIAR, à 6 kilom. S.-O. d'Alger, sur le Sahel d'Alger, est plutôt un vaste quartier qu'un village, où les maisons de campagne sont éparses ou groupées au milieu de jolis jardins et de prairies abondantes en foins. Les consuls des nations européennes avaient de préférence, en cet endroit, leurs habitations de plaisance, au temps des Turcs. Le canton d'Hydra, est surtout le plus riant et le plus fertile. Les eaux d'une source abondante alimentent une partie des fontaines d'Alger, où elles sont conduites par un bel aqueduc. Une ancienne voie romaine traverse toute cette localité. Un vaste couvent, tenu par les Sœurs du Bon-Pasteur, est un pensionnat pour les orphelines. Dans une dépendance de cette maison existe aussi un refuge pour les filles repenties. On voit, à droite de la route qui mène à Dely-Ibrahim, le quartier de cavalerie désigné sous le nom de Ben-Sahnoun, et plus loin, au lieu dit *Ben-Acknoun*, l'établissement des orphelins, dirigé par le R. P. Brumauld.

Population : 1,851 habitants, dont 421 Français, 550 Espagnols, 322 Indigènes, et le reste de diverses nationalités.

2° MUSTAPHA-PACHA. Cette localité, au S., la plus rapprochée de la ville, semble n'en être que le faubourg, quant au prolongement indéfini de la nouvelle rue Bab-Azoun. De même qu'El-biar, Mustapha-Pacha est couvert de charmantes maisons de campagne, éparses dans des jardins disposés avec goût. Son territoire longe la plage, et se relève en s'étageant sur la colline. C'est dans cette position que les palais champêtres des riches habitants d'Alger sont assis en amphithéâtre. Le couvent des Dames du Sacré-Cœur a ouvert, sur ces pentes verdoyantes, un important pensionnat de jeunes personnes. Au-dessus du quartier dit de l'Agha, à cause du camp que tenait en cet endroit le général des troupes turques, une demeure mauresque a été disposée pour Son Exc. le Gouverneur-Général. La vue magnifique dont on y jouit, et l'ameublement, en font toute la valeur. Des constructions plus importantes règnent autour. On distingue surtout le consulat de Danemarck, qui semble un établissement public ou un château royal, à cause de son étendue ; le quartier de cavalerie, l'orphelinat des jeunes filles, couvent entouré de magnifiques jardins, où se trouve le noviciat des Sœurs de la Doctrine chrétienne. Vis-à-vis, M. le docteur Feuillet a ouvert une maison de santé, qu'il a nommée Thérapia-Ville. La *maison des Arcades*, sur la crête des hauteurs, est un pittoresque séjour. Plus bas, et à côté de la délicieuse orangerie du maure Sidi Mustapha-Pacha, qui embaume toute la plage, est la petite mosquée où l'on révère un des tombeaux du marabout Sidi Mohamed Ben Abder-Rahman Bou Koberin, qui a le privilége d'être enterré dans deux endroits, ainsi que son nom l'indique. L'autre tombeau est chez les Guechtoula des Zouaouas en Kabylie. Les Arabes vont en pèlerinage de l'un à l'autre en grande cérémonie. M. Coquerel a établi une fonderie au quartier du *Hamma*. Un peu plus loin, à l'E., et dans la partie aplanie, qui s'étend vers la mer, on trouve la Pépinière du gouvernement, créée en février 1838. Les plantes qui existaient déjà au Jardin d'Essai, situé non loin, et dont la création remonte à 1832, furent apportés dans ce nouvel établissement, qui présentait alors une superficie de 38 h. Ce périmètre a été augmenté, et offre aujourd'hui la figure d'un carré parfait, où de belles constructions ont été graduellement élevées; des puits restaurés, des bassins établis. Entretenu avec le plus grand soin, divisé par des allées en berceaux, plein de bosquets et de parterres peuplés des plus curieuses productions du règne végétal, aussi bien que des plus utiles à propager, ce bel endroit est une promenade ouverte aux habitants d'Alger, à 6 kilom. de la ville. Ils viennent en foule le visiter au jour de repos. C'est alors que le café maure, surnommé le *Café des Platanes*, qui est vis-à-vis l'entrée de la pépinière, auprès d'un bassin abondant, ombragé de platanes gigantesques, auxquels il doit son nom, fait de bonnes recettes, en servant la liqueur de moka, préparée à la mauresque, aux amateurs de cette sombre décoction.

Parmi les nombreuses cultures que la Pépinière du gouvernement a introduit dans la colonie, on remarque celles ci-après :

Patates, colocasse d'Egypte, ignames, manioc, indigotier, ricin, jasmin d'Arabie, patchouli *(pogostemon)*, citronelle *(aloisia citriodora)*, arbre à suif *(croton sebiferum)*, figuier à gomme élastique *(ficus elastica)*, myrica cerifera, palmier à cire *(ceroxilon andicola)*, arbre à vernis *(rhus vernicifera)*, sumac des corroyeurs *(rhus coriaria)*, enfin l'eupatorium tinctorium, préférable à l'indigotier.

De 1842 à 1851, il a été livré aux colons, en arbres, arbrisseaux, plantes et graines, pour une valeur commerciale de 1,000,204 fr. 14 cent.

Avis essentiel concernant le mode des livraisons.

(4 septembre 1857.)

Les livraisons des végétaux sont ouvertes à la Pépinière centrale du 15 octobre au 15 mai ; celles des graines se continuent pendant toute l'année.

Elles auront lieu tous les jours, pendant le temps indiqué, excepté les samedis, dimanches et fêtes.

Pour prendre livraison de végétaux ou de graines, on devra s'adresser à l'administration de la Pépinière centrale, bureau de la comptabilité.

Les livraisons ont lieu expressément au comptant.

Les pots fournis avec les plantes seront remboursés au régisseur-comptable.

Certains végétaux toujours verts, d'une reprise diffielle, telle que : caroubiers, orangers, citronniers, etc., pourront, sur la demande des parties prenantes, être enlevés avec la terre adhérente aux racines et la motte empaquetée, à la condition de rembourser entre les mains du régisseur-comptable, la dépense de ce travail, estimé à 75 cent. par pied.

Les colons des centres éloignés, qui ne pourraient se procurer, dans les pépinières locales, les espèces dont ils ont besoin, pourront, par lettres affranchies, adresser leur demande au Directeur de la Pépinière centrale, en l'accompagnant du montant, ou un bon à son ordre, sur la poste ou sur le trésor d'Alger, payable à vue.

Les végétaux et graines composant leur demande, leur seront expédiés gratuitement pour la côte, sur les bâtiments de l'État faisant le service latéral de la correspondance, et sous le couvert de l'autorité civile ou militaire du port le plus voisin de leur résidence.

Pour l'intérieur, les colis seront remis aux diligences ou au roulage, selon les indications.

Les parties prenantes auront à rembourser les frais d'emballage ainsi qu'il suit, en même temps que le versement du prix des végétaux et graines :

Emballage en plein, ballot du poids de 80 à 120 kil.	3 fr.
Demi-emballage d'un ballot du même poids.	2
Emballage en plein, ballot de 20 à 60 kil.	2

S'il y a lieu d'employer des caisses, le prix de remboursement en sera calculé à raison de 3 fr. par mètre carré de superficie.

Il ne sera donné aucune suite aux demandes qui ne seraient pas accompagnées de valeurs en remboursement.

En revenant vers la ville, on rencontre la plaine dite de *Mustapha*, champ de manœuvres, où les troupes sont passées en revue; où les carrousels, les fantasias et les courses de chevaux ont lieu. On peut y mettre en mouvement une armée de 25,000 hommes. Rien de plus beau que ce grand appareil militaire, lorsqu'il se déploie sous le brillant soleil de l'Afrique, dans cet espace encadré par la mer et les riches coteaux de Telemly, par les ombrages du Hamma, et les vastes établissements militaires qui furent un camp, et sont restés un bel hôpital civil.

Il y a deux églises à Mustapha : l'une dans la partie supérieure de la localité, qui n'est qu'une maison mauresque, aménagée pour y célébrer les divins offices; l'autre à Mustapha inférieur, grande baraque en planches aux abords du Champ-de-Manœuvres.

3° L'AGHA est une localité entre Mustapha et Alger, au S., où l'industrie compte de nombreux établissements : moulin à vapeur, grande boulangerie, scierie mécanique, fabriques d'instruments aratoires, ateliers de carrossiers, charrons, potiers, etc.

En se rapprochant de la cité, ce qu'on voit de plus important, à droite, au bord de la mer, ce sont les bassins de lavage des lits militaires ; ce sont les magasins du comptable des constructions ; ceux du campement, et le Lazaret, dont nous avons déjà parlé.

A gauche de la route, un aqueduc ancien, réparé par les Maures, occupe deux rangs d'arcades superposées, dans le vallon qui débouche au lieu dit *Aïn-Rabot*. Là, se décharge à la mer l'oued Bou-Mzab, petit ruisseau ; là fut écrasé le dernier effort de Charles-Quint, qui accourait au secours des cent-vingt chevaliers de Malte repoussés des abords de la porte Bab-Azoun, dans la matinée du 26 octobre 1541. Là encore, on voit des fours bâtis par ses soldats, qui tenaient ce cantonnement.

Dans un repli de la route qui monte au fort l'Empereur, et fut la première de ces magnifiques voies de communications dont les amples lacets entourent Alger, les anciens fondateurs de tout ce que la France est venu apporter sur ce rivage, ne verront peut-être pas sans quelque émotion, dans le roc schisteux, et entouré de pariétaires, une simple plaque de marbre blanc, portant : *Rovigo, 1832*.

La population de l'Agha, jointe à celle de Mustapha Pacha, est de 4870 habitants, dont 2013 Français, 800 Espagnols, 552 indigènes, et le reste de diverses nationalités.

4° BOU-ZARÉA, village situé à 6 kilom. au N.-O. d'Alger, sur une montagne élevée à 407 mètres au-dessus du niveau de la mer, d'où la vue s'étend sur un espace de 600 lieues carrées. Une chapelle, une vigie et un télégraphe, y sont établis. On y parvient par une route sinueuse qui parcourt les flancs d'un coteau admirable de végétation et de points de vue romantiques. La chaux de la Bou-Zaréa est la plus recherchée dans tout le massif d'Alger. Les eaux minérales et les figues de Barbarie (fruit du cactus), y méritent quelque réputation.

5° LA POINTE-PESCADE, localité située à 5 kilom. et demi, au N. d'Alger, répand ses habitations sur un territoire profondément raviné et incliné au N. vers la mer. De belles habitations, telles que les consulats d'Angleterre, des Etats-Unis, de Belgique, la ferme de Sidi-ben-Nour, y jouissent d'une vue magnifique. Nous avons eu lieu déjà de parler du fort de la Pointe-Pescade, qui a donné son nom à la commune, et s'avance dans la mer, sur une pointe rocheuse. La route qui mène à Alger suit les sinuosités du rivage et forme la promenade la plus sévère qu'il soit possible d'entreprendre.

6° **SAINT-EUGÈNE.** Le joli village de Saint-Eugène, tout composé de maisons de plaisance bâties à la française ou suivant un goût capricieux et riant, est assis au bord de la mer, au N. d'Alger. Il y a une église en bois, et tout contre le fort des Anglais on remarque le *Château des Tourelles*, construction dans le goût de Walter Scott.

Sur la hauteur, est l'ancien consulat de France, résidence, en été, de Mgr l'Évêque d'Alger, qui a établi dans cette charmante villa, l'école secondaire ecclésiastique (Petit Séminaire), autorisée par ordonnance royale du 20 novembre 1846, où étudient plus de 100 élèves.

Mgr l'Évêque a bénit, le 20 septembre 1857, une chapelle, sous le titre de *Notre-Dame-d'Afrique*, qu'il désire voir être le but d'un pèlerinage sur ce point élevé. Une construction provisoire dessine déjà sa gracieuse silhouette au flanc N. du coteau qu'enlacent des sinuosités charmantes descendant jusqu'au Frais-Vallon qui contourne le pied de la montagne en s'évasant vers l'O., entre Saint-Eugène et Alger. Un jardin mystique fleurit tout ce parcours.

Un pont en fil de fer, de 27 mètres de longueur sur 2 mètres 80 cent. de large, est établi aux frais de MM. Fèvre et Flesuney, à 8 mètres au-dessus d'un ravin, qu'il franchit. Il porte le nom de pont *Salvandy*.

La population de Saint-Eugène, y comprises celles de la Bou-Zaréa et de la Pointe-Pescade, est de 2696 habitants, dont 493 Français, 781 Espagnols et 1035 Indigènes.

COMMUNE DE DOUERA.

SITUATION. Douéra est situé sur le Sahel, à 180 mètres au-dessus du niveau de la mer, par 0° 50' de longitude O., et 36° 60' de latitude N., à 20 kilom. d'Alger, à 18 kilom. de Boufarik, à 27 kilom. de Blida.

ASPECT EXTÉRIEUR. Le pays est fort accidenté, il y a peu d'arbres. De vastes pâturages, de belles cultures, d'autant plus difficilement obtenues que l'eau est moins abondante dans la localité, entourent la ville, dont le périmètre affecte la figure d'un carré long.

NOTE HISTORIQUE. Douéra n'était qu'une agglomération de gourbis au milieu d'une petite propriété, lorsque les Français, se dirigeant sur Blida, y passèrent dès 1830. On s'occupa, en 1835, d'y établir un poste pour surveiller la plaine de la Métidja. Le 17 février 1840, un arrêté fixa la délimitation de son territoire, qui fut reconnu chef-lieu de district et pourvu, en conséquence, d'un commissaire civil. La municipalité y fut constituée en 1850.

IMPORTANCE POLITIQUE. Il existe une justice de paix. La religion catholique a un curé et le culte protestant, un pasteur. La population, y compris celle d'Ouled Mendil, est de 2771 individus, dont 971 Français, 169 Espagnols, 1302 indigènes, et le reste de diverses nationalités.

ENCEINTE. L'enceinte est formée par un mur percé de créneaux, et ouverte par trois portes qui sont la porte d'Alger, de Blida, de Mahelma.

PHYSIONOMIE LOCALE. Les rues sont régulières, mais encore à l'état d'ébauche en plusieurs endroits. Elles ne sont point pavées. La plus belle est la rue d'Alger, traversant toute la ville en ligne droite et bordée d'arbres. Des jardins sont enclos dans le corps même de la ville, qui est toute de construction européenne. Il n'y a qu'une maison à deux étages. Quelques autres jolies maisons sont celles du Service des Ponts-et-

Chaussées et celle de la Mairie. L'église, qui tombe en ruines, est bâtie sur une élévation ; on y parvient par un large escalier. Elle est de bon goût et surmontée d'un haut clocher, avec horloge. Le temple protestant est une belle construction très-pittoresque et parfaitement bien située, auprès d'une fontaine abondante. Il y a d'autres fontaines à la porte d'Alger, à la porte de Blida; celle de la place du Marché est alimentée au moyen d'une pompe puissante. La place de l'ancien marché, où l'on parvient par des marches, et celle du camp, sont les espaces les plus développés de cette petite localité.

ÉTABLISSEMENTS MILITAIRES. Dans l'ancien camp, se trouvent quelques constructions où des prisonniers sont retenus, et où l'on entrepose quelque matériel appartenant au service de la Guerre.

ÉTABLISSEMENTS CIVILS. Un fort bel hôpital qui contient 400 lits, est le plus important établissement de la ville. Un abattoir, simple baraque en planches, est établi hors de l'enceinte. Il existe deux écoles primaires pour les garçons : une pour les catholiques, l'autre pour les protestants; une école communale pour les jeunes filles, qui reçoit en pension, et une salle d'asile, sont tenues par des Religieuses. Un marché est abondamment pourvu tous les matins. Il y a une foire aux cochons, les premiers dimanches de mars et de novembre.

SOCIÉTÉ. Une Loge maçonnique sous le titre distinctif des *Frères du Sahel*, cultive l'acacia avec succès.

INDUSTRIE PARTICULIÈRE. Céréales, bétail, tabac. — Crin végétal. — Moulin à vapeur à trois tournants, pour les farines. — Moulin à vent. Le principal et le meilleur hôtel est celui dit *du Sahel*, rue d'Alger : pension 70 fr. C'est là que s'arrêtent et se croisent les diligences d'Alger et de Blida. Là aussi est un café. Le *Café de Strasbourg* a de bonne bière.

MOYENS DE TRANSPORTS. Les Messageries impériales, faisant le service d'Alger à Blida, partent en même temps à 8 h. 1/2 du matin et à 4 heures 1/2 du soir. A l'hôtel de Strasbourg, il y a un service régulier pour Alger à 6 heures du matin. On trouve aussi à louer des voitures et des chevaux.

ROUTES. Les routes qui viennent aboutir à Douéra, sont celles d'Alger à Blida, celle d'Alger par Crescia, et celle de Sainte-Amélie, avec embranchement sur Saint-Ferdinand.

ENVIRONS. Les environs ne présentent que des coteaux et des ravins. Ouled Mendil, dans la banlieue, est élevée à 156 mètres au-dessus du niveau de la mer. C'est une ancienne redoute. Un marabout et les quelques tentes d'une tribu formaient toute son importance, quand les Ponts-et-Chaussées vinrent y construire des baraques, en 1838. Une pierre tumulaire, élevée sur les corps massacrés d'une petite troupe d'artilleurs surpris au flanc de ce coteau, par les Arabes, en 1841, est un monument qui perpétuera le souvenir des dangers qu'on courait naguère, en traversant ces localités, aujourd'hui si paisibles et si fréquentées.

A 4 kilom. de Douéra, sur le revers méridional du Sahel, en face la Métidja, entre Ouled Mendil et l'oued Kerma, il a été établi un hameau sous le nom de Saint-Jules, au lieu dit *Hadj Yakoub*. Entre cet endroit et Koléa, à 44 mètres d'altitude, est la ferme Saint-Charles.

La route de Cherchel, par le pied du Sahel et aboutissant à Koléa, est jalonnée de belles fermes, dont les terrains sont en pleine culture et donnent de belles récoltes.

La commune de Douéra a six annexes : 1° Baba-Hassen, 2° Crescia, 3° Mahelma, 4° Sainte-Amélie, 5° Saint-Ferdinand, 6° Bou-Kandoura.

1° BABA-HASSEN, situé à 4 kilom. N.-E. de Douéra, à 175 mètres d'altitude, est un joli village, presqu'entièrement conquis sur les broussailles et les palmiers-nains, riche en tabacs, oliviers, vignes et cotons. On y remarque des cultures de nopal *(opuntia coccinillifera)*. Il y a trois fontaines d'une eau excellente, un abreuvoir et un lavoir.

Population, 165 habitants.

2° CRESCIA, à 5 kilom. O. de Douéra, village qui a été créé par arrêté du 5 juillet 1843, sur l'emplacement de l'ancien haouch Ben Kadéri, où l'on avait établi un poste de surveillance, dont les constructions importantes ont été concédées aux colons. Il y a une chapelle. Ce village est répandu sur les altitudes de 169, 200, 208, 211 mètres au-dessus du niveau de la mer. Les broussailles y font place chaque jour, à des cultures fructueuses. Le canton jouit d'une grande fertilité.

Population, 227 habitants.

3° MAHELMA, à 8 kil. O. de Douéra, sur une altitude de 200 mètres. C'est l'ancien poste des zouaves au temps des Turcs. Les troupes que la France entretient sous le même nom, ont été longtemps cantonnées sur ce point. Une pyramide, que ces militaires ont élevée au-dessus d'une fontaine et qu'ils ont décorée d'un écusson portant un coq gaulois et une inscription, conserve le souvenir de leur séjour et de leurs travaux dans cet endroit. Il y a là, sur un mamelon voisin, un petit camp très-fortifié par sa position, qui règne sur la crête d'une hauteur dominant un ravin qui va à la Métidja et un autre à Staouéli; il commande aussi la magnifique vallée du Massafran, coulant à l'O. Le village a été bâti, en six mois, par les soldats disciplinaires, et fut peuplé, en partie, de colons militaires. Il y a sur la place une fontaine recouverte d'un dôme. Un bois de trembles sert de promenade publique. Le foin, le tabac et la vigne y prospèrent. Le défrichement est difficile sur ce sol couvert de palmiers-nains, dont les habitants obtiennent beaucoup de crin végétal.

Population, 225 Européens.

4° SAINTE-AMÉLIE, à 5 k. O.-N. de Douéra et à la même distance de Mahelma, sur l'emplacement du haouch Ben Omar. Sainte-Amélie est une localité pittoresque et fertile, coupée par de frais vallons, et abreuvée par de nombreuses fontaines coulant sous des palmiers. On a trouvé d'intéressantes ruines romaines à l'ombre de ces arbres et dans le voisinage de ces cours d'eau : une mosaïque avec inscription latine, des salles bien conservées, avec leur pavage en carreaux vernissés. Les légendaires ont prétendu y retrouver le palais d'une fée célèbre par sa beauté et ses grâces de syrène qu'on appelait la princesse Métidja. Le village a une église et une école. La population est de 207 habitants, y compris 50 Espagnols.

5° SAINT-FERDINAND, à 6 kilom. N.-O. de Douéra, sur un plateau de 120 mètres d'altitude, au centre du Sahel, dominant la plaine de Staouéli, est un beau et riant village, où les sources abondent; on y élève beaucoup de bétail. Au temps de la guerre, c'était là le repaire des brigands qui désolaient les entours d'Alger. L'arrêté du 16 janvier 1843, y créa le centre de population qu'on y voit aujourd'hui. Les condamnés militaires en ont élevé les maisons, pour les colons qui sont venus s'y établir. On y voit une sorte de château, maison de plaisance couverte d'ardoises et décorée d'écussons sculptés. Des jardins entourent ce palais champêtre.

Une colonne et une belle croix en fer sont aussi des monuments de la localité. Il y a une église.

A 1 kilom., on rencontre la ferme dite *la Consulaire*, hameau formé pour cinq familles, sur les fondations d'une ancienne maison romaine affectée, aux temps antiques, à l'exploitation agricole de ces contrées. Sur une tour adossée aux constructions, les armoiries du maréchal Bugeaud, entourées d'instruments aratoires, ont été sculptées.

A 1,200 mètres O. de la Consulaire on trouve le marabout, dit d'Aumale, qui est à une égale distance de Saint-Amélie et de Saint-Ferdinand (2 kilom.). Autour de ce marabout en maçonnerie, parfaitement conservé, et auprès d'une belle fontaine, cinq maisons doubles ont été groupées.

6° BOU-KANDOURA, haouch, dont faisaient partie les localités que nous venons d'indiquer, comme annexes à Saint-Ferdinand. Leur population totale est de 227 habitants, y compris 77 Espagnols.

III.

COMMUNE DE L'ARBA.

SITUATION. L'Arba est situé dans la Métidja orientale, à 32 kilom. E. d'Alger, à la rencontre de la route d'Alger à Aumale, avec celle du pied de l'Atlas, qui joint Blida au Fondouk.

NOTICE HISTORIQUE. L'arba doit son nom aux mots arabes نهار الاربعة (quatrième jour), qui indiquent le marché important que les Arabes y tiennent tous les mercredis. Ce village a été créé par le décret présidentiel du 22 août 1851, et érigé en commune par décret impérial du 31 décembre 1856.

IMPORTANCE POLITIQUE. La population est de 2674 habitants, dont 607 Français, 208

Espagnols, 1807 Arabes, et le reste de diverses nationalités. L'Arba a une église depuis les premiers jours de 1854.

PHYSIONOMIE LOCALE. Les rues et les places publiques du village de l'Arba, sont bordées d'arbres, platanes et ormeaux de belle venue. Il y a des orangeries importantes. Première étape d'Alger à Aumale, la localité a profité du transit continuel des voyageurs. Les cultures fort belles, en céréales et en tabac, étendues sur 846 hectares, sont largement arrosées par l'oued Djemmali. Il existe un moulin à deux tournants.

INDUSTRIE PARTICULIÈRE. Le cadre de cet ouvrage ne nous permet pas de citer ici nominativement tous les établissements agricoles et industriels qui existent aux alentours; disons seulement que, de jour en jour, la plaine se couvre de grandes et belles fermes, qui font heureusement augurer de l'avenir. Parmi les cultures exceptionnelles, nous citerons en passant M. Bastide, qui, sur l'haouch Sidi Ali Ben-Soliman, a cultivé le sorgho sur une grande échelle. Il a fondé une distillerie de cette plante saccharinée. Une autre distillerie de la même plante est exploitée par M. Baron et comp. au même quartier.

Deux routes conduisent à l'Arba : une par la Maison-Carrée et l'autre par Kouba.

La commune de l'Arba a trois annexes : 1o Rovigo, 2o Sidi Moussa, 3o Rivet.

1° ROVIGO, village entre l'Arba et Souma, au voisinage du camp de l'Harrach, près de l'endroit où cette rivière débouche dans la plaine, a été commencé en 1849 et installé en 1851. C'est un endroit fécond où l'on élève beaucoup de bétail. Le canal de dérivation des eaux du Thiamménin y assure la salubrité. Il y a un lavoir couvert à deux bassins. Des eaux thermales, de la température de 40 degrés, au lieu dit Aïn Melouan, diurétiques, purgatives et d'un heureux emploi dans les maladies de la peau et les douleurs de la goutte, sont encore peu exploitées. Des oliviers nombreux ombragent le pays. Il y a un moulin à farine. Le plâtre qu'on tire de la localité est très-beau, et dessert toute la province. M. Saulin de Joigny a une ferme importante à Rovigo. On a posé la première pierre de l'église, le 12 novembre 1857.

2° SIDI MOUSSA, à l'embranchement des deux routes d'Alger à Rovigo, et d'Alger à l'Arba, à 22 kilom. S.-E. d'Alger. Le village de Sidi Moussa a été créé, pour 15 familles, sur un territoire de 198 hect. 20 ares, 63 cent., par décret présidentiel du 14 juin 1852. Il y a quatre fermes en état de prospérité.

3° RIVET, sur la route du pied de l'Atlas, entre les villages de l'Arba et du Fondouck, a été créé, pour 45 familles, sur un territoire de 555 hect. 61 ares 50 cent., par décret impérial du 5 Juin 1856. Ce village est dans une très-heureuse position ; la place est une magnifique orangerie qui a été réservée lors de sa création.

La population de ces trois villages est de 1405 individus, dont 242 Français, 45 Espagnols, 1,115 Indigènes, et le reste de diverses nationalités.

IV.

COMMUNE DE BIRKADEM.

SITUATION. Birkadem est situé à 10 kil. E. d'Alger, dans un vallon du Sahel, que protège un camp assis sur un mamelon.

ASPECT EXTÉRIEUR. Ce canton fertile et bien ombragé, possède des constructions gracieuses. C'est un but de promenade pour les citadins d'Alger.

NOTE HISTORIQUE. La localité de Birkadem *(le puits de la Négresse)*, ainsi nommé à cause des apparitions fréquentes d'une femme noire, qui sort d'un puits et se promène aux environs, fut couverte, dans les premières années de l'occupation, par un camp qui relie Dely-Ibrahim à la Maison-Carrée et à la Ferme-Modèle, par Tixeraïn et Kouba, et faisait en ce lieu une position centrale qui fermait l'ancienne route d'Alger à Blida. Il n'est plus aujourd'hui occupé militairement, et a servi successivement d'hôpital et de prison de dépôt. A l'abri de cette défense, un grand nombre de propriétaires et de cultivateurs se sont installés et ont formé le village qui a été reconnu par arrêté du 22 avril 1835, et où l'administration communale est organisée depuis le 10 novembre 1842. Elle y est reconnue par décret impérial du 31 décembre 1856.

IMPORTANCE POLITIQUE. La population est de 1519 habitans, dont 357 Français, 329 Espagnols, 781 Arabes, et le reste de diverses nationalités.

PHYSIONOMIE LOCALE. Les cultures maraîchères sont une source de prospérité pour Birkadem. La route de Blida traverse la place de ce village, qui a une jolie église, un café maure, jouissant d'une grande réputation parmi les Indigènes, et une belle fontaine, sous des platanes. Les mûriers et les vignes se montrent partout, au milieu d'arbres fruitiers de toute espèce.

ENVIRONS. Le camp de Tixeraïn est à droite du village. Sur la route de Saoula, on voit la caserne de cavalerie, ancienne maison mauresque, connue sous le nom de *Ben Siam*. Sur le chemin qui serpente entre celui d'Hydra et celui de Kadous, au plus haut point, à 210 mètres au-dessus du niveau de la mer, s'élève une colonne en pierre, en mémoire de l'ouverture de cette route, en 1834, par l'armée, sous les ordres du général Voirol.

Sur le versant du Sahel, dominant la Métidja, on trouve la Ferme-Modèle, au pied de laquelle, pour ainsi dire, coule l'Harrach. Cet édifice, connu par les Indigènes sous le nom de Haouch Hussein-Pacha, fut érigé en ferme expérimentale par le maréchal Clauzel, dès 1831, et n'a guère servi à autre chose, pendant longtemps, qu'au cantonnement d'un avant-poste.

La commune de Birkadem a deux annexes : 1° Saoula, 2° Birmandraïs.

1° **SAOULA**, centre de population, à 5 kilom. de Birkadem, sur la route de Douéra, au milieu des vallées qui aboutissent à celle de l'oued Kerma, dans un bas-fond très-fertile en légumes, et bien arrosé, a été créé par arrêté du 17 février 1845. Il y a trois moulins à 3 et 4 tournants, mis en mouvement par la force hydraulique et constamment occupés par la boulangerie d'Alger et la manutention militaire. Des saules-pleureurs balancent leurs verts panaches et les vignes agitent leurs pampres dans cet agréable séjour.

2° **BIRMANDRAIS**, par contraction de Bir Mhamed Raïs (*Le puits du Turc Mohamed, capitaine de navire*), est un joli village entre de hauts mamelons couronnés d'arbres, de cultures et de moulins à vent, à 7 kilom. S. d'Alger, et à pareille distance de Birkadem. Il y a une usine pour l'effilochage des plantes fibreuses et textiles. L'oued Knis y coule, on le traverse sur un petit pont, avant qu'il ne descende vers Hussein-Dey, par le vallon de la *Femme sauvage*, ainsi nommée plutôt à cause de la localité agreste, que pour la charmante jeune femme qui y tenait un joli café restaurant, adossé contre une grotte. Un important moulin à farine marche par l'action de l'eau. Il y a dans le village une église et une belle fontaine sous des arbres touffus. Les sources d'eau qui alimentent le quartier Bab-Azoun sont prises par un aqueduc. De jolies habitations et des plantations importantes, donnent à ce canton un attrait que les promeneurs du dimanche suivent assidument. Ce centre, créé par arrêté du 22 avril 1835, et constitué le 17 décembre 1845, présente, y compris Saoula, une population de 910 habitants, dont 155 Français, 360 Espagnols, 325 Arabes, et le reste de diverses nationalités.

V.

COMMUNE DE CHÉRAGA.

SITUATION. Chéraga est situé à 12 kilom. S.-O. d'Alger, à l'entrée de la plaine de Staouéli, à 198 mètres au-dessus du niveau de la mer.

NOTE HISTORIQUE. La localité était occupée en 1840 par une tribu qui a émigré. L'arrêté du 22 août 1842 la constitua administrativement. En 1845 eurent lieu des desséchements qui ont assuré la salubrité sur ce point. Des familles sobres et laborieuses venues de Grasse (Var), ont apporté la culture des plantes odoriférantes, pour lesquelles une distillerie a été organisée par M. Mercurin, qui expédie en France des produits estimés. Chéraga est reconnue commune par le décret impérial du 31 décembre 1856.

IMPORTANCE POLITIQUE. La population est de 1187 habitants, dont 603 Français, 158 Espagnols, 399 Indigènes, et le reste de diverses nationalités. L'église a été bénie le 28 juin 1857. Elle est ornée de plusieurs statues données par les habitants.

PHYSIONOMIE LOCALE. Le territoire de Chéraga commence à se couvrir d'arbres. C'est celui où les cultures sont le plus avancées dans le Sahel. Elles consistent en blé, orge, fèves, maïs, tabac, coton, et plantes à huiles essentielles. La route d'Alger à Koléa traverse le village.

INDUSTRIE PARTICULIÈRE. Il y a un moulin à farine, mu par la force hydraulique; et un moulin à manége pour les huiles. On fabrique en grand le crin végétal provenant du palmier-nain. L'éducation des bestiaux est favorisée par des eaux abondantes et des prairies étendues. Deux briquetteries sont en pleine activité. Entre Chéraga et Staouéli, M. Fruitié a établi une ferme, où la grande culture s'opère sur une vaste échelle.

La commune de Chéraga compte trois annexes: 1° Aïn-Benian ou Guyotville, 2° Sidi-Ferruch, 3° Staouéli.

1° **AIN-BENIAN, ou GUYOTVILLE**, ainsi nommé parce que ce centre de population fut fondé, sous l'administration de M. le comte Guyot, directeur de l'intérieur, par arrêté du 19 avril 1845, à 15 kilom. N. d'Alger, au fond d'une crique, à 2 kilom., à l'E. du cap Aconatyr, devait être pourvu d'un débarcadère en bois, de calles de halage, d'un parc aux huîtres et d'ateliers pour la préparation des sardines et la sécherie des poissons. Ces projets n'ont pas réussi. La route de Chéraga a été rendue accessible aux voitures; un canal amène les eaux dans une fontaine construite au milieu de la place du village; des plantations nombreuses de vignes ont été faites; on a tiré parti de tous les terrains où le débroussaillement était facile, et les concessionnaires, aidés par l'administration, sont devenus colons plutôt que marins. Le décret du 4 juillet 1855, a délimité leur territoire à 1,325 hectares, pour 59 familles.

Sur le plateau du Benian, qui sépare Guyot-Ville de Chéraga, 35 familles se sont établies et recueillent de belles moissons. On voit par les champs une centaine de dolmens, pareils à ceux de Bretagne, que l'on croit être les tombeaux d'une légion armoricaine, qui aurait campé aux environs de cette position élevée. Il y a aussi des ruines romaines au cap Aconatyr.

2° SIDI-FERRUCH, est une pointe, à 25 kilom. O. d'Alger, s'avançant de 1,100 mètres dans la mer. C'est dans la baie O. que débarquèrent les Français, le 14 Juin 1830. Ils y trouvèrent une mosquée renfermant les restes du marabout qui donne son nom à la localité, et une tour carrée. On a fait une église de ces constructions, sous le vocable de Notre-Dame-de-Délivrance, où l'on célébrait un service religieux, le jour anniversaire de la descente des Français sur cette côte, avant que la mémoire de cet événement ne fût devenue, en Algérie, une fête nationale; une colonne monumentale, qui n'est que provisoire, se dresse dans cette solitude. Il y a six puits dans les lignes du camp, qui fut tracé sur un développement de 800 mètres pour isoler complètement la presqu'île, offrant une étendue de 80 hectares. Des sources, obstruées par les sables, se trouvent aussi sur la plage. De juin à septembre, il se forme de fort beau sel sur les rochers du rivage. Sur les bords de l'oued el-Bridja, qui coule à l'O., il y a une excellente terre plastique, propre à la confection de la poterie.

L'arrêté du 13 septembre 1844, a créé sur ce point un village qui a prospéré quelque temps au moyen de la pêche des huîtres et des sardines, mais qui a été presqu'entièrement abandonné en 1853. L'érection d'une belle caserne, qui pourra contenir 2,000 hommes dans un fort, ramène sur ce point les efforts des colons et des pêcheurs. La porte monumentale de cet édifice, frontispice orné de quatre colonnes engagées et de trophées de la paix et de la guerre, est surmontée d'une large table de marbre, où les premiers pas de la conquête algérienne sur ces bords sont commémorés en style lapidaire. Dans les premiers jours de janvier 1840, Mgr Dupuch, premier Évêque d'Alger, a découvert, sur un lieu élevé, au bord de la mer, où étaient les ruines curieuses d'une église chrétienne détruite par les Vandales et par les flots, la massue, hérissée de pointes de fer, instrument du supplice de Saint Janiarius et le *vas sanguinis* de ce martyr, sacrifié vers l'an 410, ainsi que le témoignait une inscription fruste en mosaïque, placée sur ses restes, qu'avait recueillis la pieuse dame Sabine, en cet endroit. Mgr Dupuch a cru y retrouver les *Casæ favenses* du sommaire n° 138 de Morcelli.

3° STAOUÉLI, est une plaine de 48 kilom. carrés, à 4 h. 1/2 de marche de la pointe de Sidi-Ferruch, solitude couverte de broussailles fort serrées et hachée de ravins, refuge des sangliers et rendez-vous des chasseurs, qui y trouvent du gibier en grande quantité. C'est là que les Français, après leur débarquement, livrèrent la bataille qui leur a ouvert la conquête de l'Algérie. On y voit le tracé de leur camp. Les RR. PP. Trappistes ont obtenu, par arrêté ministériel du 11 juillet 1843, d'élever, sur une concession de 1,020 hectares, un monastère de leur Ordre, dont l'Évêque d'Alger a posé la première pierre, le 14 septembre de la même année, sur un lit de boulets ramassés à l'endroit même qui fut le théâtre du combat. La consécration de l'édifice, qui fut érigé en abbaye, a eu lieu le 30 août 1845. La route d'Alger à Koléa passe devant la porte de cet établissement, où l'on compte plus de 100 religieux. L'oued Bridja à l'E., l'oued Bakara à l'O., étaient les limites de la concession, qui a été agrandie. Elle renferme, outre le monastère, une belle ferme, des ateliers pour diverses industries et l'exploitation agricole, un moulin, quatre fontaines, une orangerie, le tout dans un enclos de murs qui embrasse 30 hectares. Un bouquet de palmiers ombrage une statue de la Sainte-Vierge, dont le nom, sous le titre de Notre-Dame-de-Staouëli, est le vocable de l'abbaye. Une hôtellerie, louée à un restaurateur, vend à manger aux pèlerins. Les voyageurs reçoivent au monastère l'hospitalité gratuitement; mais les menus objets de piété qu'on leur offre à acheter, lorsqu'ils se retirent, établissent, par leur prix, une ample compensation aux frais de leur réception. La population des trois centres, Aïn-Benian, Sidi-Ferruch et Staouëli, est de 250 individus.

Un décret impérial du 24 mars 1855, a décidé la création, entre le couvent et la presqu'île, d'un centre de population de 30 feux, sur un territoire de 536 hectares 81 ares 55 centiares. Les Ponts-et-Chaussées ont amené les eaux de l'oued Bakara, par un barrage de retenue, au-dessous du moulin des Trappistes, qui les conduit dans une construction en forme de marabout, d'où elles sont réparties en une fontaine qui débite 100 mètres cubes d'eau en 24 heures, et en un canal d'irrigation qui reçoit 300 mètres cubes, durant le même temps. Un abreuvoir et un lavoir, complètent les travaux qui concernent les eaux, 597 arbres d'essences forestières ont été plantés sur la place et dans les rues du village. On y compte plus de 15 maisons.

VI.

COMMUNE DE DELY-IBRAHIM.

SITUATION. Dely-Ibrahim est assis sur un plateau élevé de 200 à 275 mètres au-dessus de la mer, dont les brises le rafraîchissent constamment, à 10 kilom. S.-O. d'Alger, à 39 kilom. de Blida.

NOTE HISTORIQUE. Dely-Ibrahim était un avant-poste, surveillant la plaine de Staouéli et de Sidi-Kalef. En 1832, des émigrants alsaciens, réunis au Hâvre pour se rendre en Amérique, furent amenés en Algérie, et concoururent aux premiers essais de colonisation, que le duc de Rovigo tenta à Kouba et à Dely-Ibrahim. Le manque d'eau, dans cette dernière localité, nuisit longtemps à la prospérité des habitants, qui se relevèrent de ce marasme à la faveur de la construction du camp, et de l'ouverture de la route d'Alger à Blida (1838). L'abandon de l'un, le délaissement de l'autre, les ont ramenés à la culture, que des irrigations aident aujourd'hui. La commune y a été instituée par le décret impérial du 31 décembre 1856.

IMPORTANCE POLITIQUE. Dely-Ibrahim compte 600 habitants, dont 110 Allemands; 90 d'entre eux sont protestants, et ils ont un pasteur de leur culte. Les Catholiques ont un curé qui dessert une jolie église, dont le clocher est orné d'une horloge retentissante. Il y a 170 Arabes aux environs.

ÉTABLISSEMENTS CIVILS. Le Bassin de la Chasse, distant de 1,600 mètres, un autre à 850 mètres du village, un troisième, plus rapproché, qui fournit 4,000 litres en 24 heures, et enfin une fontaine, entourée de 40 platanes, sur la place, abreuvent suffisamment Dely-Ibrahim, que des sources, nouvellement découvertes et soigneusement recueillies, viennent mettre enfin à l'abri des inquiétudes de la sécheresse. Des cultures en céréales, en tabacs, en fourrages, témoignent de l'amélioration obtenue. M. Mazère a planté de remarquables vignobles, dans une grande ferme parfaitement entretenue, qui dépend actuellement de l'Orphelinat fondé en ce quartier par le consistoire protestant d'Alger.

La commune de Dely-Ibrahim a quatre annexes : 1° El-Achour, 2° Draria, 3° Kadous, 4° Ouled Fayet.

1° **EL-ACHOUR**, situé sur le versant d'une colline, à gauche de la route d'Alger à Douéra, à moitié chemin de l'un à l'autre de ces deux points, est fertile en fourrages. Les sources de l'oued Kerma y prennent naissance et alimentent une jolie fontaine. Il y a un moulin et une soixantaine de maisons. Ce village a été créé par arrêté du 20 avril 1842.

2° **DRARIA**, est le premier village qui ait été fondé par l'administration civile, par arrêté du 10 janvier 1842; il est situé à 16 kilom. S. d'Alger, à 205 mètres d'altitude. De belles maisons de campagne décorent le paysage. Un mur d'enceinte, que vient baigner l'oued Kerma, donne au village la forme d'un carré long, qui se termine en pointe vers le S. La fontaine, ombragée de saules-pleureurs, et le lavoir public, occupent cette saillie. Des bâtiments communaux, une école, une jolie église, offrent, depuis longtemps, l'apparence de la France, à ce joli endroit, où les cultures des céréales, du tabac, du coton, de la vigne, et l'exploitation de six carrières de pierres, d'une qualité fort estimée, ont fixé 858 habitants, dont 275 Français, 109 Espagnols, 428 Arabes, et le reste de diverses nationalités. Dans cet ensemble, doit être comprise la population du centre ci-après.

3° **KADOUS**, créé par arrêté du 22 avril 1855, est un

hameau de quelques fermes et de jolies propriétés particulières, élevées sur un terrain excellent, où, du temps des Maures, on construisait une sorte de poterie pour les conduits et canaux, dont le nom est resté à la localité.

4° OULED FAYET, ancien avant-poste, actuellement un des plus jolis séjours du Sahel, un des plus fertiles en cultures maraîchères, et où les bestiaux sont élevés avec le plus de bonheur. Ce village a été créé par arrêté du 2 décembre 1842. C'est un losange dont l'Haouch Deschlaoud forme l'angle N., situé à 16 kilom. S.-O. d'Alger, à 5 kilom. de Dely-Ibrahim et à 1,220 mètres de la route de Douéra. Il est assis sur une éminence, à 240 mètres au-dessus de la mer, pourvu d'eau, entouré d'un ravin, et voisin de quelques bouquets de palmiers. De ces crêtes, la vue s'étant sur Chéraga, la plage et Dely-Ibrahim. La population est de 285 habitants, dont 259 Français, 17 Allemands et le reste de diverses nationalités.

VII.

COMMUNE DE DELLYS.

SITUATION. Dellys est situé sur la côte septentrionale de l'Afrique, par 1°50' de longitude E., et 36°90' de latitude N., à 14 lieues marines E. d'Alger et à 22 lieues O. de Bougie; par terre, à 96 kil. d'Alger, et à 189 kil. d'Aumale.

MOUILLAGE. La pointe de Dellys est longue, étroite et couverte de tombeaux que domine un marabout. Elle s'avance comme un môle pour protéger le mouillage de Dellys contre la mer et les vents de la partie de l'O. Quelques rochers peu élevés au-dessus de l'eau et placés dans la même direction que la pointe, la protégent encore d'environ une encâblure et demie. Il n'y a aucun danger dans les environs de Dellys. Les bords de la mer à l'O. sont remarquables par la manière et les soins avec lesquels ils sont cultivés : c'est une suite de jardins d'un aspect fort agréable, qui annonce dans les habitants des campagnes, de l'ordre, une certaine industrie et l'amour du repos.

Lorsqu'on double la pointe de Dellys, on aperçoit, dans l'intérieur des terres, vers le S.-E., une montagne isolée nommée *le Pic des Beni-Selkem.* Son sommet est facile à reconnaître, parce qu'il montre une excavation semblable au cratère d'un volcan. Bientôt après on découvre le mouillage de Dellys, où les bâtiments peuvent se mettre à l'abri des vents d'O. et de N.-O. On y trouve un bon fond de sable et vase par 13, 14 et 15 brasses. Pendant la belle saison on peut y rester avec les vents d'E. et de N.-E.

ASPECT EXTÉRIEUR. La nouvelle ville de Dellys est bâtie sur un plateau au bord de la mer, exposé à l'orient. Le vieux Dellys, plus au N., est parallèlement adossé à une montagne. Les maisons mauresques y sont en mauvais état sous une chemise blanche récemment rafraîchie. Entre les deux villes, et comme moyens de contact habilement échelonnés, on voit la maison du bureau arabe, intermédiaire de relation ; l'hôpital neuf, où les deux religions se montrent rapprochées; la nouvelle mosquée, dont le minaret élevé par les Français prouve leur esprit de tolérance. Des crêtes assez élevées, qui séparent les deux villes du Beni-Chour et dominent l'oued Nessa, encadrent au S. le paysage.

NOTE HISTORIQUE. Les ruines romaines trouvées à Dellys, ont fait croire qu'il occupait l'emplacement de la colonie, désignée par Antonin sous le nom de *Rusucuru*. Mais une exploration récente, faite au Cap Tedlès, à 18 kilom. environ, à l'E., fait penser que c'est plutôt sur ce point qu'il faut chercher l'ancienne ville romaine. On y voit encore des restes de quai, attestant l'existence d'un port bien plus important que tout ce qui a pu exister dans la situation où est Dellys : ruines de deux temples, dont la voûte de l'un d'eux était soutenue, de chaque côté, par quinze doubles colonnes; ruines d'un cirque, d'un château d'eau, au-dessous duquel se creusent sept citernes; dix ou douze cercueils taillés dans le roc vif. L'étendue de ces ruines est fort considérable. Quant à Dellys, on y voit la trace de murs décrivant un vaste périmètre, principalement à l'O. On a découvert, le 31 décembre 1857, un magnifique sarcophage en marbre blanc, dont la partie antérieure présente, en bas-relief, les épisodes de la carrière médicale d'un professeur célèbre, vers l'époque gréco-romaine, dont le squelette était encore dans ce monument, qui est un des plus beaux de l'espèce. Ces antiques restes sont déposés au musée d'Alger. Le marabout de Sidi Soussan, remplacé aujourd'hui par un fortin, sur un mamelon élevé de 210 mètres et dominant la ville, marquait l'endroit où se trouvait autrefois une citadelle. Les antiques constructions semblent avoir été renversées par un tremblement de terre, dont l'époque ne nous est pas connue : les Arabes construisirent Dellys avec les décombres. Lorsqu'en 1517, les deux Barberousse se partagèrent la régence, Khaireddin y établit le siége de son autorité.

En 1837, un bateau à vapeur et une gabare parurent en vue de Dellys pour châtier les habitants, qui avaient pris part à l'insurrection des Kabyles; effrayés de cette démonstration, ils se hâtèrent de faire leur soumission. Au printemps de 1844, le Gouverneur-Général voulant porter jusqu'au centre des Flissas un dernier coup à l'ex-émir, en la personne de Sidi Ahmed-Taïeb-Ben-Salem, son khalifa, s'empara de Dellys le 7 mai. Les habitants nous reçurent avec empressement, après avoir vu partir leur kaïd, Abd er-Rhaman, oncle de Ben-

Salem. Ils nous offrirent leur mosquée pour nos blessés et plusieurs maisons pour y loger une petite garnison qu'ils imploraient. Des mesures furent prises pour isoler la portion de la ville que nous devions occuper, de celle où il était convenable de laisser les habitants à l'abri du contact de nos soldats. Tout s'effectua avec beaucoup d'ordre. Le 12 mai une action glorieuse pour nos armes eut lieu en avant de la ville; le 17, un succès plus complet encore fut obtenu par nos troupes à Ouarez ed-Din, contre une immense réunion de Kabyles. Ben-Salem ranima leur courage après cette défaite, et obtint le 21 du même mois, quelques avantages contre le colonel Comman. Le maréchal Bugeaud vint rétablir la tranquillité, qui depuis n'a pas été troublée, du moins aux entours de Dellys.

IMPORTANCE POLITIQUE. Un arrêté du 2 mars 1846, avait établi, à Dellys, un centre de population de 200 familles. La commune y a été constituée par décret impérial du 31 décembre 1856, qui en fait un district du département d'Alger, sous l'administration d'un Commissaire civil. Ce point, qui est le centre d'un Cercle de la subdivision d'Alger, est aussi la résidence d'un Général de brigade. La population est de 721 habitants européens, et de 1398 indigènes. La garnison est de 2125 hommes. La religion catholique a un curé; l'Islamisme a un muphti.

ENCEINTE. Six blokhaus, entourés de redoutes en maçonnerie, et reliés entre eux par une muraille continue de 1,800 mètres de développement, forment l'enceinte de Dellys. Il y a cinq portes : les portes d'Alger, d'Isly, des Jardins, d'Aumale, d'Assouaf.

PHYSIONOMIE LOCALE. L'intérieur du nouveau Dellys est assez animé. 80 maisons en maçonnerie y sont élevées, et 12 baraques s'y voient encore. Des petits jardins cultivés par des colons occupent la partie E. du mur d'enceinte, et réjouissent la vue sur ce point, où les efflorescences rocheuses du sol ont été courageusement combattues.

Les rues principales sont : la rue d'Alger, d'Isly, Mogador et de la Marine, qui a été la première ouverte et construite. Elles mènent à la place de l'Eglise et à celle du Marché ; on y voit quelques jolies maisons.

Quant à la ville arabe, elle ressemble à toutes celles de la même espèce : maisons entassées, sales, mal bâties et mal distribuées, ayant toutes pour entrée une écurie, et consistant ici en murs de pierre, protégés de tuiles creuses. Les rues sont étroites, tortueuses, boueuses, remplies de fumier.

ÉTABLISSEMENTS MILITAIRES. L'hôpital, très-vaste, est situé au bord de la mer. L'ancienne mosquée, en fort mauvais état, sert aujourd'hui de magasin pour les subsistances et les effets de campement. Des baraques sont encore occupées par tous les services ; le casernement lui-même, y est établi pour 800 hommes, un bâtiment contient 688 militaires. Il y a un Cercle pour la lecture des journaux et une bibliothèque militaire pourvue de quelques bons ouvrages.

ÉTABLISSEMENTS CIVILS. La jolie mosquée dont nous avons eu lieu de parler, qui a été bâtie par les Français, en échange de celle que les Musulmans avaient cédée pour y installer nos malades, est un édifice gracieux. Une petite école pour les jeunes enfants est tenue avec zèle. Les eaux de la montagne de Sidi Soussan, qui domine Dellys, à l'O., où l'on a trouvé des citernes romaines, ont été amenées dans un grand réservoir situé sur la place, pouvant contenir 400 hectolitres. Les anciens conduits ont été réparés, un lavoir a été établi rue Mogador, et amène les eaux d'une source placée à 400 mètres au S. de la ville. Dellys possède un télégraphe électrique. Un phare est établi à la pointe de Dellys; il éclaire à 3 milles en mer. Il y a deux hôtels principaux, celui de la *Colonie*, et du *Gastronome*. Le prix de la pension mensuelle est de 70 à 80 fr. Dans chacun de ces établissements on trouve aussi un café; celui de l'*Europe* et celui de l'*Algérie* sont aussi fréquentés. Un grand nombre de buvettes sont ouvertes aux consommateurs les plus indulgents. L'industrie particulière a des fours à chaux et des briquetteries. — Un abattoir fonctionne sur la gauche du fort. Un fondouk donne asile aux Arabes qui viennent tous les jours au marché qui se tient à côté du bureau arabe. Cinq à six fois par an, à la porte des Jardins, en un endroit dit *Sidi Moussa*, les Indigènes se rendent à une sorte de foire.

ENVIRONS. Le pays est un des plus sains

et des plus pittoresques de l'Algérie; des sites variés et très-rapprochés les uns des autres, rendent la promenade délicieuse; le paysage prend un aspect nouveau à chaque instant. A l'E. et au S. de la ville, le sol est couvert de roches, en forme de cailloux, qu'on ne trouve qu'à la surface, sur une étendue de 1 kilom.; la culture les écarte tous les jours. Des masses énormes de quartzites, que l'on substituerait avantageusement au grès de France pour le pavage des rues, et de nombreux blocs de pierres lithographiques, comparables aux plus belles pierres de Munich, sont parsemés au pied même des remparts. Des études géologiques, récemment faites, prouvent que les environs de Dellys présentent des terrains d'origine ignée et d'autres, d'origine aqueuse. Des mosaïques remarquables, au bord de la mer et à 800 mètres même de la pointe, ont conservé les vestiges de l'antiquité, dont les médailles et les amphores trouvées en creusant les fondations de l'hôpital et de la mosquée, sont des monuments fidèles. A l'O., de magnifiques jardins, ayant chacun leur maison de plaisance ou leur métairie, au milieu d'ombrages délicieux et de sources abondantes, bordent la mer sur un développement de 6 à 8 kilom., et fournissent un sûr moyen de bien-être aux cultivateurs, qui en vendent les produits à Alger avec un très-grand profit.

Le territoire de Dellys comprend le contre de population formé en 1854, sous le nom de Ben-Nechoud, à 10 kilom. O. dans la petite vallée de l'oued Neça, au milieu de populations kabyles. La route d'Alger à Dellys, qui longe la vallée sur 12 kilom., traverse Ben-Nechoud; on trouve encore les quatre villages arabes de Thouabet, Tekedempt, Assouaf et Beni-Ouazeroual, qui sont placés en face des Issers. Les vallées de l'oued Isser, à 12 kilom., et de l'oued Nessa, à 8 kilom., sont riches en cultures. Elles sont couvertes d'habitations en pierre, avec toits en tuiles creuses, en chaume ou en roseaux tressés. La population s'élève graduellement sur la rive gauche de l'oued Sebaou, jusqu'aux cimes neigeuses du Jurjura. Des marchés nombreux et fort considérables se tiennent dans un rayon assez rapproché de Dellys. Le marché d'Aïn el-Arba, entre les Beni-Ouagnoun et les Tdouarga, à 24 kilom., est fréquenté le mercredi par un millier d'Arabes; le marché des Issers, à 8 kilom., le lundi, réunit un pareil nombre d'individus. Celui d'El-Sebt, chez les Amraouas, le lundi, et celui de Djema-Saridj, le samedi, sont les deux entrepôts de la Kabylie, et réunissent de 3 à 5,000 marchands et acheteurs. Les Kabyles apportent des grains, de l'huile, des figues sèches, du miel; ils emportent en retour du sel, du fer, de l'acier, des tissus de coton, de la quincaillerie, des ornements de femme. Leur industrie consiste dans la fabrication des armes à feu, des sabres dits *flissas*, de la fausse monnaie, que l'on ne peut guère reconnaître qu'à la tranche de la pièce, où l'exergue n'est jamais reproduite exactement ; ils confectionnent des burnous, des haïcks, gandouras, souliers, poteries, briques et tuiles.

Aux environs de Dellys, près du cap Bengut, dans le basalte, on rencontre des nodules isolés d'un combustible minéral, présentant l'aspect d'une houille de bonne qualité. La Société houillère de Dellys a entrepris des sondages sur ce point, d'après ces indices, qui promettent un élément de prospérité de plus à toute l'Algérie.

TRANSPORTS. Les chevaux et les mulets sont les seuls moyens de transport aux entours de la place. La seule route entièrement tracée est celle d'Alger.

La durée du voyage par mer n'est que de 7 heures de Dellys à Alger. Voir, pour les transports par cette voie, l'article préliminaire relatif à la navigation.

VIII.

COMMUNE DU FONDOUK

SITUATION. Le Fondouk est situé à 32 kil. E. d'Alger, sur la rive gauche du Khamis, sur le versant N.-O. d'une haute montagne, où les Arabes avaient autrefois un marché, sorte de halle couverte, comme l'indique le mot *fondouk*, à l'extrémité orientale de la Métidja.

LA MÉTIDJA. Cette plaine déroule, de l'O. à l'E, du pied du mont Chenoua, jusqu'au-delà du cap Matifou, sur une longueur de 96 kilom. et une largeur moyenne de 22 (2,000 kilom. carrés), entre l'Atlas et le Sahel, une zône concentrique autour d'Alger. Le sol s'ondule en petites collines du S. au N., en descendant vers la mer. La Chiffa, l'Harrach et de nombreux cours d'eau la traversent. Le Khamis développe les sinuosités de son cours du S. au N., dans la partie la plus orientale. Les rocailles que ce fleuve charrie dans son lit, s'agglomérant aux déclivités du terrain, dont l'inclinaison est sensible aux approches de la mer, entretiennent dans cet endroit des marécages exhalant des émanations pestilentielles, à la fin de l'été.

Les Tagarins et les Mojadares, Maures andalous, proscrits des royaumes de Valence et d'Aragon, y apportèrent autrefois les arts de la culture et la prospérité; mais accablés de vexations par les Turcs, qui s'établirent alors à Alger, ils s'éloignèrent avec tous les éléments de civilisation de cette terre fertile, qui n'attend pas la main de l'homme pour se couvrir des plus riches pâturages et se parer des plus belles fleurs.

NOTE HISTORIQUE. Un camp fut établi au Fondouk dès 1830; on éleva un mur d'enceinte, défendu par quatre bastions; on créa de vastes et beaux établissements militaires. Un village se forma au pied et sur la rive gauche du fleuve ; on ménagea des fontaines, des abreuvoirs, des lavoirs, etc. La politique de 1842 en ordonna l'évacuation. Les systèmes de colonisation de la plaine ont ramené sur ce point. Un arrêté du 14 octobre 1844 a ordonné la délimitation de 1,200 hectares, pour le placement de 150 familles. Depuis cette reprise d'occupation, l'état sanitaire du pays semble s'être amélioré, à cause des grands travaux de dessèchement qui rendront à la plaine son ancienne étendue labourable. Un décret présidentiel y constitua la commune, dès le 22 août 1851, sur une étendue de 15,064 hectares 84 centiares. Le décret impérial du 31 décembre 1856 a définitivement fixé la municipalité au Fondouk.

IMPORTANCE POLITIQUE. La population est de 4,310 individus, dont 252 Français, 3,707 Indigènes, 168 Espagnols, et le reste de diverses nationalités. Il y a une église.

ÉTABLISSEMENTS PUBLICS. Une conduite d'eau de 1,500 mètres environ de longueur, partie en poterie, partie en fonte, a été construite, et alimente une fontaine qui débite 15,000 litres en vingt-quatre heures, par les plus fortes chaleurs. Le trop plein se rend dans un abreuvoir et un lavoir couvert. Les eaux du Khamis ont été employées à l'irrigation, au moyen d'un canal de dérivation de 2,500 mètres de développement. Soixante hectares de terrain sont ainsi arrosés. Ce travail permet aux habitants de se livrer aux cultures industrielles ; ils ont consacré leurs terres irrigables à celles du tabac et du coton. Un moulin à farine, d'un seul tournant et pouvant moudre 20 quintaux de grains par jour, a été construit sur le canal de dérivation.

ENVIRONS. Plusieurs exploitations agricoles sont disséminées sur le vaste territoire du Fondouk, qui a trouvé un puissant aliment de vitalité dans l'achèvement de la route qui relie Dellys à Alger. La plus importante de toutes, est la ferme de l'oued Corso, d'environ 900 hectares d'étendue, à 45 kilom. d'Alger. On y trouve une tuilerie, un moulin à huile et un moulin à blé. Le personnel industriel et agricole y est d'environ 90 travailleurs. La ferme d'Aïn Kadra, comprend de vastes dépendances et un moulin à farine mû par l'eau.

La commune du Fondouk a quatre annexes : 1° La Reghaïa, 2° l'Alma, 3° Boudouaou, 4° Hamédi.

1° LA REGHAIA est un village à 30 kilom. E. d'Alger, entre la Rassauta et le Boudouaou, sur la route d'Alger à Dellys, créé par décret impérial du 14 octobre 1854, pour 31 familles, sur un territoire de 618 hectares 52 ares 25 centiares, avec un communal de 53 hectares pour pacage. De plus, quatre fermes isolées, de 21 à 27 hectares chacune, ont été alloties sur le vaste domaine de la Reghaïa de 1,720 hectares, qui a laissé son nom à la localité. Il s'étend sur le bord de la mer, où se jette un cours d'eau qui prend naissance dans ses limites et devient navigable pour les embarcations de 18 à 20 tonneaux, à partir de la maison principale d'exploitation, distante de 4 kil. de l'embouchure de ce petit fleuve. Il y a des chutes d'eau, des bois de hautes futaies, des orangeries, des vergers, des pépinières.

2° L'ALMA, créé par décret du 25 juillet 1856, sur la route d'Alger à Dellys, auprès des rives du Boudouaou, pour 72 feux, sur un territoire agricole de 1,127 hectares 02 ares 95 centiares. — Il y a déjà 64 maisons.

3° BOUDOUAOU, centre de population, en voie d'installation, dans le bassin de la rivière de ce nom.

AÏT-HAMÉDI, hameau créé par décret du 26 mai 1856, sur le haouch de ce nom, situé entre le lieu dit la Maison-Blanche (*Métidja*) et le Fondouk, sur la route d'Alger, pour 10 familles, exploitant 112 hectares 10 ares.

La population de ces divers endroits est de 302 individus, dont 100 Français, 47 Espagnols, 148 Arabes, et le reste de nationalités diverses.

Le décret du 26 décembre 1857 a créé, entre le Fondouk, l'Alma et la Reghaïa : 1° un centre de population de 22 feux, au lieu dit *Sidi Salem*, qui prendra le nom de *Saint-Pierre*; 2° un autre centre de 17 feux, au lieu dit *Ouled Moussa*, qui prendra le nom de *Saint-Paul*. Un territoire de 625 hectares 91 ares 80 centiares leur est affecté.

IX.

COMMUNE DE KOUBA.

SITUATION. Kouba est situé à 9 kilom. E. d'Alger, sur une hauteur du Sahel, d'où l'œil embrasse un vaste et magnifique horizon.

NOTE HISTORIQUE. Kouba est un des deux premiers villages européens, fondés en 1835, par le Duc de Rovigo. Avec Dely-Ibrahim il fut peuplé de colons alsaciens, sous la protection d'un camp qui est devenu le Grand Séminaire. On y élève de belles constructions appropriées à cette destination. Une grande église se profile déjà à l'horizon dans des proportions imposantes. La commune a été définitivement constituée par le décret du 31 décembre 1856.

IMPORTANCE POLITIQUE. La population est de 1,850 habitants, dont 257 Français, 421 Espagnols, 270 Maures, cultivateurs et jardiniers, et le reste, de diverses nationalités.

PHYSIONOMIE LOCALE. Le territoire de Kouba comprenait ce que les Turcs appelaient le Fahs (la banlieue) d'Alger. De jolies maisons de campagne y ont existé de tout temps : les Européens les ont singulièrement embellies. Le terrain est sec et sablonneux. Les arbres et la vigne semblent s'y plaire. Une Maison d'orphelins de la *Sainte-Enfance*, sous la conduite des Dames de Saint-Vincent, et le Grand Séminaire, sont les établissements les plus en évidence. Il y a une église. L'oued Knis passe au pied du coteau, sous un pont de pierre, après avoir fait tourner plusieurs moulins à farine. Des briquetteries et des carrières sont exploitées avec avantage. MM. Chazel et Reidon ont des appareils pour dévider la soie.

HUSSEIN-DEY. C'est un village créé par arrêté du 25 mai 1845. Il doit son nom à une belle habitation qui appartenait au dernier dey et qui est devenue le noyau du vaste établissement où le Service des tabacs a ses manipulations et ses magasins, et entretient un nombreux personnel. Le territoire, dont une grande portion longe la plage, est bien boisé et fertile en légumes. Il est animé par 1,390 habitants, dont 327 Français, 618 Espagnols, la plupart s'adonnant à la culture des plantes potagères, 237 Arabes et le reste de diverses nationalités. Des usines se sont aussi formées dans ce canton. De ravissantes villas parsèment la verdure touffue de ce beau quartier. Une jolie chapelle, au bord de la mer, jette aux brises les joyeux tintements d'un timbre argentin que suspend un gracieux clocheton.

Au printemps, les Nègres idolâtres se rassemblent en un lieu voisin de la mer, où se trouvent le tombeau du marabout Sidi Bellal et la fontaine dite Aïn el-Betta. Ils y sacrifient un taureau et célèbrent ce qu'ils appellent la *fête des Fèves* (Aïd el-Foul), avant laquelle ils craindraient de mourir s'ils mangeaient de ces légumes. Une foule d'oisifs court voir les folies que les Négresses font, à cette occasion, en cet endroit là.

X.

COMMUNE D'ORLÉANSVILLE.

SITUATION. Orléansville est situé à 1° de longitude O. et à 36°15′ de latitude N. dans l'intérieur de l'Algérie à 210 kilomètres O. d'Alger, 53 kilom. S. de Ténès, à 98 kilom. O. de Milliana.

ASPECT EXTÉRIEUR. Orléansville, de construction toute française, est située sur la rive gauche du Chélif, à son confluent avec le Tigaout. Elle s'étend sur un plateau élevé, long et fertile, connu sous le nom de plaine du Chélif; des montagnes abruptes et dénudées l'entourent dans un rayon très-restreint. De belles constructions, vues de loin, lui donnent l'aspect d'une grande ville de France.

NOTE HISTORIQUE. Orléansville est fondée sur l'emplacement d'une ancienne ville dont on ignore l'origine. Les Romains y habitèrent. Quelques savans y retrouvent le *Castellum Tingitanum*. Les ruines y sont nombreuses. Les Indigènes avaient donné à ce lieu le nom d'El-Esnam (les Croix), à cause des ouvrages de sculpture chrétienne qu'on y trouvait habituellement en y faisant des fouilles. Les travaux entrepris par les Français, pour la fondation de bâtiments militaires, ont amené la découverte d'une belle mosaïque qui était le pavé d'une ancienne basilique. Elle n'a pas moins de 33 m. de longueur sur 14 de largeur, ornée de cinq inscriptions, parmi lesquelles est celle de l'évêque Réparatus, mort le 22 juillet 476.

Indépendamment de cette basilique, l'archéologue pourra visiter l'emplacement et les ruines d'une seconde église au lieu même où s'élève l'hôpital militaire, et à 1 kilom. environ, les restes de deux chapelles ou oratoires.

Orléansville a été occupée définitivement par l'armée,

le 29 avril 1843. Une ordonnance royale du 14 août 1845 a décidé qu'un centre de population de 2,000 âmes y serait formé, et que 2,000 hect. de terres autour de la ville seraient livrés à la colonisation.

IMPORTANCE POLITIQUE. La commune a été établie, à Orléansville, par le décret du 22 septembre 1852, qui en a fait un district du département d'Alger, sous l'administration d'un commissaire civil, et le décret du 31 décembre 1856 l'a définivement constituée. Ce point, qui est aussi le chef-lieu d'une subdivision, est la résidence d'un Général de brigade. La population est de 1,318 habitants dont 817 Français, 166 Espagnols, 201 Indigènes, et le reste, de diverses nationalités. La garnison est de 2,000 hommes environ. La religion catholique a un curé, assisté d'un vicaire.

ENCEINTE. Orléansville a, pour enceinte, un mur bastionné, défendu d'un large fossé. Des boulevards intérieurs et extérieurs, complantés d'arbres, se relient à une esplanade qui s'étend au Sud. La ville s'ouvre par quatre portes, qui sont les portes de Ténès, de Miliana, de Mostaganem et de l'Ouarensenis.

PHYSIONOMIE LOCALE. Aucune des constructions anciennes n'a été conservée. La réédification de la ville a été opérée sur un plan magnifique, rues larges et bien percées, dont les plus belles sont les rues de Rome, d'Iliens, d'Isly, de l'Hôpital, de l'Etourneau, de Reparatus, du Commandeur, de Miliana. La Place d'Armes est spacieuse. Au milieu jaillit un jet d'eau dans un large bassin, entouré de saules pleureurs et d'orangers ; des maisons à arcades l'environnent : les places de la Mosaïque et du Marché sont pareillement plantées d'arbres. Les maisons sont d'architecture française, et l'ensemble offre un caractère imposant. Les plus belles sont celles du Général commandant la subdivision, qui peut être prise pour un véritable monument ; l'hôtel de la Justice de paix, du Trésor, la maison des chefs indigènes, près de la porte de Miliana, où se tient, le dimanche, un marché fréquenté par plus de 11,000 Arabes, apportant des quantités de grains très-considérables, des cotonnades, des miels excellents, et amenant des chevaux et des bestiaux de toute espèce. L'apport de chaque marché peut être estimé à 200,000 francs. Les Indigènes ont deux fondouks pour les recevoir, et des bains maures d'une construction riante, très-développée.

Les eaux ne manquent pas à Orléansville, si ce n'est dans les grandes chaleurs, où elles baissent sensiblement. Un aqueduc couvert, de construction romaine, apporte 344 hectolitres, en été, dans une citerne antique, qui a été réparée. Un conduit à ciel ouvert de 3,500 mèt. de longueur amène les eaux de Tigaout, que débitent de nombreuses fontaines. Toutes ces eaux, bonnes pour irriguer et rafraîchir la cité, ne peuvent servir pour l'alimentation, chargées qu'elles sont de sels de magnésie. Les nombreux cours d'eau qui traversent la plaine du Chélif fournissent aussi du poisson en quantité : les Arabes le pêchent avec leurs burnous.

ÉTABLISSEMENTS MILITAIRES. Tous les établissements militaires sont aménagés pour une garnison de 3,000 hommes. Il y a un quartier de cavalerie pour 1,000 chevaux. Un très-bel et vaste hôpital contient 500 lits. Le cercle militaire conserve une bibliothèque de 2,000 volumes. D'anciens caveaux romains servent de prison.

ÉTABLISSEMENTS CIVILS. Un télégraphe électrique est en fonction. Un abattoir a été construit dans la presqu'île formée au confluent du Chélif et du Tigaout. Un théâtre donne ses représentations le dimanche, le mardi et le jeudi. Les Sœurs de charité tiennent une classe pour les jeunes filles et une salle d'asile. Les garçons ont une école communale qui s'ouvre aussi aux adultes. Les Indigènes ont des lieux où ils apprennent à lire en leur langue.

INDUSTRIE PARTICULIÈRE. Les hôtels de l'*Europe*, des *Bains* et le restaurant *Lecomte*, prennent en pension. Le café *Gracieuse*, du *Cercle militaire*, de la *Colonie*, de la *Porte de Ténès*, des *Amis*, de *Sébastopol*, d'*Isly*, et la brasserie hors ville, sont des lieux fréquentés. Comme centre de réunion, nous noterons ici la Loge maçonnique, sous le titre distinctif des *Frères unis du Chélif*, sous l'obédience du Suprême Conseil.

ENVIRONS. Les environs d'Orléansville présentent des tableaux agrestes. La vue est circonscrite par des montagnes rudes et dépouillées, bornant la plaine du Chélif. Du côté du Sud, au dernier plan, on voit surgir les pics boisés du Temdrara et de l'Ouarensenis. La pépinière du service des forêts, de 8 hectares 50 centiares, créée en 1852, renferme 90 essences diverses d'arbres de haute futaie, et des carrés pour semis et plantations. Le même service a meublé encore 400 hectares aux *Montagnes rouges*, vers le N. Le *Camp des Planteurs*, au S.-E., présente une superficie de 482 hectares, en cinq parcelles, toutes consacrées à l'éducation forestière. La pépinière, à environ 300 mètres de la ville, à l'E., est pourvue d'une variété considérable d'arbres et de fleurs parfaitement entretenus. Elle occupe une oasis délicieuse, magnifique but d'excursion. De nombreuses plantations d'arbres de toute espèce, ont été faites sur une grande échelle, autour de la ville, aussi bien que dans son enceinte, et sur les boulevards, où elles forment une ceinture verdoyante. Elles ont complètement réussi. La Smala des spahis est cantonnée, à 14 kilom. de la ville, sur la route de Mostaganem, sur les bords d'un cours d'eau que l'on nomme oued Isly.

TRANSPORTS. On trouve des chevaux et voitures de louage. Un service quotidien de messageries est dirigé sur Ténès. M. Campredon fait partir, tous les trois jours, une voiture pour Miliana.

ROUTES. La route de Miliana à Sidi Bel-Haçel, courant de l'E. à l'O., croise à Orléansville la route de Ténès, qui, du N., remonte au S. vers Tiaret.

La commune d'Orléansville a deux annexes : 1° La Ferme, 2° Pontéba.

1° LA FERME. Sur la rive droite du Chélif, qu'on traverse sur un pont américain fort élégant, de 200 mètres de longueur, on a établi une ferme militaire, auprès de laquelle s'est assis, en 1848, un village en face d'Orléansville et à 600 mètres de la place. L'arrêté du 9 juillet 1852 l'a complètement constitué. Les terres sont de bonne qualité. Les colons suppléent, en été, au défaut des eaux d'irrigation, par des puits à norias.

Habitants : 301, dont 213 Français, 20 Espagnols, 54 indigènes, et le reste de nationalités diverses.

2° PONTÉBA. Cette colonie agricole, créée par le décret du 11 février 1851, à 7 kilom. S. d'Orléansville, est placée sur une élévation propice aux prairies, bien que privée d'eau dans la chaude saison. Des puits alimentent deux bassins d'arrosage. Cette localité, très-salubre, échappe aux influences fâcheuses du Chélif, dont un Arabe appréciait naïvement les effets en ces termes : « Le pays est sain auprès du Chélif, quand l'hiver n'a pas été pluvieux; mais alors il n'est pas fertile. Il est fertile quand l'hiver a été pluvieux; mais alors il n'est pas sain. » — Des vignes donnent un vin délicieux. En descendant la rive gauche du Chélif, à 4 kilom. de la ville, on trouve les ruines d'une grande ville romaine, dans la ferme Bernady, principalement un tombeau romain avec mosaïque.

Population 241 habitants. Il y a une église.

XI

COMMUNE DE LA RASSAUTA.

SITUATION. La Rassauta est située à 18 kil. Est d'Alger, sur un coteau qui incline vers la Métidja; au pied, à l'E., coule le Khamis en détours sinueux, avant de se jeter dans la mer.

NOTE HISTORIQUE. La Rassauta était une belle propriété de 11,000 hect. 58 cent., ancien haras des Turcs, où s'élèvent deux constructions propres à recevoir des troupes. En 1836, M. le prince de Mir, Général polonais, réfugié, avait obtenu la concession de ce vaste domaine, pour y faire des essais de grande culture, qui ont échoué. Par ordonnance royale, du 22 décembre 1840, un centre de population indigène, destiné à recevoir la tribu des Aribs, fut délimité à 1,600 hectares sur ce territoire.

Des exploitations agricoles, ayant été suivies avec succès dans ce canton fertile, par plusieurs Européens, l'administration y fut établie par décret présidentiel du 22 août 1851. — La commune y a été constituée par décret impérial du 31 décembre 1856.

IMPORTANCE POLITIQUE. La population est de 498 habitants, dont 64 Français; 316 Espagnols au village du Fort-de-l'Eau, 103 Indigènes, et le reste de diverses nationalités.

ASPECT DU PAYS. Des travaux considérables de construction et de culture ont été exécutés par les colons, à qui la route d'Alger, qui se bifurque sur leur territoire, pour se continuer, à gauche, vers Dellys, à droite, sur le Fondouk, offre de faciles débouchés. On y compte

26 exploitations isolées, concessions ou acquisitions, sur plusieurs desquelles l'éducation des chevaux et des bestiaux se fait dans de grandes proportions.

La commune de la Rassauta a sept annexes : 1° Fort-de-l'Eau, 2° Maison-Carrée, 3° Maison-Blanche, 4° Aïn Taya, 5° Aïn Beïda, 6° Matifou, 7° Rouïba.

1° FORT-DE-L'EAU. Un décret présidentiel du 11 janvier 1850, a créé, sur 500 hectares du domaine de la Rassauta, et à 5 kilom. de ce point, un centre de 50 feux, exclusivement habité par des Mahonnais. Ce village est d'une propreté charmante, selon les habitudes de ces nationaux sobres et laborieux. Tout-à-fait approprié à leurs usages, ce centre a une jolie chapelle et pas un seul cabaret.

2° MAISON-CARRÉE. Village à 12 kilom. E. d'Alger, sur la rive droite de l'Harrach, fondé par décret présidentiel du 22 août 1851. — Entre Kouba et l'Harrach, à l'entrée de la plaine de la Métidja, une compagnie possède une importante usine pour la fabrication des papiers. Cette Société, ayant obtenu une chute d'eau près du gué de Constantine et de la route d'Alger à Rovigo, a construit un canal de 4,000 mètres qui lui permet, avec l'aide de la vapeur, de fabriquer 1,000 kilogr. de papier par jour. Les constructions ont coûté 300,000 francs et les machines plus de 100,000 francs. — La population de la localité est de 565 habitants européens, dont 108 Espagnols. Il y a 800 indigènes, travaillant dans les nombreuses fermes de ce canton fertile.

3° MAISON-BLANCHE, à l'endroit où la route se bifurque, lieu de rendez-vous des chasseurs d'Alger, où sont disséminées 26 maisons, habitées par 60 Français et 85 Espagnols. On compte aux entours plus de 1,100 Arabes.

4° AIN TAYA, centre de population sur les rives de la baie Est du cap Matifou, entre le Khamis et le Boudouaou, à 31 kilom. E. d'Alger, créé par décret impérial du 30 septembre 1853, pour 60 feux, sur un territoire de 1,026 hectares 42 ares 40 centiares. Un communal de 87 hectares y est joint. Des arbres, ormes, platanes et saules de toute beauté, ont été plantés dans les rues, sur les places et autour des sources de la localité. Il y a un réservoir situé à un niveau supérieur au village. L'ouverture d'un canal de dérivation porte les eaux à un bassin de partage, d'où une conduite, en fonte, alimente une belle fontaine en pierre de taille, avec abreuvoir et lavoir couvert, et divers canaux d'irrigation atteignant les jardins contigus aux habitations. Une chapelle et une maison commune en bois, complètent les constructions élevées par l'administration. La route du Fort-de-l'Eau, située à 11 kilom., traverse le village, se dirigeant vers Rouiba. A droite sont six fermes, dont la plus importante est celle de Mme la comtesse de la Villegonthier.

5° AIN BEIDA, est un hameau de 40 feux, dans le voisinage, qui a une fontaine et deux bassins.

6° MATIFOU, autre hameau de 8 feux, abreuvé par de pareils aménagements, non loin d'une fontaine nommée *echrab ou hereub* اشرب وهرب ce qui veut dire : *Bois et vas-t'en*, parce que la fièvre y prenait, autrefois, ceux qui s'arrêtaient sur ses bords. Nous ne saurions garantir du même malheur, aujourd'hui, ceux qui s'y rafraîchiraient. A un quart-d'heure de marche, vers le S., s'étendent, sur un emplacement oblong de près d'une lieue, que la côte escarpée limite au N.-E., les ruines de *Rusguniæ*, ville romaine, dont les débris ont servi à la construction de la plupart des vieux édifices d'Alger. On voit encore des voûtes, restes d'anciens bains, des tronçons de colonnes, des mosaïques, de profonds fossés, des traces de fondations, dont les pierres ont été arrachées. Non loin est une carrière dont les produits ont dû être employés à l'embellissement de cette antique cité. Au N. est un bon mouillage par les vents d'E. et de N.-E., sur un fond de sable et de vase, par 10 et 12 brasses d'eau. C'est là que Charles-Quint rembarqua les débris de son armée, sur la flotte de Doria, en 1541.

La population d'Aïn Taya, d'Aïn Beida et de Matifou, est de 577 cultivateurs, presque tous Mahonnais. On n'y compte que 75 Français. Il y a 652 Arabes épars dans les cultures, qui, en 1855, ont donné 12,353 hectolitres de blé.

7° ROUIBA. Village sur un mamelon, à 25 kilom. E. d'Alger, traversé par la route de Dellys, et créé, par décret impérial du 30 septembre 1853, pour 22 familles, sur 385 hectares 85 ares 90 centiares, avec un communal de 70 hectares. Il n'y a pas d'eau courante et les puits à norias y suppléent. Sur la place, une pompe, dite *castraise*, remplit deux bassins et un abreuvoir pour les bestiaux. 180 arbres, platanes et ormeaux, ont été plantés par l'administration. Les colons en élèvent plus de 2,000, mais s'adonnent principalement à la grande culture. De belles fermes se font remarquer.

Population 200 habitants, dont 40 Français, 98 Mahonnais, 126 Arabes, et le reste de diverses nationalités.

XII.

COMMUNE DE TÉNÈS.

SITUATION. Ténès est situé sur la côte septentrionale de l'Afrique, par 1° 2' de longitude O. et 36° 60' de latitude N., à 34 lieues marines O. d'Alger, à 17 lieues marines O. de Cherchel, à 150 kilom. d'Alger par Cherchel et Koléa, à 53 kilom. N. d'Orléansville.

ASPECT EXTÉRIEUR. Le nouveau Ténès est bâti au bord de la mer, sur un plateau élevé de 50 mètres qui semble isolé de tous côtés. Les pentes de ce mamelon sont en effet presque à pic, au N., où elles descendent rapidement jusqu'au rivage; à l'E. où elles dominent une petite plaine et à l'O. de petits ravins. Un espace d'environ 80 mètres, au S., espèce de contrefort dont le plateau est accosté, relie le nouveau Ténès aux montagnes contre lesquelles le Vieux Ténès est adossé. Vue de la mer, la jeune cité a l'aspect le plus coquet. Ses constructions, entièrement neuves, sont dominées par l'hôpital militaire, édifice imposant. Dans certaines positions, on découvre entièrement l'ancien repaire des pirates, le Vieux Ténès, misérable bourgade bâtie à quelque distance des îlots, cachée par les falaises du mouillage. Dans beaucoup d'autres aspects, on reconnaît de loin le Vieux Ténès à son minaret peint en blanc.

On mouille à un mille environ, au N. d'une falaise rouge, qui se trouve au S.-O. de deux îlots entourés de rochers au fond de la baie de l'O., formée par le cap Ténès. On y est sur un bon fond et à l'abri des vents d'E. et de N.-E. Ce mouillage n'est pas tenable avec les vents de la partie de l'O.

On a établi sur la plage de Ténès un débarcadère en charpente de 28 mètres de longueur, appuyé à une culée de maçonnerie. Une rampe taillée mène à la ville. De ce point on ne l'aperçoit plus, bien qu'on soit fort près d'y entrer.

NOTE HISTORIQUE. Le nouveau Ténès, auquel cet article est spécialement consacré, occupe l'emplacement d'une colonie romaine qui portait le nom de *Cartenna*. La présence des Romains sur le plateau où est assise la ville française, est suffisamment prouvée par les ruines antiques de toutes sortes qui y ont été trouvées. Un grand nombre de médailles à l'effigie de Constantin, nous font penser qu'elle florissait au temps de cet empereur. Une vaste mosaïque, appartenant sans doute à quelque basilique, a été aussi découverte depuis peu, et les traces du feu que portent les murs renversés, dont on trouve les débris dans les fouilles, de 2 à 3 mètres de profondeur, induisent à croire que Cartenna n'aura été ruinée que sous les Vandales, ou lors de l'invasion musulmane.

Dans le but de créer un centre de population et de force militaire entre Miliana et Mostaganem, Orléansville dut être fondée et Ténès relevé, pour lui servir de port. Une colonne, sous la conduite du général Changarnier, reconnut la position de Cartenna, le 27 décembre 1842. Le 1er mai de l'année suivante, le général Bugeaud y installa nos troupes, laissant les Hadars dans leur triste ville, qui ne répondait en rien aux nécessités d'un nouvel établissement. Le développement du nouveau Ténès fut rapide. Créé sur un champ de fèves et d'orge, il consistait déjà, quelques mois après, en plus de 200 baraques en bois, et une enceinte en palanques. Les soldats nommèrent plaisamment ce singulier séjour *Plancheville*. Aujourd'hui on voit encore 90 baraques; mais aussi plus de 350 maisons en pierres, appartenant à des particuliers et dépassant une valeur de 3 millions.

IMPORTANCE POLITIQUE. Une ordonnance du 14 janvier 1848 (a) fait de Ténès un district de l'arrondissement d'Alger, sous l'administration d'un Commissaire civil. Le décret du 9 juillet 1849 lui a donné un Juge-de-paix. Ce point est aussi le centre d'un cercle de la subdivision d'Orléansville et le lieu de la résidence du Commandant supérieur. La population, y compris celle du Vieux Ténès, est de 2,939 habitants, dont 564 Espagnols, 1222 Arabes, et le reste de diverses nationalités. La garnison est de 550 hommes. La religion catholique a un curé qui préside aux saints offices dans une baraque du génie.

ENCEINTE. Ténès, sur un plateau de 700 mètres de longueur, sur 400 de largeur, s'élève à pic au N., à 50 mètres au-dessus du niveau de la mer, et s'étend sur un développement de 150 mètres. A l'E., il domine à pic aussi la petite vallée de l'oued Allala, sur un développement d'environ 600 mètres; un bon mur crénelé, avec bastion battant les abords, la protége sur une ligne sinueuse, de 100 mètres du côté du S.-E. et du S.-O. Un espace de 30 mètres, seul endroit par où la place soit accessible à l'ennemi, lui donne communication avec les Vieux Ténès, distant de 600 mètres, et avec les montagnes du S., le séparant des plaines de l'intérieur. Un ravin, qui débouche à la mer, couvre du côté de l'O. la ville, qui a 650 mètres de développement sur ce point. Cette enceinte est faite pour une population de 5,000 âmes et une garnison de 1,300 hommes. Il y a quatre portes, deux à l'O., dites de France et de Mostaganem, une au S., dite d'Orléansville, une à l'E., dite de Cherchel.

PHYSIONOMIE LOCALE. La ville, qui est toute de construction neuve, est fort riante. Elle est divisée en trois parties, du N. au S., par trois belles rues de 18 mètres de largeur, plantées d'arbres de chaque côté; ce sont les rues de la Colonie, vers l'E., d'Orléansville, vers l'O., de France, au milieu. Des baraques occupent encore la portion de la rue de la Colonie, à l'angle de la rue tranversale Sidi-Rachel.

La rue d'Orléansville, partant de la porte de ce nom, ouverte au S., a en perspective le bel hôpital militaire, situé au N.-O., s'élevant à pic au-dessus de la mer. Il est entouré d'un gracieux parterre, peuplé de fleurs, et on lui promet une grille en fer.

La rue de France aboutit à une belle place, occupée par une caserne située au S. Une fontaine monumentale, entourée d'une double ceinture de mûriers, décore le milieu de cette place, où se tient, tous les jours, un marché aux légumes. Un autre, pour les grains, est ouvert dans un vaste hangar. Il y en a un autre fréquenté par les Arabes, surtout le jeudi, entre les deux villes. La place de l'Église, récemment nivelée, est complantée d'arbres. Un puits romain, nouvellement restauré, contribue abondamment à satisfaire la consommation journalière.

L'eau qui alimente la fontaine a été prise par un canal romain, restauré, à 5,000 mètres au-dessus de l'embouchure de l'oued Allala, qui longe la ville à l'E. Un réservoir, servant de château-d'eau, a été ménagé, et six bornes-fontaines répandent l'eau dans tous les quartiers de la ville; elles débitent une quantité de 30,000 hectolitres par 24 heures. Indépendamment de cet avantage public, chaque établissement a sa fontaine particulière.

Une des plus belles maisons est celle de la compagnie des mines de l'oued Allala.

ÉTABLISSEMENTS MILITAIRES. L'hôpital contient 300 lits. Une belle caserne loge 600 hommes. Le service du campement et celui des subsistances ont leurs bâtiments sur la place de l'Église. On vient de terminer six silos maçonnés, pour y recevoir les céréales. — Quelques livres sont déposés au Cercle militaire.

qui est fréquenté par les officiers et les fonctionnaires civils.

ÉTABLISSEMENTS CIVILS. Une école dirigée par un professeur habile, une école de jeunes demoiselles et une salle d'asile, auxquelles président trois dames de Saint-Vincent, sont en voie de prospérité. Au pied de la ville, au N., sur le rivage, existe un entrepôt de la douane. A l'O. et à 100 mètres au bord de la mer et d'un fort courant d'eau, on voit l'abattoir civil. Les Arabes ont, auprès du marché aux grains, un fondouki, où ils peuvent emmagasiner leurs produits. Un télégraphe électrique est établi. Le phare est à l'état de projet.

COMMERCE. Le commerce des grains avait pris un très-grand développement de 1852 à 1856. Il avait notablement baissé par suite de l'insuffisance des récoltes. La place présente, toutefois, un mouvement commercial de 30,000 tonnes de marchandises par année, représentant une valeur de 10,000,000 de francs. Ténès est le débouché naturel et forcé de toute cette partie de la vallée du Chélif, dont Orléansville est le centre d'action; il deviendra l'une des villes les plus riches et les plus importantes du département d'Alger.

INDUSTRIES. L'hôtel *de la Poste* est tenu avec soin: on y prend des pensionnaires au mois, aussi bien qu'aux hôtels *de France* et *du Commerce*. Quatre cafés ont, pour succursales, dix débits de boissons de toute espèce. Un théâtre, agencé dans une ancienne baraque du train des équipages, donne le vaudeville durant les trois mois d'été.

ENVIRONS. Au Nord, c'est la mer, à l'Est, la petite plaine de l'oued Allala, toute fertile et terminée par les montagnes qui forment le cap Ténès. Au midi, on voit le Vieux Ténès et de hautes montagnes couvertes de thuyas et de lentisques. A l'Ouest, se déroule une plaine longue et étroite, où plus de 300 hectares sont en pleine culture. On y remarque quelques jolis jardins. Le lieu le plus fréquenté des promeneurs est la route de Montenotte sur les bords sinueux de l'oued Allala, dans un col entre deux hautes montagnes, dont l'une, à pic, est hérissée de rochers abruptes, où les vautours et les milans font leurs nids.

ROUTES. La route de Philippeville s'ouvre sur la berge gauche de l'oued Allala, lequel forme, à son embouchure, une baie où le port de Ténès pourrait avoir 22 hectares de superficie, avec des fonds de 12 à 15 mètres. Cette route, sur un parcours de 3,300 mètres, traverse un sol de rochers déblayés à la mine. Elle a pu s'élever ainsi, par des pentes presqu'insensibles, jusqu'au point de partage de la chaîne du Dahra d'où, à la faveur de la vallée de l'oued Ouaran, elle gagne, par des rampes également avantageuses, le pont d'Orléansville. Déjà ouverte sur tout son tracé définitif, elle présente partout une viabilité facile. Les autres routes, vers Cherchel ou Mostaganem, ne sont guère que des sentiers frayés par les Arabes.

Transports. Les moyens de transport pour les particuliers, dans toutes ces directions, sont des chevaux et des mulets. Tous les jours impairs, à 4 heures du matin, une diligence part pour Orléansville.

Voir, pour les transports par voie de mer, l'article préliminaire relatif à la navigation.

La commune de Ténès comprend deux annexes : 1° le Vieux Ténès, 2° Montenotte et les mines de l'oued Allala.

Vieux Ténès. Le Vieux Ténès, au rapport de Marmol, fut fondé par les gens du pays. Ptolémée le nomme *Lagonte*. Une tradition antique dit que Pharaon, roi d'Égypte, en fit venir les habiles sorciers dont il opposa les prestiges aux miracles de Moïse. Quoiqu'il en soit, les citoyens de cette ville furent toujours regardés comme des hommes très-perfides. « Les habitants d'aujourd'hui, disait le docteur Shaw, il y a 100 ans, sont encore les plus grands fripons du pays, et l'on ne doit pas plus se fier à eux qu'à leurs ancêtres. » Ils faisaient en effet la piraterie avec une audace et une cruauté célèbres. Sidi Ahmed ben Youssef, de Miliana, qui a laissé des adages sur toutes les villes voisines existant à son époque, n'a guère fait l'éloge de Ténès, lorsqu'il a dit : « Elle est bâtie sur du cuivre, son eau est comme du sang, son air est empoisonné. » Ce triste séjour était pourtant la capitale d'un royaume, au temps des Barberousse. Khaïreddin, s'en empara en 1518, en chassa le roi, qui se sauva auprès de Charles-Quint, et se fit chrétien. Nous voyons qu'en 1755, les habitants de Ténès révoltés donnèrent fort à faire au dey Baba Ali pour les soumettre.

Le Vieux Ténès, situé à 1 kilom. de la mer, et au S. de la nouvelle ville, est entouré de remparts construits en larges pierres. Les rues en sont pleines de décombres. Nous avons réparé la mosquée et le caravansérail, qui menaçaient ruine, et la conduite d'eau française l'a doté d'une fontaine, dont les eaux sont venues au secours du faible courant de l'oued Allala, baignant ses pieds à l'E. On y voit quelques jolies petites maisons mauresques encore assez bien entretenues. Il n'y a que deux maisons construites à la française : celle du cadi Merouan et celle d'un négociant indigène. La population est de 1,222 Arabes, qui ont un muphti. Le décret du 31 juillet 1851, a constitué ce point en le reliant à la nouvelle ville.

2° MONTENOTTE. Le plan de ce village a été fixé par l'arrêté du 17 novembre 1851. — Il est assis, à 8 kilom. de Ténès, sur un plateau couvert de céréales, d'oliviers, d'amandiers, de figuiers, de vignes, et traversé par la route d'Orléansville. L'oued Allala le baigne. La population y est de 437 individus, y compris les nombreux ouvriers qui travaillent aux mines de cuivre qu'on exploite le long du petit fleuve. On en tire environ 500 tonnes de minerais par année. Le cuivre y entre dans la proportion de 13 à 14 p. 0/0. Il y a une église.

ARRONDISSEMENT DE BLIDA.

L'arrondissement de Blida comprend neuf communes : I° Blida, II° Boufarik, III° Cherchel, IV° Koléa, V° Marengo, VI° Médéa, VII° Miliana, VIII° Mouzaia-Ville, IX° Vesoul-Bénian.

I.

COMMUNE DE BLIDA.

SITUATION. Blida est située, par 0°50' de longitude O., et 36°60' de latitude N., dans l'intérieur de l'Algérie, à 48 kilom. S. d'Alger, à 42 kilom. N. de Médéa, à 70 kilom. E. de Miliana.

ASPECT EXTÉRIEUR. Blida, à l'extrémité S. de la plaine de la Métidja, assise sur un terrain uni, au pied septentrional du Petit-Atlas, dont les premiers gradins ne sont éloignés que de quelques centaines de mètres de ses murs, est élevée de 100 mètres au-dessus du Masafran, et de 185 au-dessus du niveau de la mer. Une ceinture du plus beau feuillage l'entoure en toutes saisons. A l'abord même, elle semble perdue dans une forêt d'orangers de la plus luxuriante verdure. A distance, la ville développe une grande étendue où s'élèvent de belles constructions, qui semblent annoncer une cité importante et opulente, placée dans le site le plus heureux.

NOTE HISTORIQUE. Le docteur Shaw retrouve dans Blida la *Bida colonia* des Romains. D'autres savants y voient *Sufasar*. Ce lieu, quel que soit le nom antique dont il fut décoré, a dû être occupé de tout temps, à cause de la position avantageuse et charmante qu'il offre, et rien d'ailleurs jusqu'ici n'a prouvé qu'il ait jamais été une station militaire aux époques reculées. Des marabouts, dont les tombeaux vénérés sont situés près de la source, et sur les bords de l'ouèd Kebir, furent les premiers habitants qui laissèrent quelques traces dans ce canton. C'est au temps de l'invasion turque qu'il semble qu'on doive rapporter la fondation de la ville, qui fut détruite par le tremblement de terre de 1825. Ce séjour du repos et du plaisir devint un lieu de désolation et un monceau de ruines. Une vaste enceinte carrée fut élevée plus au N., dans la plaine, à 2 kilom. de l'ancienne ville détruite, pour protéger les nouvelles constructions, et recevoir ce qui restait de la population que des auteurs portent à 18,000 âmes avant la catastrophe, où plus de la moitié périt. Mais les Blidéens restèrent fidèles à leur ancienne position, et relevèrent leurs maisons sans vouloir habiter le nouvel enclos, qui est vide et tombe en ruines à son tour.

Le 25 juillet 1830, le général de Bourmont poussa une reconnaissance vers Blida, y fut accueilli avec cordialité, et resta un jour. Au retour, les Kabyles accompagnèrent l'armée de leur fusillade. Le 19 novembre de la même année, le maréchal Clauzel ne put pénétrer dans la ville qu'après un combat. Il y laissa un corps d'occupation qui, pour la défense de la place, dévasta les jardins aux entours. Ben

Zamoum ne cessait de tourmenter la garnison. Le 26, il pénétra dans Blida, mais ne put s'y maintenir. En revenant de Médéa, le maréchal Clauzel évacua la ville, où d'inutiles massacres venaient d'avoir lieu en représaille des attaques faites par les Arabes, et une partie de la population suivit nos soldats dans leur mouvement de retraite. Les autres habitants de Blida, qui avaient abandonné leurs foyers à notre approche, revinrent après l'évacuation des troupes françaises, chassèrent le hakem que la France avait laissé, mais furent forcés de se soumettre, en mars 1831, aux armes du général Berthezène. Cependant, ils entrèrent peu après dans la grande coalition formée par Sidi Saadi. Le 20 novembre 1832, ils abandonnèrent de nouveau leur ville, qui fut saccagée par le duc de Rovigo, pillée et évacuée encore par les troupes françaises. Les malheureux habitants acceptèrent alors un hakem de l'émir Abd el-Kader, et en furent punis, le 29 avril 1837, par le général Damrémont. Le traité de la Tafna conservait Blida à la France; le maréchal Vallée en prit définitivement possession le 3 mai 1838, et fit tracer deux camps: l'un dit *camp supérieur*, à l'O., sur la rive gauche du ravin que la tradition désigne comme l'ancien lit de l'oued Kebir; l'autre, *camp inférieur*, à l'E., et à l'entrée même des jardins couvrant la route qui conduit de Méred au camp supérieur. L'occupation de la ville ne fut effectuée que petit à petit, afin de prévenir les collisions et les dévastations. L'arrêté du 4 novembre affecta à l'hôtel-de-ville la maison dite *Dar Ibrahim Agha*. En 1842, Blida entra dans une voie de progrès qui fit concevoir les plus brillantes espérances. Une grande partie du numéraire d'Alger et les efforts de la portion la plus active de la population, furent dépensés dans cette ville d'avenir. Trop de monde à la fois, peut-être, se hâta de compromettre des capitaux en constructions ambitieuses et dispendieuses, à cause des frais de transports, et, dès 1846, Blida commença à décliner. Elle s'est relevée depuis, et l'ouverture du chemin de fer, dont on s'occupe dans la localité depuis l'arrêté du 30 novembre 1849 qui autorisa les ingénieurs des Ponts-et-Chaussées à pénétrer dans les propriétés particulières, pour en faciliter l'étude du tracé, lui promet une nouvelle ère de richesse et de prospérité.

IMPORTANCE POLITIQUE. Blida, chef-lieu d'arrondissement, a un Sous-Préfet, un Tribunal de première instance, une Justice de paix. C'est aussi un chef-lieu de division militaire et la résidence du Général qui commande cette division, qui comprend toute la province d'Alger. La population est de 5,267 individus, dont 2,798 Français, 1,703 Espagnols, 290 Maltais, 210 Italiens. On y compte encore 4,485 Arabes. La garnison est de 4,732 hommes. Le culte catholique a un curé et plusieurs vicaires; l'Islamisme a un muphti.

ENCEINTE. Blida est entourée d'un mur de 4 mètres de hauteur, percé par six portes, qui sont : la porte d'Alger, du Camp des Chasseurs, Bab-Zaouïa, Bab-el-Raba, Bab-el-Sebt et Bab-el-Kebour. Le tracé d'une enceinte plus vaste circonscrit le périmètre de la ville en la figure d'un losange, dont la pointe la plus aiguë se prolonge au S.-E. Le fort Mimich, assis au versant septentrional de la montagne, à 308 mètres au-dessus du niveau de la mer, et sur la rive gauche de l'oued Kebir, coulant entre lui et la ville, la protége au S.

PHYSIONOMIE LOCALE. Blida est un composé de ruines misérables et de constructions gracieuses, quelquefois grandioses. A côté de la hutte de l'Arabe, de l'ancienne maisonnette dont un rez-de-chaussée autour d'une petite cour carrée, plantée de quelques orangers, formait toute l'importance, s'élève sur des arcades la magnifique maison à quatre étages, avec ses hautes fenêtres princières, ou bien la fraîche demeure de l'homme plus sage et plus modeste, dont les persiennes vertes s'ouvrent sur les plus riches paysages. Beaucoup de maisons jouissent de la vue immense de la plaine de la Metidja au N. L'Atlas, qui domine la ville au S. à petite distance, plane de toute la hauteur de son imposant aspect sur tous les quartiers et se voit de presque toutes les rues. La ville, établie sur une surface plane, est régulière, bien percée et alignée comme une cité américaine. A l'entrée de chacune des portes de Blida est une petite place. Dans les rues Bab-el-Sebt, Bab-el-Rabah, d'Alger, Abdalla (dite des *Juifs*), rue Grande, rue du Bey (dite des *Bains-Français*), on voit de hautes maisons françaises, dont on est forcé d'admirer l'ensemble et la beauté. Les plus remarquables sont l'hôtel de la Régence, la demeure du Général commandant la division, celles qui forment le carré de la place d'Armes, qui est ornée de deux rangées d'arbres, sont à arcades, et d'une architecture régulière ; celle de la place Bab-el-Sebt, où s'élève une jolie fontaine, rivalisent par leur élégance avec ces importantes constructions. La place de l'Orangerie est admirable par le beau quinconce d'orangers grands et forts, et arrosés à volonté, qui entourent les constructions du grand théâtre. La grande place du Marché des Indigènes, réunit tous les jours une foule d'Arabes qui trouvent à Blida, deux fondouks et deux bazars, et viennent y apporter les produits de leurs jardins, tandis que les Européens ont leurs étalages sur la place Bab-el-Sebt; ils ont aussi, au même lieu, de beaux bâtiments affectés au même usage. La viande et le combustible y sont moins chers qu'à Alger. Le pain et les liquides y coûtent davantage; en somme, la vie n'y est guère à meilleur marché. Les Indigènes, tous les vendredis, viennent en grand nombre, en un bois d'oliviers séculaires d'une grande hauteur, qui est situé à l'O. de la ville, et y tiennent une foire, où l'affluence est prodigieuse. Ils y conduisent des bestiaux, des chevaux et bêtes de somme; y apportent des céréales, des peaux, laines, charbon, bois à brûler; du sel provenant des montagnes. Les Zouaoua offrent leur savon, les Mouzaïa, leur tabac, les Béni Sala, des substances tinctoriales. Ces Arabes achètent en échange des fers bruts, de la mercerie, de la quincaillerie, des tissus de coton, des calicots, des foulards, du sucre, de l'épicerie. Autrefois Blida était renommée pour ses teintureries, ses tanneries, où la préparation du maroquin pour la chaussure, l'équipement et l'harnachement était excellente; on y fabriquait des instruments aratoires. Quinze moulins à farine, établis sur l'oued Kebir, qui prend sa source à 4 kilom. S. de la ville, dans une gorge profonde, à l'embouchure de laquelle est assise la ville, avaient été habilement établis au lieu où des chutes d'eau indiquaient l'emplacement d'usines de ce genre. Aujourd'hui, ces industries sont bien délaissées. Toutefois, six minoteries importantes, exploitées par des Européens, sont en pleine activité; quelques-unes même fonctionnent jour et nuit, et méritent d'être visitées. Il y a aussi un moulin arabe. L'oued Kebir, presque tout entier, est pris un peu au-dessus de la ville, où l'on a fait un barrage; ses eaux arrivent à Blida par des conduits souterrains savamment ménagés. Ce travail, et des aqueducs qui passent par Joinville et Montpensier, déversent une abondance de liquide, qui est débitée par la fontaine, d'un goût fort simple et élégant, de la place El-Sebt, par les fontaines des portes d'Alger, Bab-Rabà, Bab-el-Sebt et quatorze bornes-fontaines, répandant plus de 13,000 mètres cubes d'eau en 24 heures, dans le temps des plus fortes chaleurs. L'excédant suffit à l'irrigation des nombreux jardins cultivés aux entours de la ville, et va encore enrichir les villages de sa surabondance. Un beau lavoir et trois abreuvoirs publics réunissent une partie de ces ondes, qui coulent sans cesse.

ÉTABLISSEMENTS PUBLICS. Les bâtiments militaires sont fondés sur un plan bien entendu. Les casernes peuvent recevoir 3,000 hommes. Il y a cinq quartiers de cavalerie et un bel établissement des remontes, avec un dépôt d'étalons bien situé, bien tenu. On y remarque environ 70 chevaux du plus beau choix, destinés à être envoyés en France, pour remonter les régiments des chasseurs de la garde impériale. On y voit aussi plus de 60 beaux étalons destinés à la reproduction, auprès desquels les Indigènes s'empressent d'amener leurs juments. Les marchés se tiennent sur la place El-Sebt Un vaste hôpital, magnifique monument, s'élève près de la porte d'Alger. Un télégraphe électrique a été établi. Le premier conseil de guerre siége à Blida.

ÉTABLISSEMENTS CIVILS. Les constructions de quelqu'importance sont la Sous-Préfecture et la Mairie.

La mosquée Djema kebir, sur la place d'Armes, a été réservée au culte catholique, dès le 4 novembre 1840. Les mosquées Ben Sadoun, et des Turcs, sont restées à l'Islamisme. Une école primaire, tenue par les Frères de la Doctrine chrétienne, dans un édifice spécial et neuf, donne la première instruction aux jeunes garçons. Il y a aussi une école mauro-française. Les demoiselles fréquentent une institution tenue par les Sœurs de Saint-Joseph. L'institution d'un bureau de bienfaisance a été confirmée le 31 juillet 1853. Un jardin public, dont la création remonte à peine à trois ans, offre déjà, au bois dit des *Oliviers*, un lieu de promenade des plus agréables, et deviendra, avant peu de temps, l'un des lieux les plus pittoresques et les plus intéressants de la contrée. En face, et sur les bords de l'oued El-Kebir, un très-bel abattoir civil dessert la ville, qui a aussi un entrepôt de farine. Les concessions au cimetière sont tarifées, par l'arrêté du 12 février 1853, à 100 francs pour un mètre carré, à titre perpétuel, et à 40 francs pour trente ans.

INDUSTRIE PARTICULIÈRE. On fabrique quelques essences et de l'alcool d'asphodèle. Sur la place d'Armes, une maison a été aménagée pour servir de théâtre; on y donne des représentations trois fois par semaine. Le Tapis Vert est un tivoli délicieux, en dehors de la porte d'Alger, où les chanteurs, les acteurs ambulants, les jeux de toute espèce, les danseurs prennent leurs ébats au milieu des plus charmants parterres et sous l'ombrage parfumé d'arbres touffus. Les beaux cafés sont ceux *du Commerce, des Bains de France,* et le café *Laval* qui ne leur cède guère par le luxe et le goût des ornements. Les hôtels sont bien servis : l'hôtel *de la Régence,* au coin de la rue d'Alger et de la place d'Armes; les hôtels *de France, du Périgord, des Bains français, d'Orient*. On y prend en pension au mois.

ENVIRONS. Blida est une corbeille de fleurs; Hamed Youssouf, le poète satyrique, ayant à peindre cette ville, n'a trouvé à en dire que : *on t'a appelé petite ville, moi je t'appellerai petite rose.* Les environs sont enchanteurs, à cause de la forêt d'orangers et des beaux jardins cultivés avec intelligence, du milieu desquels s'élèvent ses murs. En 1854, 4,000 caisses renfermant 1,296,000 fruits et 400,000 oranges, représentant un capital de 100,000 fr., ont été exportées. Ses champs s'étendent dans un immense lointain, au N., à l'E. et à l'O., et se prolongent dans la plaine de la Métidja jusqu'au Sahel de Koléa et au Chenoua, qui cache la vue de Cherchel, ou bien sont disposés en amphithéâtre, au S., sur les pentes de l'Atlas. Là, croissent la garique, l'yeuse, le lentisque, le micocoulier, le caroubier, le palmier éventail, le genévrier, dans un désordre fantastique et charmant. Lorsqu'en pénétrant dans la vallée profonde, à l'entrée de laquelle est assise Blida, on remonte au S. par un sentier fleuri et ombragé vers la source de l'oued Kebir, qui se montre à 3 kilom. de la ville, on voit les tombeaux très-vénérés du marabout Mohammed Kebir et de ses deux fils, qui consistent en trois dômes fort fréquentés des pèlerins, qui y apportent des présents. Au bois des Oliviers, dont nous avons déjà parlé, au S.-O. de la ville, et sur la rive droite de l'Oued-Kebir, se trouve aussi le tombeau d'un Sidi Mohammed Blidi, très-illustre dans les légendes. Ces lieux de dévotion forment des promenades on ne saurait plus pittoresques. Dans la direction du S.-O., et à 12 kil. de Blida, est le pont de la Chiffa, auprès duquel l'ordonnance royale du 22 décembre 1846, a créé un village de 50 familles, sur un territoire de 750 hectares. La vallée de la Chiffa, longue de 16 kilom., va en se rétrécissant au S., laissant des échappées de vue magnifiques entre les rochers. Quatre filets d'eau principaux, tombant à 100 mètres, à l'endroit où la gorge est la plus resserrée, et rejaillissant en perles liquides sur des anfractuosités tapissées d'oléandres, de salicaires et de lauriers-roses, forment ce qu'on appelle la *Cascade de la Chiffa*. On passe devant elles en suivant la route qui conduit à Médéa.

ROUTES. Les routes qui partent de Blida sont :
1° Au S.-E. la route de Rovigo ;
2° Au S. la route d'Alger, par Boufarik et Douéra ;
3° Au S.-O. la route de Koléa ;
4° A l'O. la route de Cherchel.

TRANSPORTS. Des voitures de toute espèce sont à la disposition des voyageurs peu ingambes et autres. Des mulets conduits par d'infatigables Arabes servent aussi aux transports.

La commune de Blida a cinq annexes : 1° Beni Méred, 2° Dalmatie, 3° Joinville, 4° Montpensier, 5° Oued el-Halleg.

1° BENI-MERED, à 7 kilom. N.-E. de Blida, et à égale distance de Boufarik, par 120 mètres d'altitude, fut dans le principe une colonie de soldats. On y voit encore un mur crénelé, flanqué de petites tours aux angles. C'est entre Boufarik et Beni-Mered, que le 11 avril 1842, vingt-deux hommes, porteurs de la correspondance, et commandés par le jeune sergent Blandan, furent attaqués en plaine par 300 cavaliers de Ben Salem, et périrent presque tous. Une colonne commémorative, élevée par souscription, décore la place de Beni-Méred; une fontaine établie au-dessous, verse l'eau par quatre mascarons de bronze dans des vasques de granit. L'arrêté du 10 janvier 1843 érigea Beni-Méred en village militaire, pour 70 familles, sur un territoire de 720 hectares. Il fut nécessaire d'y créer une annexe civile, de 205 hectares, pour 22 familles, par l'arrêté du 15 décembre 1845. Depuis, un communal de 80 hectares y a été ajouté. Les cultures y sont belles et variées. La route de Blida à Boufarik traverse ce joli village où la population est de 578 habitants, dont 110 Espagnols. Il y a une église. On exploite des ardoisières sur les lieux et à Ferouka, dans l'Atlas.

2° **DALMATIE**, à 4 kilom. N.-E. de Blida, par 213 mètres d'altitude, village créé par arrêté du 13 septembre 1844, au lieu dit *Ouled-Yaïch*, sur une étendue de 708 hectares, possède un territoire des plus fertiles. Il est bien arrosé d'eaux qui viennent de l'Atlas et ne tarissent jamais. Le lavoir est couvert. Deux moulins à farine fonctionnent dans une gorge. On admire un jardin d'essais à l'oued Khamis. La population est de 250 habitants, dont 13 Allemands. Il y a une église.

3° **JOINVILLE**, village situé à 2 kilom. à l'O. de Blida, occupe un plateau qui domine la Métidja, et commande, par sa position, le confluent de la Chiffa et de l'oued Kebir. C'est l'emplacement du camp dit *Supérieur*, établi par le maréchal Valée, en 1838. L'arrêté du 5 juillet 1843 a établi dans son enceinte même le centre de population pour 50 familles, et a circonscrit son territoire à 432 hectares. On y a joint depuis 261 hectares, divisés en 10 concessions, prises sur les terres de Sidi Yklef. Un bel aqueduc y amène des eaux abondantes, qui remplissent une fontaine et un lavoir. L'éducation de la volaille et des plantes potagères se joint à la culture heureusement conduite dans cette localité, qui est comme un faubourg de Blida. Il existe à Joinville une usine assez importante pour la fabrication des alcools d'asphodèle. La population est de 240 individus dont 80 Espagnols.

4° **MONTPENSIER** est situé à 2 kilom. au N. de Blida, non loin et à l'E. de l'enclos inhabité qui avait été préparé au temps des Turcs, pour recevoir les habitants de cette ville, après le tremblement de terre de 1825. Ce village a été établi, par arrêté du 23 juin 1843, dans l'enceinte même du camp dit *Inférieur*, pour 20 familles, et son territoire fut délimité à 240 hectares; il a été augmenté. Les eaux d'alimentation et d'irrigation y viennent par des canaux maçonnés, en excellent état de conservation. Il y a un lavoir couvert. L'hortolage, le soin des volailles, font l'occupation la plus lucrative des gens de l'endroit, qui ont l'écoulement fructueux de ces produits par le voisinage de Blida. Ils ont aussi des céréales et de beaux tabacs. La population est de 173 habitants dont 51 Espagnols.

Tous ces villages sont reliés à Blida par des chemins vicinaux si parfaitement entretenus, qu'on pourrait les prendre pour des allées de jardins.

5° OUED EL-HALLEG, à 10 kilom. N.-O. de Blida, est un village fondé par décret présidentiel du 15 décembre 1851, dans la partie O. de la plaine de la Métidja, sur un territoire de 665 hect. 94 ares pour 40 familles. Il a une fontaine-abreuvoir et un lavoir où les eaux sont amenées par un canal de 925 mètres. Un communal de 140 hectares a été ajouté au périmètre de la localité, et les immenses prairies de Farguen, par leur allotissement, augmenteront encore la prospérité au titre de cette annexe. On a planté des arbres de diverses essences sur les boulevards du village où une vaste construction est aménagée pour servir à la fois de mairie, de chapelle et d'école. De nombreuses fermes se font remarquer par leur construction et leurs belles plantations d'oliviers, mûriers, orangers, citronniers, etc.; parmi elles se distinguent la ferme dite *Ben Bernou*, où six grands bâtiments reliés entre eux par des hangards, enferment une cour de 75 mètres de superficie; celle de l'haouch Saf conquise sur les marais, où l'eau de l'oued Rapta est amenée par une conduite de 5 kilom. où deux chutes ménagées font marcher deux usines; l'une pour la filature des laines, l'autre pour une minoterie. Il y a aussi une briquetterie dans laquelle fonctionnent des machines pour la fabrication des tuyaux de drainage et des tuiles dites *romaines*. La population d'Oued el-Halleg est de 360 individus, dont 76 Espagnols.

II.

COMMUNE DE BOUFARIK.

SITUATION. Boufarik est situé à 14 kil. N. de Blida et à 34 kilom. S.-O. d'Alger, au centre de la Métidja.

NOTE HISTORIQUE. Boufarik, traversé par l'armée française, en 1830, lors de son excursion vers Blida, n'était qu'un humide bocage, entouré de marais aux exhalaisons malsaines, où les Arabes tenaient un grand marché de bestiaux tous les lundis. En 1832, ce fourré fut fouillé par les chasseurs d'Afrique, qui en débusquèrent l'ennemi. Ce fut là que s'établit le premier poste de l'armée dans la plaine. Le camp d'Erlon, magnifique ouvrage, réputé imprenable, est un monument de notre première pensée de colonisation dans cette belle contrée. Les vastes bâtiments militaires qui y furent établis, et 117 hectares 26 ares 08 centiares de terrains environnants, ont été abandonnés par décret présidentiel du 10 août 1851, au R. P. Brumauld, à condition de consacrer pendant 20 ans ces immeubles à une maison d'apprentissage de jeunes orphelins. Depuis, et par décret impérial du 7 juillet 1856, divers lots de l'haouch Ben Chaban, près Boufarik, ont été ajoutés à cette magnifique concession. Les orphelins qui l'habitent, et proviennent en grand nombre du département de la Seine, reçoivent une éducation particulièrement agricole et professionnelle. Ils entretiennent en bon état l'ancienne pépinière, dont les produits sont livrés à des prix réduits, et mettent en culture de vastes jardins. Ils ont planté une véritable forêt de saules.

Dès le 4 août 1835, un arrêté du Gouverneur-Général prit sous sa protection une ambulance établie par le docteur Pouzin, sur le territoire de Boufarik, et destinée particulièrement au traitement des Arabes. Cet œuvre charitable et politique à la fois, donnait des résultats fort avantageux et exerçait sur la population indigène la plus heureuse influence. Le 27 septembre 1836, le mode de concession des fermes domaniales d'Haouch Chaouch et de Bouya Gueb, au même endroit, fut déterminé par un arrêté du maréchal Clauzel, et le plan de la ville, où les rues sont tirées au cordeau, fut mis à l'étude. L'arrêté ministériel, en date du 17 février 1840, portant institution des commissariats civils, fixa la délimitation du district à 729 hectares, et le dota d'un magistrat : en conséquence de cette nouvelle création, une Justice de paix y fut établie par arrêté du 18 mai 1841. Ce territoire fut augmenté de plus du double par arrêté du 31 janvier 1844. Le climat, d'abord fort malsain, s'est heureusement modifié, grâce à la culture. Il n'est point de centre de l'Algérie, qui ait fait un progrès plus rapide et soit arrivé à une plus grande prospérité.

IMPORTANCE POLITIQUE. La population est de 3,243 individus, dont 1,060 Espagnols. Il y a, en outre, 720 Arabes. Un curé dessert une belle église. Le décret du 5 décembre 1857 a reconstitué la Justice-de-paix.

ÉTABLISSEMENTS CIVILS. L'État a fait construire depuis longtemps une école pour les garçons, dirigée par un habile instituteur, M. Bontoux. Les demoiselles sont instruites par les Sœurs de la doctrine chrétienne qui ont soin aussi d'une salle d'asile. Au milieu de Boufarik sont une fontaine et un abreuvoir, alimentés par d'excellentes eaux qui se rendent ensuite dans un grand bassin, où l'on fait baigner les bestiaux. L'élève et l'engrais du bétail s'y font sur une très-grande échelle. L'abattoir civil est tenu par un receveur, un vérificateur, un vétérinaire et un personnel spécial. Les éleveurs de la commune fournissent en grande partie le marché du lundi, qui est tenu près d'un vaste caravansérail. Les bouchers d'Alger et les colons de Blida y viennent faire leurs achats et leurs approvisionnements. Tous les jours, plusieurs diligences et un nombreux roulage allant de l'une à l'autre de ces deux villes, traversent Boufarik, où les rues sont belles et larges.

INDUSTRIE PARTICULIÈRE. Tous les colons sont dans l'aisance; beaucoup sont riches. La position centrale de Boufarik où aboutissent en tous sens des communications faciles, en fait le rendez-vous des faucheurs et des moissonneurs de la plaine. Des plantations considérables ont été faites et toutes ont parfaitement réussi. Il y a un très-beau moulin à plusieurs tournants. Les hôtels où l'on peut prendre pension, sont : l'hôtel *Mazagran*, sur la place de ce nom, et l'hôtel *du Commerce*, rue de Médéa. Il y a deux cafés sous les mêmes enseignes. Toutefois, celui *du Commerce* est sur le boulevard Duquesne, et celui *de la Poste*, rue de Blida.

La commune de Boufarik a quatre annexes : 1° Birtouta, 2° Chebli, 3° Quatre-Chemins, 4° Souma.

1° BIRTOUTA *(le Puits du Mûrier)*. Village au lieu où s'élevait le quatrième blokhaus, un de nos anciens avant-postes, créé par décret présidentiel du 15 décembre 1851, sur la route d'Alger à Blida, sur un territoire de 570 hectares 80 ares 05 centiares, pour 20 familles.

Population : 252 Européens. Il y a 1,157 Arabes.

2° CHEBLI. Village créé par décret impérial du 21 juillet 1854, à 8 kilom. de Boufarik, entre ce village et l'haouch Mimouch, sur la route médiane de la plaine de la Métidja, pour 40 familles, sur un territoire de 1,072 hectares, doté d'un communal de 96 hectares. Il a été planté, sur les places, rues et boulevards de Chebli, 1,409 arbres d'essences de platanes et de mûriers. Les travaux d'aménagement des eaux, comprennent l'établissement au centre de la place principale d'un puits surmonté d'une pompe, d'un abreuvoir, d'un lavoir public. Une rigole de dérivation des eaux de l'Harrach alimente ces réservoirs et arrose les terres.

Population : 115 habitants, dont 27 Espagnols.

3° QUATRE-CHEMINS, Hameau à l'entrée de la Métidja, à la rencontre des routes d'Alger à Blida, par Douéra et par la plaine, et du prolongement de celle de Koléa, à 7 kil. N. de Boufarik, à 21 kilom. N. de Blida, à 27 kilom. S. d'Alger.

Population : 101 habitants, dont 19 Espagnols.

4° SOUMA. Village créé par arrêté du 20 septembre 1845, à 7 kilom. de Boufarik, à 10 kilom. de Blida, sur un territoire de 900 hectares, à cheval sur la route du pied de l'Atlas. Les eaux qui l'alimentent sont fournies par l'oued Bou Chemla, qui mettent en mouvement un moulin. On remarque de beaux vergers et une vaste orangerie. A l'exposition de 1849, Souma a mérité une médaille d'argent pour ses cultures de mûriers et éducation de vers-à-soie. Il y a une église. L'Etat a fondé une école de garçons, qui compte plus de 50 élèves, sur une population de 270 individus, dont 57 Espagnols.

Un centre de population de 50 feux, a été créé au lieu dit *Boutnan*, sur un territoire de 910 hectares 15 ares 35 centiares, par le décret du 5 décembre 1857.

III.

COMMUNE DE CHERCHEL.

SITUATION. Cherchel est situé sur la côte septentrionale de l'Afrique, par 0° 15′ de longitude O. et par 36° 38′ de latitude N. A 14 lieues marines O. d'Alger, et à même distance E. par la même voie, de Ténès. — A 68 kil. N. O. de Blida, et à 32 kil. N. de Miliana.

PORT ET ASPECT EXTÉRIEUR. Lorsqu'on vient de l'E., on peut reconnaître la position de

Cherchel à 7 ou 8 milles avant d'y arriver, à une pointe basse et longue, à 350 mètres de laquelle est un petit îlot couronné par une fortification. Il y a une autre batterie sur la partie la plus haute de la pointe, qui porte le nom de Joinville. Là est un phare, à feux fixe, de troisième ordre. La darse de Cherchel est protégée par une jetée qui, partant de l'îlot, se prolonge de 110 mètres dans la direction de l'E. Dans cet avant-bassin, creusé de 4 mètres 50, peut entrer un bateau à vapeur. Le Cothon, ou port artificiel, situé dans une petite anse circulaire, que les Romains avaient creusé à l'O. de l'îlot, a été nettoyé et entouré de solides murailles en blocs de beton. Il a 2 hectares de superficie, et 3 m. 20 c. de profondeur, au-dessous des plus basses eaux : 40 navires de 100 à 150 tonneaux peuvent y prendre place.

La ville s'étend en amphithéâtre, vers le S. Les maisons, bâties en pierres et recouvertes en tuiles, sont presque toutes entourées d'arbres ou de jardins, et présentent l'aspect le plus gracieux. De hautes constructions européennes dominent ces frais séjours mauresques. Les environs présentent des points de vue agréables sous le rapport de la végétation. La chaîne du Zakkar, qui l'abrite du S., en forme de croissant, semble l'isoler du reste du continent; ces montagnes sont très-remarquables par la manière dont elles sont cultivées jusqu'à leurs sommets. Le Chenoua, à l'E., interpose sa masse énorme et sauvage entre Cherchel et la plaine de la Métidja. Au milieu du port, lorsque le temps est calme, on voit sous l'eau quelques ruines romaines, que la mer a couvertes lors d'un tremblement de terre. De chaque côté de la presqu'île, la côte est formée par des falaises de moyenne hauteur, taillées à pic, qui se prolongent à une assez grande distance; lorsqu'on les considère avec attention, on est porté à croire qu'elles n'ont dû prendre cet aspect qu'à la suite d'un éboulement considérable.

NOTE HISTORIQUE. Cherchel est l'*Iol* des Carthaginois, que Juba, deuxième du nom, agrandit, embellit, et dont il fit, sous le nom de *Julia Cæsarea*, la capitale de la Mauritanie césarienne. Le développement de ses murailles, dont les ruines subsistent encore, avait 8 kilom. La ville d'aujourd'hui a 700 mètres à peine de diamètre; l'ancienne en avait 2,000. Ses 25 hectares environ de contenance n'occupent pas la dixième partie du périmètre de la cité de Juba. On trouve encore, — à l'E., les restes d'un cirque, où Sainte Marciane a été livrée aux bêtes, et les époux Saint Sévérien et Sainte Aquila ont été brûlés vifs; — au centre de la ville, près des ruines du palais des proconsuls, les restes d'un théâtre, où Saint Arcadius a été coupé en morceaux; — à l'O., un hippodrome, les restes intéressants de thermes monumentaux, près de la manutention militaire, plus loin, des bains à ciel ouvert, consacrés à Diane; — au N. du phare, un temple de Neptune; — dans le champ de manœuvre, les restes d'une basilique, — et partout une infinité de marbres mutilés, inscriptions et statues.

Après 45 ans du règne le plus heureux, Juba légua le trône à son fils Ptolémée, qui périt victime d'un crime. La Mauritanie césarienne, réunie à l'empire romain envieux de ses richesses, fut alors désolée par une suite de révoltes et de guerres intestines excitées par des religionnaires. Firmus profitant des querelles suscitées par des points de dogme, entre les Catholiques et les Donatistes-circoncellions, descendit des montagnes et s'empara de Cherchel, qu'il détruisit. Théodose, après avoir vaincu ce barbare, releva la ville, que les Vandales ne tardèrent pas à ruiner de nouveau. Elle aurait repris quelque splendeur sous les Gréco-Byzantins, et alors aurait porté les noms successifs de *Canuci* et de *Carcena colonia*. Marmol dit que le khalife hérétique Kaïm, qui régnait à Kaïrouan, la bouleversa de fond en comble. Léon l'Africain dit que ses compatriotes, les Grenadins, se réfugièrent à Cherchel lors de leur expulsion d'Espagne, et s'y livrèrent avec succès à l'éducation des vers-à-soie. En 1531, André Doria vint y brûler la flotte que Barberousse y avait rassemblée, mais ne put se maintenir dans le port dont un coup de main l'avait rendu maître.

Dès 1830, il fut porté à la connaissance du chef de l'armée française à Alger, que le cadi de Cherchel était dans nos intérêts. Le maréchal Clauzel cru que le moment était venu en 1835 d'établir un Bey dans cette ville, et, par arrêté du 9 septembre, nomma à cette dignité Hadj Omar, ex-Bey de Titteri, qui ne put s'y maintenir. Berkani, homme du pays et khalifa d'Abd-el-Kader, vint y prendre l'autorité au nom de l'émir. Le 26 décembre 1839, les habitants s'étant emparés d'un bâtiment de commerce français, surpris par le calme devant la ville, le maréchal Vallée, pour étouffer ce foyer nouveau de piraterie, parut le 15 mars 1840 devant la ville, qu'il trouva déserte et y laissa une garnison que les Arabes revinrent attaquer consécutivement du 27 avril au 6 mai. Leurs balles pleuvaient dans la ville et sillonnaient les rues. Les 15 et 16 août, Berkani tenta une attaque furieuse, qui fut la dernière; les tribus voisines demandèrent à fréquenter le marché, et firent leur soumission. Un arrêté du 20 septembre créa un centre de population pour 100 familles à Cherchel. Le 8 mai 1841, un commissariat-civil fut établi dans cette ville, qui devint chef-lieu de district. Le maréchal Bugeaud ayant appris qu'une zaouïa, dans les Beni Menasser, était un lieu de réunion de fanatiques, dont l'esprit exalté nourissait dans les populations arabes une volonté turbulente, la détruisit en 1842, et assura la paix dans ce canton par cette mesure énergique. Le 16 juillet 1840, une ordonnance royale fixa la délimitation du territoire civil, et en 1854 un décret impérial la constitua en commune.

IMPORTANCE POLITIQUE. Cherchel est un district de l'arrondissement de Blida, sous la direction d'un Commissaire civil qui remplit les fonctions de Juge-de-paix, dépendant de la circonscription judiciaire de Blida (7 mars 1855). C'est aussi la résidence d'un Commandant supérieur qui a, sous ses ordres, une garnison de 487 hommes. La population est de 3,207 habitants, dont 142 Espagnols, 28 Allemands, 1,812 Arabes, et le reste de diverses nationalités. La religion catholique a un curé, le culte protestant un pasteur, et les Musulmans un mufti.

ENCEINTE. Une muraille (simple chemise) entoure, au S., à l'O. et à l'E., Cherchel, défendue au N. par la batterie Joinville, élevée sur la pointe, à l'entrée du port. Au S. des postes extérieurs, suivant la ligne de l'ancienne enceinte des Romains, embrassaient 420 hectares; ils sont délaissés aujourd'hui et tombent en ruines. Les portes d'Alger, de Miliana, de Ténès, donnent entrée dans la ville même. La dernière, en construction, sera un édifice monumental.

PHYSIONOMIE LOCALE. La ville de Cherchel est assise, en regard de la mer, sur un coteau bien boisé de 100 mètres d'altitude, qui est le premier contrefort de la chaîne se dressant à 28 kilom. plus loin pour former l'horizon, jusqu'à une hauteur de 534 mètres, où les points culminants portent le nom de Zakkar, vers Miliana.

L'intérieur de la ville présente un aspect gracieux, où les constructions arabes et européennes se lient entr'elles par un enchaînement pittoresque et bien entendu. La rampe du port, la rue de Tenès, qui va de la porte de ce nom à la porte d'Alger, la rue Miliana, qui lui est perpendiculaire, les rues du Centre, de la Fontaine, sont les plus belles. Elles sont macadamisées et conduisent à des places complantées avec soin, qui sont celles de l'Église, du Fort-Cherchel, Bugeaud, Sidi-Ali ou du Marché. Sur cette dernière se tient, ainsi que le nom l'indique, un marché de tous les jours, qui se couvre de légumes et de fruits excellents : les figues sont exportées en France. Les Arabes apportent, les lundis et vendredis, des grains, des huiles, des laines, des pelleteries et de la poterie grossière. Ils ont un fondouk sur la place du marché : leur caravansérail, à la porte d'Alger, est actuellement occupé par le bureau arabe ; ils ont aussi des bains remarquables.

ÉTABLISSEMENTS MILITAIRES. La belle mosquée à trois nefs supportées par 100 colonnes de granit, dont les chapiteaux sont habilement sculptés, et qui sert d'hôpital militaire, est située au milieu de la ville, qu'elle domine par un minaret très-élevé, où l'horloge est établie. On y a récemment découvert une porte ornée à la mauresque, d'un travail exquis. Les malades y occupent 250 lits. Une grande caserne contient mille cent hommes, et peut passer pour un monument aussi bien que le bâtiment de la manutention des vivres. Les magasins des subsistances, de l'habillement, du campement, des lits militaires, sont commodes. Il y a une bonne poudrière, une prison au fort Cherchel. Les officiers ont un cercle qui garde une Bibliothèque et un Musée. On y remarque de curieux et nombreux restes d'antiquités, dont la richesse s'augmente tous les jours par des fouilles continuelles. Le télégraphe électrique a été mis en fonction.

ÉTABLISSEMENTS CIVILS. L'église est une mosquée appropriée au culte catholique. Les garçons fréquentent une école, et les demoiselles deux institutions. La ville est abreuvée par plusieurs fontaines. Les vastes citernes des Romains ont été retrouvées et déblayées. L'eau y venait autrefois d'au-delà du Chenoua à l'E. On voit encore un aqueduc dans la vallée de l'oued el-Hachem, à 24 kilom. de Cherchel, et celui des Beni-Habiba, le mieux conservé et le plus beau, bien que tout aussi inutile; il a 17 arches dont celles du milieu ont trois étages. Les détours souterrains et à ciel-ouvert qu'il faisait pour apporter l'eau à la ville suivaient une sinuosité de près de 32 kilom. L'aqueduc des Roseaux qui vient de l'Aïn el-Kossob, au S.-O. de la ville, est le seul qui fonctionne, avec quelques autres prises d'eau. Une Loge maçonnique sous le titre de *Julia Cæsarea*, dégrossit la pierre brute.

Deux cafés dits *du Commerce* et *de Cherchel*, avec un théâtre qui n'a pas de troupe régulière, sont les lieux de réunion. L'hôtel *du Petit Paradis*, *du Commerce*, *de la Poste*, reçoivent les voyageurs et prennent en pension.

ENVIRONS. Cherchel est dans la situation la plus heureuse pour son accroissement. La campagne environnante est riante et fertile. La plaine de l'oued Bella, près de la ville, est entièrement allotie et cultivée. Les travaux agricoles s'étendent sur le rideau des pentes septentrionales du Zakkar. Elles sont cultivées en céréales et en vignes. Quelques colons s'occupent à élever des porcs.

TRANSPORTS. C'est à cheval ou à dos de mulets que les excursions se font dans la campagne. On trouve aussi des voitures en location pour la journée.

ROUTES. Trois routes partent de Cherchel : 1° Une au S.-E., poussant à l'E. un rameau vers Koléa, et au-dessous, dans la même direction, une autre vers Blida ; 2° Une au S., qui serpente vers Miliana ; 3° Une autre enfin à l'O., qui suit la côte jusqu'à Ténès.

La commune de Cherchel comprend deux annexes : 1° Novi ; 2° Zurich.

1° **NOVI**, colonie agricole fondée en 1848, au lieu dit *Sidi Hilas*, à 6 kilomètres O. de Cherchel, sur une plaine fertile, bornée de l'E. à l'O. par deux ruisseaux, et s'inclinant vers la mer, qui n'en est éloignée que de 150 mètres. L'arrêté du 6 juillet 1852, l'a annexée à Cherchel. Population 293 habitants. Il y a 44 Arabes.

2° **ZURICH**, autre colonie agricole de 1848, à 13 kilom. S.-E. de Cherchel, sur les deux rives de l'oued El-Hachem.

et la route de Blida. Le plan du village a été adopté par arrêté ministériel du 17 novembre 1852. On a planté des arbres de différentes essences dans les avenues. Population 247 habitants. Il y a 30 Arabes.

COMMUNE DE KOLÉA

SITUATION. Koléa est située au revers méridional du sahel algérien, à 6 kilom. N. de la mer, en face de Blida, dont elle est éloignée de 21 k. S. et à 37 kilom. O. d'Alger.

ASPECT EXTÉRIEUR. Koléa, sur un coteau élevé à 150 mètres au-dessus de la mer, vu de la plaine de la Metidja et du mamelon qui la domine au S.-O., présente le tableau le plus champêtre et le plus paisible qu'une âme tranquille puisse désirer. La ville est entourée de la plus fraîche verdure, qu'y entretiennent des eaux murmurantes, s'écoulant dans un profond et tortueux ravin, courant au S.-E., que les indigènes ont poétiquement nommé le *Cou du Chameau* (Ank Djemmel). On a dit, avec infiniment de grâce, que les maisonnettes blanches composant cette petite cité arabe, semblent placées capricieusement dans une corbeille de fleurs. Un beau minaret, d'une grande hauteur, accosté d'un superbe palmier et d'un cyprès gigantesque, s'élève auprès du tombeau de Sidi Ali Embarrek, marabout de l'endroit.

NOTE HISTORIQUE. Koléa n'est illustrée par aucun souvenir antique, pas plus que Blida, qui la regarde de l'autre côté de la plaine. Les Romains semblent avoir dédaigné la Métidja, et s'être bornés à occuper les côtes de cette partie de la province. C'est à Fouka, situé à 4 kilom. au N. de Koléa, que l'on a trouvé des restes remarquables de l'occupation romaine : grands tombeaux en pierre, lacrymatoires, vases, médailles en quantité, le tout enfoui aux entours d'un bocage d'oliviers qui ombrage une abondante fontaine. Des travaux d'une époque fort reculée ont été exhumés, lors de la restauration de ce monument. C'est donc à cette localité, sur un coteau faisant face au N., et à 1 kilom. de la mer, qu'il faut attribuer le nom de *Casæ Calventi* (les Huttes du Chauve).

Koléa emprunte toute sa gloire de Sidi Ali Embarrek, dont les miracles éclatèrent, il y a plus de 300 ans, dans cette ville, lorsque Sidi Ferruch, natif de l'endroit, se fut retiré, pour être plus recueilli en Dieu, sur la presqu'île qui porte son nom. Sidi Ali Embarrek était le serviteur rustique d'un riche propriétaire appelé Bou Smaïl, qui le fit héritier de tous ses biens. Le saint homme s'appliqua à la culture, et après une vie toute pleine de bonnes œuvres et de travaux utiles, fut enterré entre un cyprès et un palmier, très-hauts, dont la semence provenait de la Mecque. Autour de son tombeau se forma la ville bâtie par Hassan-Pacha, et peuplée de réfugiés andaloux. Il continua, après sa mort, à en faire la prospérité, les pèlerins n'y faisant point faute ; il en venait plus de dix mille tous les ans. Dans le tremblement de terre qui eut lieu en 1825, et bouleversa la Métidja, Koléa s'écroula toute entière, le marabout du saint resta seul immobile. Le dey Mustapha Pacha le fit entourer du péristyle qu'on voit encore, et fit élever, à côté, la belle mosquée qui sert aujourd'hui d'hôpital.

Nous ne nous étendrons pas davantage sur les vertus champêtres d'Ali Embarrek, ni sur ses apparitions dans les nuits d'orage, sous forme de lion noir ; nous nous bornerons à rappeler que l'armée française parut dans les premiers jours de mars 1831, sous les murs de Koléa, dont les habitants reçurent avec empressement le Général en chef Berthezène. La guerre sainte ayant éclaté vers la fin de septembre 1832, le Général Brossard fut envoyé pour se saisir à Koléa, de l'aga Sidi Mohammed ben Embarrek, accusé d'avoir favorisé les soulèvements. Ne le trouvant pas, il emmena prisonniers deux vénérables marabouts de sa famille, et frappa la ville d'une contribution de 1 million 100,000 fr., dont elle ne put jamais payer que 10,000. En avril 1837, le Général Damrémont poussa une reconnaissance jusqu'à Koléa. Le 26 mars 1838, le maréchal Vales la fit bloquer par un camp, pour en écarter les Hadjoutes qui y faisaient le foyer de leurs rassemblements hostiles. Ces derniers ne la quitteront qu'en forçant à l'émigration tous les habitants valides. A la reprise de la guerre, en 1839, nos troupes descendirent du camp, dont les constructions imposantes dominent la ville du côté de la plaine, et l'occupèrent définitivement. Elles n'y trouvèrent que des ruines et une population inoffensive. Le 1er mai 1841, elle fut attaquée du côté des deux tours, à 2 heures de l'après-midi, par le bey de Miliana, que le commandant Poerio mit en pleine déroute. Koléa, longtemps restée, par suite de l'arrêté du 17 février 1840, sous l'autorité exclusive des commandants militaires, fut administrée par un Commissaire civil, en exécution de l'arrêté du 21 décembre 1842. Une Justice-de-paix y fonctionne depuis le 9 septembre 1847. Un décret du 21 novembre 1851, a érigé Koléa en municipalité. Un décret présidentiel du 20 février 1852, l'a rattachée à la sous-préfecture de Blida.

IMPORTANCE POLITIQUE. La population est de 1262 habitants, dont 195 Espagnols. Il y a, en outre, 1435 indigènes. La religion catholique a un curé et l'Islamisme un iman.

PHYSIONOMIE LOCALE. Koléa, détruite par le tremblement de terre de 1825, ainsi que nous l'avons dit, a été réédifiée entièrement. Les maisons qui furent alors relevées, et qui sont déjà à l'état de ruines, pour la plupart, ne sont qu'une ou deux chambres au rez-de-chaussée, couvertes en tuiles; elles occupent le fond d'une petite cour où fleurissent un oranger, un grenadier, un citronnier, quelquefois une treille, et plus souvent un jujubier. Les rameaux de ces arbres y entrelacent un doux ombrage, dont la verdure surabonde, déborde au-dessus des murs de clôture et pend sur la rue. Six rues larges et tirées au cordeau ne sont point pavées; au tomber du jour, les troupeaux qui reviennent des pâturages remplissent à grand bruit leur morne solitude. Cette petite ville, pleine de parfums bibliques, compte cependant quelques constructions européennes. Auprès de la mosquée, coule une large fontaine. Devant la caserne de la gendarmerie, à laquelle vient aboutir la rue El-Souk, se trouvent aussi deux bassins. Une masse d'eau considérable, prise au N. de la ville, la traverse au moyen de syphons en maçonnerie, ménagés dans l'épaisseur du mur de quelques maisons, et va se jeter dans le ravin de l'Ank-Djemmel. D'ailleurs, dans chaque maison il y a un et quelquefois deux puits. L'enceinte de Koléa est actuellement ouverte de toutes parts.

ÉTABLISSEMENTS MILITAIRES. Les établissements militaires sont, en première ligne, le camp, vaste et magnifique, assis sur un mamelon au S.-O.; les vastes pavillons qu'il renferme ont un développement grandiose, qui lui donne l'aspect d'un château royal, détachant son relief sur l'Atlas qui, au lointain, déroule un rideau, dont le mirage fait quelquefois distinguer tous les replis dorés par une limpide lumière.

Dans le camp, 1,200 hommes peuvent être casernés. Là aussi sont les magasins de campement, des subsistances, et la manutention. La gendarmerie, en ville, est une grande cour, entourée de quelques bâtiments au rez-de-chaussée, où les individus appartenant à l'ordre civil, sont détenus au besoin. Il y a au camp une bibliothèque de 300 volumes, à l'usage des militaires qui y tiennent un cercle.

Au delà d'une esplanade occupant le petit vallon qui sépare le camp de la ville, est une belle promenade réservée aux officiers de la garnison, qui est aujourd'hui de 1,135 hommes. Ce jardin des officiers, parterre entretenu avec le plus grand soin, plein de fleurs rares, orné de kiosques et allées en treillages, sous l'ombre d'énormes citronniers et orangers en pleine terre, dont quelques-uns ont plus de 40 pieds de haut, et qu'un homme aurait peine à embrasser, descend de cette esplanade au fond de l'Ank Djemmel, par des rampes qui se perdent sous des feuillages peuplés d'oiseaux chanteurs, et remontent, du fond du ravin jusqu'aux abords de la mosquée de Sidi Ali Embarrek. Un riche potager est joint à ce jardin.

La mosquée bâtie auprès du tombeau de Sidi Ali Embarrek, actuellement affectée au service de l'hôpital militaire, est un véritable monument, pour la solidité et l'élégance de sa vaste construction. Deux cents lits sont placés à l'aise sous ses nefs cintrées, qui sont au nombre de cinq, soutenues par des colonnes de pierre. Nous avons déjà parlé du haut minaret qui la surmonte. Le tombeau du saint personnage, sous la protection duquel cet édifice fut placé, est une chapelle fort pieuse, entourée d'un péristyle et totalement détachée de la mosquée, dont une dizaine de pas la sépare. Ce tombeau, encastré dans l'ensemble des bâtiments occupés par l'hôpital militaire, en est pourtant isolé au moyen de cloisons en planches, impénétrables aux regards des Chrétiens. Il est peu de sanctuaires où l'on respire un air de dévotion plus profondément senti. Des tapis, des textes dorés et des lustres en cuivre et en cristal, en font le principal ornement.

ÉTABLISSEMENTS CIVILS. L'église est établie dans un ancien caravansérail. Au S.-O. de la ville, non loin de la gendarmerie, une orangerie, qui compte plus de 300 sujets, offre une délicieuse promenade aux habitants.

Le marché se tient dans la rue El-Souk, devant la mosquée Hanefia, qui n'a rien de remarquable. Les denrées de première nécessité n'y sont pas chères. Le poisson y est excellent et à bon marché. Le voisinage de la mer permet d'y voir de magnifiques homards, langoustes et coquillages, prisés des gastronomes. Tous les vendredis, ce marché est fréquenté par les Arabes des alentours, qui amènent des bestiaux et apportent du charbon. — Il y a plusieurs écoles primaires.

INDUSTRIE PARTICULIÈRE. L'hôtel *de Paris,* prend en pension au mois. Il y a deux cafés, dits *de la Poste* et *de la Place*. Les habitants ont formé un cercle. Deux moulins fonctionnent dans la localité.

ENVIRONS. Le sol est presque entièrement composé de tuf calcaire, en couches inclinées vers la plaine. On croit que ce sont des dépôts de sources thermales. Quelques bancs sont fort durs et fournissent une très-belle pierre de taille. Au-dessus de ces bancs calcaires, on voit percer dans le vallon, comme sur les bords du défilé du Massafran, des couches épaisses de marne bleue. Ces marnes, par leur imperméabilité, retiennent les eaux et donnent naissance aux belles sources de Koléa.

Les environs de Koléa sont très-verts, très-fertiles. Une ceinture de feuillage entoure la ville ; c'est une suite de petits vergers et jardins où l'hortolage est magnifique. Un peu au-delà s'étendent les terres labourables fractionnées encore en petits lots. Une troisième zône de larges prairies règne alors sur des terrains onduleux, qui descendent par des pentes rapides, au N., vers la mer, au S. et l'E. jusqu'aux rives du Massafran, qui les contourne du S.-S.-E. au N.-E. On passe ce cours d'eau sur un très-beau pont américain de 98 mètres de long, sur 6 de large, construit par l'administration des Ponts-et-Chaussées. C'est sur la rive droite, non loin de ce passage, autrefois fréquenté sous le nom de Mokta Nçara *(Gué des Chrétiens)*, et dans le large vallon qui garde le nom de Massafran, que le 3e léger a été cruellement décimée par les troupes de l'émir, en juin 1841; le village de Zéralda est assis non loin du lieu de ce désastre.

MOYENS DE TRANSPORTS. On a tant qu'on veut des chevaux et des voitures de louage. Trois diligences vont et viennent entre Alger et Koléa; et deux entre ce point et Blida.

ROUTES. Les routes qui aboutissent à Koléa, sont celle d'Alger, au N.-E., de Douéra, à l'E., de Blida, au S., de Cherchel, au S.-O.

La commune de Koléa comprend cinq annexes: 1° Douaouda; 2° Fouka; 3° Les Hameaux suisses; 4° Zéralda, 5° Castiglione.

1° DOUAOUDA, village à 4 kilom. N.-E. de Koléa, sur un point élevé de 104 mètres, borné au N. par la mer, à l'E. par le Massafran qui déroule un ruban sinueux, la séparant aussi de la plaine, au S. Ce centre de population a été créé par arrêté du 5 juillet 1845, pour 70 familles de Franc-Comtois, sur un territoire de 807 hectares auquel sont venus se joindre des concessions partielles dans les belles prairies de Farghen. Ce pays attrayant, dont la fertilité est entretenue par l'abondance de ses fontaines, a de belles constructions dans la position la plus avantageuse de toute la commune, par leur proximité avec Alger, Koléa, le Massafran, et la mer. C'est un des plus beaux villages du Sahel. On y voit une église et une école de garçons. La population est de 301 individus, dont 73 Espagnols. Il y a, en outre, 92 Arabes.

2° FOUKA. L'arrêté du 25 avril 1842, prenant en considération l'importance d'établir sur la limite même de l'obstacle continu, dont la politique du temps avait fait une ligne de démarcation avec le pays arabe, une population qui pût opposer à l'ennemi une résistance énergique, créa le village d'Aïn-Fouka, dont les constructions furent élevées par le génie militaire, pour 80 feux. La circonscription du territoire fut fixée à 600 hectares. Aïn-Fouka renfermant une fontaine antique et un bosquet d'oliviers dont nous avons parlé, fut défendu par un mur carré.

ayant une tourelle à chaque angle. Ce village est situé à 1 kilom. de Koléa, à mi-côte du versant N. du Sahel, en face de la mer, dont 4 kilom. la sépare. Il a une chapelle, un moulin et une briqueterie. Il a été peuplé d'abord par des militaires libérés du service, dont quelques-uns s'étaient mariés avec des jeunes personnes de Toulon et de Marseille, dotées par ces villes. Aujourd'hui, le nombre des habitants est de 303. Il y a 48 Arabes aux entours.

L'arrêté précité avait déterminé dans la partie du territoire qui touche à la mer, un emplacement propre à la création d'un village, principalement destiné à l'établissement d'entrepôts pour les besoins et les opérations du commerce. L'ordonnance royale du 7 janvier 1846, en ordonna la fondation, sous le nom de *Notre-Dame-de-Fouka*, autour de la crique de ce nom; cet établissement est tombé dans l'eau.

3° LES HAMEAUX SUISSES, qui occupent les emplacements de Saighr, Zoudj-el-Abbès, Messaoud et Berbessa, ont été fondés, dans les derniers mois de 1851, pour donner asile à des cultivateurs du Bas-Valais. Les terres de Berbessa, situées sur les bords du Massafran, et pour ainsi dire dans la plaine de la Métidja, sont de toutes beautés. Messaoud, qui n'est guère que la continuité du village de Chaïba, installé au centre de l'ancienne propriété Fortin-d'Ivry, est aussi dans de très bonnes conditions de réussite. Les deux autres hameaux, en moins bonnes terres et réunissant des cultivateurs plus pauvres et moins aptes aux travaux des champs, n'ont pas atteint le même point de prospérité, bien que l'administration leur ait prêté un constant appui. La population est de 331 Suisses. Il y a 136 Français.

4° ZERALDA, situé à l'extrémité de la plaine de Staouéli, sur la rive droite du Massafran, au N. d'un cours d'eau et à 12 kilom. N. E. de Koléa, a été créé par arrêté du 15 septembre 1844, sur un territoire de 300 hect. pour trente familles. Une conduite en maçonnerie, de 1400 mètres, amène l'eau jusqu'au milieu du village, où s'élève une église. Il y a aussi une école de garçons. Un puits circulaire de 20 mètres de profondeur, donne encore une eau excellente. Le pont américain dont nous avons parlé, met Zeralda en communication avec Douaouda et Koléa. Les habitants, au milieu de fortes broussailles, existent de leur industrie de bûcheron, et sont au nombre de 145, parmi lesquels 32 Allemands. Ils ont presque entièrement défriché les terrains qui leur ont été concédés. Il y a 61 Arabes.

5° CASTIGLIONE, sur un plateau disposé en gradins, en face de la mer, à 9 kilom. O. de Koléa, sur le trajet de la route qui doit relier Alger à Cherchel, fut fondé en 1848 pour recevoir des émigrants parisiens, envoyés par l'Assemblée constituante. Ils s'y livrent aux cultures industrielles, et on voit chez eux des champs de tabacs parfaitement soignés et des jardins maraîchers très-intelligemment entretenus. Ils ont une chapelle et une école de garçons, des fontaines, des abreuvoirs, des lavoirs couverts. Des ruines semblent y indiquer une station romaine.

BOU-ISMAEL, ancienne colonie militaire de la même époque, fait partie de ce centre, qui compte 333 habitants.

TEFESCHOUN, autre village qui a aussi sa chapelle et son école, se rattache pareillement à Castiglione. Il y a 280 habitants. La conduite alimentaire de la fontaine a été construite sur un développement de 460 mètres. Elle est en poterie et en tuyaux de fonte sur le parcours de 100 mètres. Cette localité à de grandes cultures qui offrent le plus bel aspect.

CHAIBA, colonie militaire installée en 1852, sur l'emplacement même occupé par les bâtiments d'exploitation de la vaste propriété de M. Fortin-d'Ivry, est une annexe de Tefeschoun. Elle réunit tous les éléments désirables de prospérité.

V.

COMMUNE DE MARENGO.

SITUATION. Marengo est situé à l'extrémité occidentale de la plaine de la Métidja, à 38 kil. O. de Blida, et à 28 kilom. S.-E. de Cherchel, sur la route de ces deux villes.

ASPECT EXTÉRIEUR. Marengo est placé sur une des ondulations qui ferment la plaine du côté de l'O. C'est le village le plus considérable des centres agricoles du département.

Des collines et pentes modérées existent entre son territoire et la mer, avec laquelle elle a des communications faciles et promptes, par la vallée fertile et boisée qui débouche sur les ruines de Tipaza.

NOTE HISTORIQUE. Marengo a été fondé en vertu du décret du 17 septembre 1848, pour recevoir 170 familles d'anciens ouvriers de Paris, qui ne regrettent rien du passé et sont pleines d'espérance dans l'avenir. Le décret impérial du 13 janvier 1855 l'a constitué en commissariat civil, et celui du 31 décembre 1856, en commune.

IMPORTANCE POLITIQUE. Marengo, chef-lieu de district de l'arrondissement de Blida, compte une population de 650 individus, parmi lesquels il y a 15 Allemands. On voit 27 Arabes aux alentours. Un curé préside au culte.

ÉTABLISSEMENTS CIVILS. Marengo a un hôpital dirigé par les Sœurs de Saint-Vincent-de-Paul, auquel sont annexées une école de filles et une salle d'asile. Un canal, dérivé de l'oued Meurad, de plus de 8,000 mètres de longueur, qui dans son parcours donne naissance à quatre chutes d'eau, de 15 à 30 mètres, amène une quantité de 200 litres par seconde. Un moulin à deux tournants est en fonction. Marengo possède, à ses portes, un marché, connu sous le nom de l'*Arba des Hadjoutes*, fréquenté par les Arabes, qui y apportent des figues, des raisins secs, du miel, de la cire, des bestiaux, des laines. Des maisons d'Alger, faisant le commerce des blés, ont établi des succursales à Marengo, qui, par sa situation entre le Chélif et Tipaza, port d'embarquement, se trouve être un lieu d'entrepôt pour les productions du Chélif et de l'O. de la plaine.

ENVIRONS. La forêt de Sidi Sliman, de l'étendue de 300 hectares, située à 2,000 mètres du rivage, est composée d'ormes et de frênes, que surveille l'administration spéciale. Les colons auxquels de petits lots ont été attribués dans cette forêt, profitent des prairies qui y font suite, au N., pour élever du bétail. Ils ont aussi planté des mûriers et des platanes. Leurs cultures en céréales et en tabacs réussissent parfaitement. La route de Miliana, ouverte par l'armée, est une voie de communication qui favorise encore le bien-être dans la localité.

La commune de Marengo comprend trois annexes : 1° Bourkika, 2° Tipaza, 3° Ameur el-Aïn.

1° BOURKIKA, à l'embranchement des routes de Blida, de Cherchel et de Miliana, à 6 kilom. E. de Marengo, à 31 kilom. O. de Blida. Ce centre fut fondé en 1849 pour 15 familles allemandes. On y a colloqué, en 1852, les transportés politiques de décembre 1851. Le décret du 4 juillet 1855 leur attribua un territoire de 1,886 hectares pour 53 familles. Le territoire, couvert de palmiers-nains, a offert un défrichement difficile. Aujourd'hui, plus de 90 hectares sont en culture et la récolte des fourrages a été importante. Les colons, au nombre de 166, sont pleins de courage et d'espoir.

2° TIPAZA, situé à 8 kilom. de Marengo, est un village maritime établi au débouché de la vallée du Chélif, auprès d'un petit port, dont la rade est bien abritée des vents d'O.

par le Chenoua. La navigation légale y a été autorisée en août 1853, époque où l'entreprise du centre de population a été concédée à M. de Mouchy, sur 2,672 hectares, pour 300 familles. Un poste de douaniers a été établi. On n'obtient de l'eau qu'au moyen d'un puits. Les réparations à un aqueduc romain amèneront de l'oued Nador d'abondants moyens d'arrosage. Sur la pente couverte d'épaisses broussailles, qui descend de l'E., dernière colline du Sahel algérien, se montrent, parmi de hauts oliviers, les ruines de Tipaza, ville romaine, dont l'enceinte était de 3,450 m., dont 500 à l'E., 1,100 au Sud, 450 à l'O. et 1,400 sur le rivage. L'empereur Claude lui accorda le droit latin; à l'époque des Vandales, les habitants catholiques de cette cité aimèrent mieux s'expatrier en Espagne que d'accepter l'évêque arien que ces hérétiques voulaient leur imposer. Quelques-uns eurent la langue coupée en cette occasion. Les Arabes nommèrent *Tfessadt* (la Ruine), cette ville abandonnée, dont les Turcs et les Français tour-à-tour, ont achevé la désolation en détruisant ce qui en restait, pour employer les matériaux à leurs propres constructions. On trouve encore de belles briques de 8 centimètres d'épaisseur et de 30 centimètres carrés. Au milieu de ces décombres sont les débris d'une basilique que l'on désigne sous le nom d'*Église de l'Est*. C'est un édifice en pierres de taille, de 60 mètres de long sur 30 de large, ayant la figure d'un carré long. Les murs subsistent encore à diverses hauteurs. L'entrée est à l'O.; au N. s'ouvre une grande fenêtre cintrée, et au Sud deux chapelles. Un mur, avec portique ouvert, sépare le chœur de la nef. Les chapiteaux gisent encore au pied des colonnes qu'ils décoraient jadis. Une trentaine de colons, en compagnie de cinq Arabes, promènent dans cette solitude.

3° AMEUR EL-AIN est un centre créé dans les mêmes conditions que Bourkika, à 24 kilom. O. de Blida, et à 14 kilom. E. de Marengo. La moitié du village, celle qui s'étend au côté S. de la route, avait été bâtie par le Génie militaire; un puits et deux sources réunies, qu'on a prises dans la montagne, alimentent deux fontaines à abreuvoirs et un lavoir. Il y a une petite chapelle. L'administration a planté, sur les boulevards, une grande quantité d'arbres d'essences diverses. 225 hectares sont ensemencés en céréales. Le transit continuel des voitures et roulages procure plus d'un avantage aux habitants, qui sont au nombre de 203, y compris 49 Allemands. Le territoire du village a été délimité à 2000 hectares pour 55 familles, par le décret du 4 juillet 1855.

VI.

COMMUNE DE MÉDÉA.

SITUATION. Médéa est situé par 0° 40' de longitude orientale, et 36° 25' de latitude septentrionale dans l'intérieur de l'Algérie, à 42 kilom. S. de Blida, à 80 kilom. E. de Miliana, à 90 kil. S. d'Alger.

ASPECT EXTÉRIEUR. Au revers méridional du Nador, au-delà de la première chaîne de l'Atlas, à l'extrémité d'un contrefort d'un accès difficile, Médéa est assis sur un plateau incliné au S.-E. Ses maisons, couvertes en tuiles, comme les habitations du midi de la France, s'échelonnent sur cette pente, et jusqu'au sommet du mont qui s'élève à 1,100 mètres au-dessus du niveau de la mer. Quelques minarets élégants dominent la masse des constructions de la ville, détachée des abords de la campagne par le redressement graduel du sol, sur quatre des côtés du pentagone qu'elle décrit; un aqueduc à deux rangs d'arceaux, monument hardi et prolongé, qui la joint à l'E., forme le caractère distinctif de sa silhouette.

NOTE HISTORIQUE. La ville que nous désignons aujourd'hui sous le nom de Médéa, occupe l'emplacement d'un poste romain, que le docteur Shaw croit être le Lamida de Ptolémée, et d'une cité bâtie au-dessous, vers le S., et qui pourrait bien avoir été Elfara. Mgr Dupuch y retrouve le *Castellum medianum* de Morcelli (sommaire n° 149). La séparation de la citadelle romaine d'avec la ville numide, peut encore être étudiée sur les ruines de la muraille antique qui régnait à mi-côte. Le calife schismatique El-Mohadi prit et ruina ce centre de population, et éleva à sa place un château nommé Moahedin, d'où la ville, depuis, s'est appelée Mehedia. Elle fut la capitale de la province de Titteri, au temps des pachas d'Alger, qui la considéraient comme une de leurs principales forteresses, et y entretenaient 800 Turcs.

Le 21 novembre 1830, le Général Clauzel passa le col de Mouzaïa, et, après un combat glorieux, fit une entrée pacifique le lendemain à Médéa, où il venait remplacer par Omar, l'ex-bey Bou-Mezrag, qui nous avait trahis. Les troupes qu'il laissa sur ce point furent attaquées les 27, 28 et 28 novembre, et rentrèrent à Alger le 4 janvier 1831. Le fils de Bou-Mezrag, après que son père eut été pardonné, revint à Médéa, et s'employa à tracasser l'administration du nouveau bey que nous y avions installé. Le 25 juin, le Général Berthezène, successeur du Général Clauzel, vint visiter le bey Omar que, sur ses instances, il ramena à Alger le 2 juillet. Ce fut au retour que l'armée, qui avait passé le col sans combattre, eut à essuyer toute la fureur des Arabes, et éprouva des pertes fort exagérées en ce temps. Médéa, abandonnée à elle-même, refusa pourtant d'entrer dans la coalition que Si Saadi avait formée contre notre domination. Le bey de Constantine parvint plus tard à lui imposer un bey à son choix. L'anarchie régnait dans la ville; pour y échapper, les habitants se jetèrent dans les bras d'Abd el-Kader. Mohammed ben Hussein, nommé bey par la France, s'introduisit dans la ville, et fut assez habile pour s'y faire reconnaître en sa nouvelle dignité, que le Maréchal Clauzel, chef suprême de l'armée pour la seconde fois, vint confirmer de tout le poids de ses armes, le 4 avril 1836. Mais Berkani, marabout de Cherchel, son compétiteur, parvint à le prendre par trahison, et l'envoya enchaîné à Abd el-Kader, qui parut lui-même au commencement de 1837. Berkani, en 1840, fut confirmé par l'ex-émir en sa qualité de bey de Médéa, ce qui ne lui donna pas la confiance de nous y attendre, lorsque le 17 mai 1840, le duc d'Orléans, ayant forcé glorieusement le passage du col, arriva sous les murs de la ville qu'il trouva déserte. Abd el-Kader dirigea de vives attaques sur cette place, qui fut ravitaillée en août 1840 et mai 1841. Le duc d'Aumale y commanda la subdivision, et y maintint la puissance de la France, qui n'y a plus été compromise. Un Commissariat-civil y fut institué dès 1850; le décret présidentiel du 14 août 1852 en délimita la circonscription. Érigé en commune le 17 juin 1854, ce pays a cessé d'être administré par un Commissaire-civil, aux termes du décret du 31 décembre 1856.

IMPORTANCE POLITIQUE. Médéa est aujourd'hui la résidence d'un Général de brigade qui commande la 4e subdivision militaire de la province d'Alger. Il y a 1428 hommes de garnison. Un Juge-de-paix y tient aussi son auditoire. La population est de 1840 individus, dont 198 Espagnols. Il y a, en outre, 5376 Maures.

ENCEINTE. Médéa, dont la position est assez formidable par elle-même, au-dessus de talus naturels, dans un circuit d'une demi-heure, avait pour ceinture une assez mauvaise muraille antique sur tout son pourtour, que les habitants détruisirent en partie lorsqu'ils évacuèrent la ville. Les troupes d'occupation durent réparer ces brèches et ajouter des fortifications mieux entendues pour se maintenir dans la place. Tous ces travaux, signalés par de brillants faits d'armes, sont délaissés depuis la paix dont jouit ce point, et en conséquence de projets plus larges de défense. On voit avec intérêt le bastion de l'aqueduc, l'enceinte en terre du front de l'E., la tour défensive au S.; l'enceinte refaite à neuf au S.-O.; les redans qui défendent la fontaine; le poste du marabout et la grande batterie de l'O. qui couronne la ville. Cinq redoutes l'entourent. Médéa s'ouvre par cinq portes : la porte d'Alger, du Nador, de Miliana; la porte Seraouï, et celle des Jardins.

PHYSIONOMIE LOCALE. On a utilisé, autant qu'on a pu, les anciennes constructions mauresques, en sorte que l'intérieur de la ville présente un assemblage assez bizarre, qui n'est racheté par rien de gracieux ni de pittoresque. Vue de loin, elle promet mieux. Toutefois, la rue de la Casba et la rue Hanefi sont presque entièrement reconstruites à neuf. Les rues de la Pépinière et de la Smala; de l'Esplanade, des Cyprès, des Aqueducs, du Gouvernement, de Mascara, les rues Seraouï et Méred, sont de belles voies de communications. Il n'y a qu'une seule maison à deux étages dans toute la ville. La place d'Armes est complantée de platanes d'une belle venue, qui entourent un appareil en bronze pour fontaine; la place Napoléon, la place Méred, celles du Marché-Européen, du Marché-Arabe, du Marché-aux-Bestiaux, réunissent les oisifs et les acheteurs de ce qu'on y étale; le jour de la plus grande affluence est le vendredi. Tout est peu cher sur ces marchés. Sidi Ahmed ben Youssef, de Miliana, a dit : « Médéa est une ville d'abondance; si le mal y entre le matin, il en sort le soir. » Au N. de la ville, les Arabes viennent aussi en grand nombre apporter leurs produits; ils y échangent des laines contre des tissus. Ils se livrent à la fabrication du savon et sont, pour la plupart, teinturiers et tanneurs. Ils fréquentent aussi le bazar des califes de Laghouat, le caravansérail de Ben Chicao, celui de Barroughia, de Boghar, de Aïn ou Esra, de Gaelterstel, et de Garmlhé.

ÉTABLISSEMENS MILITAIRES. Une belle caserne peut donner abri à 1,500 hommes; un quartier de cavalerie à 200 chevaux, et la ferme des Spahis à un escadron de ces cavaliers. L'administration a utilisé les caves qui sont sous la caserne, pour magasins de vivres. Le bâtiment de la manutention est vaste. Six maisons dans la rue Méred sont occupées par le service des subsistances. Le campement a aussi son entrepôt, et le Génie, deux ateliers. L'hôpital peut contenir 500 lits; c'est une dépendance de la caserne. Quelques volumes composent la bibliothèque du cercle militaire. Il y a un télégraphe électrique en communication avec Alger.

ÉTABLISSEMENTS CIVILS. Sur six mosquées que l'on comptait à Médéa, il n'en reste plus qu'une au culte musulman. La mosquée Méred, la plus belle, a été consacrée au culte catholique. Son élégant minaret est surmonté d'une haute croix de fer. Il y a deux écoles chrétiennes, une pour les filles, une pour les garçons, et une école musulmane. L'institution d'un bureau de bienfaisance a été confirmée le 31 juillet 1853. La ville a de nombreuses fontaines alimentées par un long aqueduc, dont nous avons déjà parlé. L'élévation de la position la privait d'ailleurs du secours de l'eau. Les Romains n'avaient que deux puits fort profonds dans le haut de la ville, et pour joindre une source abondante dans la partie basse de la cité, ils avaient pratiqué une rampe fortifiée le long de la pente O., qui est fort rapide. La principale fontaine prend sa source au Dekla, à 3 kilom. de Médéa, et coule auprès de l'abattoir, qui est à 25 mètres en dehors de la ville. Une salle très-mesquine est agencée pour un théâtre, qui manque d'acteurs.

INDUSTRIE PARTICULIÈRE. Deux minoteries importantes fonctionnent au moyen des eaux. Les hôtels laissent beaucoup à désirer; l'hôtel *du Gastronome* prend en pension. On admire, dans un des salons de cet établissement, un double tableau d'Horace Vernet, peint à usage d'enseigne, représentant d'un côté le général Yusuf dirigeant l'assaut de Laghouat; et de l'autre, la mort du capitaine Moran, au pied des remparts de la même ville. Les cafés sont nombreux; les principaux sont ceux *du Commerce*, *de la place d'Armes*, *de France*, *de l'Esplanade*. Il y a aussi de bonnes brasseries très-fréquentées.

ENVIRONS. Lorsqu'on arrive aux environs de Médéa, après avoir suivi la route qui parcourt la vallée étroite de la Chiffa et gravi le Nador, ou après avoir franchi le col de Mouzaïa, et traversé le bois des Oliviers, qui s'étend au versant S. de la montagne que contourne le défilé, on est surpris et charmé de se trouver au milieu d'un pays boisé, bien cultivé et couvert d'habitations comme l'une des plus riches contrées de France. De nombreux cours d'eau, affluents du Chélif, et principalement l'oued Mergan, répandent la fraîcheur dans des sites délicieux, où la température est toujours saine, bien que très-chaude en été et très-froide en hiver. Il tombe beaucoup de neige dans ces cantons. Les oliviers ni les orangers ne se montrent plus dans cette vallée que Médéa domine sur son mamelon escarpé. Le mûrier, le poirier, le peuplier, la vigne, dont on fait un excellent vin, remplacent avantageusement les produits d'un climat plus ardent et ombragent le gourbi habité ici de préférence à la tente, par l'Arabe grand et robuste.

TRANSPORTS. Les moyens les plus usuels pour les excursions sont les mulets, et parfois les chevaux. Les routes ne permettent guère de se servir de voitures. Des services de diligences sont cependant organisés avec Blida, et fonctionnent autant que la saison le permet.

ROUTES. Les routes qui rayonnent sont : au N. la route de Blida, à l'O. la route d'Orléansville, à l'E. la route qui va à Damiette, et contournant au S., atteint Boghar.

La commune de Médéa comprend trois annexes : 1° Damiette, 2° Lodi, 3° Mouzaïa-les-Mines.

1° DAMIETTE, colonie agricole de 1848, éparse sur l'endroit dit *Aïn-Chelala*, à 5 kilom. E. de Médéa, qui a été remis à l'administration civile, vers la fin de 1852. Il y a une église. — La conduite d'eau d'Aïn-Deheb alimente les fontaines, lavoirs et abreuvoirs, couverts de hangars en tuiles, qui desservent le village. On parvient à ce centre de population qui est de 547 habitants, par deux rampes. Une de ses rues a des trottoirs pavés, avec bordures en moellons et caniveaux. Les cultures sont en céréales, fruits et vignobles de la plus belle espérance.

2° LODI, colonie dans les mêmes conditions d'origine que Damiette, à 5 kilom. O. de Médéa, fondée au lieu dit *Drâsma*, sur la route d'Orléansville, fait les mêmes cultures. Son territoire pierreux convient peut-être mieux encore à la vigne. Ce village est situé à 700 mètres d'altitude. La rue du Rempart S. est longée de trottoirs en caniveaux, avec bordure en moellons. L'aménagement des eaux est le même qu'à Damiette. Une église, une maison commune, des écoles de garçons et de filles, et une salle d'asile dirigées par des Sœurs, ont été installées dans des maisons de colons appropriées à ces usages. La population est de 300 individus.

3° MOUZAIA-LES-MINES est un village fondé dès 1845, par la compagnie concessionnaire des mines de cuivre, à 900 mètres d'altitude, sur le plateau des Oliviers, à 14 kilom. N. de Médéa, à 15 kilom. S. de Blida, sur la route muletière qui relie ces deux villes, par le col du Ténia, au cœur du petit Atlas. Les constructions de l'usine qui sont habitées par 210 ouvriers, presque tous employés à l'extraction du cuivre gris, enclavé dans des filons de fer carbonaté, forment une enceinte continue, disposée pour la défense. Elles offrent un développement de 535 mètres, et contiennent tout l'aménagement d'une vaste exploitation : chambrées, logements, bureaux, corps-de-garde, ateliers, écuries, magasins, boulangerie, boucherie, pharmacie, infirmerie, bains, café, puits, lavoir, chapelle. La compagnie a de plus établi deux blokhaus aux exploitations d'Aumale et de Nemours. Une usine de préparation mécanique des minerais, et une autre pour leur fusion, sont munis de tous les engins nécessaires, que meuvent les eaux de l'oued el-Reah, amenées par un aqueduc de 232 mèt. La colonisation agricole s'exerce sur les jardins et les vignobles. Les concessions comprenant 10,000 oliviers, un millier de pieds ont été greffés. Une quantité de chênes-lièges ombrage aussi ce point qui est privé des vents du N. et de l'E., et reste exposé aux fâcheuses influences qui procèdent des autres aspects.

VII.

COMMUNE DE MILIANA.

SITUATION. Miliana est située par 0°6′ de longitude occidentale, et 36°40′ de latitude septentrionale, dans l'intérieur de l'Algérie, à 70 k. O. de Blida, à 118 kilom. S.-O. d'Alger, à 80 k. O. de Médéa, à 72 kilom. S. de Cherchel.

ASPECT EXTÉRIEUR. Miliana, dans les montagnes du petit Atlas, à 900 mètres environ au-dessus du niveau de la mer, occupe le versant septentrional d'une crête, dont les murs couronnent les arêtes les plus élevées, et dominent à l'E. et au S. les déclivités à pic qui s'aplanissent peu à peu en tournant à l'O., au N. et au N.-O. Elle est accessible de plein-pied par un plateau qui vient du Bou Tektoun, montagne appartenant au système du Zakkar qui, en se dressant à 1,534 mètres au-dessus de la mer, domine la ville au N. et l'enveloppe à distance, à l'E. et à l'O., en se reliant aux chaînes de montagnes. Miliana, qui a la forme d'un œuf allongé du S. au N., a un aspect riant et pittoresque qu'elle doit aux magnifiques plantations de platanes et de peupliers qui bordent ses principales rues.

NOTE HISTORIQUE. Les Romains ont habité longtemps Miliana, qui est pleine des restes de leur puissance. Elle fut très-florissante sous le nom de Malliana. Les statues, les colonnes, les monuments dont on rencontre les fragments dans les fouilles avec de nombreuses médailles, prouvent que le luxe y avait choisi son séjour. Des sculptures curieuses ont été encastrées grossièrement dans les remparts par les Arabes qui ont réparé les travaux de défense à leur manière, à des époques reculées. Des tombeaux romains servent d'auge, d'abreuvoir et de bassin pour les ablutions aux portes de la mosquée. A la décadence des rois de Tlemcen (1500), les habitants de Miliana se déclarèrent libres et se défendirent contre eux aussi bien que contre les Arabes jaloux de leurs richesses. Barberousse, après avoir pris Tlemcen, les soumit au joug des Turcs, qu'ils ne secouèrent pas.

En 1830, l'empereur de Maroc, se réveillant du long sommeil de ses ancêtres sur leur droit au royaume de Tlemcen, envoya un officier à Miliana, qui y gouverna en son nom. Abd el-Kader, après le traité de la Tafna, ayant fait connaître au comte d'Erlon qu'il se proposait de se rendre dans cette ville, en reçut la défense, ce qui ne l'empêcha pas d'y aller et d'y être bien accueilli. Il y établit bey le Sid Ali Embarrek, notre ancien agha. Mais les tribus de Soumata attaquèrent le bey et lui donnèrent fort à faire. Abd el-Kader, au commencement de 1837, y reparut, et y installa son frère en qualité de bey. Le 8 juin 1840, les Français entrèrent dans la ville, qu'ils trouvèrent abandonnée. La garnison qu'on y laissa fut vivement assaillie et longtemps bloquée par Abd el-Kader. Elle fut ravitaillée en août 1840 et en mai 1841.

La circonscription de son commissariat-civil a été réglée par le décret présidentiel du 10 juillet 1851. Elle est aujourd'hui constituée en commune.

IMPORTANCE POLITIQUE. Miliana est la résidence d'un Général de brigade qui commande la 5e subdivision militaire de la province d'Alger. Un Commissaire-civil continue encore ses fonctions dans cette commune, qui a un Juge-de-paix, et compte 1673 habitants, dont 424 Espagnols et 76 Maltais. Les Maures sont au nombre de 3,537.

ENCEINTE. Un mur neuf, garni de créneaux et flanqué de bastions, entoure Miliana, déjà si avantageusement défendue par la nature. Il est ouvert par deux portes : celle du Zakkar au N., celle d'Orléansville à l'O.

ÉTABLISSEMENTS MILITAIRES. Une caserne peut loger un régiment d'infanterie, et un quartier de cavalerie recevoir un escadron. Une manutention et des magasins pour les vivres, assurent les provisions de subsistance pour les militaires. De vastes silos en pierre renferment l'orge et les grains. Les magasins du campement sont bien tenus. Le Génie a aussi des magasins et des ateliers pour ses constructions. Le vaste hôpital contient plus de 500 lits. Le télégraphe électrique est organisé. Les officiers ont un cercle où ils se réunissent pour la lecture des journaux.

ÉTABLISSEMENTS CIVILS. Le culte catholique célèbre ses mystères dans une humble chambre. Les Mahométans, qui avaient autrefois vingt-cinq mosquées, n'en fréquentent plus guère qu'une seule, qui est fort belle, et dont la réparation a coûté beaucoup d'argent. Les chapelles où reposent des marabouts vénérés étaient nombreuses. Les plus connus parmi ces saints personnages sont : Sidi Mohammed, Ben Kassem, El-Kali et Ben Youssef, souvent cité dans cet ouvrage pour les distiques pleins de sel qu'il a faits sur la plupart des villes de l'ancienne régence. Peu galant de sa nature, il s'indigne des soins empressés de ses compatriotes pour le beau sexe, et a dit de sa patrie : « Les femmes commandent à Miliana, et les hommes y sont prisonniers. » Les nombreux miracles dont il accompagnait ses poésies n'étaient pas les moindres merveilles de son art. Sa kouba est curieuse à visiter. L'instruction est donnée aux jeunes enfants chrétiens en deux écoles séparées. Celle des filles est tenue par des Religieuses. Les Arabes et les Israélites ont aussi leurs écoles.

Le Château-d'Eau, réunissant le tribut de nombreuses sources, au moyen d'une multitude de tuyaux, divise leurs ondes par toute la ville. Des fontaines en grand nombre les font couler sur les places et dans les principales rues, d'où elles vont arroser des jardins, au N.-E. et au S. de la ville et sous ses murs mêmes, où ils ont été créés au temps du blocus par les Arabes.

Un marché réunit les gens du dehors sur la place du Zakkar; trois fondouks leur offrent des abris. Un marché aux légumes étale les produits des environs, tous les jours, sur cette place; c'est le vendredi qu'il est le plus populeux. Le dimanche est le jour du marché de Téniet el-Haad, à 72 kilom. au S. Le mardi, il a lieu au pont du Chélif, le mercredi aux Djendels, et le jeudi à Affreville. Les Arabes y trafiquent de grains, de laines, de cuirs, de bestiaux, de chevaux, etc.

INDUSTRIE PARTICULIÈRE. Au temps

des Turcs, les habitants de Miliana faisaient un grand commerce de sellerie, d'écuelles, sébiles, et vases de bois, et se livraient avec succès à l'éducation des vers-à-soie. Aujourd'hui la culture de la vigne, du sorgho, et la minoterie, les occupe. Il y a quinze moulins dans les riches campagnes qui se dessinent en amphithéâtre, au-dessus de la ville, et sont sillonnées en tous sens par les torrents de l'oued Boutan et de l'oued En-Nasseur. Ces cours d'eau descendent en cascades dans la plaine, et font l'agrément comme la richesse de cette partie vraiment privilégiée du département. Le commerce des comestibles est, ici comme presque partout en Algérie, celui qui paraît le plus aisé et le plus lucratif aux Européens. L'hôtel *d'Isly* et l'hôtel *du Commerce*, reçoivent convenablement les voyageurs. Ces deux établissements prennent en pension. Les nombreux cafés sont ceux *du Commerce*, *de Paris*, *des Quatre-Nations*, etc.

PHYSIONOMIE LOCALE. L'intérieur de la ville a un aspect tout-à-fait français. On ne rencontre plus rien des anciennes constructions arabes. Les rues à trottoirs sont larges et bien alignées. Elles ont été ouvertes dans la direction des vents les plus habituels au climat. Les rues Saint-Paul et Saint-Jean sont bordées de majestueux platanes, qui les ombragent entièrement; des ruisseaux les parcourent, aussi la fraîcheur y règne-t-elle en tout temps. On y remarque d'assez belles maisons. Les places sont celles du Zakkar, au N., et de l'Église, au centre. Le plan incliné de la ville, qui est assise sur des dépôts de carbonate calcaire, recouverts d'argile, de débris de construction et de terre végétale, à 4 ou 5 mètres, favorise sa propreté que les eaux vives entretiennent. Les habitants emploient le carbonate de chaux à la construction et au blanchîment de leurs maisons. Bien que la chaleur y soit moyennement moins forte, à cause de l'élévation de la ville, qu'à Alger, Bône et Oran, au temps des fortes chaleurs le thermomètre de Réaumur s'élève quelquefois à 31°. Les vents changent plusieurs fois de direction dans le même jour et convergent souvent sur la ville. Ces inconstances atmosphériques, plus sensibles en juin et en septembre, sont funestes aux malades, pour lesquels cependant le climat est sain en tout autre temps de l'année. Une Loge maçonnique réunit *les Frères du Zakkar*.

ENVIRONS. La pépinière et l'avenue de Blida sont des lieux de promenade très-fréquentés. Les environs de la ville sont riants et se peuplent tous les jours. Le sol est riche en cultures et en minéraux : sulfures de plomb, oxyde et carbonate de fer; le paysage est pittoresque et agréable, surtout au S. : végétation admirable, ravins remplis d'arbres fruitiers d'espèces variées; tout déploie aux yeux une terre d'avenir sous tous les rapports. Le mont Zakkar, au N., la tête chauve et les pieds verts, où l'on trouve du cuivre, du marbre blanc et d'énormes gisements de puddings et pierres dures diversement veinées, fournit des eaux abondantes et excellentes qui enveloppent la ville de toutes parts. Les cours d'eau les plus considérables sont l'oued Boutan et l'oued En-Nasseur, qui font tourner des moulins dont cinq appartiennent aux Indigènes. La plaine du Chélif, qui a 12 kilom. de large, s'ouvre au S. à 10 kilom. de la ville. Le fleuve du Chélif y serpente à 18 kilom. S. de Miliana, assez fort pour porter bateau en hiver. Sa largeur, de 40 mètres, est traversée par un pont de pierre dont la construction est ancienne.

A 24 kilom. N.-E. de Miliana est une fontaine d'eaux thermales, connue, parmi les Arabes, sous le nom d'Hammam-Rirha. Les Romains avaient placé une colonie sur un plateau voisin, et lui avait donné le titre d'*Acquæ Calidæ*. Les ruines de cet établissement sont éparses sur cette hauteur. On voyait encore un bassin où la température de l'eau était insupportable, et une d'étuve d'antique construction, lorsqu'en 1844, on vint y fonder un hôpital militaire pour 30 malades. Tous ceux qui ont fait usage de ces eaux, ont éprouvé un soulagement dans les douleurs chroniques. La route de Cherchel et de Blida à Miliana passe au pied de l'édifice qui renforme aujourd'hui cette précieuse fontaine. La découverte d'une source d'eau de Seltz donne un nouveau prix à cet établissement.

TRANSPORTS. Les voitures de roulage aident au transport des fardeaux, concurremment avec les mulets. Les promeneurs trouvent à louer des cabriolets.

ROUTES. Quatre routes principales se joignent en croix à Miliana :

1° La route de Blida, à l'E. ;

2° La route d'Orléansville, à l'O. ;

3° La route de Cherchel, au N. ;

4° La route de Téniet el-Haad, au S., par le camp de l'oued Boutan.

La commune de Miliana a deux annexes : 1° Affreville, 2° Aïn-Sultan.

1° AFFREVILLE est plutôt une suite de fermes isolées, placées à l'entrée de la plaine du Chélif, à l'endroit où elle atteint sa plus grande largeur, qu'un village proprement dit. Son nom d'Affreville lui a été donné en mémoire de Mgr Affre, archevêque de Paris, tué aux journées de juin 1848. L'emplacement qu'il occupe est celui d'*Azuccabar*, ancienne cité romaine, connue sous le nom de *Colonia Augusta*. Ce village a été créé, par arrêté ministériel du 9 octobre 1848, pour 40 familles, sur les deux rives de l'oued Boutan, et sur une étendue de 450 hectares. Il est traversé par les routes d'Orléansville, de Téniet el-Haad et d'Aïn-Sultan. 540 hectares sont cultivés en céréales. Les vignes occupent aussi un grand espace. Il y a une église. L'administration a exécuté des travaux importants, dans le but d'assurer le prompt écoulement des eaux pluviales, et d'éloigner ainsi de cette contrée une des causes de l'insalubrité. Les fièvres persistantes qu'on y éprouve, proviennent encore des exhalaisons malsaines d'anciennes rivières, qui couvraient 1,200 hectares au temps des Turcs. La population est de 90 habitants. Il y a 918 Arabes.

En 1851, six familles lorraines ont été installées, par l'administration, dans l'enceinte d'un ancien camp, au pied de la montagne. Ce noyau de population sera englobé dans le lotissement d'un village projeté sous le nom de l'*oued Rehan*.

2° AIN-SULTAN, village agricole de 1849, construit par le Génie militaire, fut affecté en 1852 aux transportés politiques, qui ont exécuté des travaux considérables de routes et de défrichements. Il a été remis à l'administration civile, le 22 décembre 1854, ayant été repeuplé par 49 familles, provenant de l'Alsace et de la Provence, qui vivent en parfaite sympathie et travaillent avec une courageuse émulation. Aïn-Sultan est situé à 17 kilom. N.-E. de Miliana, au pied d'un des contreforts S.-O. du Gonthas. Son territoire, d'une grande fertilité et cultivé en céréales sur 420 hectares, s'étend en partie dans la plaine et dans la montagne. Ce village a été pourvu des établissements publics nécessaires, mairie, église, école, fontaines, lavoirs, canal de dessèchement. Population : 210 habitants; il y a 37 Arabes. Le décret du 4 juillet 1855 lui attribue un territoire de 1,304 hectares, pour 48 feux.

LAVARANDE est un centre pour 40 familles, créé au pont du Hakem, dans la vallée du Chélif, à 14 kilom. de Miliana, sur un territoire de 1,745 hectares 28 ares 35 centiares, par décret impérial du 10 juillet 1857.

DUPERRÉ est un autre village, dans la vallée du Chélif, à 31 kilom. de Miliana, sur la route d'Orléansville, créé pour 82 feux, sur un territoire agricole de 2,281 hectares 95 ares 90 cent., par décret impérial du 6 septembre 1857.

VIII.

COMMUNE DE MOUZAIA-VILLE.

SITUATION. Mouzaïa-Ville est située au pied du versant septentrional de l'Atlas, sur la lisière méridionale de la Métidja, et sur la route de Blida à Cherchel, à 12 kilom. O. de Blida et à 5 kil. de la rive gauche de la Chiffa.

NOTE HISTORIQUE. Mouzaïa-Ville, créé par arrêté du 22 décembre 1846, sur l'emplacement d'un ancien poste romain, nommé *Tanaramusa Castra*, a été rattaché au centre administratif de Blida, le 5 juillet 1848, et enfin, constitué en commune, par le décret du 31 décembre 1856.

IMPORTANCE POLITIQUE. Mouzaïa-Ville est un chef-lieu de district de l'arrondissement de Blida, administré encore par un Commissaire civil. La population est de 600 habitants, dont 35 Espagnols. Il y a aussi 35 Arabes.

PHYSIONOMIE LOCALE. Mouzaïa-Ville est baignée par deux ruisseaux voisins, amenés au point culminant de son territoire par des aqueducs maçonnés de 5,993 mètres de développement, qui les reçoivent de deux barrages élevés en amont. Du côté de Blida, ils alimentent une fontaine et un abreuvoir. Un puits de 16 mètres donne aussi une onde abondante. Le territoire, qui a 1,658 hectares d'étendue, est fertile en fruits; les vergers y sont magnifiques. 1,185 hectares sont cultivés en céréales, et 77 en tabacs. L'administration a fait planter 795 arbres de diverses essences, qui ont parfaitement réussi. Elle a fait aussi construire, sur la place, une chapelle et une école.

INDUSTRIE PARTICULIÈRE. On tire parti, pour les besoins de Médéa et de Blida, d'un gisement de plâtre, sur la rive droite de la Chiffa. Du reste, Mouzaïa-Ville n'a progressé que lentement. Sa formation a été laborieuse.

La commune de Mouzaïa-Ville compte trois

annexes : 1º Bou-Roumi, 2º la Chiffa, 3º El-Affroun.

1º BOU-ROUMI, colonie agricole de 1848, à l'extrémité occidentale de la plaine de la Métidja, à 17 kilom. ouest de Blida. Le palmier-nain a opposé de grands obstacles au développement agricole de ce centre de population. L'administration préfectorale a promis une prime de 100 fr. pour tout hectare défriché et mis en culture. Un barrage établi au Bou-Roumi dès 1850, a permis d'amener, au moyen d'aqueducs maçonnés et couverts, de 5,315 mètres de longueur, une quantité d'eau suffisante pour l'irrigation des jardins. Une fontaine-abreuvoir et un lavoir couverts ont été construits. La grande route de Blida à Cherchel et à Milliana, traverse le village, où la population est de 85 cultivateurs;

2º LA CHIFFA, village fondé par l'arrêté du 22 décembre 1846, sur la rive gauche de la rivière de ce nom, à son entrée dans la plaine, à l'endroit où la route de Blida se bifurque vers Médéa et Milliana, à 8 kilom. S.-O. de Blida, jouit de bons arrosages qui lui sont assurés par un canal de dérivation qui fertilise toute la partie basse du territoire, où 476 hectares sont cultivés en blés et 27 en tabacs. L'administration a fait planter sur les boulevards 370 arbres d'essences variées. Une fontaine-abreuvoir et un lavoir ont été construits. Une petite chapelle provisoire est installée sur la place. La population est de 240 habitants, dont 21 Espagnols et 14 Allemands;

3º EL-AFFROUN, colonie agricole de 1848, à l'extrémité occidentale de la plaine de la Métidja, au pied d'un mamelon sur lequel est bâti un télégraphe, à 10 kilom. O. de Blida. On trouve, à cet endroit, des blocs de pierre très-dure et de grain très-fin, que l'industrie peut employer comme meules de moulin à farine. On a fait de belles plantations de mûriers. L'administration a embelli les boulevards et la place du village, de 244 arbres d'essences différentes. Deux puits, deux fontaines-abreuvoirs et deux lavoirs couverts, desservent la localité. Il y a une église, une école, une mairie, une salle d'asile, et un logement pour les Sœurs chargées de la direction de l'école des filles. Les mêmes routes qui passent à Bou-Roumi, traversent El-Affroun, où la population est de 208 individus; il y a 12 Espagnols et 11 Allemands.

IX.

COMMUNE DE VESOUL-BÉNIAN.

SITUATION. Vesoul-Bénian est situé dans les montagnes de l'Atlas, à 19 kilom. S.-O. de Blida, et à 21 kilom. de Miliona.

NOTE HISTORIQUE. Vesoul-Bénian porte un nom quelque peu bizarre, que son histoire justifie parfaitement. Ce village fut créé en 1850, en un lieu appelé Aïn-Benian, sur un territoire de 1,555 hectares. Des transportés politiques y furent installés en 1852, mais, à la fin de l'année suivante, des cultivateurs du département de la Haute-Saône, dont Vesoul est le chef-lieu, choisis parmi des familles honnêtes et possédant quelques ressources, y ont été établis. La remise de Vesoul-Bénian fut faite à l'administration civile, par arrêté du Gouverneur, du 22 décembre 1854. Ce fut le premier essai d'un village départemental ; il a parfaitement réussi. L'harmonie la plus complète règne parmi ces bons Francs-Comtois ; l'aisance apparaît dans chaque ménage, et tous s'applaudissent d'être venus chercher, en Algérie, une position qui, pour eux, est une sorte de fortune.

IMPORTANCE POLITIQUE. Le décret impérial du 31 décembre 1856, a constitué Vesoul-Bénian en commune. La difficulté de le rattacher dans des conditions normales a un centre plus considérable, a déterminé le Ministre à le réunir avec Bou-Medfa, en une circonscription qui relève directement de la sous-préfecture de Blida. C'est la moins riche des communes du département d'Alger. La population est de 432 habitants, y compris son annexe, qui contribue pour 209 individus dans ce chiffre total. Il y a une église.

PHYSIONOMIE LOCALE. Vesoul-Bénian est assis sur un plateau qui domine la vallée où existe l'établissement des eaux thermales d'Hammam-Rirha. Le village est dans une enceinte protégée d'un fossé et ouverte par quatre portes. Un abreuvoir est en dehors. A l'intérieur, des fontaines, un lavoir, un puits de 18 mètres de profondeur, donnent toute l'eau nécessaire aux habitants qui, sur leur territoire fort accidenté, cultivent 217 hectares en céréales, 50 en vignes, et nourrissent plus de 600 têtes de bétail, leur donnant de précieux engrais.

Bou-Medfa est la seule annexe de la commune.

BOU-MEDFA. Ce village, placé sur un plateau élevé et sur la route de Miliana à Blida, dont il est éloigné de 38 kilom., fut d'abord rattaché à Miliana, ensuite à Marengo. Il a été peuplé en 1850 et 1851. On y voit une mairie, une église, une école, et tous les moyens d'arrosage désirables, fontaines, lavoirs, etc. Le décret du 4 juillet 1855, le réunissant au hameau de Sidi Abd el-Kader, a fixé son territoire à 1,214 hectares pour 64 familles. La population est aujourd'hui de 209 habitants.

DIVISION D'ALGER.

(TERRITOIRE MILITAIRE.)

La division d'Alger a son chef-lieu à Blida. La description de cette ville et de ses établissements militaires est à la page 239, ci-dessus.

Cette division compte six subdivisions, qui sont : I° Blida, II° Dellys, III° Aumale, IV° Médéa, V° Miliana, VI° Orléansville.

I.

SUBDIVISION DE BLIDA.

Le tableau du dénombrement de la population, en 1856, n'énonce, dans la subdivision de Blida, que trois localités : Mela bel Kora, Sakamody et Tablat, comme présentant un effectif de 80 individus, habitant 13 maisons. Avec Aïn el-Bourd, ce sont des gîtes d'étapes ou de grande halte, sur la route d'Aumale. Ils rendent de très-grands services aux voyageurs et même aux troupes de passage. La position de ces points, dans des montagnes élevées, expose à des hivers très-rigoureux, et il est arrivé que, dans les bourrasques de neige qui y règnent quelquefois, les aubergistes établis en ces endroits ont sauvé la vie à plusieurs, qui seraient morts de froid sans leur assistance.

La colonisation libre a reçu protection pour constituer plusieurs fermes :

1° *A Bled ben Motla*. Trois fermes sur la route de Blida à Cherchel et à Miliana. Le dessèchement prochain du lac Alloula, y améliorera les conditions de salubrité. Habitants, 12. Étendue concédée, 370 hectares.

2° *Sur la rive droite du Bou-Roumi*. Huit fermes. Étendue concédée, 500 hectares. Un colon a eu, en 1854, le prix provincial pour le coton géorgie longue sole. Le tabac y prospère. 43 habitants.

3° *L'Haouch Kaïd el-Sebt*, magnifique ferme de MM. Magne et Fabre, d'une étendue de 100 hectares. 2,500 pieds d'arbres. Nombreux bétail. Il n'y a plus une racine de palmier-nain.

L'ensemble du territoire, sur lequel on compte encore deux fermes très-belles, comprend 850 hectares concédés, dont 50 hectares cultivés par 30 habitants, ayant planté 3,350 arbres.

4° *Sur l'Haouch m'ta el-Habous*, douze fermes, sur une étendue de 514 hectares; sont habitées par 33 colons, qui ont défriché 104 hectares.

5° *L'Haouch Khadoudja* a de beaux cotons et quatre hectares en garance.

6° *Sur le Bled-Cheffa*, une concession de 52 hectares occupe 54 personnes. On a planté 1,000 mûriers et greffé 500 oliviers.

7° *Dans le Chaïba-Inférieur*, territoire d'une fertilité remarquable, sur la rive droite du Mazafran, que la Chiffa a tenu en marais quelque temps, par suite de la rupture de sa digue naturelle de droite, il y a quatre fermes habitées par 17 personnes, sur l'étendue concédée de 581 hectares.

La subdivision de Blida embrasse un seul cercle, qui circonscrit :

I. LE KHALIFALIK DES HADJOUTES, étendant son autorité sur :

1° Le Kaïdat proprement dit des *Hadjout*, comprenant 36 haouchs;

2° Le Kaïdat de *Soumata*, comprenant dix-sept tribus;

3° Le Kaïdat des *Beni Messaoud*, comprenant neuf tribus;

4° Le Kaïdat des *Beni Salah*, comprenant douze tribus;

5° Le Kaïdat des *Ghallal*, comprenant sept tribus ;

6° Le Cheikhlichiakh de *Ferroukha*, comprenant cinq tribus.

II. LE KAIDAT DES BENI KHELIL, administré directement par le bureau arabe, comprenant douze tribus et 48 haouchs dans la plaine.

III. LE KAIDAT DES SOUHALIA, pareillement administré par le bureau arabe, comprenant 40 haouchs. On trouve une ruine romaine, sous le nom de *Ksar*, à Bou-Smaïl.

IV. LE KAIDAT DES BENI MISRA, comprenant neuf tribus;

V. LE BACH-AGHALIK DES BENI SELIMAN, étendant son autorité sur :

1° Le Kaïdat des *Beni Mouça*, fraction de la montagne, comprenant huit tribus et 78 haouchs dans la plaine. Quelques ruines romaines se trouvent au lieu nommé *Mokta-Djouab*.

VI. AGHALIK DES BENI SELIMANE, en neuf sections :

1° *Beni Selimane Cheraga*, comprenant quinze tribus ;

2° *Beni Selimane Gheraba*, comprenant trois tribus ;

3° *Beni Silem*, comprenant sept tribus ;

4° *Oulad Mecelem*, comprenant huit tribus ;

5° *Oulad Soultan*, comprenant cinq tribus ;

6° *Oulad Zenim*, comprenant trois tribus ;

7° *Oulad Taan*, comprenant six tribus ;

8° *Ahl-el-Euch*, comprenant six tribus ;

9° *Oulad Ziana*, comprenant six tribus.

II.

SUBDIVISION DE DELLYS.

Dellys, petite ville maritime dont nous avons tracé la monographie ci-dessus à la page 207, est le chef-lieu de cette subdivision.

La subdivision embrasse quatre cercles : 1° Dellys, 2° Tiziouzou, 3° Dra el-Mizan, 4° Fort-Napoléon, qui se partagent la plus grande portion de la Grande Kabylie définitivement conquise par M. le Maréchal Randon, Gouverneur-général.

GRANDE KABYLIE. La Grande Kabylie est cette région montagneuse qui, présentant la forme d'un vaste quadrilatère, appuie ses angles sur Dellys et Bougie au N., sur Aumale et Sétif au S. Coupée transversalement, du S.-O. au N.-E., par le Jurjura (*Mons Ferratus* des Romains), elle a 500 lieues carrées et une population de plus de 250,000 âmes. Aux époques historiques les plus reculées, ses habitants, les plus anciens occupants de l'Afrique, qui avaient déjà recueilli dans leur sein tant de débris des civilisations éteintes, étaient désignés sous le nom de *Quinque-Gentii* (les Cinq-Tribus). Les Romains ne pénétrèrent pas très-avant dans leurs montagnes, à en juger par le peu d'importance des ruines rares qu'on rencontre sur ce territoire. Les Vandales, les Huns, les Suèves trouvèrent un refuge dans ce pays, et ont laissé les traits caractéristiques de leurs races à plus d'une tribu. Lorsque les Arabes envahirent à leur tour, ils donnèrent à ces restes de nations diverses, le nom de *Kabyles (Devanciers)*. Les Turcs, à leur arrivée, relevèrent quelques forts dans l'intérieur du pays ; Bordj-Sebaou et Bordj-Tiziouzou, sur le versant N. du Jurjura; Bordj-Borgri et Bordj-Boufra, de l'autre côté. D'ailleurs ils n'y purent jamais obtenir de soumission formelle et durable.

Les crêtes rocheuses que dresse le Jurjura, élèvent des pics à plus de 2,000 mètres au-dessus du niveau de la mer. C'est là qu'habitent les Zouaoua. Dans cette *Suisse sauvage*, ainsi que l'appelle poétiquement le colonel Daumas, en son beau livre de *la Grande Kabylie*, d'où nous empruntons tous ces détails, les singes font de grands ravages et marchent en troupes formidables.

La totalité des tribus qui occupent le versant septentrional du Jurjura comprend 197 villages, où l'on peut lever 21,450 hommes. L'oued Sebaou ou Nessa, qui coule de l'E. à l'O.-N., et se jette à la mer à l'O. de Dellys, arrose cette contrée. Les Flissot Oum el-Lil *(les Enfants de la nuit)*, ainsi nommés à cause des camps turcs, détruits par eux dans des surprises nocturnes, habitent les cantons voisins.

Au versant méridional du Jurjura, coule de l'E. à l'O. l'oued Summam, qui, après avoir porté les noms d'oued Sahel, d'oued Bou-Mançour, et reçu le cours de l'Adjeb, venant de l'E., se déverse à la mer, au S.-E. de Bougie. Il y a de ce côté plus de 500 villages ou hameaux, et l'on peut y compter sur plus de 40,000 hommes.

Les Kabyles répandus sur les hauteurs de l'Afrique septentrionale et isolés en vastes groupes par l'agglomération des populations survenues, ont une communauté d'usages et de langage qui doit frapper l'esprit attentif, et y porter la preuve qu'ils sont les primitifs habitants du pays. La langue *berberia*, qu'ils parlent partout, affecte le dialecte dit *Zouaouïa* dans la Grande Kabylie. Ils sont assez peu fidèles aux observances de leur religion, que les marabouts et les chefs parlant arabe connaissent et pratiquent seuls. On voit encore, sur le front et le nez de leurs femmes, un léger tatouage, représentant une croix, lointain vestige du Christianisme.

Telle est la Grande Kabylie, totalement conquise par de brillants faits d'armes, au mois de mai 1857.

I. **CERCLE DE DELLYS.** Ce cercle circonscrit quatre tribus : les Khachna de la plaine, ceux de la montagne, les Ammal, et les Zouathna ; elles sont administrées par des kaïds, directement sous les ordres du Bureau arabe.

Le cercle circonscrit encore :

I. L'AGHALIK DES FLISSA comprenant quatorze tribus, et ayant sous son commandement :

1° *Les Flisset el-Bahr*, comprenant quatre tribus qui occupent un pays montagneux et accidenté, qui est borné au N. par le port de Tiklet, où l'on voit des ruines romaines, entre autres, deux tours qui sont parfaitement conservées ;

2° *Les Beni Ouaguennoun* comprenant dix tribus.

II. **CERCLE DE TIZIOUZOU.** Vers la fin de 1856, le *Moniteur Algérien* (n° 1508), faisait remarquer que notre influence avait fait dans la Grande Kabylie, des progrès sensibles et réels. C'était aux expéditions dirigées au milieu de cette difficile contrée, et surtout aux postes militaires créés sur la limite du territoire alors insoumis, qu'ils menaçaient sans cesse, en l'étreignant de toutes parts, que ce résultat devait être attribué.

Parmi ces postes, l'un des plus forts et des plus complets est celui de Tiziouzou.

Sa position, à quelque point de vue qu'on l'envisage, ne laisse rien à désirer. Situé au milieu d'un pays extrêmement fertile, sur la route qui doit relier Alger à Bougie, dominant le cours moyen et supérieur du Sebaou; adossé aux contreforts qui descendent directement des pics du Jurjura, ce poste est évidemment destiné, non-seulement à fournir à nos colonnes expéditionnaires une excellente base d'opérations, mais à devenir, sans aucun doute, et dans le plus prochain avenir, un des centres de population les plus importants.

Les Turcs avaient compris les avantages de cette position et y avaient bâti un bordj. Ils y entretenaient une petite garnison, non pas pour essayer d'étendre leur autorité au milieu des contrées environnantes, ce que leurs faibles moyens d'action ne leur permettaient pas même d'espérer, mais pour exercer sur le commerce et l'industrie une surveillance fiscale dans l'intérêt seul du trésor.

Après la chute des Turcs, ce bordj resta longtemps inhabité. Il tombait en ruines, lorsque, en 1851, M. le Gouverneur-Général, prévoyant combien il pourrait en tirer d'utilité pour l'accomplissement de ses projets contre la Kabylie, ordonna de le réparer, et en fit l'habitation provisoire de Bel-Kassem ou Kassi, notre bach-agha du Sebaou. Il y ajouta, bientôt après, deux avant-cours, entourées de logements et d'écuries, et, vers la fin de 1855, il en fit le centre d'un nouveau cercle d'où l'autorité française, se substituant définitivement à l'autorité indigène, trop longtemps intermédiaire entre nous et les montagnards, s'efforce de faire comprendre à ces derniers l'équité de notre domination et les bienfaits qui l'accompagnent.

Mais c'est surtout depuis les premiers jours de 1856, que le poste de Tiziouzou a pris un développement en rapport avec le rôle important que lui assure sa position. Telles sont les augmentations qui y ont été faites, par ordre de M. le Maréchal, Gouverneur-Général, que l'ancien bordj, réparé comme nous l'avons indiqué, n'y compte plus aujourd'hui que comme réduit.

Un mur d'enceinte, d'environ 700 mètres de circuit, et flanqué de bastions, a été construit autour du bordj du côté du Sud, de l'Ouest et du Sud-Ouest. Le long de ce mur et à l'intérieur, s'élèvent des constructions spacieuses qui, servant de manutention, de magasins, d'ambulance, de casernes, de pavillons pour les officiers de bureau arabe et de maison des hôtes, forment un poste-magasin considérable où peuvent contenir 400 malades et les approvisionnements nécessaires pendant trois mois à une colonne de 8,000 hommes et de 800 chevaux.

Cette enceinte, ces bâtiments d'un aspect imposant, les énormes mouvements de terre qu'a nécessités le ravin qui coupait le terrain sur lequel on devait bâtir, et qu'on a dû combler, tout cela a été exécuté par le Génie avec une telle activité, que, dans l'espace de moins de six mois, non-seulement le poste se trouvait à l'abri de toute attaque, mais que la plupart des locaux avaient été terminés et mis en état d'être occupés.

Grâce à cette activité véritablement surprenante, cet établissement a pu rendre déjà des services réels pendant la dernière expédition, dont les détails sont développés à la page 94 de ce livre.

La population de Tiziouzou est de 156 Européens, dont 9 Espagnols et 7 Italiens. La garnison est de 2,663 hommes.

Dans le cercle de Tiziouzou sont groupés, sous les ordres du bach-agha du Sebaou, de l'agha des Amraoua, et du kaïd du haut Sebaou :

Les Beni Khelifa. — Les Maatka, comprenant trois tribus. — Les Betronna. — Les Beni Zmenzar. — Les Hassonaouna. — Les Ferdiona. — Les Beni Djennad, comprenant cinq tribus. — Les Zerfaouna, comprenant sept tribus. — Les Beni Khelili, comprenant onze tribus. — Les Beni Bouchaïb, comprenant six tribus. — Les Beni Ghobri, comprenant quatorze tribus. — Les Ouled Aïssa Mimoun et Asir, en deux tribus. — Les Beni Flik. — Les Ighil Nezekri. — Les Beni Hassaïn, comprenant deux tribus. — Les Hazouza. — Les Tigrin. — Les Ibasilhzen. — Les Beni Douala, comprenant onze tribus. — Les Beni Fraoussen, comprenant quinze tribus. — Enfin les Beni Mahmoud comprenant six tribus.

III. **CERCLE DE DRA EL-MIZAN**. Ce cercle a été constitué après les récents événements qui ont eu lieu dans la Grande Kabylie. Un noyau de population européenne qui s'élève aujourd'hui à 103 individus, dont 13 Espagnols, vivant de la présence de quelques troupes sur ce point, y avait élevé une douzaine de maisons. On lui a accordé une zône de 85 hectares. Les habitants ont planté dans leurs jardins 350 arbres fruitiers. Ils ont un moulin à manège pour le blé et un autre pour l'huile que l'on extrait des olives achetées aux Kabyles. Un autre moulin à huile a été élevé par un Européen à Bordj Boghni, à 12 kilom. environ de Dra el-Mizan.

La garnison de Dra el-Mizan est de 902 hommes.

Ce cercle circonscrit :

Les Archaoua, comprenant deux tribus. — Les Nezlioua, comprenant sept tribus. — Les Flissa, comprenant trois tribus. — Les Abid. — Les Frekat, comprenant quatre tribus. — Les Beni Smaïl comprenant quatre tribus. — Les Beni Goufi. — Les Beni Mendas, comprenant deux tribus. — Les Beni Bougherdane, comprenant deux tribus. — Les Beni bou Heddou. — Les Cherfa Iglelikeu, comprenant deux tribus. — Les Ighil Imoula, comprenant deux tribus. — Les Mechetara, comprenant quatre tribus.

C'est dans ce canton, dans l'ancien kaïdat des Guechtoula que se trouve un des tombeaux de Sidi Abderahman bou Kobrin, patron d'une société de confrères dits *Khouan*. (Voir p. 186.)

Le cercle de Dra el-Mizan embrasse encore :

I. La Confédération des **BENI SEDKA**, comprenant :

Les Beni bou Chenacha, en cinq tribus. — Les Oulad Ali ou Illoul, en cinq tribus. — Les Ahel Okdal, en six tribus. — Les Beni Chebla, en trois tribus. — Les Beni Irguen, en quatre tribus. — Les Beni Ouadia, en neuf tribus. — Les Tagmount el-Djedid, en deux tribus.

II. La Confédération des **ZOUAOUA**, comprenant :

Les Beni Yenni, en huit tribus. — Les Beni Bou Akkache, en quatre tribus. — Les Beni Ouacif, en huit tribus. — Les Beni bou Drar, en sept tribus. — Les Beni Athaf, en trois tribus. — Les Beni Akbile, en six tribus.

Les Zouaoua, fort industrieux, sont les Auvergnats de l'Algérie, et s'expatrient en jouant de leur flûte pour gagner quelque petit pécune.

Dans tout leur pays il y a des métiers à tisser et des fabriques de fers à cheval, de socs de charrue et de ferrements de portes. Dans le Jurjura circulent des colporteurs de tissus et d'objets de mercerie et de droguerie en tous genres, fournis par l'entrepôt d'Aït-Ali-ou-Harzou. Leurs transactions se font au moyen d'échanges de produits agricoles.

Les Beni Atteli produisent du savon, les Aguacha fabriquent des ustensiles de bois, les Beni Frah des ouvrages en argent, à Agemoun Izen. Un atelier du même genre existe à Taddert-ou-Fellah, dont les habitants font aussi de la chandelle. A Taguemount Gouadefel on confectionne des semelles en peau de bœuf.

IV. **CERCLE DE FORT-NAPOLÉON.** On a pu voir aux pages 34 et 94 les circonstances dans lesquelles le Fort-Napoléon a été créé au centre de la tribu remuante des Beni Raten; sa construction était le seul moyen efficace d'assurer à la France notre nouvelle et glorieuse conquête. Le Fort-Napoléon s'est élevé avec une prodigieuse rapidité. Quand on songe que toutes les constructions qui le constituent ont été entièrement terminées en moins de cinq mois, on se demande ce qu'il faut le plus admirer ou des efforts persévérants de nos infatigables soldats, ou de l'intelligence et de l'activité qui ont su en si peu de temps tout organiser et tout mener à bien.

Les travaux du Fort-Napoléon ont quelque chose de gigantesque. Ils occupent l'emplacement où, après de glorieux combats, la colonne expéditionnaire vint dresser ses tentes. L'enceinte, flanquée de dix-sept bastions, offre un développement de 2,000 mètres. Elle est percée de deux portes; celle d'Alger et celle du Jurjura, élégamment construites en marbre blanc, que fournissent d'abondantes carrières exploitées au pied du fort. L'intérieur, surface de 12 hect. fortement accidentée, est couvert de grands bâtiments. En entrant par la porte d'Alger, et se dirigeant vers celle du Jurjura, on laisse successivement à la droite : la Maison des hôtes, le Bureau arabe, la Prison, le local du Service télégraphique électrique, et sur le sommet de la hauteur, autour du village d'Imaïren, maintenant démoli, une caserne pour un bataillon; plus loin, c'est le Cercle des officiers, le Pavillon du Commandant de place, la maison du Commandant Supérieur, située en arrière de ces deux dernières, et immédiatement après, deux casernes, chacune pour un bataillon. A gauche on voit d'abord l'emplacement de la meule à fourrage, puis les ateliers du Génie, le casernement de la cavalerie pour 200 chevaux, qui s'étend le long de la route jusqu'auprès de la porte du Jurjura, et enfin, entre ce casernement et la fortification, l'Intendance, l'infirmerie spacieuse et bien aérée pour plus de 100 malades, et les magasins des Subsistances, des Lits militaires et du Campement, dont le principal n'a pas moins de 90 mètres de façade. Les pavillons destinés aux logements des officiers sont vastes et confortables.

La ville civile s'élève au milieu de la ville militaire, dans l'enceinte du fort. Elle est située tout le long de la route. On y voit des magasins et des auberges dont quelques-uns ont été faits avec le plus grand soin. L'ensemble des constructions, en y ajoutant les maisons des colons, comprend 67 bâtiments, et forme comme une grande et imposante cité qui, sortie du sol comme par enchantement, domine le pays nouvellement conquis, et force à la soumission et au respect les populations environnantes.

Indépendamment des fontaines qui existent dans l'enceinte et qui ont été nettoyées et rebâties, on a conduit dans l'intérieur au moyen d'un syphon, les eaux d'une source située à

Aboudid. Elles sont reçues dans un bassin d'où elles peuvent se diviser de toutes parts. En dehors, et près de l'enceinte, un jardin potager a été créé par nos soldats. On y a planté des arbres fruitiers de toute espèce, afin de les répandre parmi les Kabyles. La route de Tiziouzou à Fort-Napoléon s'est maintenue en bon état. Quant aux villages qu'elle traverse ou qui apparaissent au loin, ils sont en grande partie rebâtis et peuplés, et l'on voit les habitants se livrer si paisiblement au commerce ou à l'agriculture qu'on a de la peine à croire, en remarquant l'aspect du pays et la sécurité qu'il présente, que la guerre, il y a quelques mois seulement, régnait là dans toute sa fureur.

Le cercle de fort Napoléon circonscrit :

I. La Confédération des BENI RATEN, comprenant :

Les Irdjen, en six tribus. — Les Aït Akerma, en dix tribus. — Les Ait ou Samour, en quatre tribus. — Les Aït ou Malou, en neuf tribus. — Les Aït Aggacha, en sept tribus.

II. La Confédération des BENI MENGUELLAT, comprenant :

Les Ait Khelef, en trois tribus. — Les Taourirt, en deux tribus. — Les Tamjout, en trois tribus. — Les Aït Amar ou Saïd, en quatre tribus.

III. La Confédération des BENI YAHIA, comprenant :

Les Trakka. — Les Koukou, en deux tribus. — Les Immes Dourar, en cinq tribus.

IV. La Confédération des BENI BOU YOUSSEF, comprenant cinq tribus.

V. La Confédération des BENI ITTOURAG, comprenant :

Le Sahel, où habitent sept tribus. — Le Djebel Ahdoueh, où habitent cinq tribus. — Les Immes Dourar, en trois tribus. — Les Aït ou Malou, en trois tribus.

VI. Enfin, la Confédération des BENI-ILLITEN, divisée en quatre parties, savoir :

1re partie, trois tribus. — 2e partie, trois tribus. — 3e partie, deux tribus. — 4e partie, cinq tribus.

Le Kabyle est industrieux, sédentaire, et fait de bonne huile, du savon noir avec l'huile d'olive et la cendre du laurier rose; il tresse des paniers, confectionne des nattes en palmier nain, file des cordes en poils de chèvre; pousse l'habileté industrielle jusqu'à produire de la fausse monnaie à Aït el-Arba. La fabrication de la poudre est concentrée dans la tribu des Reboulas et à Tablabel, chez les Beni Raten. Les Flissa font l'arme blanche; les Beni Abbas, le fusil tout entier.

Chez les Beni Abbas est la curieuse ville de Kuelaâ, divisée en quatre quartiers, sur une plate-forme, où l'on ne peut parvenir que par un chemin qui serpente au sommet de crêtes étroites. Les femmes y sont jolies et les hommes propres.

Chez les Fenagas sont les restes d'une ville antique, dont les remparts sont conservés; on y voit debout une statue colossale. Les Beni Oudjal ont aussi une ville ruinée.

III.

SUBDIVISION D'AUMALE.

AUMALE, chef-lieu de la subdivision, est situé par 36°15' de latitude septentrionale, et 1°20' de longitude orientale, dans l'intérieur de l'Algérie, à 130 kilom. S.-E. d'Alger, 136 S.-E. de Blida, 112 E. de Médéa. 180 O. de Sétif, entre ces deux villes, au point de passage qui donne communication du S. aux plaines du Hamza, avec les montagnes de la Kabylie. Aumale, non loin du Djebel Dira, est assis sur un plateau entouré d'une petite plaine, dominée elle-même par de hautes montagnes. L'aspect du pays est aride. Le paysage est rocheux et sec. Les Romains avaient en cet endroit une station sous le nom d'*Auzia*. De nombreux restes antiques, une belle mosaïque récemment découverte, en font foi. Les Turcs construisirent avec ces débris un fort qu'ils nommèrent Sour Ghozlan. Aumale fut fondé sur son emplacement pour surveiller la Kabylie et influer sur la vaste contrée qui s'étend au S. du Jurjura. Il est la résidence du Général de brigade commandant la 3e subdivision d'Alger. Le décret impérial du 7 décembre 1853 y a fondé une Justice-de-paix. La population civile est de 1,047 individus, dont 171 Espagnols ; la garnison de 1,108 hommes. La ville est entourée d'un bon mur crénelé, protégé par un ravin escarpé qui la rend imprenable à des Arabes. Elle ne consiste guère qu'en une seule grande rue, fort animée, et d'un quart de lieue de longueur. Les plus belles constructions, sont : la maison du Commandant de la subdivision, les casernes d'infanterie et de cavalerie, les magasins du Génie et de la manutention, vastes et magnifiques ; le bel hôpital, récemment édifié. Il y a une église. La mosquée est en dehors de la ville, à l'endroit où les Arabes tiennent leur marché le dimanche. Quatre portes donnent entrée dans Aumale : les portes d'Alger, de Bouçada, de Sétif et de Médéa.

Il y a un télégraphe aérien et électrique. La place de l'Église, celle du Marché et un jardin public, s'ouvrent aux promenades des oisifs. Ils ont aussi le Cercle militaire, parfaitement bien tenu ; les cafés Perrault, Sérié, Guiol. Le café chantant de l'Échelle, qui prête ses sujets pour monter la troupe théâtrale, organisée de loin en loin par les amateurs de la garnison. De nombreux hôtels prennent en pension au mois. Toutes les eaux supérieures de la ville ont été détournées pour son alimentation ; leur produit ne dépasse guère 5 litres par seconde, à l'étiage. Celles qui lui sont inférieures forment, par leur réunion, l'oued Lokal, sur lequel sont établis quatre moulins à blé, parfaitement installés. A 1 kil. de la ville, on visite une brasserie dans un joli jardin qui ombrage un jeu de boule et un tir au pistolet. Les promeneurs aristocratiques préfèrent se rendre à la fontaine dite *du Docteur*, à 8 kilomètres d'Aumale. L'équitation est un exercice qu'il faut avoir pratiqué si l'on veut parcourir les environs fort abruptes, la voiture étant un moyen presqu'impossible, dont l'ombre est inconnue dans ces cantons montagneux. Toutefois, la route d'Aumale à Bougie, ouverte en partie par les tribus kabyles récemment soumises, est carrossable dans tout son parcours depuis le 8 novembre 1857. Elle longe, sur les versants méridionaux du Jurjura, toute la vallée de l'oued Sahel, et assure notre domination de ce côté, comme le Fort-Napoléon sur les versants septentrionaux.

Les colons d'Aumale ont cultivé, en céréales, une zône de 1200 hectares qui leur a été concédée autour de la ville. Trente-huit centres d'exploitation, fermes ou maisons de jardiniers, en maçonnerie, y ont été élevés. On élève dans la banlieue une assez grande quantité de bétail. Des essais de plantation de vigne ont réussi.

L'administration a établi une pépinière. Le pays offre des ressources en pierre à chaux, plâtre, terre à briques. On y trouve quelques bois, à 12 kilom. de Sour Ghozlan, dans le Keconna. Le bois de chauffage se rencontre à 2 kilom. du poste. Le voisinage du Djebel Dirah, et l'élévation du plateau de Sour Ghozlan au-dessus du niveau de la mer, y rendent l'hiver assez rigoureux. Le climat peut être comparé à celui de Médéa.

Les Trembles, *Birkabalou*, *El-Betaën*, *Pichon*, le *Moulin de Sidi Allal*, sont des points de la route d'Aumale à Alger où sont établis des aubergistes. Sur le ruisseau de Birkabalou, les Arabes ont établi par association un très-beau moulin à blé à deux paires de meules, montées à la française. 21 individus habitent ces diverses localités où ils ont ensemencé 25 hectares.

Le cercle d'Aumale circonscrit :

1. L'AGHALIK DES ARIB, en deux sections :

1° Le Kaïdat des *Arib Gheraba*, comprenant seize tribus;

2° Le Kaïdat des *Arib Cheraga*, comprenant quatorze tribus.

II. LE BACH-AGHALIK DE L'OUED SAHEL, étendant son autorité sur :

1° L'Aghalik des *Beni Djaad*, comprenant onze tribus;

2° L'Aghalik de *Bouira*, comprenant huit tribus;

3° L'Aghalik du *Dirah-Supérieur*, comprenant dix tribus;

4° L'Aghalik du *Dirah-Inférieur*, comprenant sept tribus;

5° Le Kaïdat des *Ouennougha Cheraga*, comprenant deux tribus.

ANNEXE DES BENI MANÇOUR, administrée directement par le bureau arabe, comprenant douze tribus. Un colon français a établi, sous la protection du poste, un moulin à huile important, qu'il alimente au moyen d'achat d'olives, aux Kabyles des environs.

IV.

SUBDIVISION DE MÉDÉA.

La ville de Médéa a été décrite à la page 276.

La subdivion de Médéa embrasse trois cercles : 1° Médéa, 2° Boghar, 3° Laghouat.

Le tableau du dénombrement de la population, reconnaît, sur le territoire militaire, qui est spécialement régi par l'autorité résidant à Médéa, et forme le cercle qui prend son nom, 52 habitants français en 14 maisons. Neuf kaïds commandent aux tribus ci-après dénommées : Mouzaïa. — Ouzera. — Aouara. — Ouamery. — Gherib. — Hassen ben Ali. — Beni bou Yacoub. — Righa. — Hannacha.

Le cercle de Médéa circonscrit encore :

LE BACH-AGHALIK DU SUD, comprenant sept tribus et embrassant :

1° Le grand Kaïdat des *Abid*, comprenant deux tribus;

2° Le grand Kaïdat des *Rebata*, comprenant deux tribus;

3° Le grand Kaïdat des *Oulad-Allan*;

4° Le Kaïdat de *Titery*, comprenant deux tribus;

5° Le grand Kaïdat des *Oulad Mokhtar-Cheraga*, comprenant cinq tribus.

Il y a des ruines romaines remarquables chez les Djohab et les Ouled-Dris, qui faisaient autrefois partie de l'Aghalik du *Cheikh*.

Les Ouled Sidi-Aïssa el-Adab, sont une petite tribu de marabouts, qui vend du goudron, et se livre à la chasse des autruches.

II. **CERCLE DE BOGHAR.** — BOGHAR, chef-lieu du cercle, est situé sur les limites du Tel et du Sahra, à 76 kilom. S. de Médéa, à 120 kilom. O. d'Aumale, à 92 kilom. E. de Teniet el-Haad, sur le chemin de Laghouat. C'était une ancienne colonie romaine, connue sous le nom de *Castellum Minoritanum*. Berkani, khalifat d'Abd el-Kader à Médéa, y fonda, au milieu de la tribu des Oulad Antar, un poste militaire, qui avait un fort, un hôpital, des forges, une manutention, un atelier de réparation d'armes, un moulin à farine, et une prison qui consistait en profondes citernes desséchées, où les prisonniers français étaient détenus. En 1840, le Général Baraguay-d'Hilliers détruisit partiellement, et, le 22 mai 1841, le Maréchal Bugeaud occupa définitivement cette place d'armes, assise sur une montagne qui s'avance en cap dans le petit désert, se montrant là dans toute son aride étendue. La seule végétation qui s'y développe, consiste en bouquets de thym que paissent les gazelles. L'horizon est fermé au Sud par la chaîne du Djebel-Amour, que nos soldats nomment les *Montagnes bleues ;* au delà est le Grand désert, éloigné de 40 lieues de Boghar.

Les sources sont abondantes à Boghar, que le Chélif d'ailleurs contourne aux deux tiers. De beaux sapins, des genevriers et des thuyas très-hauts, y couronnent la hauteur. Cette position est exposée à tous les vents, qui y amènent de violentes tempêtes. La poussière du sol, qui est de roche calcaire à stalactites, devient alors fort dangereuse pour les yeux.

En 1843, la création d'un camp français amena à la suite de la garnison, qui est aujourd'hui de 356 hommes, une population civile qui a bâti 81 maisons, au pied de la montagne formant la rive gauche du Chélif. La route de Médéa à Laghouat traverse ce centre, nommé le Boghari français. Les habitants sont au nombre de 326, dont 79 Espagnols, cultivant de jolis jardins autour d'une délicieuse pépinière. Ils ont une église sur la rive droite du fleuve ; vers l'Est, s'élève le Ksar Boghari, village où séjournent une cinquantaine d'Arabes qui tiennent, le samedi, un marché important. Ils sont tous célibataires, et font venir, à cette espèce de foire, des troupes de chanteuses légères et de danseuses, qui ne le sont pas moins, dont le visage est doré de clinquant. Elles poivrent aussi leurs cheveux pour en éloigner la vermine. A 20 kilom. O., où sont encore des ruines antiques et des cavernes légendaires, se tient un marché très-fréquenté; un autre marché, où les moutons de tous les cantons d'alentour sont amenés, rassemble aussi beaucoup de monde, au pied même de la montagne, où coule l'oued el-Akroum. La localité a de bons matériaux de construction, et de la pierre à chaux en grande quantité. Sur le parcours des routes de Médéa à Boghar, on rencontre six exploitations d'aubergistes.

Le cercle de Boghar embrasse :

I. L'AGHALIK DE BOGHAR, comprenant huit tribus.

II. L'AGHALIK DES OULAD MOKHTAR GHERABA, comprenant cinq tribus.

III. L'AGHALIK DES BOU AÏCH, comprenant trois tribus.

IV. L'AGHALIK DES OULAD CHAIB, comprenant deux tribus.

III. **CERCLE DE LAGHOUAT.** — LAGHOUAT, chef-lieu du cercle de ce nom, définitivement constitué par arrêté du Gouverneur-Général, du 22 juillet 1853, est situé par 0°50' de longitude orientale, et 33°95' de latitude septentrionale, au milieu d'une oasis de 3,000 mètres de pourtour, peuplée d'arbres fruitiers de toutes les espèces d'Europe et d'Afrique, excepté les orangers et les citronniers. De nombreux palmiers se dressent; quelques-uns ont plus de 80 pieds d'élévation; à leurs pieds s'étendent des jardins potagers, que des guirlandes de pampres enlacent. Ce verger est entouré d'une muraille en pisé, défendue d'espace en espace par des tours carrées, et baignée à l'Est par les eaux de l'oued Mzi. Une grande avenue, percée du N. au S.-E., à l'époque de l'attaque de la ville, y conduit à travers les jardins.

M. O. Mac-Carthy décrit ainsi ces cultures, dans son *Almanach de l'Algérie* de 1854 :

« Ce me sera chose assez difficile, que de donner une idée exacte de ces beaux jardins de Laghouat. Nous n'avons rien de semblable et rien ne peut me servir de terme de comparaison. Qu'on se figure donc un espace de 250 hectares, divisé en parcelles plus ou moins étendues, toutes entourées de murs bâtis des mêmes matériaux que la ville, de briques crues en terre grise argileuse, cultivées par plates-bandes, et au-dessus desquelles se dressent 50 à 60,000 palmiers de 8, 10 et 12 mètres d'élévation. A leur base croissent les arbustes les plus variés : des figuiers, des grenadiers, des oliviers, des pêchers, des abricotiers, des coignassiers, des figuiers de Barbarie, tandis que les plates-bandes se couvrent successivement, suivant la saison, d'orge, d'oignons, de navets, de carottes, de melons, de pastèques, de citrouilles, de piments. Cette forêt splendide, due tout entière à la main de l'homme, belle dans tous les temps, l'est surtout à l'époque des grandes chaleurs, alors qu'au loin tout est brûlé, que la vue franchissant avec peine la plaine rayonnante de lumière, ne rencontre à l'horizon que le flanc rougeâtre de montagnes stériles. Un air frais y circule, rapide et plein d'aromatiques émanations, à travers les colonnades sans fin ; l'ombre, une ombre légère et douce, projetée par les feuilles effilées des palmes flexibles, y provoque sans cesse au repos, et mille oiseaux, sautillant au milieu des panaches touffus des grands arbres, égaient de leurs chants le calme qui vous entoure. »

Laghouat est à environ 300 kilom. de Boghar, et à 376 kilom. de Médéa. En 1852, c'était le centre d'un khalifat comprenant l'aghalik du

Sud, lorsque le 1er octobre, le Général commandant la subdivision vint le défendre contre les tentatives du chérif de Ouargla. Au commencement de l'année, il avait dû obliger le vieux khalifat à résigner ses fonctions, qui étaient trop fatigantes pour son âge; il mit son fils au pouvoir et se retira. Mais, quelques jours après, la révolte éclata dans Laghouat, et le Lieutenant-général Pélissier, commandant la division d'Oran, fut chargé de diriger des troupes sur ce point. Le 10 novembre, on battit les gens du chérif Mohammed ben Abdallah, qui s'enferma dans la ville; un combat eut encore lieu le 21. Le 3 décembre, le Général Pélissier arrive devant Laghouat; le 4, à 7 heures du matin, il ouvre le feu; la brèche est praticable à 10 heures, et le drapeau tricolore est planté sur le minaret de la maison de Ben Salem. Le Général Bouscaren et le Commandant Morand furent blessés à mort à l'assaut. Le même jour, les Larbaa et les Oulad Nayl furent frottés. Le 17, le Général Pélissier, laissant 1,000 hommes de garnison à Laghouat, se rendit à Aïn Mahdy, où il fut reçu avec les plus grands honneurs par le marabout Tedjini. L'effectif des troupes à Laghouat, est aujourd'hui de 698 hommes. Les habitants civils sont au nombre de 160, dont 53 Espagnols et 22 Suisses. Les Arabes ne sont pas moins de 2,107.

L'enceinte de la ville proprement dite, n'existe encore qu'à l'état de tracé. Il y a pourtant cinq portes désignées, qui sont Bab Cherquïa, à l'E.; Bab Nebka, au S.; une porte dite spécialement *du Sud*; Bab-Nouader, à l'O.; et la porte des Caravanes, qui ouvre sur un nouveau quartier arabe, projeté au S.-E. de la portion de la ville occupée par les Indigènes. Les rues y sont tortueuses; les maisons, construites en torchis, qu'on ne blanchit guère à cause de la réflection trop vive du soleil, ne sont que des rez-de-chaussées couverts de terrasses. Les couleuvres, qui chassent les souris, fort nombreuses en ce séjour, ont droit d'asile dans les fissures des murailles.

Laghouat, assis sur les deux versants N. et S. d'une vallée rocheuse, est divisé en deux. Aux sommets des deux points culminants s'élèvent, au S., le fort Bouscaren; au N., le fort Morand. Ces deux fortifications contiennent de belles casernes, pour 5 à 600 hommes chacune. L'hôpital, qui est dans l'ancienne Casba, contient environ 100 lits. Généralement, tous les bâtiments militaires sont construits avec un goût, une élégance remarquables.

Dans la partie de la ville occupée par les Européens, de belles rues tirées au cordeau se développent quelquefois entre de doubles arcades, comme la rue Youssouf, celle de la Pépinière, et sont bordées de gracieuses maisons qu'entoure et domine l'ombrage des jardins et des palmiers. La place Randon présente un quadrilatère formé par l'alignement de beaux édifices, pareillement à arcades, et dont l'ornementation extérieure est heureusement diversifiée. Là se déploie la façade de l'hôtel du Commandant supérieur, du pavillon des Officiers, du Cercle militaire, jouissant d'un jardin délicieux, du Bureau arabe, surmonté d'une coupole élégante, du Pavillon du Génie, du Bazar mozabite, où s'élève un clocheton gracieux renfermant l'horloge publique. Au milieu de cette place, un verger en quinconce est enfermé dans une balustrade de briques construite par souscription, qui laisse une large rue autour de son périmètre. Les principales voies de communications, menant aux places Pélissier, Marey, Casba et Costa, au nouveau quartier, sont les rues Pélissier, Camou, des Palmiers, avec celles que nous avons déjà indiquées. Les plus belles maisons sont celles des Kaïds des Larba, des Bains maures et français, construits par les héritiers de Ben Salom, où les baignoires sont en marbre blanc. En cet été (1857), le maximum de la chaleur était de 40° le 5 juillet, à 3 heures du soir, et le minimum 20° le 20 juillet, à 6 heures du matin. L'église est une ancienne mosquée; on vient d'y terminer un chœur. Deux ecclésiastiques tiennent une école de 30 élèves européens et arabes, auxquels des prix ont été distribués avec éclat le 2 août 1857. Des Sœurs de la Doctrine chrétienne organisent une école pour les jeunes filles. Une école des Arts et Métiers compte déjà plusieurs sujets remarquables. On fait le plan d'un édifice à approprier au culte musulman. Les Israélites se sont ménagés une petite synagogue dans un de leurs bazars.

L'hôtel *des Touristes*, construit aux frais d'une association des chefs indigènes, reçoit en pension, pour 70 ou 80 francs par mois. On y mange d'excellents barbeaux, du poids de 5 à 6 livres, pêchés dans les réservoirs du Tadmid et d'Estel, à 11 lieues de Laghouat. Des conserves naturelles d'abricots cueillis avant la maturité, suppléent au défaut de citron, et se mêlent avec avantage dans tous les apprêts. Le *Café des Lauriers* débite une bière excellente, qui est confectionnée dans une brasserie de la ville, dite *du Désert*, qui alimente de nombreux cabarets. Le commerce d'échange, fort actif à Laghouat, avec le Tell, s'est exercé principalement cette année sur les tissus, le henné, le maroquin. Les caravanes du Thouat et des Touaregs commencent à apprendre le chemin de Laghouat. Elles y viennent fréquemment avec des noirs du Soudan, apportant des dépouilles d'autruche, du cuir dit *filali*, pour les confections de la sellerie, de l'ivoire et de la poudre aurifère.

Les moutons du Sud, dont la belle laine a été singulièrement améliorée par les cachemires qu'on y a envoyés, sont amenés par les Ouled Naïls et les Larba. 635 toisons magnifiques ont été envoyées en France. Les meilleures sont celles des jeunes bêtes, obtenues par le croisement des béliers de Rambouillet; malgré les gratcrons, elles donnent des produits supérieurs à la laine de Caux et prennent fort bien la teinture. On en fabrique à Laghouat des haïks, des burnous, des Djelabats. On fait encore des bottines de femmes en forme de cothurnes fort souples. Le coton a pris depuis peu un essor immense dans les Ksour et dans tout le cercle de Laghouat; mais le commerce principal est toujours le produit des palmiers et des fruits. Un confiseur de Paris est venu se fixer à Laghouat, où il fait des gelées, confitures et compotes, qu'il expédie par tout l'univers.

Aux alentours de Laghouat, on voit des cultures magnifiques, au quartier de Msâad, de Ras el-Aïoun, d'El-Beda, d'El-Merdja, d'El-Bordj Snoussy, d'El-Ghnifi, et à la ferme de Bou-Khenfotts.

Des travaux d'une haute importance ont été exécutés à Ras el-Aïoun, à la coupure de l'arête rocheuse, dernier redressement des chaînes parallèles à la mer, où Laghouat est assis, pour y recueillir les eaux de l'oued Mzi, au moyen d'un barrage, et les conduire dans la ville, qu'elles parcourent en ruisseaux ou dans des canaux découverts. Ce barrage, de 300 mètres de long sur 10 de large et 3 de profondeur, dont 2 m. 50 au-dessous du fond de la rivière, a été construit par les Beni Laghouat eux-mêmes, à qui sont venus se joindre 150 travailleurs des tribus de Tadjmout, d'Aïn Madhi et d'El-Haouita. L'abondance des eaux est augmentée par huit ou dix crues annuelles, qui ne se perdent plus dans les sables comme naguère, mais contenues par des digues, vont arroser 1,000 hectares de cultures en céréales, de la Daïa Guéblia au S., et de la Daïa Goorbia à l'O. Ces irrigations habiles ont permis de faire de beaux jardinages au quartier de Zouaïmou. 12 à 1,500 hectares de terres incultes seront ainsi fertilisés quand les travaux distinctifs seront exécutés, et déjà des essais ont été couronnés d'un succès complet.

Autrefois c'était à l'Oued Lekhïer seul que les Arabes empruntaient ses ondes pour alimenter quelque verdure autour de leur ville. Ils arrosaient leurs jardins au moyen de petites écluses par où l'eau entrait pendant un certain temps marqué par un sablier que tenait un employé, commis à cette répartition. Souvent des discussions, qui dégénéraient en luttes acharnées et qui avaient fini par constituer deux factions ennemies, ensanglantaient les bords de ces faibles ruisseaux. L'autorité française, en s'emparant par sa conquête de tous les droits au partage des eaux et en les faisant couler avec une libéralité inconnue dans cette oasis, a mis un terme aux discordes et assuré la prospérité de tous. Plus de 100 puits ont été creusés par les Indigènes, qui comprennent les bienfaits de la domination française et la puissante direction imprimée à toutes les améliorations praticables. On a distribué partout des semences de toutes les graines qu'il est possible d'acclimater. M. Bouderba, au quartier de Seridjat, a établi 3 norias qui ont fertilisé 40 hectares. L'eau, dans cette localité, est à 3 et 4 mètres au-dessous du sol. Au quartier de Khoneg, 5 norias ont été établies par l'administration, au moyen de fractions de la tribu des Larbâ. Aussi les habitants, qui venaient dans le Tel chercher leur froment, se suffisent déjà à eux-mêmes et peuvent exporter au S. Toutes les tribus, comprises entre Boghar et Laghouat, émigrent au printemps pour se rendre aux limites des Touaregs, en suivant la route de Nili au Mzab. Dans ce parcours, elles voyageaient durant huit jours sans eau. A l'avenir elles en trouveront de deux en deux jours. Déjà les caravanes trouvent deux réservoirs, l'un à Nili, à 56 kilom. de Laghouat, contenant 500 mètres cubes, l'autre à Tilghemt, à égale distance (40 kilomètres) de Nili et de Bérian, établi dans une Daïa de 1,200 mètres de longueur sur 700 de largeur, dont la capacité est de 900 mètres cubes. Grace à ces approvisionnements considérables d'eau dans ces deux étapes, les troupeaux pourront profiter des excellents pâturages qui se trouvent dans cette partie de la région des Daïas.

C'est ainsi que la haute sollicitude de M. le Gouverneur-Général, secondée par des efforts rapides, a changé l'aspect de ce pays, auquel son génie organisateur s'est attaché avec une prédilection marquée.

Le fils de l'ancien Khalifa a une calèche et un ameublement français. On n'a que les chameaux et les chevaux pour se transporter à Tadjmout, à la Safia, à Ksour el-Hiran, petites oasis où l'on tue des outardes, des oiseaux nommés *ganga*, du genre de la perdrix anglaise, et des gazelles. On rencontre des antilopes, le mouflon à manchette, des gerboises. Nous ne parlerons pas des scorpions, qui abondent, mais seulement encore d'un lézard de 1 mètre de longueur, nommé *ouaran;* d'un autre qui, sous le nom de *dob*, traîne une queue dentelée en scie, et des vipères à cornes. La vipère minute est celle qui donne la mort en quelques instants.

De Laghouat à Boghar on trouve plusieurs caravansérails, qui sont ceux de :

1° *Sidi Makhlouf*, où l'on rencontre le premier palmier du désert, en venant du N.

2° *Aïn el-Ibel* (la fontaine des chameaux), où l'on voit le fameux rat à trompe, et une plante (arachide inéquilatère) fort curieuse, qui est l'*épisine*, nommée par les gens du lieu Zeb el-Turki. La *felipæa augusta*, pyramide de fleurs d'or, couvre les environs, où l'on éprouve le spectacle des mirages occasionné par de petits lacs salés.

3° *Djelfa*, centre de commandement dont le fort est à 1,400 mètres au-dessus du niveau de la mer. Il y a de belles cultures en blé et orge, qui ont succédé à un marais pestilentiel. On y trouve du sel, du pyrite de fer et de cuivre; du grès quartzeux, bonnes pierres de construction tirant sur le jaune et le rouge, qui renferment de petits galets de silex légèrement transparents, de diverses couleurs, pouvant être taillés pour camées et pommes de cannes. On peut dire que le S. de l'Algérie en offre une mine inépuisable. Une forêt se montre à Djelfa. M Main y fait fonctionner un moulin. La population est de 48 personnes, y compris 6 Espagnols, dans 5 maisons.

4° *Le Rocher du Sel,* au milieu d'un canton où toutes les eaux ont une saveur saline. Les Oulad Goumrini, aidés par les Oulad Si Ahmed, on fait à l'oued Mela Goumrini un barrage de 7 mètres 20 centimètres de hauteur et de 210 mètres de développement, se prolongeant par une digue de 1,400 mètres, qui assure l'irrigation de 1,800 hectares, dont plus de 500 sont déjà en culture. Ils ont aussi 9 norias à Ksar el-Aïn.

5° *Guelt Estel,* la source de l'Écuelle.

6° *Aïn el-Ousera,* où s'élèvent de belles constructions. Au moyen d'un canal de 940 mètres, on a desséché un marais dangereux. Deux sources fontaines remplissent un immense abreuvoir de 2,400 mètres de superficie.

Le cercle de Laghouat embrasse :

LE BACH-AGHALIK DES OULAD NAYL, étendant son autorité sur :

1° Les *Ksour,* comprenant cinq tribus ;

2° L'Aghalik des *Oulad Si Mohamed,* comprenant trois tribus ;

3° L'Aghalik des *Oulad Dia,* comprenant six tribus ;

4° Le Kaïdat des *Oulad Aïssa,* comprenant trois tribus ;

5° L'Aghalik des *Oulad ben Salem,* comprenant l'annexe de Djelfa où se trouvent deux tribus ;

6° Les *Ksour de Laghouat,* comprenant six tribus ;

7° Le grand Kaïdat de *Larba,* comprenant cinq tribus.

A 60 kilom. O. de Laghouat, et à 24 kilom. de Tedjemout, dans la même direction, se trouve Aïn Madhi, ville habitée par le vénérable marabout Tedjini. C'est un groupe de 200 maisons, qu'entoure, en forme elliptique, une muraille de 8 mètres de hauteur sur 2 d'épaisseur, dont les créneaux sont couronnés de pyramides, comme ceux des remparts d'Alger. Deux portes y donnent entrée, une au N.-O., et l'autre à l'E., qui porte le nom de Bab el-Kebir. Cette dernière, flanquée de tours et double, avec avancée et place d'armes, à l'instar des fortifications européennes, fait une des principales défenses de la ville, qu'Abd el-Kader n'a pu emporter durant 8 mois de siége, en 1838. La trahison et l'hypocrisie lui ouvrirent toutefois ces murs, qu'il renversa en partie. La chemise en pisé qui enclot les jardins, est une sorte de double enceinte qui présente de grandes difficultés à un siége régulier.

En novembre 1857, les Khouan de Tedjini étaient dans le ravissement : ils venaient de découvrir, prétendent-ils, un fils du célèbre marabout auquel on ne connaissait encore que des filles. Ce serait un jeune nègre retrouvé à Guelma, où sa mère se serait enfuie, et où il menait une existence toute différente de celle d'un héritier des Tedjini. Cet enfant à été conduit en grand appareil à Aïn Madhi, non sans avoir, au dire des Khouan, opéré, chemin faisant, quelques miracles qui attestent son origine d'une manière irréfragable.

V.

SUBDIVISION DE MILIANA.

MILIANA, chef-lieu de la cinquième subdivision d'Alger, a été décrit à la page 284 ci-dessus.

Dans le territoire militaire de Miliana, proprement dit, il y a 6 fermes dont la plus importante est celle de M. Suquet, concessionnaire de 160 hectares entièrement cultivés en céréales, et complantés de mûriers, d'amandiers, de figuiers. Le bétail de cette exploitation rurale est fort nombreux. La population, dans ces divers établissements, est de 110 individus.

La subdivision de Miliana circonscrit trois cercles : 1º Miliana, 2º Cherchel, 3º Teniet el-Had.

I. **LE CERCLE DE MILIANA** embrasse :

1º Dix-huit tribus administrées directement par le Bureau arabe.

II. LE BACH-AGHALIK DES DJENDEL, étendant son autorité sur :

1° L'Aghalik des *Djendel,* comprenant sept tribus;
2° L'Aghalik des *Attaf*;
3° L'Aghalik des *Braz,* comprenant quatorze tribus;
4° L'Aghalik des *Beni Menasser,* de la montagne.

II. **CERCLE DE CHERCHEL.** — CHERCHEL, chef-lieu du Cercle, a été décrit à la page 255.

Le Cercle de Cherchel embrasse :

L'AGHALIK DE ZATYMA, comprenant dix tribus, étendant son autorité sur :

1° Le Kaïdat des *Beni Menasser;*
2° Le Kaïdat des *Chenoua;*
3° Le Kaïdat des *Beni Menad.*

III. **CERCLE DE TÉNIET EL-HAD.** — TÉNIET EL-HAD, chef-lieu du Cercle, est situé à 60 kilom. S.-O. de Miliana, au N. de plusieurs vallées des affluents du Chélif, sur le passage obligé pour franchir les chaînes qui séparent le Haut-Chélif du Bas-Chélif. En avril 1845, on occupa cette position pour surveiller les communications de l'Ouarensenis avec l'Est de la province d'Alger. On y traça un camp qui se compose d'une partie haute et d'une partie basse, communiquant entre elles par une rampe, et entourées d'un mur en maçonnerie, flanqué de tours. Dans la partie haute est le réduit, le pavillon des Officiers, bâtiment à deux étages, la caserne, le magasin des subsistances et l'hôpital; un bastion renferme le magasin à poudres. La partie basse contient les écuries du peloton de cavalerie et du train des équipages ainsi que leurs casernes, le parc aux bœufs, le parc au bois et le magasin aux fourrages. Il y a un moulin et une enceinte en terre, défendue par un fossé et ombragée par des plantations, où les convois qui arrivent et les petits détachements campent en sûreté, sous la protection du camp, dont 328 hommes forment la garnison. Une population civile de 242 individus a bâti 46 maisons pour s'y livrer aux industries que le voisinage des troupes rend lucratives; une église est ouverte aux habitants. Ils se sont mis à la culture, et ont vu prospérer sur le peu de terrain qui leur a été livré, les arbres du Nord, fruitiers et forestiers. Une pépinière parfaitement entretenue, où les Arabes amènent leurs enfants en apprentissage, a été fondée. Ils ont une fontaine et un lavoir au-dessous de la ville, et un puits communal sur la place. Beaucoup de colons ont fait creuser des puits sur leurs lots à bâtir. Un marché considérable où affluent les Arabes, se tient à la porte de Téniet el-Had. A 2 kilom. O. se déploie une magnifique forêt de cèdres de 3,000 hectares d'étendue. On y admire des arbres de 6 mètres de circonférence sur 18 à 20 de hauteur, dont une rondelle pourrait former une table de huit couverts. Une source ferrugineuse, dont le docteur Bertherand a constaté l'analogie avec les eaux minérales de Spa, se produit dans cette forêt, à peu de distance de la route et à 3 kilom. du camp de Téniet el-Had qui possède un petit hôpital.

Le Bureau arabe de la localité administre directement :

I. La tribu des BENI MAHAREZ, et sept autres qui l'avoisinent.

Le Cercle embrasse encore :

II. LE BACH-AGHALIK DU GUEBLA qui étend son autorité sur onze tribus.

VI.

SUBDIVISION D'ORLÉANSVILLE.

ORLÉANSVILLE. Chef-lieu de la sixième subdivision d'Alger, a été décrit à la page 221 ci-dessus.

En attendant la constitution des centres de population projetée, une centaine de hardis colons se sont établis sur les points qui paraissent offrir le plus d'avantages comme gîtes d'étapes et lieux de repos pour les voyageurs, et ont bâti 29 maisons. Ces exploitations sont situées à Aïn Beïda, aux Cinq-Palmiers, aux Trois-Palmiers, sur la route de Ténès à Orléansville; à l'oued Isly et au Bordj Isly, sur la route d'Orléansville à Mostaganem; à Trandrara, sur la route de l'Ouarensenis, et sur quelques autres points.

La subdivision d'Orléansville circonscrit deux cercles : 1° Orléansville, 2° Ténès.

I. **LE CERCLE D'ORLÉANSVILLE** embrasse :

I. L'AGHALIK D'EL-ESNAM, comprenant sept tribus.

II. L'AGHALIK DE L'OUARENSENIS, comprenant huit tribus.

III. L'AGHALIK DES SBEHA, comprenant neuf tribus.

II. **CERCLE DE TÉNÈS.** — TÉNÈS, chef-lieu du Cercle, a été décrit à la page 230 ci-dessus.

Le Cercle de Ténès embrasse :

I. Le KAIDAT DES BENI MEMA, comprenant sept tribus.

II. Le KAIDAT DES BENI HIDJA, comprenant quatre tribus.

FIN DE LA PROVINCE D'ALGER.

PROVINCE DE CONSTANTINE.

DE LA PROVINCE DE CONSTANTINE

EN GÉNÉRAL.

SITUATION, LIMITES, ÉTENDUE. La province de Constantine comprend, le long de la Méditerranée, au N., l'étendue de côtes profondément accidentées qui serpentent entre l'embouchure de l'oued Zeïna, par 6°33' de longitude orientale, et le cap Corbelin, par 2°15'. Elle se prolonge en pointe au S., jusqu'au désert, entre les frontières, à l'E. de la Tunisie, qui s'avancent de la mer jusqu'à la Sebbka el-Grarnis qu'elles embrassent, et, de là, se dirigent à l'O.-S.; et les limites très-sinueuses, à l'O. de la province d'Alger. Sa superficie totale est de 175,000 kilom. carrés, dont 73,000 dans le Tell, et 102,000 dans le Sahra.

MONTAGNES. Les masses qui dominent les vallées hautes, et s'avancent de l'E. à l'O., sont :

Le Djebel Beni Salah, au S. de Bône, le Mahouna, près de Guelma, le Guérioun, au S. de Constantine, le Bou Taleb, au S. de Sétif.

Les masses qui bordent le littoral et dominent les vallées basses, sont :

Le Ghora, près de La Calle, l'Edough, entre Bône et Philippoville, le Goufi, entre Collo et Djidjeli, le Babour, entre Djidjeli et Bougie.

PLAINES ET LACS. Les surfaces aplanies les plus remarquables qu'on a pu reconnaître, sont la plaine de Bône et le lac Fezzara, situé à 20 kilom. S.-O. de cette ville. Ce lac, au pied du mont Edough, occupe, à 15 mètres au-dessus de la mer, une superficie de 12,700 hectares (32 kil. carrés). La profondeur moyenne des eaux, qui sont amères et salées, mais douces au milieu du lac, où l'on voit les ruines de la station romaine *Ad Plumbaria*, est de 2 mètres. On y trouve des poissons nombreux, et on y voit une grande quantité d'oiseaux aquatiques. La pêche et la chasse, sur le lac Fezzara, ont été concédées par acte du 12 décembre 1856.

Les lacs de La Calle, qui sont : l'étang de Beaumarchand, ou le lac supérieur *(Guera el-Boheïra)*, le lac de Tonèque *(Guera el-Hout)*, le lac du Bastion, les Sebkha Zerka, et les Chot ense ou Meleh, dans le khalifat des Harachtas, sur le chemin de Biskara, sont aussi à remarquer.

RIVIÈRES. Les cours d'eau les plus considérables sont, de l'E. à l'O. :

La Seybouse, qui a son embouchure à l'E. de Bône, dans le golfe de ce nom; les principaux affluents qui la composent, sont : les oueds Zenati, El-Mridj, El-Cherf, Bou Mouya, Maïla, Erquerich et Meboudja.

L'oued El-Kebir, qui a son embouchure à 28 kilom. E. de Djidjeli; ses principaux affluents sont : les oueds Endja, Dsahab, Djemila, Siyan, Rumel et Djira.

L'oued Atif, appelé aussi oued Adjeb, qui se jette dans l'oued Bou Mançour (*Summam*), à 60 kilom. environ du point où cette dernière rivière tombe à la mer. L'oued Atif la joint dans cette partie de son cours, où elle s'incline de l'O. à l'E. Avant cette rencontre, elle a reçu les oueds Bou Sellam, Bachbach, Sebt et Mahadjar.

Les autres cours d'eau de quelque importance sont encore, de l'E. à l'O. :

La Mafrag, qui se jette dans le golfe de Bône; l'oued El-Kork, dans le golfe de Stora, à l'O. du cap de Fer; le Safsaf, à l'E. de Philippeville; le Bou Arbia, à l'E. de Collo; l'oued Nil, à l'E. de Djidjeli.

L'oued Bou Mançour, qui a son embouchure à l'E. de Bougie, et sépare au S.-E. la province d'Alger de la province de Constantine. Les principaux affluents qui le composent sont : l'oued Figa, l'oued Tifrit.

RIVAGES, CAPS ET ILES. Nous suivrons

l'itinéraire de M. Bérard, capitaine de corvette, en remontant de l'O. à l'E. et à partir du cap Corbelin. Au S. de ce cap est la montagne Azefroun, élevée de 1,360 mètres, qui domine tout le premier plan des terres hautes, dont est bordée la côte depuis Dellys. Le cap Sigli est formé par des terres de moyenne hauteur. Son sommet est remarquable par des blocs de roches, disposés d'une manière bizarre, et qui ressemblent beaucoup à des ruines. Du cap Sigli au cap Carbon, la côte suit à peu près la direction de l'E.-S.-E. L'île Pisan, vis-à-vis une très-belle plage, est un rocher de 500 mètres de longueur. Son sommet tronqué, est incliné vers l'O., à environ 50 mètres d'élévation; ses flancs sont garnis de quelque végétation. Elle peut offrir un abri pour les petits bâtiments; après elle, la côte s'élève et présente à la mer une muraille perpendiculaire de grands rochers, qui règne sans être interrompue jusqu'au cap Carbon, et même dans la baie de Bougie. Au commencement et à peu de distance du rivage, on remarque dans ces rochers plusieurs cavernes très-grandes. Le cap Carbon est formé par la partie O.-E. d'une grande masse de rochers presque nus, et dont le sommet, appelé Gouraya, s'élève à 671 mètres au-dessus du niveau de la mer. La partie extrême du cap est perforée de part en part dans une direction N. et S., et, pour cette raison, a été appelé Metsgoub (*Pierre percée*); la mer y pénètre en y conservant une profondeur qui permet aux barques du pays de passer au travers.

La baie de Bougie sera décrite à l'article consacré à cette localité.

A partir de l'embouchure de l'oued Bou Mançour (*la Summan*), la côte s'incline régulièrement vers le S., et remonte ensuite, avec une espèce de symétrie, jusqu'au cap Cavalo. Dans le golfe de Bougie, qu'elle forme, on arrive à l'île Mansouriah, située très-près de terre, et on voit un petit îlot qui s'avance à un demi-mille au large, pouvant avoir 20 mètres de haut. Le cap Cavalo est une terre élevée qui s'avance vers le N.-N.-O., en diminuant progressivement de hauteur et formant une pointe aiguë; puis vient cette roche isolée, d'un rouge de feu, que les Arabes ont appelée pour cette raison *Afia*. Le fond des environs est madréporique; on y trouve du corail rouge. De la roche Afia à Djidjeli, la côte est formée par un cordon de roches basses et uniformément placées, comme les pierres d'un quai. De Djidjeli au cap Bougaroni, la côte suit à peu près l'E.-N.-E., presqu'en ligne droite, se recourbe et forme la baie Mers el-Zéitoun (*le Port des Oliviers*). Puis, commencent les sept caps, dont le Bougaroni est composé. C'est le point le plus N. de toute la côte d'Algérie. Il est formé par une grande masse de terre, qui occupe une étendue de plus de 16 milles, de l'E. à l'O., et dont le sommet le plus élevé a 1,090 mètres, et se trouve à peu près au centre.

La baie de Collo offre un abri contre les vents du N.-O. à l'O.; les petits bâtiments qui peuvent s'approcher de la terre et s'amarrer devant la ville sont à l'abri de presque tous les vents; le fond y est d'une très-bonne tenue.

La baie qu'on trouve au N. de Collo porte le nom de Bahar el-Aouâtsek (*Bain des Jeunes filles*); elle n'est pas à l'abri des vents de cette exposition. La partie occidentale de la baie de Collo se termine par un terrain rocailleux et de moyenne hauteur, qui porte le nom de Raz-Frao. L'île de Collo a environ 60 mètres de hauteur, son sommet est arrondi et d'une couleur roussâtre; l'on y trouve quelque végétation. Elle est habitée par un grand nombre d'oiseaux d'espèces différentes: des milans, des éperviers ayant leurs nids à côté de ceux des goëlands, des hirondelles de mer, des pétrels et même des pigeons; et chaque espèce paraît y vivre dans la plus entière sécurité. Il y a une baie assez profonde de là au cap Bibi, qui s'avance en pointe droite. Une autre pointe porte le nom de Tzour-Hamed-Djerbi. L'îlot Tarsah est un rocher pyramidal entièrement nu, à peine détaché de la côte qui, en cet endroit, tourne rapidement au S. et forme une baie ouverte. L'île Srigina est un seul rocher nu, dont la longueur gît N. et

S., et qui est entouré de quelques roches peu élevées. Cette île correspond à un gros cap sans nom, après lequel la côte tourne au S., en conservant le même aspect; quelques ravins profonds divisent ces masses de terrains, en leur donnant, auprès du port de Stora, des formes de pyramides assez remarquables. Une plage droite, uniforme et longue d'environ six milles, conduit du cap Râs-Sikkada au cap Filfila. Celui-ci, du côté de la mer, est un composé de falaises rocailleuses taillées à pic. Le grand enfoncement compris entre le cap Filfila et le cap de Fer, est généralement connu sous le nom de golfe de Stora. Le cap de Fer est formé par une masse étroite de terres élevées et garnies, à leur base et à leur sommet, de rochers gris, entièrement nus. Son contour est assez dentelé; le plus haut sommet du cap a 480 mètres de hauteur. La côte court ensuite au N.-E.; elle se courbe peu à peu et va rejoindre le Toukoush, offrant un aspect assez triste de falaises uniformes, entrecoupées de plusieurs petites plages. Dans le milieu de cet espace, à un mille de terre, se trouve l'île Toukoush; c'est un rocher peu élevé de couleur jaune ou rousse. Vis-à-vis cette île, les terres hautes sont voisines de la mer et forment une chaîne qui va jusqu'au cap de Gardo. Le Ras-Arxin est une montagne arrondie du côté de la mer; il n'y a aucune végétation. La côte se redresse ensuite, devient extrêmement escarpée et garnie de grands rochers, qui forment une espèce de muraille jusqu'à la *Voile-Noire;* c'est ainsi que les Maures ont appelé une roche triangulaire, ou plutôt conique, située à l'extrémité d'une pointe très-aiguë, qui s'avance en mer, à plus d'un demi mille, comme un môle. Tout ce qui avoisine la mer, en cet endroit, est d'un aspect triste, et ne présente plus, jusqu'au cap de Garde qu'un terrain aride et désolé. Le golfe de Bône, profond de 14 kilomètres, s'ouvre entre le cap de Garde et le cap Rose, séparés de 40 kilomètres.

Le cap Rose est formé par des terres peu élevées. Le mamelon de l'intérieur, qui en fait la principale masse, a 330 mètres de hauteur. Le cap lui-même, composé de roches coupées à pic, n'a que 90 mètres. C'est le point de la côte d'Afrique où l'on pêche le plus beau corail, et c'est aussi l'endroit où il est le plus abondant. La profondeur ordinaire de laquelle on le retire, est entre 40 et 50 brasses. A 4 milles du cap, on remarque une coupée dans le terrain. C'est par là que la mer communique à un étang très-poissonneux, dans lequel les corailleurs entraient souvent autrefois, et qui était connu parmi eux sous le nom d'*Étang du Bastion.* La côte remonte ensuite vers l'E.-N.-E. avec des terrains qui s'élèvent davantage. C'est à un peu moins de 2 milles de l'embouchure de ce lac que se trouvent, sur un escarpement rougeâtre, les ruines d'une tour qui appartenait à l'ancien Bastion de France, un des premiers établissements des Français en Afrique, et qui a précédé la domination des Turcs. A 1 mille du bastion il y a une pointe formée par un terrain de moyenne hauteur. La côte, après elle, tourne à l'E., en se courbant un peu, et vient former le cap Gros. On y voit, dans la partie occidentale, une saillie assez remarquable, qui a été appelée Bec-de-l'Aigle. La Calle est à 2 milles du cap Gros. A l'E. de la Calle la côte continue à être formée par des falaises parfois rocailleuses. On découvre de ce côté, à 4 milles de distance, une montagne cônique, au sommet un peu arrondi : c'est le Monte-Rotondo. Une petite rivière, qui coule à son pied, du côté de l'O., et vient se jeter à la mer tout près de lui, a longtemps servi de limite aux deux régences de Tunis et d'Alger.

PASSAGE. Il est un formidable passage, à l'O., à quatre jours de marche d'Alger, connu sous le nom de Bibans ou Portes-de-Fer. L'oued Bou-Ketheun l'a creusé à travers l'Ouannougha. Une vallée assez large, se rétrécit tout-à-coup, en plongeant au pied d'immenses murailles de granit dont les crêtes, pressées les unes contre les autres, découpent sur l'horizon leurs silhouettes fantastiques. On gravit un âpre sentier sur la rive gauche d'un torrent et, après des montées et des descentes pénibles, on se trouve emprisonné au milieu de cette gigantesque formation de roches escarpées. Ces masses calcaires de 8 à 900 pieds, toutes orientées de l'E. 10° N., à l'O. 10° S., se succèdent, séparées par des intervalles de 40 à 100 pieds, qu'occupent des parties marneuses détruites par le temps, et vont s'appuyer à des sommets qu'elles brisent en ressauts infranchissables. Une dernière descente, presque à pic, conduit au milieu du site le plus sauvage où, après avoir marché pendant plus de dix minutes, à travers des rochers dont le surplomb s'exhausse de plus en plus, et après avoir tourné à droite, à angle droit, dans le torrent, on arrive dans une espèce d'entonnoir, où se trouve la première porte. C'est une tranchée large de 8 pieds, pratiquée perpendiculairement dans une de ces grandes murailles, rouges dans le haut et grises dans le bas. Des ruelles latérales, produites par la destruction des terres légères, se succèdent jusqu'à la seconde porte, où un mulet chargé peut à peine passer. La troisième est à quinze pas plus loin, en tournant à droite. La quatrième porte, plus large que les autres, est à cinquante pas de la troisième; puis, le défilé, toujours étroit, s'élargit un peu et ne dure guère plus de trois cents pas; il débouche dans une riante vallée.

TEMPÉRATURE. La température de la province de Constantine présente de grandes différences sur son vaste périmètre, qui est celui des trois divisions de l'Algérie, s'étendant le plus au N. et se prolongeant davantage au midi. La situation des montagnes, que l'on trouve de plus en plus hautes, à mesure qu'on plonge dans l'intérieur, y met en présence de variations qui n'attendent point la démarcation des saisons, pour faire éprouver les ressauts les plus vifs du froid à la chaleur. Aussi, l'on y ressent tour-à-tour les plus grandes ardeurs de l'été et les rigueurs de l'hiver les plus sensibles. Ces observations ne sont point relatives aux côtes où la température est douce, et plus en rapport avec les Européens que sur tous les autres rivages de l'Afrique septentrionale.

VÉGÉTATION. Sur les 7,300,000 hectares du Tel, 806,700 sont en culture. La province de Constantine, entièrement dénudée en de certains cantons, est cependant presqu'autant boisée que la province d'Alger, et beaucoup plus que celle d'Oran.

Les dernières statistiques établies par le Service forestier, ont révélé l'existence de vastes forêts. Le relevé ci-après en fera connaître l'importance :

Cercle de Constantine	50,700	hect. boisés.
— d'Aïn Beïda	23,050	—
— de Tebessa	46,300	—
— de Djidjeli	42,000	—
— de Philippeville	82,015	—
— de Batna	71,030	—
— de Biskara	46,965	—
A reporter.....	363,050	hect. boisés.

	Report......	363,030 hect. boisés.
Cercle de Sétif	51,700	—
— de Bordj Bou Areridj	20,176	—
— de Bouçada	12,600	—
— de Bougie	77,050	—
— de Bône	55,442	—
— de Soukaras	50,400	—
— de Guelma	70,000	—
— de La Calle	56,755	—
Total......	765,073	hect. boisés.

Minéralogie. Ont été concédées les mines de fer de Bou Hamra, de Meboudja, des Kharézas, d'Aïn Morkha ; la mine de plomb de Kef Oum Theboul, et la mine d'antimoine d'El-Hamimate.

Il y a encore d'autres mines de fer au Filfila, à El-M'kimen, à l'oued El-Ksab, aux Beni Fourhal; au Djebel bou Ksaïba; un gîte de plomb argentifère au cap Roux; un gisement de même métal, de zinc, de mercure avec cinabre au Djebel Sayefa; du plomb, du zinc, de l'antimoine, du mercure, du cuivre, de l'arsenic au Fezoudj et au Bou Zeïtoum; de l'antimoine au Taya; du cinabre auprès de l'oued Noukhal et du Djebel Nakhsen; des pyrites de cuivre et de fer oligiste le long de l'oued Meçadjet.

Il reste à explorer 35 gisements reconnus ou signalés : Les mines de plomb des Ouled Chélia, près de Batna, de Khandeck-Chaou, du Djebel Kalâa, du Djebel Halia, à l'E. de Philippeville.

Les mines de cuivre et de zinc de Mers el-Mellaha et d'Aïn Barbar, à quelques kilomètres de Bône; de cuivre et de plomb du Djebel Chéraïa; d'antimoine du Djerdjiona; d'antimoine et de mercure du Djebel Sousâ; de fer de Bou el-Maden et de l'oued Imna, d'Andrar en Kabylie; de l'oued el-Aroug, auprès du lac Mella; de calamine d'Hamimate-Arko. Les gisements de fer oligiste de l'oued el-Arraka, d'Aïn Arraoun; de fer oxydulé de Slémat et d'Aïn Tsourba, dans l'Edoug, et du Skikda; de minerai de fer du Djebel Soma, au N. de Sétif et des deux rives de l'oued Tammanerts, à l'O. de Collo; les gisements de galène de Kharbet Merroucha et de Bou Grioua, dans les montagnes qui bornent au S. la plaine des Beni Sala (Kabylie); des Beni Marmi, dans la vallée supérieure de l'oued Djingen; de Bodjeur, à 32 kil. au S. de Sétif; du Djebel Gueddil, de l'oued Abdi, de Beccaria, à peu de distance de Tebessa; de galène antimonial des Nbaïls Nador, à l'E. de Guelma; de cuivre et de galène antimonial d'El-Garsa; de cuivre carbonaté de Sidi Rgheiss; de cuivre pyriteux de Khenag el-Djemaa, au S.-O. de Collo; de pyrite de cuivre d'Aïn Raalet, en Kabylie; d'antimoine sulfuré de l'oued el-Aouza, dans l'Edoug; et, enfin, de plomb, au Djebel Halia, à l'E. de Philippeville. On a extrait, au Smendou, quelques tonnes de lignite. Il y des mines de Sel à l'O. de Mila.

Les marbres blancs de Filfila sont de toute beauté. Ceux de l'Ouem el-Doueb et de Sidi Abd-el-Rebou, les marbres saccharoïdes de l'Ouem el-Adeïd et du Kif Sirsead, sont de même couleur; le marbre albâtre blanc du Djebel Hallouf a des reflets nacrés. Les marbres de l'Hadjar el-Bid et de l'oued el-Haneb sont d'un gris bleuâtre.

Depuis 1854, on exploite 59 carrières de pierre à bâtir, 16 de pierre à plâtre et à chaux. — 50 ateliers façonnent l'argile à briques.

De Sétif à la Calle, les sources minérales sont fréquentes, et nous rappellerons ici les eaux thermales d'Hammam Meskoutine, déjà indiquées dans l'introduction.

RUINES SOLITAIRES. Beaucoup de ruines solitaires sont disséminées dans cette province, qui a été le pays de l'Algérie le plus fréquenté par les Romains.

Le monument le plus curieux est le sépulcre des Rois de Numidie, nommé Medr'ason par les Arabes, et tombeau de Syphax par les Européens, sur la route de Batna à Constantine, au pied du Djebel Bou Arif, contrefort de l'Aurès. C'est peut-être le seul édifice encore debout, qui marque la transition entre l'art égyptien et l'art grec. Sa forme, qui est celle d'un cône tronqué, se retrouve dans les plus anciens monuments de la haute Asie, de l'Indoustan et de l'Amérique. Sa base a 55 mètres 08 centimètres de diamètre (530 pieds de tour), sa hauteur 18 mètres 60 centimètres (57 pieds 2 pouces); Soixante colonnes côniques, sans piédestaux; ayant, avec leurs chapiteaux, 2 mètres 60 centimètres de hauteur, sont engagées dans un mur circulaire. Au-dessus d'une corniche d'ordre pœstum, 23 degrés de 58 centimètres chacun de hauteur et de 98 centimètres de large, s'élèvent, en diminuant de circonférence progressivement jusqu'au sommet, qui ne présente qu'une plate-forme de 4 mètres de diamètre. Le pourtour du soubassement est divisé en trois parties égales, par des fausses portes. En 1850, on a trouvé à l'E., l'entrée d'un couloir au-dessous du troisième gradin à partir de l'entablement, fermé par une pierre rectangulaire, de 1 mètre 60 centimètres de hauteur, 1 mètre 10 centimètres de largeur et 50 centim. d'épaisseur, qui descendait à peu près au niveau de la corniche couronnant la base du bâtiment. Les pierres qui formaient le troisième gradin et la contre-marche, dérobaient la porte de ce caveau. On a déblayé un escalier de 6 marches de 0 mètre 50 cent. de hauteur sur 0 mètre 37 centimètres de largeur, descendant dans un couloir de 2 mètres 40 centimètres de hauteur sur 1 mètre 10 cent. de largeur, dont les parois sont revêtues de pierres de taille, et dont le plafond est formé de longues pierres portant sur les deux parois. Toute cette partie, jusqu'à 2 mètres au-delà, est un pallier parfaitement conservé. Une fouille de 1 mètre de profondeur, a fait découvrir des ossements humains et un fragment de lampe en métal. Le caveau placé après le couloir est détruit par suite de l'affaissement de la plate-forme, et de l'éboulement intérieur.

M. Carette, dans son travail sur l'Algérie, publié dans l'*Univers pittoresque* (Afrique. T. 7, p. 97), signale : « dans un pli de terrain non loin de la route qui conduit de Constantine à Sétif, par la plaine des Oulad Abd en-Nour, une crypte troglodytique, sorte de ville souterraine, qui porte le nom de Ksar Bou Malek, et dont l'origine se rattache aux premiers âges de l'histoire. C'est un amas de pierres de taille, dont quelques-unes seulement sont demeurées sur leur lit de pose. Les eaux du Bou Aça traversent la dépression du terrain qui les entoure en amphithéâtre. C'est là que s'offre une série d'excavations nombreuses, de formes et de grandeurs diverses, pratiquées dans le roc vif. On a trouvé la figure d'un triangle, profondément incrustée sur la face d'une de ces demeures mystérieuses.

A 38 kilom. de la route de Sétif, dans la région du Chellaba, on trouve encore une grotte (Rar ez-Zemma), pleine d'inscriptions romaines, en l'honneur du Génie de la maison d'Auguste.

Dans le golfe de Bougie, à 45 kilom. environ de cette ville, et à une distance à peu près égale de Djidjeli, on trouve, sur un petit promontoire élevé de 10 à 15 mètres au-dessus de l'embouchure de la rivière Djermouna, des ruines romaines assez remarquables : les restes d'un mur d'enceinte, haut de 4 mètres, avec tourelles, encadrant une superficie de 16 hectares, où se dressent des colonnes à chapiteaux corinthiens et les débris d'un édifice. Ce lieu se nomme Ziama.

A 4 kilom. environ et à l'E., on voit un autre amas de ruines assez considérable ; l'endroit porte le nom de Mansouria.

A 40 kilom. N.-E. de Sétif, on trouve Djemila, qui est l'ancienne *Jemellæ* des Romains, située sur un plateau d'un accès difficile, entouré d'un horizon triste et resserré. Les ruines romaines y sont importantes. Le duc d'Orléans, à son passage sur ce point, en octobre 1839, y remarqua un théâtre, un temple quadrilatère à 6 colonnes, les restes d'une basilique chrétienne avec une mosaïque, des bas-reliefs, des inscriptions en grand nombre, le forum où s'élève un temple dédié à la Victoire, et surtout un arc de triomphe, qui y mène. Sa hauteur totale est de 12 m. 65 centim., sur une largeur de 10 m. 60 centim. Il est d'une seule arcade de 7 m. 32 centim. de hauteur, et de 4 m. 35 centim. de largeur. Deux pilastres de chaque côté reposent sur un stylobate commun, et encadrent les trumeaux creusés chacun d'une niche destinée, sans aucun doute, à des statues. On lit sur l'attique une grande inscription, qui prouve que cet arc de triomphe a été élevé à l'empereur Caracalla, vainqueur des Parthes, des Bretons, des Germains, père de la patrie, proconsul, — à sa mère Julia Domna et à son père Septime Sévère.

ZOOLOGIE. Les scorpions sont fort communs; les serpents ne sont pas rares, mais on n'en rencontre plus de la taille de celui que Régulus combattit avec toute son armée dans cette province, au bord du fleuve Bagrada (le Medjerda), et dont il envoya à Rome la peau de 120 pieds de long, que Pline dit avoir vue.

Les poules de Constantine, qui n'ont pas de crêtes, sont connues par les naturalistes et appréciées par les gourmets.

C'est ici le lieu de parler de l'espèce de zoophyte qui attire tous les ans une population industrieuse sur la côte. Le polypier, que nous nommons corail, et dont l'extraction fait la principale richesse de ces parages, est abondant sous les eaux de La Calle, de Bône et même de Stora. Il a été recherché en 1854 par 226 bateaux, dont 16 Français et 130 Napolitains; — en 1855, par 73 bateaux seulement, dont 9 Français et 30 Napolitains. La raison de cette diminution pouvait être attribuée aux nombreux transports pour la guerre d'Orient, qui avaient distrait les navires d'un commerce peu fructueux à cette époque, où la mode des ornements de corail semblait être passée Quoi qu'il en soit, le montant des droits s'est élevé à 53,000 fr., et la valeur approximative du corail exporté par les Deux-Siciles et la Toscane, à 351,600 francs. Depuis, la bijouterie a remis en faveur le corail, et l'industrie de la pêche s'est relevée.

NOTE HISTORIQUE. — Le célèbre corsaire Barberousse mit à profit la décadence des Hafsites de Tunis pour s'emparer de Djidjeli, qui fut sa première possession. En 1520, il effraya par des menaces si terribles les gens de Collo, port où les produits de Constantine trouvaient un exutoire, que cette dernière ville se soumit aussi. Mais huit ans après, sa puissance y fut renversée par le caïd Abou l Hassan Ali ben Farat, qui exerça dans la province au nom des souverains de Tunis. Le pacha Mohamed ben Salah, vint punir cette révolte en 1567; mais le pouvoir des Turcs ne fut définitivement établi qu'en 1640. Ses successeurs au trône d'Alger établirent à Constantine un bey, qui gouverna la province en leur nom. Le moindre indice de désobéissance de la part de ces hauts fonctionnaires était promptement puni du cordon ou du poignard. Les guerres avec Tunis et les tribus indociles, furent les événements les plus graves de cette période. Dès 1520, plusieurs négociants provençaux avaient traité directement avec les tribus qui habitent le long des côtes, entre Tabarqua et Bône, pour y faire exclusivement la pêche du corail. Le sultan Sélim régularisa cette concession en faveur des Français, avec le privilége de faire seuls le commerce des ports et hâvres de La Calle, Collo, du cap Rose et de Bône; souvent ces titres furent éludés. Le Bastion de France, élevé pour protéger nos commerçants, fut détruit plus d'une fois. Le châtiment infligé à Djidjeli par les navires de Louis XIV, fut trop faible pour punir les Arabes de leur manque de foi. La destruction de nos établissements était toujours le premier acte par lequel ils déclaraient la reprise de leurs hostilités barbares. En 1827, le comptoir de La Calle fut de nouveau détruit.

La France vint en 1830 venger les injures anciennes et récentes qu'elle avait reçues sur ce rivage. Bône fut occupée, mais le bey de Constantine Hadj Ahmed, déclaré déchu, n'en continua pas moins l'exercice de sa tyrannie, malgré la nomination du prince tunisien Sidi Mustapha en sa place (15 décembre 1830). Le gouvernement français désapprouva cette combinaison politique du maréchal Clauzel, général en chef, et le rappela. Bône, mal gardée, d'où nos troupes venaient d'être chassées (29 février 1835) par suite des intrigues d'Ibrahim, ex-bey de Constantine, réfugié dans ses murs, fut aussi évacuée par ce dernier. Hadj Ahmed y vint porter le carnage, et en fut évincé à son tour par l'admirable résolution des capitaines d'Armandy et Jussuf. Dès-lors, la place est restée française; mais la présence, dans un pays qui appartenait à la France, d'un homme comme Ahmed qui se maintenait au pouvoir avec les attributs de la souveraineté, était intolérable. La province de Constantine avait été, au règne des Turcs, comme un royaume dans le royaume d'Alger même; sa richesse l'avait placée la première de tout temps. Les monuments des Romains, plus nombreux ici que dans les autres parties de l'Afrique; les routes de l'antiquité, les souvenirs de l'histoire revivant à chacun de nos pas, tout en était la preuve. Le pays demeurait dans un état complet de stagnation, eu égard aux progrès de la civilisation : la prise de Constantine fut donc résolue. Nos armes essuyèrent un mémorable échec devant cette place (1836), et l'année suivante, vers la même époque, la ville fut prise. Cette victoire, qui fut achetée au prix de la vie du général Damrémont, Gouverneur-Général, porta au même poste le lieutenant-général Valée, commandant supérieur de l'artillerie du siége. Ce gouverneur reparut dans la province pour y fonder Philippeville, sur les ruines de Rusicada. Djidjeli fut occupée. Le prince royal, duc d'Orléans, voulut visiter le pays et revint à Alger par le fameux passage des Portes de Fer (28 septembre 1839). Abd el-Kader, que cette expédition faite dans une intention toute pacifique, avait froissé dans ses susceptibilités de souverain, tel qu'on l'avait établi par le traité de la Tafna, déclara la guerre, mais ne put rien obtenir sur les Arabes de la province de Constantine, qui repoussèrent eux seuls ses émissaires et ses soldats. Mila, où quelques influences hostiles agitaient les masses, fut occupée, les tribus du mont Edough furent châtiées et les populations de Collo soumises.

Dès l'année 1838, divers arrêtés du Gouverneur-Général, en date du 30 septembre, avaient défini les pouvoirs des autorités françaises civiles et militaires; la position de divers chefs arabes sur la partie de la province dont la France ne se réservait pas l'administration directe; suivant la hiérarchie des dignités en usage depuis un tems immémorial, des khalifas, des hakems, des cheiks et des kaïds avaient été institués. Ces derniers percevaient, chacun dans leur arrondissement et pour le compte de la France, les impôts de l'achour, du hokor et de la dîme. A la fin de 1842, Sid Zerdoud fut repoussé du camp d'El-

Arrouch qu'il attaqua, suivi d'une multitude fanatisée, et Assenaoui, aussi bien qu'Ahmed, échouèrent dans leurs tentatives hostiles. La paix était assurée dans la plus grande étendue de la province en 1844, et les contributions rentraient avec exactitude. En vain des agitateurs parcouraient la province, ils ne pouvaient exciter que des assassinats individuels contre les fonctionnaires indigènes établis par nous. Quelques maraudeurs tunisiens tentèrent aussi une excursion sans succès, que leur souverain désavoua et promit d'empêcher à l'avenir. Un convoi de blessés ayant été massacré en traversant le territoire de la tribu des Ouled Sidi Yahia ben Thaleb, ces Arabes furent punis d'une razia et d'une amende, et quelques lointains refuges de rebelles furent aussi visités et rangés à l'obéissance.

Au milieu de la tranquillité générale, une attaque contre Djidjeli (3 octobre 1847) parut un fait inexplicable.

La ville de Temacin, dans l'oasis de l'oued Righ, à quelques lieues de Tuggurt, s'étant remuée en 1848, notre cheikh Bou Lifa ben Amou ben Djellal se chargea de la punir en notre nom. Quelques temps après, Hadj Ahmed, le dernier bey de Constantine, cerné par les troupes de Batna et de Biskara, se rendait à discrétion; les frères Ben Azzedin, le 10 septembre, furent battus, et l'année suivante (1849) agitèrent le kardat de Hodna, on les poursuivit dans le Zougha. Mais les Beni Mahena, aux entours de Philippeville, se soulevèrent aussi à la voix du chérif Ben Yamina, dont la tête fut portée à Constantine. Cet exemple n'arrêta pas les Ouled Sahnoun que l'on surprit près de Batna, le 8 juin. Le 16 juillet, nos attaques étaient sans succès contre le chérif Bouzian, dans l'oasis de Zaatcha, au Ziban. L'insurrection que les bruits de France semblaient amener, gagnait dans les Ouled Daoud, les Beni Oudjana, les Beni bou Sliman, à l'instigation du marabout Si Abd el-Hafidh et portait leurs tentes à 20 kil. de Biskara. Le 17 septembre elles étaient chassées des rives de l'oued Biraz, près de Sériana. Le 6 octobre on attaqua infructueusement Zaatcha, qu'il fallut assiéger par 51 jours de tranchée. Des combats sérieux eurent lieu les 23, 30, 31 octobre et le 16 novembre. On monta à l'assaut le 20 octobre et le 20 novembre; enfin la ville fut prise. D'autre part, dès le 13 novembre, le marabout Ben Chabira avait fortifié Bouçada contre notre approche, et s'était rendu le 15. Le 29 on pesa sur les tribus du Djebel Massa, et le centre de Bouçada fut constitué. Le 5 janvier 1850, la destruction du repaire des habitants de Nara, dans la vallée de l'oued Abdi, aux gorges de l'Aurès.

près de Batna, frappait de terreur les populations turbulentes de la province, qui le 10 avril, en la personne des Maadid, osent attaquer le Commandant de Sétif qui marchait contre eux. Le 21 mai, les Beni Imel, près de Trouna, tuaient le général de Baral et recevaient la peine de leur rébellion. Enfin le 8 juillet était finie la route de Sétif à Bougie. Les mouvements qui agitaient toute la partie Nord de la province, occupèrent les forces de l'armée durant toute l'année 1851. Dès le 26 janvier on châtiait les Kabyles des entours de Sétif. Le général de Saint-Arnaud parcourut les bords de l'oued Kebir avec les plus grandes difficultés, repoussant Bou Baghla, écrasant 26 fois les Kabyles, brûlant leur pays durant 80 jours sur un parcours de 640 kilom, de Bougie à Sétif. Cette glorieuse expédition finit le 15 juillet. Collo fut rassurée et les tribus voisines soumises durant quelque temps. Bou Baghla reparut le 14 janvier 1852 chez les Aït Ammeur, au sud du Jurjura, attaqua le territoire de Bougie, et le 25 fut chassé par les troupes de Sétif qui commencèrent la route de Bougie à Alger. Une tempête affreuse l'interrompit le 22 février; elle fut reprise le 5 mars. Le chérif de Bouçada manqua d'obéissance au Commandant de Sétif, et le sud de Guelma se mit en révolte. Cependant les Beni Salah tuaient nos bûcherons le 12 juin à Fedj el-Foul et se réfugiaient à Tunis où ils étaient poursuivis. Le chérif d'Ouargla attirait aussi notre sévérité le 22 mai. Ce ne fut que le 25 décembre 1853 que notre khalifa Si Hamza se fit ouvrir les portes de la ville où s'exerça son influence. Le 2 décembre 1854, Tuggurt était abandonné après un court engagement. L'insurrection des monts Babor au 31 mai 1856, nous obligea à faire la route de Sétif à ces montagnes. Elle fut terminée le 22 juin, et le 18 juillet les Nemenchas furent soumis. Les Ouled Moumen qui avaient assassiné leur cheikh et fui vers Tunis, éprouvèrent le même sort vers la fin de l'année.

Depuis ce moment, où la révolte a été vaincue partout, et depuis le formidable armement qui a eu raison enfin de la Grande Kabylie, la paix semble être fondée pour toujours parmi ces tribus où se développe une propension marquée pour la civilisation. Espérons que le voisinage de la régence de Tunis, où les idées européennes s'établissent sous les auspices des princes progressifs qui la gouvernent, continuera à concourir d'une manière favorable à l'exécution de nos pensées d'améliorations générales. La fertilité du sol se prononcera de nos jours comme autrefois; la Numidie se relèvera, à l'ombre de notre drapeau, et reprendra la place de la première nation africaine, ainsi qu'aux époques de l'antiquité.

POPULATION. La population européenne, formant l'élément civil, se compose ainsi qu'il suit :

Français..........	21,988	37,531
Anglo-Maltais......	4,540	
Italiens...........	3,965	
Allemands........	1,770	
Espagnols.........	1,449	
Autres nationaux...	3,819	

Population indigène............. 50,500

Effectif de l'armée............. 20,059

GOUVERNEMENT. Un Général de division, avec le titre de Commandement supérieur de la province, et un Préfet, exercent le pouvoir dans leurs attributions respectives.

RÉPARTITION DU TERRITOIRE. La province se divise en territoire civil et en territoire militaire.

Le territoire civil, formant le département de Constantine, se subdivise en trois arrondissements, qui sont ceux de Constantine, de Bône et de Philippeville.

Le territoire militaire forme la Division de Constantine, proprement dite, qui comprend quatre subdivisions, savoir :

Les subdivisions de Constantine, de Bône, de Sétif et de Batna.

DÉPARTEMENT DE CONSTANTINE.

CONSTANTINE (1).

SITUATION. Constantine est située par 37°24' de latitude N. et par 3°48' de longitude E., dans l'intérieur de l'Algérie, à 422 kilom. E. d'Alger, 83 kilom. S. de Philippeville, 156 kilom. S. de Bône.

ASPECT EXTÉRIEUR. Constantine offre la figure d'un trapèze incliné vers le S., qui présente ses angles aux quatre points cardinaux et dont la plus grande diagonale est dirigée du S. au N. Elle est bâtie sur un rocher, dont le point culminant a 644 mètres au-dessus du niveau de

---

(1) Une grande partie des renseignements historiques et statistiques dont cet article se compose, est due à la plume savante et précise de M. CHERBONNEAU, professeur d'arabe à la chaire de Constantine.

Il est rare, et personnellement heureux pour nous, de voir un homme supérieur venir ainsi en aide à ceux qui tentent d'écrire quelque chose d'utile au pays qu'ils habitent.

la mer et qui s'isole presqu'entièrement de la campagne environnante. Sorte de presqu'île, ce rocher est accosté au S.-O. par la prolongation d'une colline qui porte le nom de Coudiat Ati. C'est par ce point, le seul accessible, que l'armée française a pris la ville d'assaut, le 13 octobre 1837. Le Rumel qui reçoit le Bou Merzoug, au S., se jette, comme dans un précipice, à l'angle S. de Constantine, et longe ses pieds en courant à l'E.-N.; à l'angle qu'il rencontre au bout de cette ligne, il se perd sous un pont dans un gouffre formé par la nature. Après qu'il a coulé sous terre l'espace d'environ cent pas, on l'aperçoit par une ouverture d'à-peu-près dix pas de largeur, à l'endroit où le ravin s'évase; puis il se cache encore pendant trente pas. Alors il reparaît entièrement avec un développement plus large à l'angle N. de Constantine, qui le domine de toute la hauteur à pic de sa base. Là le Rumel se précipite d'un rocher perpendiculaire haut de 30 pieds, en formant plusieurs cascades, et enfin se répand dans la campagne du Hamma, en fuyant de l'E. à l'O., loin de la formidable cité dont il baigne deux des côtés du quadrilatère.

Les maisons couvertes de tuiles, ont une couleur sombre et semblent au premier coup-d'œil être toutes soudées ensemble. Quelques frêles minarets et de noirs cyprès s'élancent de cette masse, dont le tableau frappe d'une stupéfaction étrange. Ce spectacle aride, aussi pénible qu'il est extraordinaire, est entouré d'une belle verdure dans le lointain, pendant sept mois seulement. Les monts Mansoura de 672 mètres au S.-E., et Sidi Mécid de 606 mètres au N.-E., dominent et approchent la ville sans la toucher, séparés qu'ils sont du rocher qui la supporte, par une étroite et profonde cassure de 90 mètres de large, qui a plus de 190 mètres de profondeur en certains endroits.

NOTE HISTORIQUE. L'amphithéâtre que développe et dresse Constantine en face du désert, a été la scène où sont venu comparaître tour-à-tour les personnages qui ont joué le sort de l'Afrique dans le grand drame de l'histoire. Un aventurier Grec, qui s'empara du pays aux temps antiques, aurait été le fondateur de cette ville qui reçut le nom de *Cirta*. Vers 230 avant J.-C., Narva y régnait sur les Massyliens ou Numides orientaux. Il épousa une fille d'Amilcar, sœur du grand Annibal, dont il eut Gala qui lui succéda, et se trouvait sur le trône en 213. Massinissa, fils de Gala, soutint le parti des Carthaginois et fut fiancé à Sophonisbe, fille d'Asdrubal Giscon. La nature de cet ouvrage ne nous permet pas de nous étendre sur toutes les rivalités de Désalcès, Capuze, Mézétule qui briguèrent le trône, non plus que sur les retours de fortune qui firent que Sophonisbe épousa Syphax et peu après Massinissa, qui l'obligea à s'empoisonner, malgré l'amour qu'il avait pour elle. Massinissa réunit tout l'empire des Numidies pour prix des services rendus par lui aux Romains à Zama, et laissa son trône à sa race, dont Jugurtha amena l'extinction. Ce dernier s'empara de Cirta, qui était dans le domaine d'Adherbal son parent, et l'y fit périr. Marius l'occupa durant la guerre que la république eut à soutenir contre cet usurpateur (116). Juba 1er qui y régnait (46), par le bienfait des Romains, ayant embrassé le parti de Pompée, en fut chassé par Bogud, roi de Mauritanie, et Sittius, qui y fonda la colonie romaine des Sittiens, dont la ville prit alors le nom de Sittiana. César y fit entreprendre de très-grands travaux et la décora du titre de Julia. Rufus Volusianus (304 après J.-C.), général dans l'armée de Maxence, la prit et la détruisit. Constantin la réédifia et lui laissa son nom. Le sang des martyrs qui avait coulé sur les rives de l'Ampsaga (Rumel), féconda ces rochers arides qui parurent bientôt couverts de Chrétiens; ils y nourrirent bientôt aussi l'hydre de l'hérésie indigène à l'Afrique. Pétilien, de la secte des Donatistes, y fut évêque quinze ans et lutta contre saint Augustin. Lorsque l'armée de Justinien eut purgé l'Afrique des Vandales, cet empereur se donna comme le restaurateur de Constantine.

L'invasion arabe tomba d'abord sur cette opulente cité, dont elle resserra les nouveaux débris dans l'acropole; et Constantine, en conservant son nom, passa successivement aux mains de toutes les dynasties qui se disputèrent le *Mogreb el-Aouça*.

C'est sous le règne des Hafsites, dynastie berbère, que Constantine commence à prendre une importance politique. Elle forme à cette époque un des plus beaux apanages de la couronne, et dispute quelquefois à ses deux rivales, Tunis et Bougie, l'honneur de devenir la résidence royale. Il serait difficile d'exposer ici tous les événements auxquels elle a pris part pendant quatre siècles. C'est la tâche qu'a entreprise un historien de la ville, nommé Ibn-Konfoud, mis à contribution par Ibn Khaldoun et Ibn Abi Dinar.

En 1236 elle dépendait du gouverneur de Bougie. Ibn Ouzir ayant été désigné pour le commandement de Constantine, se fit proclamer souverain indépendant, vers la fin de l'an 1282. L'émir Abou Farès vint prendre la ville qui, l'année suivante, embrassa le parti de l'Emir Abou Zakaria second, reprenant à Bougie la position que son père, Abou Isak, y avait occupée. Ibn el-Amir, un des commandants établis par lui à Constantine, rendit la place à Aboubekr son compétiteur; mais il y fut assiégé et pris par le sultan Abou l-Baka (1304). Abou Yahia Abou Bekr, frère du sultan Abou Zakaria ayant été proclamé souverain (1311), prit la résolution d'augmenter les garnisons des places de Bougie et de Constantine, et nomma au gouvernement de cette dernière ville son fils l'émir Abou Abdallah (1320). En 1351, Abou Inan, le Merinite, s'empara de Constantine.

Plusieurs années après cet événement, cette ville se gouverna en république à la manière des populations kabyles. Mais elle se soumit à Khaireddin, lorsqu'il eut pris possession de Collo (1520).

La puissance des Turcs y fut renversée huit ans après, par les Tunisiens, et Abou l-Hassan Ali ben Farat y fut établi caïd. De nouveau soumis par les Algériens, les Contantinois se révoltèrent et furent réprimés par le pacha Mohammed ben Salah (1567). On bâtit un fort à Constantine en 1620 pour les tenir en respect.

On dit que l'insolence des Turcs y causa une révolte sous Ali Fortas, dey d'Alger. Celui-ci vint en personne pour la réprimer, et donna un bey à la province de Constantine (1640).

BEYLIK DE CONSTANTINE. Les beys étaient des espèces de gouverneurs qui administraient la province au nom du Pacha d'Alger, et qui versaient tous les ans entre ses mains une redevance appelée *dounouche*. Ceux sur lesquels on a conservé des renseignements sont :

Hussein bou Koumta, qui régna 24 ans et mourut de mort naturelle, chose assez rare (1754). Sa dévotion, son équité et les nombreuses aumônes qu'il répandait le firent regretter.

Zerg Aïn-ho (l'homme aux yeux bleus), resta au pouvoir 17 ans, de 1752 à 1771, et périt assassiné. La guerre ayant éclaté contre Tunis en 1760, il marcha contre cette capitale dont il s'empara après un siége de courte durée. Il y installa comme bey Sidi Ali, père d'Ahmed-Pacha. Il eut pour kalifat ou lieutenant, Salah-bey, qui, 20 ans après, parvint lui-même au gouvernement de Constantine.

Ahmed-Bey, aïeul du bey qui fut dépossédé par les Français, resta à la tête de la province pendant 16 ans, à partir de 1771. Homme courageux, il détruisit en plusieurs rencontres les divers partis que le bey de Tunis, détrôné par son prédécesseur, avait suscités contre lui.

Salah-Bey fut l'homme d'État, l'administrateur le plus éminent de l'Algérie. Il resta 25 ans au pouvoir, embellit la ville et la province de beaux édifices. On lui doit la belle mosquée de Sidi l-Kettani et la Medarsa qui y est contiguë. Il fit réparer le pont par des ouvriers européens, sous la direction d'un ingénieur mahonais. Au lieu de lui savoir gré de ces travaux utiles, le Pacha d'Alger s'imagina qu'il voulait se rendre indépendant, et il le fit étrangler par quatre chaouches dans la rue des Selliers arabes. Sa famille existe encore. C'est à elle qu'appartient le beau jardin que l'on voit sur un plateau, à 6 kilom. ouest de Constantine (1).

(1) Voir *Constantine et ses antiquités*, par M. Cherbonneau, dans l'*Annuaire de la Société archéologique de la province de Constantine*, année 1853.

Moustapha el-Ouznadji régna 3 ans seulement (1794-1797), et mourut assassiné par les ordres du Pacha. On raconte qu'il était pieux et très-instruit. Il recommandait aux enfants l'étude de l'histoire et de la géographie, sciences très-négligées par les Musulmans modernes. Il possédait une riche collection de manuscrits dont une partie figure aujourd'hui dans la bibliothèque publique d'Alger.

Hadj Moustapha Engliss (1797-1802). Après un règne de 5 ans et 4 mois, il fut exilé par ordre du Dey, d'abord à Médéa, puis à Tunis, où il mourut par le poison. Son petit-fils est aujourd'hui caïd des Segnïa (l'ancien Sigus). Il reçut le surnom d'Engliss (*English*) parce qu'il avait été fait prisonnier par un corsaire anglais.

Osman ben Karoult (1803-1804), ayant à châtier quelques tribus voisines des Beni-Touffout, fut massacré avec toute son armée sur l'oued Zohor, où l'on voit encore son tombeau.

Hussein ben Salah (1806-1807), avait été lieutenant du Bey Zerg Aïn-ho et s'était distingué au siége de Tunis, dont nous avons parlé plus haut. Il fut assassiné par ordre du Dey d'Alger.

Hussein-Bey succéda à Salah-Bey. Il était fils de Bou-Henak et avait passé sa première jeunesse à Constantine, où il était né. Dabord il fut lié avec Salah-Bey, mais cette amitié s'était altérée au point qu'il avait été obligé de se réfugier à Alger. Il y resta jusqu'au moment où éclata le mécontentement du Pacha contre Salah-Bey. C'est alors qu'il fut nommé pour le remplacer et vint s'emparer du commandement les armes à la main. Mais après avoir immolé tous ceux du parti contraire, il se livra à l'oisiveté. La province avait été pacifiée par son prédécesseur. Il mourut étranglé par ordre du Pacha.

Ali-Bey (1807), détesté des Turcs à cause de ses excès, fut assassiné par le kabyle Ahmed Chaouch pendant l'office du vendredi qui se célébrait à la mosquée de Souk el-Redjel (aujourd'hui l'église catholique).

Ahmed Chaouch, surnommé *Bey-Ras-ho* (l'homme qui s'est fait Bey), ne garda le pouvoir que 15 jours. Le caftan fut envoyé au kalifa El-Tobbal, qui sut ramener au devoir une partie de la garnison qui avait trempé dans la révolte, et se défit aisément de l'usurpateur.

Ahmed el-Mamlouk (1808) fut révoqué au bout de six mois.

Naaman-Bey (1812-1815) fut élevé au beylikat par les Arabes de la montagne, contre la volonté du Pacha d'Alger. Il mourut assassiné.

Kara-Moustapha, nommé par le Pacha et assassiné 30 jours après par ses ordres (1817).

Mohammed el-Mili, surnommé *Bou-Chettabia*, fut destitué après un gouvernement de 2 ans. Il était vicieux et sanguinaire.

Ibrahim el-Garbi, ex-bey de Médéa, fut nommé à Constantine en 1820. Un an après, il eut l'imprudence de faire de l'opposition au Dey d'Alger, qui le fit mourir.

Ahmed el-Mamlouk revint au pouvoir en 1821 : mais il fut tué par les siens en 1823. Il était né à Porto-Ferraro.

Ibrahim-Bey était Turc d'origine; il fut l'ami du dernier Bey, Hadj-Ahmed. Après avoir gouverné la province pendant 3 ans et 8 mois, il fut révoqué (1826).

Mohammed-Bey lui succéda : mais les intrigues d'Hadj-Ahmed finirent par le faire exiler à Miliana.

Hadj Ahmed (1826-1837) se fit proclamer Bey par le parti kabyle. En 1830, il conduisit au Dey d'Alger son contingent de troupes contre les Français. A son retour à Constantine, il trouva les portes fermées et se livra à toute sa cruauté, lorsqu'il fut redevenu maître de la ville. Il eut pour ministre un Kabyle, sous le nom de Ben-Aïssa. Cet homme, d'une naissance obscure, avait exercé, dit-on, le métier de forgeron. Son intelligence et son énergie l'ayant fait remarquer par le Bey, il arriva à la cour et s'y fit une position telle, que Hadj Ahmed n'agissait jamais sans le consulter.

Par arrêté du 15 décembre 1830, le gouvernement français prononça la déchéance de ce Bey et nomma à sa place Sidi Mustapha, frère de S. A. le Bey de Tunis. Ahmed n'en demeura pas moins souverain de Constantine. Ben-Aïssa défendit Constantine pour Ahmed contre la France, en 1836 et 1837; le général Damrémont fut tué aux pieds des remparts, et la ville fut prise le 13 octobre. Ahmed, qui était resté en dehors avec les tribus, aux deux attaques, s'enfuit au désert, à 50 lieues S., au milieu des Beni-Ganah, famille de sa mère, où il mena une existence malheureuse jusqu'en 1848. S'étant rendu au commandant Saint-Germain, il fut interné avec sa famille et ses serviteurs à Alger, où il est mort en 1855. C'est lui qui a fait construire le joli palais oriental qui est devenu la résidence du commandant supérieur de la province de Constantine. Il était d'un caractère cruel. On dit qu'il fit couper plus de 800 têtes par ses chaouches.

IMPORTANCE POLITIQUE. Constantine, chef-lieu de la province du même nom, est la résidence du Lieutenant-général, commandant supérieur, du Préfet du département de Constantine, et des chefs du service de toutes les parties spéciales de l'administration, qui dépendent de son ressort.

POPULATION. La population de la ville de Constantine est de 33,998 individus, habitant 1,477 maisons et formant 2,228 ménages. Il y a dans la population européenne, d'après l'état-civil, 1,115 hommes mariés, 69 veufs et 1,991 célibataires; 1,318 filles et 155 veuves. Sur ce nombre, on peut compter 5,471 catholiques et 213 protestants.

Voici le classement par nationalités :

Français	4,494		
Anglo-Maltais	418		
Italiens	279	5,783	
Allemands	208		
Espagnols	151		33,998
Autres nationaux	233		
Population Indigène		27,840	
Population civile inscrite en bloc		375	

La garnison est de 5,289 hommes.

Constantine est la ville la plus curieuse de

l'Algérie, sous le rapport de la variété des races, des costumes, des cultes, des coutumes et des fêtes. Une partie des nègres y pratiquent le culte du fétichisme, qu'on ne voit qu'au Soudan.

La population musulmane est en général ignorante et imbue de préjugés, mais tranquille. Presque toute la classe ouvrière porte des amulettes et des talismans contre les maladies et l'obsession des génies. On y trouve peu de personnes en état de comprendre le Coran et les livres saints. Sous le rapport de la science, Constantine a beaucoup dégénéré depuis le gouvernement des Turcs.

ENCEINTE. Constantine, bâtie sur une surface calcaire, dont l'inclinaison ne compte guère moins de 110 mètres du N. au S., de la Casba à la pointe de Sidi Rached, est sur un rocher isolé, comme posée sur un piédestal. Elle n'a pas d'enceinte sur trois des côtés de l'espèce de losange d'environ 3,000 mètres de développement qu'elle décrit; le redressement du sol, taillé à pic dans la plus grande étendue de ces lignes, la défend assez contre tout assaillant. Le Rumel, qui coule au long de ces escarpements, sur les côtes N.-E. et S.-E., lui sert d'ailleurs de fossé naturel. Beaucoup de maisons s'élèvent sur le bord même du ravin, et pendent sans danger au-dessus du gouffre. La ville, qui vient joindre à sa partie S.-O. le Coudiat Ati, se couvre d'un mur antique, haut de 10 mètres, sur une étendue de cinq ou six cents mètres. Le fossé n'est pas continu au pied de ce rempart. Trois portes, sur quatre, sont conservées ; la porte Valée, auprès du lieu de la brèche ; la porte Bab el-Djabia, qui communique au Rumel, à l'angle S.; c'est là que le Rumel tombe en cascade dans l'abîme. De ce point, sous les Romains, les Vandales et les Turcs, on jetait les femmes adultères, après leur avoir attaché des pierres aux pieds. La porte El-Kantara, qui met en communication le mont Mansoura avec l'angle E. de la ville au moyen d'un pont provisoire, établi le 9 juin 1857 ; le 18 mars de la même année, l'ancien pont de 117 mètres de développement, reconstruit sous Salah-Bey, en 1790, et consistant en quatre arcades, élevées au-dessus de deux autres, datant d'Antonin-le-Pieux (161), s'était écroulé en partie, entraînant dans sa chute 22 mètres de la conduite d'eau qui alimente la ville. On a dû en démolir le reste par le canon, le 30 mars. Ce monument, dont la hauteur totale était de 65 mètres, reposait sur une arcade naturelle, dont la clé de voûte de 16 mètres d'épaisseur, est à 41 mètres de l'étiage de la rivière.

Une rampe taillée dans le roc, descend de la ville au fond du ravin, où coule le Rumel, n'ayant pas plus de 1 mètre 33 cent. de profondeur en temps ordinaire.

FORTIFICATIONS. A l'angle N. de la ville, où le rocher qui la porte dresse sa plus grande hauteur, et tranche des pentes presqu'à pic, d'environ 100 mètres au-dessus de la riante plaine du Hamma s'étendant derrière, s'élève la Casba, ancien fort, dont la position a fait dire aux Arabes que Constantine avait l'air d'un burnous étendu dont la Casba serait le capuchon.

PHYSIONOMIE LOCALE. Introduit dans la ville, on ne trouve en général que des rues étroites et courtes, brisées à angles droits, et aboutissant à un grand nombre d'impasses.

La ville est divisée en deux quartiers : le quartier européen et le quartier indigène.

Le quartier européen, qui occupe à peu près la moitié de la superficie de la ville, est complètement débarrassé des maisons arabes qu'on y voyait, il y a quatre ou cinq ans.

Les rues principales sont la rue Combes, qui coupe la ville en deux parties, depuis la porte Valée jusqu'au ravin; dans son parcours elle prend plusieurs noms et s'appelle rue des Mozabites, rue des Selliers arabes, rue des Juifs, rue des Fruitiers, rue d'Israël.

La rue Damrémont, depuis la Préfecture jusqu'à l'extrémité de la Casba.

La rue Perrégaux (*Ferrame-Borroume*), qui longe en grande partie le ravin à l'E.

La rue Caraman, parallèle à la rue Combes, qui conduit de la place Nemours à la place Négrier; la rue Vieux, où se trouve la Prison civile; la rue Sérigny, la rue Des Moyens, et le passage Carrus, qui est garni de boutiques.

Les plus belles maisons sont :

Les hôtels de la Préfecture, de la Banque, des Mines, du Trésor et des Postes, la maison de Si Hamouda ben Lefgoun.

Les places sont, celles du Palais, de Nemours, des Galettes, des Chameaux, de Sidi Djellis, d'El-Kantara, des Fainéants, la place Négrier ou du Caravansérail, qui est complantée d'arbres d'une belle venue, ornée d'une fontaine, est entourée d'un banc continu à dossier en fer.

ÉDIFICES RELIGIEUX. Au moment où les Français s'emparèrent de Constantine, on comptait dans cette ville 70 mosquées, chapelles et zaouïa. Il n'en existe plus que 37. La mosquée la plus considérable est Djema el-Kebir, près de l'hôtel des Mines. La fondation en est attribuée aux rois hafsites, qui étaient de race berbère. Dans l'intérieur est le tribunal du Cadi maléki. Le minaret de cette mosquée est une énorme tour carrée, construite presqu'en entier avec des matériaux romains, colonnettes, cippes, stèles, autels, pierres épigraphiques, dont l'assemblage offre un coup-d'œil singulier.

La mosquée de Sidi l-Kettani, bâtie par Salah-Bey, en l'année 1780, est consacrée au rite hanéfite. Elle se trouve à l'extrémité de la rue Caraman, et le mur dans lequel est pratiqué le *mihrab* ou chœur, forme un des côtés de la place Négrier. Le vaisseau est soutenu par de belles colonnes en marbre blanc. On y admire la chaire, qui est construite en pièces de marbre de toutes les couleurs et taillées avec un goût infini. C'est l'œuvre des artistes génois. A côté sont deux établissements qui datent de la même époque : le palais des femmes de Salah-Bey, converti depuis plusieurs années en institution pour les demoiselles, sous la direction des Sœurs de la Doctrine chrétienne, et la Medarsa de Sidi l-Kettani, qui comprend, outre la salle affectée aux cours de droit, de rhétorique arabe et d'unithéisme, une série de cellules où sont logés les étudiants choisis dans les différentes tribus de la province. Au fond de la cour de cet établissement, sous une coupole élégante, et dans un emplacement entouré d'une balustrade de marbre, sont rangés les tombeaux de la famille de Salah-Bey. Du haut du minaret de la mosquée, on découvre un panorama extraordinaire.

Les mosquées de Sidi Abderrahman el-Menateki, de Sidi Meïmoune, sont situées dans la rue Vieux. Dans la mosquée de Sidi Bou Annaba, rue des Zouaves, se tiennent, tous les vendredis, les réunions d'Aïçaouas.

La troisième mosquée, sous le rapport de l'élégance des constructions, est celle de Sidi l-Akhdar, qui fut bâtie par Hussein-Bey, en 1743, pour la secte des Hanéfites. Son minaret domine la rue Combes. La salle des prières est bâtie sur une longue voûte qui aboutit à la place des Galettes. La Medarsa, que Salah-Bey fit construire à côté de la mosquée, en 1779, est affectée aujourd'hui au Cours public de langue arabe.

L'église de Notre-Dame-des-Sept-Douleurs est au pied de la place du Palais. Cette église a été établie dans la mosquée de Souk el-Rezel, que l'on a agrandie et devant laquelle on a construit un portique, en 1856. Elle est surmontée d'un minaret en bois. A cette église sont annexés le presbytère et l'école de la maîtrise. Les RR. PP. Jésuites ont un oratoire dans la rue Sérigny. Un Temple protestant est derrière la grande mosquée.

ÉTABLISSEMENTS PUBLICS. Le Commandant supérieur de la province de Constantine habite le palais de l'ancien Bey Hadj-Ahmed. Cette demeure, qui a été construite il y a tout au plus vingt-huit ans, sur le modèle des palais d'Orient, représente une de ces habitations décrites dans *les Mille et une Nuits*. Comme elle est très-vaste, on y a établi plusieurs services : l'État-Major général, la Direction des Fortifications, le Bureau arabe divisionnaire, le Conseil de Guerre, et le prétoire du Cadi des Arabes. Ce sont trois grands corps de logis, séparés par trois jardins ou parterres qui en font le principal ornement. Une galerie intérieure règne dans toute l'étendue de cette demeure charmante, et les amateurs en examinent avec curiosité les murailles sur lesquelles le peintre naïf du Bey a représenté les principales villes du monde musulman, depuis la Mecque et Constantinople, jusqu'à Tunis et Alger.

Un canal sinueux, en maçonnerie, prend les eaux de la rivière de Berârith et des sources qui abondent sur le plateau du Mansoura, près du village de Sidi Mabrouk. Il les descend jusqu'au ravin qu'elles traversent par un syphon gigantesque de 75 mètres, qui passe sur les ruines de l'ancien pont d'El-Kantara, et les élève de là jusqu'à la Casba, où se trouvent les citernes romaines. Les tuyaux qui résistent à cette pression considérable, évaluée moyennement à 20 atmosphères, traversent en tunnel toute la largeur de la ville, et versent 600 mètres d'eau par jour dans les citernes qui servent de réservoirs. Ce sont 19 galeries voûtées et parallèles de 23 mètres de long, sur 5 mètres de largeur et 4 mètres de hauteur, pouvant contenir ensemble 10,000 mètres cubes d'eau. La plus grande partie des maisons a de vastes citernes ; Constantine est peut-être la ville du monde la plus remarquable sous ce rapport. Il y a aussi les fontaines de la place Négrier, des Galettes, de Sidi-Djellis et de l'Esplanade de la Brèche.

Le décret du 3 décembre 1856 a autorisé une succursale de la Banque de l'Algérie, qui a commencé ses opérations au 2 février 1857. L'institution d'un Bureau de bienfaisance a été confirmée dès le 31 juillet 1853. Il y a aussi une

Société de secours mutuels. Les télégraphes électrique et aérien fonctionnent. La ville possède deux riches collections d'antiquités, qui sont réparties en deux sections, provisoirement. La première partie, qui comprend les antiquités en airain, en terre, en poterie, et de nombreuses médailles, est disposée sous des vitrines dans la grande salle du conseil municipal. La seconde, qui est toute entière composée de fragments considérables, statues, frises, colonnes, chapiteaux, autels, tombeaux, cippes, a été installée dans un jardin, en contrebas de la place Négrier.

Un Cours public de langue arabe est ouvert rue Combes. L'école communale est rue Hakette. Celle des Frères de la Doctrine chrétienne, qui réunit 400 enfants, est provisoirement établie dans la rue Sérigny. L'école arabe-française, pour les garçons musulmans, est sur la place de Sidi Djellis : 177 enfants. Les écoles indigènes sont au nombre de onze, dont six dans les zaouïas dépendant des mosquées (113 élèves), et cinq dans les zaouïas particulières (89 élèves). Une institution pour les jeunes filles françaises, tenue par les Sœurs de la Doctrine chrétienne, rue Caraman, près de la mosquée de Sidi el-Kettani, rassemble 260 jeunes filles. L'école des jeunes filles musulmanes, rue Aly Moussa, près de la place des Galettes, instruit 48 enfants. A la Salle d'asile, rue Caraman, sont reçus 300 jeunes enfants européens.

L'Hôpital civil, pour les femmes, tenu par les Sœurs de la Doctrine chrétienne, est sur la place des Galettes. Le Dispensaire est au coin de la même place. La Prison civile longe la rue Vieux; l'entrée donne dans la rue Fontanilhes.

Le marché de la place de Nemours se tient tous les jours, jusqu'à 10 heures. Le marché couvert de la place des Galettes, est une belle construction. Le marché aux grains est en dehors de la ville, au pied du Coudiat Ati. Il s'y est vendu, en 1856, 7,000,000 de francs de blé et d'orge. C'est le marché le plus important de l'Algérie. La promenade de Sétif s'étend du marché aux grains jusqu'au camp des Oliviers. — Le marché aux cuirs est rue Perrégaux, celui aux burnous, place des Chameaux.

Le fondouk aux haïks et aux tapis, le fondouk aux huiles, sont tous deux dans la rue Vieux. Un autre fondouk aux haïks et aux burnous, est rue Hakette.

Sur le marché de la place Négrier, se vendent à la criée les bijoux, les pierreries, les perles, les haïks, les selles brodées, les costumes, les tapis, les glaces et les meubles arabes (de 11 heures à 2 heures de l'après-midi). Deux bureaux sont établis sur ce marché pour la surveillance des transactions : le bureau des syndics des encanteurs (*Amine el-Dellaline*) et celui du contrôleur des matières précieuses (*Amine el-Fodda*). Il n'est pas rare de trouver là, entre les mains des revendeurs, des objets antiques, bagues, médailles, ustensiles numides, romains ou arabes, qui ont été ramassés par les Juifs dans le lit profond du Rumel.

Un Abattoir est sur le bord du fleuve, près du Bardo.

Sur les rochers qui se dressent à la rive droite du Rumel, et à l'entrée de ce cours d'eau dans le ravin, on voit une inscription, dite *des Martyrs*, gravée en 259, en l'honneur de saint Jacques, de saint Marien, et de neuf autres Chrétiens, qui ont été décapités sur la hauteur. Vis-à-vis, sur la rive gauche et au S. du Coudiat Ati, on lit sur une pyramide en pierres de taille, cette inscription en français et en arabe :

ICI
FUT TUÉ
PAR UN BOULET
EN VISITANT
LA BATTERIE DE BRÈCHE
LE 12 OCTOBRE 1837
VEILLE DE LA PRISE DE CONSTANTINE
LE LIEUTENANT-GÉNÉRAL
DENYS COMTE DE DAMRÉMONT
GOUVERNEUR GÉNÉRAL
DANS LE NORD DE L'AFRIQUE
COMMANDANT EN CHEF
L'ARMÉE FRANÇAISE EXPÉDITIONNAIRE

الحمد لله
في هذا المكان
قد مات مقتولا بالكورة
سعادة اليوطنان جنيرال دني كونت داريموون
سلطان الجزاير وعمالتها وحاكم الكبير
بالجيوش الفرنصوية وذلك في ١٢ اكتوبر
١٢٥٣ عشية دخول قسنطينة

Au-dessus s'étend l'esplanade de la Brèche, sur le flanc du mur d'un minaret isolé (Sidi Bou Koçeïa), morne témoin de l'héroïsme de nos braves aux deux siéges de 1836 et 1837; une table de marbre porte écrits les noms seuls des militaires du Génie et de l'Artillerie qui sont morts à l'époque de ces deux faits d'armes. Une tour byzantine dite *Bordj Açous*, se dresse sur la partie occidentale du rempart. A 30 mètres au-dessous de cette tour est le tombeau de Prœcilius, orfèvre centenaire. La construction de ce sépulcre, qui a été découvert le 15 avril 1855, remonte au cinquième siècle de l'ère chrétienne. A 1,200 mètres O. de la pointe de Sidi Rached, sur la rive droite du Rumel, à l'endroit même où ce fleuve reçoit les eaux du Bou Merzoug, se prolongent les ruines d'un aqueduc romain traversant une étroite vallée. Il n'en reste plus que 5 arches, hautes de 15 mètres en moyenne. Cet aqueduc, dont on rapporte la construction au règne de Justinien, servait à apporter les eaux du Bou Merzoug dans les réservoirs et les citernes de la ville, qui s'étendait alors jusque sur le Coudiat Ati. De ce côté on voit encore dans le gazon les ruines d'un arc de triomphe.

Il y a trois cimetières : celui des Musulmans, derrière la pyramide Damrémont ; celui des Chrétiens qui lui est contigu ; et celui des Juifs, sur le versant oriental du Bou Mecid. Le cimetière chrétien est le seul qui soit entouré d'une muraille et décoré d'une porte monumentale.

L'arrêté du Gouverneur-Général, en date du 31 décembre 1853, a tarifé à 100 fr. la concession perpétuelle d'un mètre carré dans ces cimetières, à 40 fr. la concession trentenaire, et à 10 fr. celle de 15 ans, sans renouvellement.

ÉTABLISSEMENTS MILITAIRES. Trois grandes casernes, à la Casba, peuvent contenir chacune plus de 1200 hommes. Les Tirailleurs indigènes sont logés dans la caserne des Janissaires, rue Hakette. La caserne des Chasseurs d'Afrique est au Bardo, sur la rive gauche du Rumel. La caserne des Spahis est rue Fontanilles. L'Hôpital militaire, dans l'intérieur de la Casba, peut contenir 1500 malades.

La maison des Hôtes arabes est rue Perrégaux.

Les bureaux du directeur de la Poudrerie sont rue Perrégaux.

Les bureaux du Génie sont sur la place du Palais.

L'Arsenal est un bel établissement, situé à la Casba, côté nord.

La Poudrerie est au-dessous des cascades du Rumel.

Les magasins à orge sont près de la porte Valée; ceux du campement, rue Caraman; ceux de la manutention, près du ravin, au N.-E. — Les magasins au bois sont dans un ancien amphithéâtre romain, au bas de l'esplanade de la Brèche. — Les meules de fourrages sont à côté du Bardo.

Le Conseil de Guerre se tient dans une salle qui dépend du Palais.

La Prison militaire est à l'extrémité nord de la rue Damrémont.

La Prison des Otages est située rue Abd-el-Hadi.

COMMERCE ET INDUSTRIE. Le commerce s'exerce sur les grains, laines, cuirs, cire, miel, tissus de coton, tissus de laine, café, denrées coloniales, pour toute la province; l'industrie, sur les selleries arabes, cordonnerie pour toute la province, tamiserie, chaudronnerie, ferronnerie, ferblanterie, socs de charrue et faucilles pour toute la province, burnous grossiers, gandouras en soie.

Le Théâtre est rue de la Poste. La troupe du département y joue pendant trois mois. Les représentations ont lieu trois fois par semaine.

Mentionnons aussi : le Cercle du *Commerce*, près de la place des Fainéants; — la Société charitable, dite *Conférence* de Saint-Vincent-de-Paul, et la Loge maçonnique, qui porte le même titre distinctif, et cultive l'acacia sur la place des Chameaux.

L'industrie particulière compte les hôtels *de France*, rue de la Poste; — *des Colonies*, place de Nemours; — *de l'Orient*, au commencement de la rue Combes. — Les voyageurs payent 6 fr. par jour. La pension est de 60 à 80 francs.

Les cafés principaux sont : le café *Moreau* et le café *Charles*, sur la place du Palais. La salle du café *Moreau* est la plus vaste de toute celles de l'Algérie.

ENVIRONS. Le faubourg de Constantine a pris un développement tel qu'on y a créé un Commissariat de police. En 1847, il n'y avait qu'une seule maison en dehors des murs de la ville.

Dans la banlieue, M. Bourdais a établi une distillerie de l'alcool de betterave. Cette usine fonctionne par le moyen de la vapeur. En fait d'établissements industriels, cette banlieue compte un grand nombre de moulins à farine, des fabriques de tabac, une scierie, etc.

Les environs de Constantine sont arides et d'une tristesse désolante, et lorsqu'on aborde la ville au S., ce n'est qu'à 8 kilom. que l'horizon laisse entrevoir quelque peu de verdure. Les trois croupes qui serrent la ville de près et la dominent à petite distance, dressent des cimes pelées, dont les flancs ne sont garnis que de tombeaux.

Le Coudiat Ati, au S.-O., montre son sommet à 1,500 mètres de la place. A l'extrémité occidentale, de l'autre côté du Rumel, et vis-à-vis l'angle S. de la ville, on trouve au pied du Mansoura une fontaine d'eaux thermales, dont parle Léon l'Africain.

Le Mansoura, au S.-E., a sur son vaste plateau une redoute construite par les Tunisiens. Le marabout de Sidi Mabrouck s'élève à 3 kilom. de Constantine, sur la pente de cette hauteur, plus à l'E. Quelques habitations se sont groupées sur cet endroit, au milieu de jardins bien arrosés. L'établissement du Haras et de la Remonte est dans cette localité. On y voit encore les restes d'une petite basilique chrétienne. — C'est au pied de ce hameau, dans une plaine réservée, qu'ont lieu, tous les ans, les courses de chevaux et les fantasias arabes.

La Pépinière, dite Jardin d'essai, a été fondée en 1842, sur la rive droite du Bou Merzoug, à deux kilomètres de Constantine, sur la route de Batna. La végétation y est admirable. C'est la plus belle promenade des environs de Constantine.

Un ruisseau, qui joint le Rumel sous le pont El-Kantara, sépare le Mansoura de Sidi Mécid.

Sur ce dernier mont, au N.-E. de la ville, s'élève le marabout ruiné de Sidi Mécid.

La plaine de Hamma présente, sur les bords du Rumel, au N. de la ville, de beaux jardins peuplés d'arbres fruitiers, où l'on recueille aussi de bons légumes. Ces jardins bordent la route de Philippeville jusqu'au troizième kilomètre. Le nom ancien de cette localité était *Azimacia*, dit M. Cherbonneau. On a construit au centre une chapelle catholique pour les colons. Quelques jolies maisons de plaisance sont dans ce quartier. Plus loin, à l'O., paraît le palais champêtre d'Ingliss-bey, au milieu des charmes de la nature la plus fleurie.

ROUTES. Les moyens de transport pour les promenades hors de la ville et les voyages, sont les voitures, les chevaux et les mulets. Les routes carrossables sont celles de Philippeville, de Sétif, de Batna et de Mila. Il y a un service de diligences organisé sur la ligne qui conduit de la mer au désert. Ainsi on va régulièrement, en quatre jours, de Philippeville à Biskara, malgré les difficultés que présente le terrain à partir de Batna. Il y a même des personnes qui se rendent en cabriolet au puits artésien de Tamerna, qui se trouve à 80 kilom. de l'oasis de Biskara, sur la route de Tuggurt. C'est un fait que nous sommes heureux de porter à la connaissance des touristes d'Europe.

La route de Philippeville à Constantine a 81

kilomètres. Elle traverse les villages de Saint-Antoine, de Saint-Charles, d'El-Arrouche, le hameau de Kantour (*ad Centuriam*), le village de Smondou, le Hamma, et le hameau du Pont-d'Aumale que les indigènes appellent *Ménia.*

La route de Constantine à Sétif est bordée en quelques endroits par des nouveaux centres de population, tels que ceux de la Tménia et de l'oued Dékri.

La route de Constantine à Batna passe par les villages du Kroub et des Oulad Rahmoun; elle a été tracée pour les nombreux colons de cette vallée du Bou-Merzoug, où les arbres poussent comme par enchantement. Un décret du 28 mai 1856, a rattaché à l'arrondissement de Constantine les 45,000 hectares que développe cette vallée. Les concessions de fermes distribuées, s'élevaient, au commencement de 1857, à 220.

La route de Constantine à Guelma est célèbre dans les annales de l'archéologie par les ruines de Khemiça et Annotina.

La route qui conduit à Tebessa (*Thèveste*), traverse le cercle d'Aïn Beïda; elle est semée de ruines romaines.

ARRONDISSEMENT DE CONSTANTINE.

L'arrondissement de Constantine comprend deux communes : I° CONSTANTINE, II° SÉTIF.

Il y aussi deux districts des mêmes noms, comprenant des localités qui sont en voie de formation définitive.

I.

COMMUNE DE CONSTANTINE.

La commune de Constantine consiste en la ville et sa banlieue, dont la description vient d'être donnée.

DISTRICT DE CONSTANTINE.

Le district de Constantine se compose de seize centres de population, qui ne sont pas encore érigés en communes. Ce sont :

1° *Condé-Smendou*, village à 28 kilom. de Constantine, sur la route de Philippeville. Il a été créé par ordonnance du 9 septembre 1847, au point occupé par le poste de Smendou, pour 30 familles, sur un territoire de 1087 hect.

25 ares 50 cent. La population y est aujourd'hui de 210 habitants. Il y a une église. On a découvert au voisinage un gîte de combustible minéral (lignite) de 80 centim. d'épaisseur.

2° *Le Kroub,* village à 16 kilom. de Constantine, sur la route de Batna, établi pour 50 feux sur un territoire de 1122 hectares. Chaque famille a reçu, avec son lot urbain, un lot de jardin et un lot de culture de 12 à 15 hectares. Une fort jolie église de style gothique, s'élève sur la place et domine, avec son presbytère, toute la vallée du Bou-Merzoug. Une double rangée d'ormeaux borde la rue principale. Un marché considérable pour les bestiaux qu'on y conduit, s'y tient tous les samedis.

3° *Lamblèche,* à 12 kilom. E. de Constantine, sur la route de Batna, placé dans un petit vallon adossé au midi, à proximité de ruines romaines, créé pour 44 feux, sur un territoire de 1,091 hectares. Indépendamment d'un lot de jardins et d'un lot rural de 15 à 16 hectares, un lot de prairie est annexé à chaque lot urbain.

4° *Ouled Rahmoun,* à 28 kilom. de Constantine, sur la route de Batna, créé pour 50 familles, est abreuvé par de belles eaux qui lui sont apportées par un canal de dérivation du Bou Merzoug, dans son enceinte formée par une muraille. Les terres labourables sont excellentes pour l'orge et le froment.

5° *Aïn el-Bey,* à 15 kilom. de Constantine, sur la route de Batna, au lieu de la grande halte de la première étape, présente un caravansérail commode pour les voyageurs. Le territoire a 2,270 hectares pour 50 feux. Les eaux y sont excellentes. Le bureau arabe y tient, sous sa direction, un pénitencier pour les indigènes.

6° *Ras Bou Merzoug,* à l'entrée de la vallée, établi sur 1255 hectares pour 40 feux.

7° *Bizot,* à 15 kilom. de Constantine, sur la route de Philippeville, créé au lieu dit *El-Hadjar,* pour 20 familles, sur un territoire de 464 hect. 95 ares 54 cent., par décret du 15 janvier 1856.

8° *Fornier,* à 18 kilom. de Constantine, près des ruines romaines de Rumma, dans la vallée du Bou-Merzoug, créé sur la route de Constantine à Bône pour 44 feux, sur un territoire de 2,540 hect., par décret du 9 mars 1852.

9° *El-Aria,* sur la route de Bône et à 30 kilom. de ce point, auprès d'un caravansérail, est créé pour 40 feux sur une superficie de 1,058 hectares; la fontaine, qui est abondante, coule à 140 mètres du village.

10° *Aïn Guerfa*, à 19 kilom. de Constantine, à 500 mètres à gauche de la route de Batna, comprenant 581 hectares 76 ares.

11° *Oued Berda*, possédant 810 hectares.

12° *Oued Marsine*, entre Lamblèche et El-Aria; pour 20 feux.

13° *Oued Tarf*, sur la route de Constantine à Bône 1,035 hect. pour 50 feux.

Tous ces centres de population, avec ceux d'*Aïn Nahs*, *Korcef*, *Meredj*, donnent un effectif de 327 habitants européens, en compagnie de 6,406 Arabes. De nombreuses fermes isolées parsèment leur territoire. Les plus importantes sont celles de MM. Revel-Moreau, Guende, Quinemant, Roux, Ottavi, Vérillon, Champy, Monier, Borne-Toussaint, Jost, Ben Badis.

II.

COMMUNE DE SÉTIF.

SITUATION. Sétif est situé par 30°10′ de longitude orientale et par 36°30′ de latitude N., dans l'intérieur de l'Algérie, à 130 kilom. O. de Constantine, à 82 kilom. S. de Bougie.

ASPECT EXTÉRIEUR. Sétif, tel qu'il se présente aujourd'hui, est un centre de population composé de maisons neuves à la française, et assises avec une grande symétrie au S., aux pieds des murs antiques d'une citadelle rectangulaire. Ce fort occupe l'angle N.-O. d'une muraille ancienne, construite sur un sol ondulé. On voit encore sur le coteau qui s'élève au N., les restes de l'enceinte de l'ancien Sétif, qui était trois fois plus grand que le nouveau, et s'étendait à l'O.; de ce côté, et tout contre le fort, s'est groupé un village français, dans les premiers temps de l'occupation.

NOTE HISTORIQUE. Les tribus qui s'insurgèrent en 297 après J.-C., furent soumises par Maximilien Galère qui, pour les maintenir dans l'obéissance, opéra une nouvelle division du pays. Sétif *(Sitifis colonia)* fut érigé en capitale d'une province de l'intérieur, qui reçut le nom de *Mauritanie sitifienne.* Pourtant Firmus, peu après, organisa encore la révolte dans le pays contre la tyrannie du préfet Romanus. Pris par Théodose, il fut décapité, et tandis que sa tête, au bout d'une pique, était promenée de tribu en tribu, son cadavre était porté à Sétif comme épouvantail aux yeux des populations turbulentes. Les Vandales commencèrent la ruine de cette capitale, dont les murs avaient 4,000 mètres de développement, et ne purent parvenir à en effacer tout-à-fait la configuration. Au moyen-âge, nous voyons que les Arabes y venaient par habitude tenir encore un grand marché.

Le 15 décembre 1838, le général Galbois reconnut ce point et se retira sur Djemila, où il laissa quelques troupes, qui furent attaquées le 16 et jours suivants. En juin 1839, il revint prendre possession des ruines de Sétif, et, le 28 octobre, il reparut pour y fonder définitivement un établissement propre à brider les Indigènes, au sein desquels les lieutenants d'Abd-el-Kader nourrissaient un foyer d'insurrection. L'arrêté du 15 octobre 1840 porta formation de la subdivision territoriale de Sétif. Le 11 février 1847, une ordonnance royale créa la ville européenne et la dota d'un territoire de 2,500 hect. Un décret du 21 novembre 1851 y installa un commissaire civil.

IMPORTANCE POLITIQUE. Sétif est la résidence d'un Général de brigade, qui commande la troisième subdivision militaire de Constantine. Il y a 2,816 hommes de garnison. Un Juge-de-Paix, à compétence étendue, y exerce la justice. La population est de 2,090 habitants européens, dont 230 Italiens. Il y a aussi 1,148 Arabes.

ENCEINTE. La citadelle, noyau de l'ancien Sétif, autour duquel s'élève le nouveau, est une forteresse antique, ainsi que nous l'avons dit, qui a 150 mètres de long sur 120 de large. Les murs, assez bien conservés, ont été réparés avec soin. Ils sont flanqués par des tours ; quatre aux angles, une au milieu, de chaque côté, et deux sur les plus longues faces; en tout dix tours. Il est à remarquer que les tours centrales ont plus de saillie que celles des angles. Les murs, qui ont environ 3 mètres d'épaisseur, ne sont pas de première construction; ils ont été relevés au moyen-âge, avec des matériaux qui avaient été primitivement employés pour d'autres monuments, ainsi que l'attestent les moulures et les inscriptions tumulaires que l'on trouve sur un grand nombre de pierres. Les vieux remparts de la ville s'étendent encore sur un périmètre carré, dont les côtés les plus développés ont 450 mètres, et les moins prolongés, 300. Il y avait dix tours carrées sur les premiers, et sept sur les autres. Quatre portes donnent entrée dans la nouvelle cité : les portes de Constantine, de Biskara, d'Alger, et de Bougie.

PHYSIONOMIE LOCALE. La ville est très-bien percée et promet de prendre de l'importance. Les plus belles rues sont : la rue de Constantine, la rue Sillègue, toutes deux bordées d'arbres; les rues du 19e léger, de Saint-Augustin, d'Isly, Trajan, Justinien. Les places sont : la place du Marché, de l'Église, Barral, du Théâtre, où coule la plus belle des fontaines de la ville, qui en a de nombreuses sur plusieurs autres points ; la place Napoléon, dans le quartier militaire. Il y a une petite chapelle dans cette partie de la ville. La mosquée est remarquable ; son minaret est une flèche d'un fort beau style.

ÉTABLISSEMENTS MILITAIRES. Les Casernes sont de belles constructions : 2,250 hommes sont facilement logés dans trois quartiers. Il y a une Caserne pour 417 cavaliers. L'Hôpital pour 300 lits, que l'on reconstruit sur un plan plus vaste, les magasins du Campement et des Subsistances, la Manutention, la Poudrière et le Pavillon des Officiers sont dans le fort. On y trouve aussi une Bibliothèque à l'usage des membres du Cercle militaire. Sur la promenade d'Orléans, on a eu l'heureuse idée de réunir tous les objets curieux et antiques provenant des fouilles, et constituant ainsi un Musée qui parle à tous les yeux.

ÉTABLISSEMENTS CIVILS. Sétif a une école communale pour les garçons. Les Sœurs de la Doctrine chrétienne dirigent une École de jeunes filles et une Salle d'asile. Un Télégraphe électrique fonctionne. Les militaires de la garnison jouent fort agréablement le vaudeville, les dimanches et jeudis, sur un petit théâtre construit par un particulier. — Il y a une Pépinière.

INDUSTRIE PARTICULIÈRE. Tous les dimanches, les Arabes, qui arrivent au nombre d'environ 8,000, tiennent un marché sur une butte qui touche à la ville, du côté de la porte d'Alger. Deux moulins ont été établis, l'un à 2 kilom, et l'autre à 3 kilom., sur l'oued Selam, qui vient couler à 2,500 mètres de la ville. Les hôtels sont ceux *de France, des Voyageurs, du Veau qui tête*, où la pension ordinaire est de 90 francs. Les cafés remarquables sont ceux de *Pons*, *Combes* et *Dufour*. Il y a un Cercle du commerce et une Loge maçonnique *des Frères du Bou Selam.*

ENVIRONS. Sétif, par 1,100 mètres d'altitude, est un des points les plus salubres de l'Algérie, presque continuellement balayé par les vents. La campagne environnante est une plaine ondulée de quelques monticules, où de charmants jardins ont été créés. Le sol, très-fertile, est consacré à de belles cultures par des Arabes qui entendent cet art beaucoup mieux que la plupart de leurs compatriotes, et l'exercent avec goût et bonheur; cependant il y a encore bien peu d'arbres. A 2 kilom. de la ville, existe un petit village, nommé Aïn Sfia, créé par ordonnance du 16 janvier 1856, pour 30 familles. La population est de 38 personnes, qui s'adonnent à l'élevage et à l'engraissement des bestiaux.

TRANSPORTS. Les moyens de transports usuels sont les chevaux. Il vient à présent des voitures de roulage.

ROUTES. Les routes qui se croisent à Sétif, sont :

La route de Constantine, par Djemila et Mila, et une autre route vers la même ville, qui serpente plus au S.-E.

La route qui s'avance au S., à travers le khalifa de la Medjana, qu'elle traverse.

La route de Bougie, qui incline d'abord à l'O. pour se redresser au N. sur une ligne sinueuse. Un colon qui l'a inaugurée en cabriolet, au printemps de 1853, a été accueilli triomphalement à Sétif.

DISTRICT DE SÉTIF.

Le district de Sétif se compose de quatre centres de population qui ne sont pas encore érigés en communes. Ce sont :

1° *Fermatou,* sur les bords du Bouselam, ombragé de saules et de bouleaux, a 100 habitants dans 30 maisons. Il y a une belle fontaine.

2° *Kalfoun,* qui a une fontaine, un lavoir, un abreuvoir, 17 maisons et 68 habitants, à 6 kilom. de Sétif.

3° *Lanasser,* à 8 kilom., assis sur un mamelon, entouré de terres fertiles en céréales, en tabac, en coton, de prairies et de jardins couverts d'arbres fruitiers. — 18 maisons pour 66 habitants.

4° *Mesloug,* à 10 kilom. de Sétif. — 10 maisons pour 73 habitants. Trois villages indigènes sont dans les environs : El-Hachechia, Temellouka, Tinhar.

Quarante-sept fermes isolées existent dans l'étendue de ce district, savoir : 15 aux environs de Sétif; 3 sur le territoire d'Aïn Sfia, 11 sur celui de Khalfoun, 4 sur celui de Lanasser, 6 sur celui de Fermatou, et enfin 8 sur celui du village de Mesloug.

Il sera parlé des Villages Suisses dans la section relative au territoire de la subdivision de Sétif.

ARRONDISSEMENT DE BONE.

L'arrondissement de Bône embrasse trois communes : I° Bone, II° Guelma, III° La Calle.

I.

COMMUNE DE BONE (1).

SITUATION. Bône est située sur la côte septentrionale de l'Afrique, par 5°50' de longitude E., et par 36°52' de latitude N., dans le fond d'une baie, à 156 kilom. N.-E. de Constantine, à 84 kilom. S. de Philippeville, à 422 kilom. E. d'Alger.

BAIE DE BONE. La baie de Bône est terminée à l'E. par le cap Rosa, et à l'O. par le cap de Garde, qui n'est qu'une ramification des monts Edoug. A l'extrémité de ce dernier, on a construit un phare, dans les environs duquel se

---

(1) Nous devons une grande partie de la rédaction de cet article, à la plume élégante de M. Dagand, imprimeur à Bône.

trouve une carrière de beau marbre statuaire rouge, exploitée de toute antiquité. Lorsque l'on a doublé le cap de Garde, on arrive à la hauteur du fort Génois, vieille construction, qui, depuis le choléra de 1849, sert de lazaret provisoire. Au pied du fort, il y a une rade qui offre aux navires un refuge pendant les gros temps. De là, jusqu'au mouillage des Caroubiers, la côte incline du N. au S.; elle tourne ensuite à l'O., et, à partir de cette inflexion, elle change complètement d'aspect; le paysage s'anime : ce sont des collines couvertes d'une riche végétation, des maisons de campagnes bâties jusqu'au bord de la mer. La côte, à partir de la batterie du Lion, est défendue par des roches presque perpendiculaires; elle court droit au S.-O.; à un demi-mille, elle rentre vers l'O. et forme une petite crique, où se trouve la plage du Caserin. Le coup de vent N.-E. du 24 au 25 juin 1835, a occasionné, dans ces parages, la perte de 14 bâtiments qui y étaient mouillés.

La rade de Bône règne jusqu'à la pointe du fort Cigogne, aujourd'hui remplacé par une forte batterie qui domine à l'O. une jetée en pierres sèches, servant à prolonger le port. Cette baie, d'un excellent abri contre les vents du N., fait face au côté méridional de la ville. Le côté oriental occupe une falaise élevée, baignée par la mer : c'est là qu'est le mouillage.

A l'O., de grands jardins étendent leurs tapis

aux couleurs variées. Au N., les pentes d'un monticule s'élèvent à 105 mètres par des gradins successifs, et portent au sommet, sur un large plateau, la Casba ou citadelle, qui domine la rade et la plaine de Bône.

PLAINE DE BONE. La petite plaine de Bône, dont le sol est un mélange de sable, d'argile et de marne, et qui n'a pas moins de 110,000 hect., est bornée au N. et à l'E. par des montagnes, formant des ramifications du mont Edoug; à l'O., par les collines de Msour, et au S., par la Boudjema. Cette rivière coule lentement du N.-E. au S.-E., et vient se jeter dans la mer, à peu de distance de Bône. Un autre cours d'eau, le Ruisseau d'Or, ramassant dans son parcours tous les petits ruisseaux, vient alimenter la Boudjema qui, grossie pendant l'hiver par les pluies torrentielles, et quelquefois aussi par le reflux de la mer, déborde dans la plaine, et laisse, en se retirant, de grandes flaques d'eau croupissantes, dont les émanations morbides ont souvent été la cause de ces épidémies connues sous le nom de fièvres paludéennes. De là cette réputation d'insalubrité que la ville de Bône a conservé si longtemps. Mais, grâce à la sollicitude de l'administration supérieure, le danger n'existe plus. Des travaux sérieux d'assainissement, se résumant dans un vaste système de canalisation, ont été exécutés depuis quelques années, et Bône a repris son aspect riant à la faveur de la salubrité.

Un canal de ceinture, tracé du N. au S. au pied du mont Edoug, réunit toutes les eaux qui en découlent, et joint l'oued El-Farcha, qui formait autrefois un marais, au Ruisseau d'Or, un peu avant qu'il ne se jette dans la Boudjema. Un large canal remplace également le Ruisseau d'Or, dont les contours marécageux étaient une cause permanente de maladies.

Un autre canal de dessèchement part de l'angle N.-O. de la ville, parcourt toute la partie marécageuse qui s'étend de l'ancien parc aux fourrages à la colonne Randon, et va aboutir à la Boudjema, au S. Enfin, un dernier canal de dérivation a mis cette rivière en communication avec la Seybouse. On a construit aussi des exutoires à vannes, destinés à recevoir les eaux de ces canaux pour les jeter à la mer, et empêcher la mer d'entrer dans ces mêmes canaux, dans les moments où elle s'élève au-dessus de leur niveau.

C'est par ces moyens qu'on a circonscrit, loin de la place, le foyer d'infection, et fait disparaître totalement les fièvres endémiques.

La plage qui borde la ville tourne au S. après l'avoir dépassé, et correspond, dans cet endroit, à une vallée dont le sol bas paraît entièrement formé d'alluvions. C'est dans cette petite plaine que se jette la Seybouse, rivière assez large et assez profonde pour que les grosses embarcations puissent la remonter jusqu'à une grande distance.

De l'embouchure de la Seybouse au cap Rosa, la côte est bordée de dunes. Au-delà, sont de vastes plaines habitées par des Arabes, vivant des produits de la terre et de leurs troupeaux.

NOTE HISTORIQUE. A environ 2 kilom. au S.-O. de la ville, entre la Seybouse et le Boudjema, sur une colline couverte d'oliviers et de jujubiers, on trouve quelques vestiges de constructions romaines. Des décombres, les arches éparses d'un aqueduc, qui amenait de l'eau des monts Edoug, dans de vastes et gigantesques citernes, dont les murs sont encore debout, les traces d'un quai sur la rive gauche de la Seybouse, voilà tout ce qui reste d'une grande cité; c'est là qu'était Hippone.

Hippone fut fondée par les Carthaginois, sous le nom d'*Ubbo*. Elle était groupée au N.-O. de Bône, sur une étendue de 60 hectares, au pied de deux mamelons désignés par les Indigènes, sous le nom, l'un de *Bounah*, l'autre de *Gharf el-Antran*. Des fouilles faites en cet endroit, à diverses époques, ont amené la découverte de médailles, de mosaïques, de fragments de monuments funéraires et de débris humains. En s'emparant de cette ville, les Romains changèrent son nom en celui d'*Hippo-Regius*.

L'an de Rome 707, Sittius, lieutenant de César, était dans le port que formait la Seybouse au pied de la ville, lorsque Scipion, fugitif et battu par la tempête, vint pour y relacher avec sa flotte qui fut détruite.

La principale illustration d'Hippone est due à saint Augustin, né à Tagaste, à 28 kilom. Converti depuis quatre ans, Augustin fut ordonné prêtre à Hippone, en 390, à l'âge de 36 ans, par Valérius, qui le prit pour coadjuteur en 395. L'année suivante, l'évêque d'Hippone étant mort, Augustin lui succéda. Ses confessions datent de 397; c'est de 413 à 426 qu'il a écrit sa *Cité de Dieu*. En 429, Hippone fut assiégée par les Vandales, et le 28 août de la même année, mourut saint Augustin, après quarante ans de séjour dans cette ville, qui fut prise en décembre 430. Les Vandales y détruisirent tout, hors l'évêché et la bibliothèque de saint Augustin.

Bélisaire reprit Hippone en 534, et les Arabes s'en étant rendus maîtres en 697, sous le troisième calife Othman, la détruisirent pour toujours, et la transportèrent à plus de 2 kilom. au N., où elle reçut le nom de *Annâba*, à cause de la grande abondance de jujubiers qui croissent aux environs.

Les rois de Tunis, qui étendirent leur puissance sur ce point, y firent bâtir la Casba en l'an 1300. Les Génois faisaient la pêche du corail sur la côte; pour se défendre, ils construisirent près du cap de Gardo, le fort qui porte leur nom. Les Catalans leur succédèrent en 1439, et les Barcelonnais en 1446. En 1535 Charles-Quint, maître de Tunis, envoya André Doria, avec 30 galères et 2,000 hommes, à la poursuite de Barberousse, qu'il venait de chasser de cette ville, et qui s'était réfugié à Bône; mais l'amiral ne l'y trouva plus. Les troupes espagnoles évacuèrent la position, et les Tunisiens voulurent en vain s'y maintenir à leur place. Les Turcs en devinrent les maîtres.

Le 2 août 1830, l'amiral Rosamel débarqua le général Damrémont, qui entra sans combat dans la ville qui comptait à peine 1,500 habitants et venait de refuser hautement d'être défendue par le lieutenant d'Ahmed-Bey. Le 4 août, les tribus attaquèrent; le 6, le général Damrémont les chassa d'Hippone, où elles avaient pris position. Les journées des 7, 10 et 11 furent marquées par de nouveaux combats. Enfin, le 18 août arriva l'ordre d'Alger d'évacuer ce point. Le 13 septembre 1831, le commandant Houder et 125 zouaves, sur la demande des habitants, prirent de nouveau possession de la Casba; d'où les intrigues du perfide Ibrahim, ex-bey de Constantine, parvinrent à nous évincer. Le 5 mars 1832, Ben Aïssa, lieutenant d'Ahmed, se présenta devant les murs qui lui furent ouverts et qu'il remplit de carnage et de ruines. Les Français appelés de nouveau, arrivèrent, et les deux capitaines d'Armandy et Jussuf, s'étant introduits avec 130 marins dans la Casba, restée au pouvoir d'Ibrahim, ennemi d'Aïssa, ils y arborèrent le drapeau tricolore, qui n'a pas cessé d'y flotter depuis (26 mars 1832). Le général Monk d'Uzer, à la tête de troupes suffisantes, vint occuper la ville le 20 juin et battre les Arabes d'Ibrahim. En septembre 1833, les Merdâs, tribu voisine, essuyèrent un châtiment qui fut le dernier qu'on ait eu à infliger dans les entours.

IMPORTANCE POLITIQUE. Une organisation civile avait été donnée à Bône, dès 1832, par l'arrêté du 20 avril, et une Commission provinciale fonctionnait depuis le 5 janvier 1835. Le territoire communal et civil de la ville de Bône, a été constitué par l'arrêté du 28 juillet 1838.

Bône est aujourd'hui le chef-lieu d'un arrondissement de la province de Constantine. C'est le lieu de la résidence d'un Général de brigade, commandant la subdivision; le siége d'un Tribunal de première instance, d'une Sous-Préfecture, d'une Justice-de-Paix, d'une Chambre de Commerce, d'un Conseil de guerre. La garnison est de 3,670 hommes; la population de 7,002 individus, dont 1,242 Italiens et 1,811 Anglo-Maltais. Il y a aussi 5,166 Arabes.

ENCEINTE. La ville de Bône est un pentagone irrégulier de 16 hectares, qu'enferme un mur haut de 8 mètres, avec tours carrées sans terrassement. Le mur a une longueur totale d'environ 1,600 mètres. Il est entouré d'un fossé sec, peu profond; du côté de la mer, il suffit pour protéger la ville. La batterie du fort Cigogne est la seule fortification importante qui soit reliée directement au système général de défense de la ville.

Cinq portes donnent entrée dans Bône : ce sont les portes de la Casba, Damrémont, saint Augustin, Constantine, et de la Marine.

Une nouvelle enceinte, donnant à la ville une plus grande étendue, est achevée. Des travaux de terrassement considérables ont en outre été exécutés, des chemins de ronde avec glacis ont été établis, de nombreuses plantations ont été faites; enfin, le mamelon de la Casba a été coupé. Une large voie a été ouverte sur la route des Caroublers, et les ravins qui bordent la mer, comblés avec les déblais.

PHYSIONOMIE LOCALE. Bône est aujourd'hui d'un aspect très-gai ; ses rues sont propres, et pour la plupart bien alignées. Quelques-unes sont assez escarpées, ce qui tient à la position de la ville, bâtie sur un terrain inégal.

En entrant dans Bône, par la porte de la Marine, on arrive sur la place du Commerce. Cette place n'est pas d'une grande étendue, mais elle est bordée d'arbres, et ornée d'une jolie fontaine de marbre blanc. De toutes les maisons qui l'entourent, la principale est l'hôtel du Général commandant la subdivision. En face s'élève un grand corps de bâtiment composé de plusieurs parties, affectées aux services de la Direction du port, des Domaines et de l'Enregistrement. Sur la gauche, et directement opposée au bureau de la Douane, s'ouvre la rue de l'Arsenal. On y remarque de jolies maisons. Gravissez alors, lentement, la rue Fréart, et reposez-vous un instant au point de jonction des rues Suffren et Philippe. Au sommet de cette dernière, sur la droite, ce grand bâtiment, c'est l'Hôpital, — ce clocher, l'horloge de la ville. Vous pouvez descendre la rue Suffren, et vous voilà sur la place d'Armes ; admirez tout à votre aise, car c'est la plus belle de Bône. Elle est plantée d'arbres, en forme de quinconce ; au milieu s'étend un petit jardin circulaire, dont le centre est occupé par une jolie fontaine en pierre, avec jet-d'eau et bassin. Rien de plus gracieux à l'œil que cette pluie d'eau, vue à travers des touffes d'un feuillage toujours vert. La place est de forme quadrangulaire, elle est entourée de belles maisons, dont les rez-de-chaussées sont des galeries à arcades.

Mais l'édifice le plus remarquable est sans contredit la Mosquée. Construite, dans l'origine, des débris de temples d'Hippone, elle vient d'être considérablement augmentée et embellie par une façade, sur le côté E. de la place. Cette façade, composée d'arcades avec galerie, dans le style mauresque, est du meilleur effet. Elle doit être bientôt surmontée d'un minaret.

Les rues de Constantine, Saint-Augustin et Damrémont, aboutissent à la place. La rue de Constantine est large et bien alignée. Elle est en grande partie habitée par des marchands et des débitants. Dans la rue Neuve-Saint-Augustin, ouverte depuis deux ans à peine, s'élèvent déjà des maisons de belle apparence. La rue Damrémont traverse le quartier le mieux fréquenté de la ville. A l'entrée, et en face le café *des Officiers*, est une petite place du nom de Rovigo, ornée d'un jardin et d'une fontaine. Ces bouquets de verdure, ces jets-d'eau, d'un aspect si agréable, contribuent à égayer la ville, et à rafraîchir la température.

La ville est pourvue de bornes-fontaines, mises en communication avec un grand réservoir ou château-d'eau.

Tout le côté oriental de la ville est bordé par une charmante promenade, composée de plusieurs avenues plantées d'arbres, et désignée sous le nom de *Cours Napoléon*.

MONUMENTS DU CULTE. Il y a à Bône deux Églises pour le culte catholique, un Temple protestant, une Mosquée principale et une Synagogue.

L'Église catholique élève sa masse quadrangulaire à l'extrémité N. du cours Napoléon, près des beaux arbres des allées. Le portail et les côtés appartiennent à l'ordre byzantin, tandis que la coupole, qui termine l'édifice par derrière, est construite dans le style grec. Le portail est surmonté d'une tour carrée, qui s'en détache assez légèrement.

ÉTABLISSEMENS MILITAIRES. Bône possède un Hôpital militaire, rue d'Armandy : 400 lits. Le local en est vaste et bien aéré. Deux Casernes servent à loger les troupes de la garnison ; l'une est située rue d'Orléans, l'autre à cent pas de la porte Damrémont ; c'est le quartier de cavalerie. L'Intendance a ses bureaux dans la rue d'Armandy. Au S.-O. de la ville, sur un gradin de la montagne, on voit la redoute Damrémont ; plus loin, sur un plateau élevé de 63 mètres, le fort des Santons, servant de poudrière ; plus haut encore, au N.-E., et à 400 mètres de la ville, est placée la Casba, affectée à la prison centrale des militaires condamnés aux fers. Les casernes peuvent loger environ 3,000 hommes de toutes armes. Sur les bords de la Boudjema, tout près du pont, se trouve le Parc aux fourrages, et, plus loin, sur une hauteur, devant Hippone, un établissement disciplinaire pour les condamnés militaires.

ÉTABLISSEMENTS CIVILS. Les établissements civils sont tous réunis dans l'intérieur de la ville. Indépendamment des services administratifs qui y sont tous représentés, on y trouve un Hôpital civil pour les femmes, un Télégraphe électrique communiquant avec les localités de l'Algérie et avec la France par le moyen du câble sous-marin. La Prison civile, de construction récente, est placée près du Tribunal. L'enseignement primaire et l'enseignement secondaire sont donnés à la jeunesse. Un Collége communal prépare des élèves à des cours plus élevés. Une École presbytérale réunit les enfants du culte réformé. Une Maîtrise donne aux enfants les connaissances nécessaires pour entrer au Petit-Séminaire d'Alger. Citons encore l'École israélite et l'École arabe-française, que fréquentaient 71 jeunes garçons au 31 décembre 1857. Il existe trois Zaouïas, comptant 84 élèves. Un établissement dirigé par les Sœurs de la Doctrine chrétienne, comprend un pensionnat pour l'éducation des jeunes filles, des classes communales gratuites et une Salle d'asile. L'institution d'un Bureau de Bienfaisance a été confirmée par arrêté du 31 juillet 1853. Il y a aussi une Caisse d'épargne. Un Journal, sous le titre de *la Seybouse*, paraît tous les huit jours. Il existe un Cercle et une Loge maçonnique, ainsi qu'un Bureau de Charité.

On termine en ce moment le Théâtre. C'est une fort jolie salle, décorée avec le goût le plus exquis par M. Abel de Pujol. Ce bâtiment, construit d'après le meilleur modèle, peut contenir 800 spectateurs. Une troupe privilégiée vient y donner des représentations pendant 3 mois de l'année.

COMMERCE ET INDUSTRIE. Les principaux hôtels sont :

L'hôtel *de France*, place d'Armes; *de la Régence*, rue de l'Arsenal; *Jouvence*, rue Fréart; *Mayer*, rue Bélisaire. Les restaurants *du Gastronome*, rue Rovigo; *de Paris*, place d'Armes, prennent en pension. — On remarque aussi le café *des Officiers*, *de Paris*, *de France*.

Le commerce d'exportation a pris, depuis quelques années, une extension considérable. Les principales productions du pays consistent en céréales. Il ne faut pas oublier que pendant la guerre d'Orient, alors que le blé manquait en France, Bone a fourni à la mère-patrie sa large part d'alimentation. Outre les céréales, les autres articles d'exportation sont : les huiles, les cuirs, les laines, la cire, le miel, les bestiaux et les minerais de fer, d'une richesse égale au moins à ceux de la Suède, dont la France a jusqu'à ce jour été tributaire. Le Marché aux grains, où se font à peu près toutes les transactions commerciales, est situé à peu de distance de la ville, sur la route de Constantine. Il a lieu tous les jours, dans un vaste enclos, sur le bord de la mer, et présente l'aspect le plus animé.

Le Marché aux légumes se tient, tous les matins, sur la place de Constantine, devant la porte du même nom. Le Marché aux poissons et le Marché arabe, pour les produits indigènes, les fruits, etc., à l'extérieur, sur la place Rahba et jusque sur les promenades. Ces deux marchés sont suffisamment approvisionnés d'objets de première nécessité, en raison des besoins de la population. Le poisson est excellent; la qualité des fruits et des légumes s'améliore de jour en jour. Cependant, depuis que des débouchés ont été ouverts au commerce, le prix des denrées, et surtout de celles qui sont susceptibles d'exportation, a subi une hausse considérable.

Deux moulins à vapeur convertissent le blé en farine. A part la fabrication des pâtes, la sellerie, la pelleterie et la confection des vêtements et des chaussures, l'industrie manufacturière est encore peu développée à Bône. On tire de l'intérieur quelques étoffes à l'usage des Arabes, des burnous et des tapis. Les Indigènes fabriquent également, au moyen de l'argile et du bois de frêne, des ustensiles de ménage de première nécessité. Ils font, avec le palmier-nain et le jonc maritime, de jolis paniers, des nattes et des chapeaux imperméables.

En revanche, l'art de bâtir a fait des progrès remarquables; outre la pierre dure et le marbre, on trouve abondamment sur les lieux, la chaux, la brique et la tuile. Les nouvelles constructions sont faites avec solidité, et ne manquent pas d'élégance.

Les bois du pays, — à part le chêne-liége qui est exploité sur une grande échelle par la Société Lecoq et Bertin, de l'Edoug, — n'ont été encore employés qu'accidentellement, à cause de la difficulté du transport, si ce n'est pour le chauffage et la confection du charbon.

MINES. Les minerais de fer sont appelés à former, dans un avenir prochain, une source de richesse inépuisable pour le pays.

Les gisements de la Beblicta, des Karezas, et principalement ceux de Mokta el-Hadir, à 33 kil. de Bône, sont d'une puissance remarquable, et ses produits ont obtenu une médaille d'or à l'exposition universelle de 1855. Ces deux derniers servent à alimenter la vaste usine de l'Alelik, et fournissent à la France des éléments de fonte d'une qualité supérieure. Une voie ferrée, partant de Mokta el-Hadir, après avoir longé les Karezas, vient aboutir à la Seybouse et assure désormais l'exploitation des deux mines. Les hauts-fourneaux de l'Alelik, fondés en 1847, fonctionnent aujourd'hui d'une manière régulière, et produisent des fontes d'une qualité supérieure. D'autres plus complets, avec fonderies et lamineries se seront bientôt établis. Ainsi Bône, avec ses mines de fer et son industrie métallurgique, est appelée, dans un avenir prochain, à occuper un des premiers rangs dans la colonie. Mais ce qui manque à sa vie, à son développement, c'est un port.

ROUTES. Trois routes partent de Bône, savoir :

1° La route du cap de Garde, au N.; 2° la route de Guelma, au S., qui se bifurque au sortir de la ville, et pousse vers l'E. un rameau sinueux qui contourne la plage et atteint le port de La Calle; 3° la route de Philippeville au S.-O., qui se déroule sur les bords du lac Fezzara.

TRANSPORTS. Une voiture fait le service de Guelma, et une autre celui de Philippeville.

ENVIRONS. Les environs de Bône sont charmants. La Pépinière du Gouvernement, le hameau de Sainte-Anne, Hippone, offrent un but de promenade très-agréable. Quoi de plus riant et de plus pittoresque à la fois, que cette vallée des Kermiches, avec son ruisseau doré et ses bosquets de laurier-roses; celle des Caroubiers, ses bois d'oliviers, et sa vue de la mer; celle de l'oued Kouba, avec ses jardins, ses sites pittoresques, et ses nombreux cours d'eau, puis cette forêt de l'Edoug, si sauvage et si majestueuse, avec ses cascades, ses sources glacées, ses sentiers perdus, et son aqueduc romain! Celui qui a parcouru tous ces sites, ne peut les quitter sans émotion et sans regret.

Hippone, dont nous avons donné la situation dans la note historique de cet article, est l'endroit où le plus illustre docteur de l'église latine, Augustin, le saint évêque, fit entendre sa voix éloquente. Un peu au-dessus des ruines, sur un tertre verdoyant, on a élevé un monument simple et sans ornement. C'est un petit autel de marbre blanc, surmonté de la statue en bronze de saint Augustin, et environné d'une grille de fer. Le 28 octobre 1842, Monseigneur Dupuch, Évêque d'Alger, accompagné de six Évêques députés de l'épiscopat français, transporta en grande pompe sur cet autel, les reliques du saint docteur (le cubitus du bras droit). Depuis cette époque, chaque année, le Clergé suivi de la population se rend en procession solennelle au mamelon d'Hippone, pour y célébrer une messe commémorative.

Alelik est un village de la banlieue de Bône, à 6 kilom., dont la création remonte au 30 juillet 1851. Il fut doté d'un territoire de 262 hectares 66 ares 84 cent. pour 34 feux. C'est là qu'est le dépôt des étalons du Gouvernement, pour la province de Constantine, créé par décision du 22 avril 1844. Sur le même territoire, se trouve l'établissement de la société anonyme des Hauts-Fourneaux de l'Alelik. 46 fermes sont exploitées sur ce territoire.

Le pays était autrefois riche en chasse. Le gibier tend à disparaître. Cependant, en hiver, les oiseaux de passage, et surtout les oiseaux aquatiques, s'y rencontrent en abondance, notamment sur les bords du lac Fezzara (vaste étendue d'eau, de 40 kilom. carrés, situé à 18 kilom. S.-O. de Bône), où la chasse est louée, et qui fourmille de cygnes et de grèbes, dont les peaux préparées fournissent de fort belles fourrures. On y trouve encore des poissons en grande quantité.

La commune de Bône ne comprend qu'un petit centre de population européenne et indigène, sous le nom de *Saint-Augustin*, créé par ordonnance royale du 14 février 1848, derrière le cimetière européen, sur 3 hectares 8 ares 85 cent. Un village, sous le nom de *Fabert*, a dû être créé aussi à la même époque, pour 60 familles, sur les bords du Ruisseau-d'Or.

A 3 kilom. de Bône, existe un Orphelinat de cent jeunes filles, élevées pour être de bonnes ménagères, par une Religieuse qui les dirige avec autant de zèle que d'intelligence et de dévouement. Il serait difficile de trouver une ferme mieux conduite, mieux exploitée, et M. le docteur Richard du Cantal, qui a visité cet établissement au commencement de mai 1857, n'hésite pas à désigner la Sœur-Supérieure comme l'un des meilleurs cultivateurs de l'Algérie.

Il y avait, en 1858, 128 exploitations isolées dans la banlieue de Bône.

II.

COMMUNE DE GUELMA.

SITUATION. Guelma est située par 5°15' de longitude E., et par 36°50' de latitude S., dans l'intérieur de l'Algérie, à 66 kilom. S.-O. de Bône, à 108 kil. E. de Constantine, et à 101 kil. S.-E. de Philippeville.

ASPECT EXTÉRIEUR. Guelma est assise à 2 kilom. de la Seybouse, sur la rive droite, et à 2 kilom. et demie au N. du sommet du mont Maouna, dont elle occupe la pente unie et rapide. Ville toute neuve, sur des ruines antiques, elle s'élève au milieu des retranchements d'une ancienne position militaire, restaurée par les Français, en 1836.

NOTE HISTORIQUE. Guelma fut fondée sous les Romains, sous le nom de *Calama*, pour commander le cours de la Seybouse, coulant avec des sinuosités, de l'O. à l'E. Calama, mentionnée par Paul Orose et saint Augustin, fut renversée par un tremblement de terre, à une époque reculée, et ne fut pas habitée depuis. Les ruines, confusément réunies, servirent à fortifier un emplacement voisin, où quelques constructions subsistantes furent utilisées, et formèrent avec un mur garni de treize tours carrées, une défense où se réfugièrent des troupes à l'époque des Vandales ou de l'invasion musulmane.

Lorsque les Français, le 15 novembre 1836, occupèrent cette espèce de citadelle, en se rendant au premier siége de Constantine, ils trouvèrent son enceinte presqu'entièrement debout. Des murs qui, en quelques endroits encore atteignant à 6 mètres d'élévation, circonscrivaient un espace de 7 à 8 hectares. En dehors des remparts sont un théâtre, un temple, des thermes, et autres restes curieux. Cinq voies romaines sont encore évidentes : deux vers Hippone, descendant les deux rives de la Seybouse; une allant à Constantine, l'autre à Zama, et une dernière dans la direction de Tifiech. L'occupation définitive de ce point eut lieu le 30 septembre 1838; l'arrêté du 1er novembre suivant en fit un chef-lieu de Cercle, que les Kabyles attaquèrent vigoureusement l'année suivante. L'arrêté du 20 janvier 1845 y consacra 1,500 hectares à la colonisation, en faveur de 230 familles. En 1849, une colonie agricole fut placée dans l'enceinte même de Guelma, et ne tarda pas à se fondre complètement avec la ville. En 1855, une impulsion vigoureuse a été donnée aux travaux publics de la contrée avec le concours des transportés politiques et des indigènes. Un Commissariat civil a été créé, et le régime civil établi.

IMPORTANCE POLITIQUE. Guelma est le lieu de la résidence d'un Commandant supérieur, ayant sous ses ordres 537 hommes de garnison, d'un Commissaire civil, d'un Juge-de-paix, à compétence étendue. La population européenne est de 1462 individus, dont 165 Italiens et 154 Anglo-Maltais. Il y a aussi 2,123 Arabes.

ENCEINTE ET ÉTABLISSEMENTS MILITAIRES. La ville est entourée de murs crénelés ouverts par cinq portes : portes de Bône, de la Pépinière, de Constantine, Medjez-Amar et Announa. Tous les établissements militaires sont dans la Casba. Quatre casernes peuvent contenir 2,000 hommes et 600 chevaux, et l'Hôpital 200 lits.

PHYSIONOMIE LOCALE. Guelma, ville neuve, bien alignée, présente un aspect riant, qui rappelle la France. L'eau circule en abondance dans ses rues qui, pour la plupart, plantées d'arbres, sont de véritables promenades. Les plus remarquables sont les rues de la Pépinière, Saint-Ferdinand, Announa, de Bône, Saint-Louis, Négrier, du Fondouck, Mogador, Medjez-Amar, du Rempart. L'hôtel du Commandant supérieur, et le Bureau arabe, sont les plus belles maisons. Au milieu de la ville s'ouvre la jolie place Saint-Augustin, complantée d'arbres et entourée d'une verdure délicieuse. Cette place a pour prolongement une belle esplanade de 1 hectare 50 cent. Il y a encore la place de la Fontaine, et celle où s'élève un fondouk, construit par subvention volontaire des Indigènes. L'industrie s'exerce sur la minoterie, la tannerie, la briqueterie, la tuilerie, la poterie; le commerce, sur les sangsues, les céréales, les huiles, les bestiaux, la laine, les peaux, le bois; le marché au blé et aux huiles se tient sur la place de l'Hôpital, le marché aux légumes, sur la place Saint-Cyprien, le marché aux bestiaux, le lundi et mardi, au Champ-de-Manœuvres, le marché au bois, tous les jours, place Coligny. Les Européens et les Arabes ont un bazar, rue Bélisaire, et les Juifs, un autre, rue Announa.

ÉTABLISSEMENTS CIVILS. Vingt-deux bornes-fontaines fonctionnent avec abondance, alimentées par un château-d'eau. Un bel Abattoir a été bâti près de la porte dite *de Constantine*. Le

Télégraphe électrique a une station. En arrivant à Guelma, on remarque une jolie Église, qui s'élève sur la place Saint-Augustin, et une Mosquée qui est peut-être la plus gracieuse de toute l'Algérie. Il y a des écoles pour tous les cultes, et un Oratoire protestant pour 52 religionnaires, fondé par arrêté du 19 janvier 1857. Un Cercle civil et militaire, fort bien tenu, et comptant 90 membres, a une bibliothèque de 1,500 volumes. Une Loge maçonnique réunit aussi les Enfants de la Veuve. La route de Bône à la Seybouse, le jardin des Fleurs, l'Esplanade et la Vallée de l'oued Skroun, offrent de charmantes promenades.

INDUSTRIE PARTICULIÈRE. Deux moulins à farine et un moulin à huile utilisent les ressources de la localité. Les hôtels *de l'Aigle, des Quatre-Nations, de France, des Voyageurs,* prennent en pension. Les cafés *Auriel, Rougier, Baffo,* sont bien fréquentés.

ROUTES. A Guelma vient aboutir la route de Bône, qui se brise pour reprendre, vers l'O., le chemin de Constantine.

MOYENS DE TRANSPORTS. Deux services de jour et de nuit relient Guelma à Bône, et des voitures à volonté transportent les voyageurs dans toutes les directions. Un service d'omnibus dessert Hammam Meskoutine.

ENVIRONS. Le pays est accidenté. Une belle plaine s'étend à l'E. de Guelma et remonte vers la Seybouse, qui coule au milieu d'une forêt d'oliviers. Le terroir est bien cultivé, plein de richesse et d'avenir. La vallée de l'Hammam Berda, courant du N. au S., débouche dans la vallée de la Seybouse, vis-à-vis de Guelma. La rivière a dans cet endroit 60 mètres environ de largeur, et son cours est fort rapide. Sa rive gauche est couverte de marécages. Les eaux thermales d'Hammam Berda sont abondantes, claires, insapides et inodores. Leur température est celle des bains ordinaires, c'est-à-dire de 25° à 30°. Elles s'écoulent dans un bassin de pierre de taille.

On trouve plus de trente exploitations isolées dans la banlieue de Guelma.

La commune de Guelma comprend six annexes : 1° Héliopolis, 2° Millésimo, 3° Petit, 4° Guélaa Bou Sba, 5° Oued Touta, 6° Medjez Amar.

1° HÉLIOPOLIS, à 5 kilom. N. de Guelma, sur la route de Bône, dans la vallée de l'Hammam Berda, avait un pont américain qui a été détruit par l'incendie du 28 août 1855, et réparé depuis. La culture de la vigne et des oliviers est en prospérité. Les habitants, au nombre de 310, ont dans leur joli village, église, écoles, lavoirs. Une conduite de 150 mètres amène les eaux de l'oued Hammam Berda. Ils ont cinq moulins à farine en pleine activité. Il y a six exploitations isolées, dont les deux plus importantes sont celles de MM. Lavie et Guiraud. 455 Arabes habitent aux entours.

2° MILLESIMO, à 4 kilom. E. de Guelma, sur la rive droite de la Seybouse, est doté de tout ce qui constitue un centre complet de population. Les habitants sont au nombre de 200, en compagnie de 92 Arabes. Ils cultivent le tabac avec le plus grand succès. Quatre exploitations isolées, dont une pourvue d'un moulin, se font remarquer à Millésimo.

3° PETIT, à 8 kilom. S. O. de Guelma, avec laquelle il communique au moyen de deux ponts sur l'oued Roldgel et l'oued Zimbal, fut d'abord nommé Millésimo II, et quitta ce nom pour celui qu'il porte aujourd'hui, par décret du 23 juillet 1850. Il y une église et une école. Les 215 habitants engraissent des bestiaux et font de bonnes cultures en tabac. Les Arabes sont au nombre de 174.

4° GUÉLAA BOU SBA, fondé en 1853 ,à 10 kilom. de Guelma, sur la route de Bône, dans la vallée de Hammam Borda, est une colonie de 154 Allemands, dans une magnifique position. Guélaa Bou Sbà a une église, une école, un lavoir, un four banal, une canal de 800 mètres dérivé de l'oued Borda, qui forme une artère et va fertiliser les jardins, après s'être divisé en plusieurs ramifications.

5° OUED TOUTA, fondé à la même époque, à 4 kilom. de Guelma, sur la route de Philippeville à Guelma, à l'entrée d'une jolie vallée, réunit 82 habitants de la même provenance. Ce village a aussi une église, un lavoir, un four, un canal de 500 mètres dérivé de l'oued Touta, qui arrose 25 hectares de jardins. C'est le décret du 13 février 1858, qui a formé de Guélaa Bou Sba et d'Oued Touta deux nouvelles sections de la commune de Guelma.

6° MEDJEZ AMAR, ancien camp à 14 kilom. S.-O. de Guelma, au pied du Raz el-Akba, dont le sommet s'élève à 1000 mètres, fut le point de départ du corps expéditionnaire qui fit la première campagne de Constantine. Il a été concédé en 1849, avec 500 hectares, à M. l'abbé Landmann, d'abord, et en 1851 à M. l'abbé Plasson, pour l'établissement d'un orphelinat. Il y a un pont sur la Seybouse, formée en cet endroit par le confluent de l'oued Cherff et du Bou Hamdam. Cette dernière rivière contourne le pied de la montagne, après avoir rencontré, à 3/4 de lieue, dans l'O., une coupure profonde où surgissent les eaux thermales, dites Hammam Meskoutine *(le bain des maudits)*. Des fouilles entreprises à 12 kilom., dans les ruines d'Announa, presqu'au sommet du Ras el-Akba, où se voit un arc de triomphe encore debout, un aqueduc et un temple païen, que les anciens Chrétiens avaient converti en église, ont donné la certitude que l'ancienne *Tibilis* s'élevait là, et que les bains chauds d'Hammam Meskoutine sont les *aquæ tibilitanæ*. On sait que la voluptueuse jeunesse des colonies romaines se donnait rendez-vous autour de ses piscines très-fréquentées. L'établissement ancien devait être considérable; aussi des fondations profondes et développées, des restes de constructions romaines, une four, des arcades, des bassins épars, ont été retrouvés au lieu nommé aujourd'hui Hammam Meskoutine, à l'extrémité d'une petite plaine étroite, de 100 hectares, formant un plateau dont l'élévation est de 250 mètres au-dessus de la mer et de 20 à 30 mètres au-dessus du lit fort encaissé du cours d'eau, quittant là le nom de Zenati pour prendre celui de Bou Hamdam. C'est dans ce vallon que les troupes d'Aulus, engagées imprudemment, passèrent sous le joug des perfides Numides. Le sol est un calcaire crevassé, superposé à un calcaire stratifié. Du sommet d'un mamelon les eaux jaillissent perpendiculairement en s'accompagnant d'un dégagement d'acide sulfureux, qui les signale d'assez loin. Leur température est celle de l'eau bouillante; on s'amuse à y faire cuire les poissons qu'on prend à la rivière voisine. Elles déposent, en se refroidissant, une grande quantité de carbonate de chaux qui forme, autour d'elles, un rebord que l'on voit s'élever tous les jours davantage, de manière à constituer, avec le temps, des masses coniques, sortes de pains de sucre gigantesques, qui acquièrent toute la hauteur à laquelle les eaux peuvent s'élever. M. le docteur Guyon en a mesuré un qui n'avait pas moins de 11 mètres 70 centimètres de hauteur, sur 12 mètres 50 centimètres de circonférence. Lorsque l'ouverture se ferme, le canal disparaît avec le retrait des eaux qui, ne trouvant plus d'issue de ce côté, se frayent une autre route, percent le roc sur un autre point, où elles reproduisent le même phénomène. M. le docteur Moreau a constaté la chaleur invariable de ces eaux à 95°; aucune source en Europe n'atteint une si haute température (1). Ces eaux bouillonnantes, qui fournissent plus de 100,000 litres en une heure, se déversent en cascades dans des bassins naturels, et se refroidissent graduellement dans un ruisseau qui les porte à l'oued Bou Hamdam. Un hôpital militaire de 160 lits a été créé en 1844, à l'O. des sources thermales, dont la vertu a été éprouvée pour la guérison de blessures, rhumatismes invétérés, engorgements des viscères abdominaux, — suite de fièvres intermittentes, ulcères fistuleux avec carie des os, affections cutanées chroniques. La proportion des malades guéris, ou considérablement améliorés, est de 82 p. 100; Barèges n'offre en comparaison que 62 p. 100. Les malades civils sont forcés de camper auprès des piscines, des

(1) Voici comment se classent les eaux les plus remarquables sous le rapport de leur température : Balaruc, 50°; Néris, 51°; Aix-la-Chapelle, 57°; Bourbonne, 58°; Plombières, 68°; Carlsbad, 75°; Chaudes-Aigues, 88°.

douches et des bains de vapeurs, qui sont eux-mêmes recouverts de baraques.

Au N.-O., on aperçoit le Djebel Mtaïa, où l'on trouve une grotte profonde de plus de 2,000 mètres, connue sous le nom d'Hamous Djemaa. Tout l'intérieur est hérissé de stalactites et de stalagmites; les parois de l'entrée sont couverts d'inscriptions et de croix gravées dans la pierre. Cette grotte a servi de refuge aux Chrétiens, à l'époque de la persécution des Vandales. La population au quartier de Medjez Amar, est de 82 personnes.

III.

COMMUNE DE LA CALLE.

SITUATION. La Calle est située sur la côte septentrionale de l'Afrique, par 6°15′ de longitude orientale, et par 36°90′ de latitude N., à 146 kilom. N.-E. de Guelma, à 80 kilom. E. de Bône, à 236 kilom. N.-E. de Constantine, à 10 lieues marines de l'île de Tabarca.

ASPECT EXTÉRIEUR. Un roc déchiré par les vagues et quelques constructions, ne peuvent guère impressionner agréablement quand on vient de Bône à La Calle par mer. Cependant, une fois à terre, on se réconcilie un peu avec la laideur apparente de la pointe que forme la presqu'île où est bâtie la ville, et des rochers couronnés du fortin, dit du *Moulin*, qui ferment l'entrée du port, de l'autre côté, vis-à-vis, au S.-O. La Calle n'a qu'un horizon très-restreint du côté de la terre. Un plateau peu élevé, couvert de bruyères, de palmiers-nains, de myrthes et de quelques bouquets de chênes-lièges, et dont le versant septentrional vient finir à la plage, ne laisse au regard que l'immensité de la mer et des côtes, depuis le cap Gros au cap Roux.

MOUILLAGE. La Calle est à deux milles du cap Gros. M. Lieussou, ingénieur hydrographe, dans ses *Études sur les ports de l'Algérie,* dit que le port consiste dans un petit bassin oblong, dont l'entrée regarde l'O.-N.-O. Ce bassin, resserré à son entrée, a 120 mètres de largeur moyenne, sur 300 mètres de longueur. Cette calanque est abritée du N. et du N.-E. par une presqu'île, sur laquelle étaient bâtis tous les magasins. Les bateaux corailleurs et les petits caboteurs peuvent s'y mettre à l'abri; mais pendant les vents frais du N.-O., ils doivent se tirer à terre, car ces vents y donnent en plein et la mer y est très-grosse. Le peu de largeur de la passe, et le brusque ressaut de fond qu'elle présente, y occasionnent, dans les gros temps, une barre ou brisant difficile à franchir. Cette disposition rend l'entrée dangereuse.

NOTE HISTORIQUE. Ce que les anciens ont pu faire à La Calle et aux environs est entièrement ignoré. Monseigneur Dupuch y retrouve l'évêché de Tunida (Morcelli, Som. 652). Il existe près de La Calle, ainsi que dans le voisinage de ses trois lacs, des monceaux de pierres qui sembleraient avoir appartenu à des établissements agricoles, en raison de leur peu d'étendue et de la situation des terrains où ils gisent. Quelques-unes de ces pierres, creuses et de forme ronde, ont dû servir à des moulins à l'huile. Aucune autre marque caractéristique ne vient en aide pour assigner une origine certaine à ces décombres qui paraissent remonter à une époque reculée.

En 1590, Abulfeda parlait de la pêche du corail que faisaient sur la côte les Génois conduits par Louis de Clermont, duc de Bourbon, auquel on attribua la fondation première du Bastion de France. En 1439, les Catalans achetèrent le droit exclusif de cette pêche aux souverains de Tunis. En 1446, les Barcelonnais affermèrent cette industrie jusqu'à Bougie. En 1520, le privilége de la pêche du corail de Tabarca à Bône fut concédé à la France, et nos rois François Ier et Henri II, commencèrent à l'exploiter. On rebâtit alors, sur la côte, à 48 kilom. de Bône, le petit fort connu sous le nom de Bastion de France. A peine terminé, en 1560, il avait été détruit de nouveau par les Barbaresques, lorsque le sultan Selim II, confirma avec Charles IX les traités anciens, et y ajouta, en sa faveur, le monopole du commerce de l'intérieur de la régence, par les ports de Malfacarel, La Calle, Collo, le cap Roux et Bône. Les deux négociants marseillais, Carlin Didier et Thomas Linches, vinrent relever le bastion; mais ils n'y firent pas de bonnes affaires, et ce dernier s'y ruina. Le sultan Amurat III, le 20 mai 1604, renouvela les traités d'amitié avec Henri IV, qui céda nos concessions à la famille de Guise; ces princes les laissèrent dépérir. Richelieu, en 1624, obtint d'Amurat IV, en toute propriété pour la France, les places du Bastion, de La Calle, de Bône, le cap Roux et le cap Nègre.

En 1626, Samson Napollon fut envoyé à La Calle dont il fut le fondateur, et y établit un comptoir plus large qu'aucun de ceux encore ouverts sur ce rivage. Les Turcs d'Alger, peu soucieux d'obéir au sultan de Constantinople, détruisirent le Bastion en 1637. Les ducs de Guise, perdant tout intérêt au profit incertain dont ils avaient le privilége sur ce point, en cédèrent les avantages éventuels à Napollon, pour 10 chevaux barbes par an (1663), et ce dernier, abandonnant tout-à-fait cet ancien poste reconnu malsain, concentra à 24 kilom. à l'E. tout le commerce à La Calle, en 1677. Sur la porte de terre est encore inscrit ce millésime, époque d'une nouvelle ère. La Calle parvint bientôt à un état des plus florissants : un grand nombre de beaux magasins, des quais, une église, un hôpital, un lazaret, quatre postes militaires, une mosquée pour les Maures employés par la Compagnie; elle eut tout ce qui était indispensable au bien-être, à l'approvisionnement et à la défense de 2,000 âmes. L'occupation de ce rocher avait un intérêt politique durant les querelles entre les maisons de France et d'Autriche. L'abaissement de l'Empire rendit à La Calle son importance purement commerciale. Duquesne en retira tous les habitants, avant le bombardement d'Alger, en 1683. Pierre Hély, en 1694, fut reconnu, par le gouvernement, cessionnaire et propriétaire incommutable des places, du commerce des cuirs, céréales, cire et miel, et de la pêche du corail, moyennant la charge de payer au Divan une redevance de 105,000 livres. Les dispositions de ce traité furent renouvelées, plus tard, entre la France et Alger, en 1714, 1731, 1768, et 1790. En 1791 et 1709, la disette s'étant fait sentir en France, les concessions expédièrent à Marseille 200,000 hectolitres de blé. La Compagnie des Indes qui, en 1719, prit la ferme de ces établissements, ne fut pas plus heureuse en Afrique qu'en Asie, et la compagnie Auriol les releva, durant le bail de 10 ans qu'elle obtint, à partir de 1730. En 1741 se constitua à Marseille, la Compagnie d'*Afrique*, avec un capital de 1,200,000 fr. La ruine était imminente, et le capital était tombé à 474,000 fr., lorsqu'en 1766, M. Martin fut envoyé en qualité de directeur. Cet homme probe et entendu rendit la prospérité à La Calle, qu'il maintint en paix au milieu de 16 tribus de la Masoule, dont le cheikh, nommé par le bey de Constantine, n'était confirmé qu'après son assentiment. Un capitaine, aux appointements de 500 francs par an, et 14 soldats, aux gages de 108 francs, lui suffisaient pour garder les postes protégeant la ville. 50 corallines, montées chacune de sept hommes engagés pour trois ans, faisaient la pêche dans ces parages. En 1789, la Compagnie d'Afrique obtint que son monopole exclusif lui serait maintenu, au milieu de la chute de tous les privilèges. Mais le décret du 21 juillet 1791 lui fit perdre une partie de ces avantages et la força de souffrir 50 gondoles corses, qui firent la pêche et occasionnèrent un tort notable à la Compagnie, en allant vendre le corail à Livourne. L'arrêté du Comité de Salut public, du 19 pluviôse an II (janvier 1794), prononça la suppression de la Compagnie. La Convention fit verser au Trésor 2,048,000 fr., provenant de la liquidation du fond social, ainsi amélioré par les soins et le dévouement du directeur Martin. La Calle n'était alors habitée que par 600 hommes. Les édifices ne pouvaient pas en contenir davantage, et toutes les femmes en étaient exclues. Il en provenait des désordres dont l'abbé Poiret avait été scandalisé en 1785. La position était gardée par 50 vétérans et 6 pièces de 4. Le gouvernement français, voulant alors diriger la pêche par lui-même, arma 200 bateaux corailleurs et parvint à épuiser presque tous les bancs. Les redevances ne furent pas payées au dey, qui, invité par le sultan de Constantinople à nous déclarer la guerre, au moment de l'expédition d'Égypte, s'empara des concessions françaises. Le gouvernement consulaire, par le traité du 17 décembre 1801, obtint la restitution des privilèges, à charge de liquider la dette des grains achetés par la France à la régence, et qui traînait en longueur. M. Raimbert vint reprendre la pêche avec des Corses et des Italiens. Mais les lenteurs nouvelles apportées aux paiements arriérés indignèrent le dey qui, en 1807, nous enleva nos concessions, et les loua pour dix ans aux Anglais, moyennant une rente annuelle de 267,000 francs. En 1816, à la faveur de la paix générale, nous rentrâmes dans nos possessions. Le privilége commercial fut abandonné à M. Paret, négociant de Marseille, et le département des affaires étrangères dirigea seul la pêche du corail, 240 bateaux y concouraient, les Français étaient exempts de tous droits que les Anglais avaient divisés en deux; droit de pêche d'été, du 1er avril au 30 septembre, et de pêche d'hiver, du 1er octobre au 31 mars; ce dernier, moindre presque des deux tiers. Ce règlement continua à régir ce genre d'industrie. En 1820 et 1824, les Indigènes et les Tunisiens attaquèrent nos établissements; en 1827, et le 27 juin, les Turcs du dey Hussein incendièrent les édifices qui venaient d'être évacués par nos compatriotes. Il y avait alors 24 corallines françaises en rade et 159 bateaux étrangers. La pêche ne fut reprise qu'en 1832, par des Italiens.

Dès 1831, une reconnaissance avait été ordonnée par le Général commandant l'armée d'occupation d'Afrique; elle eut lieu au mois de mai. On ne trouva plus à La Calle que des masures inhabitables, quelques merlons restés intacts, des pans de murailles, noircis et lézardés par l'incendie. Ce ne fut que le 22 juillet 1836 que l'on occupa définitivement, au moyen de 30 zouaves indigènes, commandés par le capitaine Berthier, et apportés par le brick *le Cygne*. Un arrêté du 21 décembre 1842 a érigé La Calle en commissariat civil. Une ordonnance du 15 décembre 1846 lui a assigné une banlieue civile d'environ 8500 hectares.

IMPORTANCE POLITIQUE. La Calle, constituée en commune par le décret du 31 décembre 1856, compte 937 habitants, dont 400 Français, 300 Italiens et 174 Anglo-Maltais. La garnison est de 841 hommes, obéissant à un Commandant supérieur du Cercle, établi dès le 1er décembre 1838, compris dans la subdivision militaire de Bône. Il y a aussi 193 Arabes.

PHYSIONOMIE LOCALE. La ville de La Calle est assise sur un banc de rochers de 420 mètres de long, sur 60 à 80 de large, qui court dans la direction O.-N.-O., parallèlement à la côte. La roche, qui présente une superficie de 3 hectares, est d'un grès à contexture lâche. Quand la lame déferle un peu vivement, on entend, au son creux qu'elle rend jusque sous le pavé, combien son action a déjà pénétré loin dans les couches les plus friables. Ce rocher, presqu'entièrement entouré par la mer, se rattache au continent par un isthme de sable, à son extrémité orientale, et défend du large une nappe d'eau qui communique avec la mer. 180 bateaux corailleurs peuvent s'y mettre à l'abri. Ce petit port ne pourrait admettre un navire de plus de 100 tonneaux. 200 maisons, environ, sont bâties sur cette presqu'île, avec assez de régularité, le long d'une rue. Le Pavillon des officiers, ancien comptoir de la Compagnie française, est une maison de belle apparence. Un mur de 2 mètres de haut sur 50 centimètres de large, qui court de l'E. à l'O., protége au S. ce groupe d'habitations, et s'ouvre par la porte de Terre ou de la Presqu'île. Un autre mur de défense, qui commence à l'embouchure d'un ruisseau se déversant dans une petite anse à l'E., enveloppe le quai et le faubourg Saint-Martin, répandu sur la plage. Ce mur va joindre à l'O. le pied du coteau où s'élève le fort du Moulin, commandant l'entrée du port, et se termine derrière la caserne des spahis, située de ce côté. Une solution de continuité dans ce prolongement est appelée porte de l'Avancée. Entre le mur de défense et le magasin du matériel des Ponts-et-Chaussées, à l'E., se tient un marché qui n'a pas de jours fixes.

C'est surtout le corail qui constitue l'importance industrielle de La Calle. L'article 5 du traité du 8 août 1830, avec le bey de Tunis, confirmé par celui du 24 obtobre 1832, reconnaît à la France le droit de la pêche, moyennant une rente de 13,500 piastres de Tunis, dans les eaux de ce royaume, jusqu'au cap Nègre, à 7 l. de l'île de Tabarca. L'arrêté du 31 mars 1832 a pourvu aux mesures de police que ce genre d'exploitation exige : les délivrances de patentes, les amendes de contravention, la quantité de poudre qu'il est permis aux corailleurs d'avoir à leur bord; les défenses d'emploi de filets ou engins qui seraient de nature à détruire les bancs; les exemptions de droits de douanes, relatives aux provisions de bouche et les conditions d'admission dans les hôpitaux. L'ordonnance royale du 9 novembre 1844 a fixé à 800 fr. par an, sans distinction de saison, la rétribution payée par chaque bateau étranger qui se livre à la pêche du corail sur les côtes de l'Algérie. Il doit aussi prendre un passeport, qui est fixé à 5 francs pour les bateaux de moins de 10 tonneaux, 15 francs pour ceux de 10 à 30 tonneaux, 30 francs pour ceux de plus de 30 tonneaux.

» Le corail de La Calle est porté à Livourne, où il occupe plus de 700 personnes. Les Juifs centralisent ce commerce. Ils expédient le gros corail en Russie; le rose, le plus beau (*montre* 1re qualité) en Chine; la seconde qualité, l'*escart*, en Pologne; le *barbaresco* et la *robachiara*, aux Indes. La *tenagliatura* (menus brins) et la *terraille flottante* (croûtes provenant du dégrossissement des branches) étaient autrefois employées à la traite des noirs.

» Les opérations de la pêche du corail sur les côtes de l'Algérie ont subi un certain ralentissement en 1855. Le nombre des bateaux employés à cette pêche a fléchi tout-à-coup. Il est tombé à 73, tandis qu'on en comptait environ 200 en 1852 et 1853, et 226 en 1854. Plus de cent bateaux napolitains ont fait défaut en 1855. On attribue cette abstention à la non-vente du produit des précédentes pêches. Depuis, ce commerce s'est relevé à la faveur du retour des modes impériales. D'ailleurs on ne peut trop recommander l'usage des ornements de corail; il est *sain*, dit-on, et il va fort bien aux brunes. — Les dames le savent assez. (Voir d'autres détails, page 351.)

ÉTABLISSEMENTS MILITAIRES. Il y a trois Casernes : une dans la presqu'île, pour 140 soldats; une au faubourg, dite des Spahis, où 40 hommes peuvent loger; une troisième au fort du Moulin, poste militaire, assis sur un plateau au S.-O. C'est aussi dans ce fort que se trouve la

Prison militaire, et civile au besoin. Dans la presqu'île encore, le service des Subsistances militaires a son magasin, aussi bien que le service du Génie. L'Hôpital renferme 70 lits.

MONUMENT RELIGIEUX. Dans la presqu'île est une petite Église qu'on dit être celle bâtie par l'ancienne Compagnie française d'Afrique, dans l'hôpital que desservaient quatorze frères de l'ordre de Saint-Jean-de-Dieu.

ÉTABLISSEMENTS CIVILS. L'ancienne tour du Phare est restaurée; on y a placé un appareil catadioptrique. Un grand puits, sur la plage, sert à l'alimentation de la population, et à l'approvisionnement des corailleurs. Il existe un autre puits assez abondant, dans l'ancien jardin de la Compagnie. Tout autour de l'enceinte actuelle on peut trouver une promenade que le sable vient disputer. Quelques cantines, où les prix sont exorbitants pour le peu qu'on y prend, sont les seuls lieux qui puissent prétendre au titre d'auberges.

ENVIRONS. Le sol des environs de La Calle est généralement accidenté. Il existe dans la banlieue trois exploitations isolées où l'on voit de nombreux arbres fruitiers et de la vigne. Si l'on gravit un des points les plus culminants du plateau qui domine la ville, on a un horizon assez étendu. En laissant la mer derrière soi, on découvre, à une distance de trois à quatre myriamètres, un demi-cercle de montagnes peu élévées, renfermant entre elles et la mer trois lacs. — Le *lac des Poissons* (Guera-el-Hout), plus connu à La Calle sous le nom de *Tonga*, d'où nos pères avaient fait *Tondgue*, s'étend à l'E. Il est profond et communique avec la mer par un beau chenal, débouchant dans une crique où les petits bâtiments peuvent s'abriter. — Le *lac Supérieur* ou *du Milieu* (étang d'el-Garah, Guera-el-Garah, Oubeïra), qui portait aussi le nom de *lac de Beaumarchand*, au temps de l'ancienne Compagnie, occupe une étendue de quatre à cinq mille hectares, à 2,000 mètres du lac des Poissons. Il est d'un accès facile, dans la plus grande partie de son contour. L'élévation de ses eaux est de 30 mètres 73 centimètres au-dessus du *lac Salé*, qui s'étend à 1,000 mètres à l'O. — Le *lac Salé* (Guera-el-Malah), connu encore sous le nom de *lac du Bastion*, à cause de l'établissement français qui existait auprès, sur le bord de la mer, occupe 2,500 hectares, et pénètre à 2 lieues dans les terres. Son extrémité méridionale est un taillis marécageux. Le canal de communication de ce lac avec la mer, semblable à l'entrée d'une rivière, a une longueur de 1,000 mètres environ. Il se dégarnit d'eau pendant l'été, et laisse établir près de son embouchure une sorte de barre qui se détruit pendant l'hiver. Les exhalaisons délétères qui se dégagent aux mois de juin et de septembre, causent les fièvres qui ont chassé les Français du poste dit *le Bastion*.

C'est principalement dans le voisinage de ces trois immenses réservoirs qu'existent les belles forêts de chênes-lièges qui viennent, en suivant les sinuosités de petits vallons, finir auprès de La Calle. Les couches minéralogiques sur lesquelles reposent ces parties boisées, appartiennent, pour la plupart, au grès bigarré. Sur plusieurs points on trouve, à la surface du sol, une assez grande quantité de sables siliceux, mélangés de parcelles de mica. L'établissement forestier de Méla, est à environ 9 kilomètres de La Calle.

Le paysage est vraiment africain, et si des lopins de culture, qu'on voit çà et là sur un revers de montagne, dans une clairière, n'indiquaient l'existence de tribus, on se croirait dans une solitude éternelle. Il n'y a, comme moyen de transport à travers ces tristes déserts, que le cheval qu'un spahis prête pour quelques heures avec l'agrément de l'officier. La seule route tracée qui aboutisse à La Calle, est celle de Bône, qui s'embranche à celle de Constantine, par Guelma. Il y en a une encore qui mène à Kef oum Theboul, établissement fondé par la compagnie concessionnaire de la mine de plomb argentifère de ce nom, situé sur la frontière de Tunis, à 12 kilomètres E. de La Calle.

Les balancelles de corailleurs qui vont jusqu'à Bône, et le steamer qui vient de Tunis deux fois par mois, forment le lien de communication de ce morne séjour avec le reste du monde. Quatre heures de voyage sur le bateau à vapeur portent à Bône, qui est à 88 kilom. par terre.

L'arrondissement de Bône embrasse aussi quelques autres localités, non érigées en communes.

1° *Barral*, colonie agricole créée en 1848, appelée d'abord Mondovi n° 2, à 6 kil. environ au-delà de Mondovi, à 157 kilom. de Constantine, au bord de la Seybouse, a trois puits et un marché couvert, et possède un territoire fertile de 1615 hectares. Les 270 habitants ont une église.

2° *Bugeaud*, village entouré d'une muraille, créé par ordonnance royale du 3 juin 1847, avec 162 hectares pour 24 feux, sur la montagne de l'Edoug, au lieu dit Aïn Barouaga, à 12 kilom. de Bône, à l'entrée d'une forêt où la Compagnie Lecoq et Bertin exploite le chêne-liége, et où s'élèvent quelques habitations occupées par la brigade forestière. Il y a une église, un lavoir couvert et un abreuvoir. Les habitants, au nombre de 189, sont presque tous des bûcherons lorains. Il y a 54 Espagnols. Les touristes qui s'aventurent dans ce canton remportent un souvenir reconnaissant de la gracieuse hospitalité que M. Bergasse, gérant de la compagnie Lecoq, se fait un plaisir de leur offrir avec un obligeant empressement.

3° *Duzerville*, créé par l'arrêté du 12 février 1845, au lieu connu sous le nom de Bouzaroua, près du pont de Constantine, sur la Meboudja, à 11 kilom. de Bône, et à mi-chemin de Mondovi, au point de séparation de la route qui se bifurque pour aller à ce village et à Guelma, sur 800 hectares, pour 80 familles. Les plantations publiques sont nombreuses. Il y a deux puits à pompe, un lavoir et un abreuvoir. Les habitants, au nombre de 87, exercent l'industrie du roulage.

4° *El-Hadjar*, créé par décret présidentiel du 30 juillet 1851, sur un territoire de 1,625 hect. 51 ares 24 centiares, pour 45 familles, à 12 kilom. de Bône, à 5 kilom. de Duzerville, sur la route conduisant à Penthièvre. Les habitants, au nombre de 53, en 10 maisons, qui ont chacune un puits, ont fait de belles plantations de mûriers. Leurs cultures sont belles et variées.

5° *Mondovi*, créé en exécution de la loi du 19 septembre 1848, à 24 kilom. S. de Bône, sur la rive gauche de la Seybouse, sur la route de Bône à Tebessa, possède un territoire de 1630 hectares, fertile en tabac et en plantes légumineuses. Le bétail s'y élève avec succès. Le village a un marché couvert. Trois puits, dont un creusé par les Romains, donnent de la bonne eau. On a trouvé des vestiges d'établissements antiques et beaucoup de médailles du Bas-Empire. Il y a une église. La population est de 427 habitants. Les fermes Monjol et Gazan, ont une étendue considérable et des bâtiments importants.

6° *Nechmeya*. Celui qui aurait vu l'ancien camp de ce nom, en 1837, à 122 kilom. de Constantine, à 47 kilom. de Bône, sur la route de cette ville à Guelma, ou même qui aurait considéré vers la fin de 1855, les gourbis élevés par une population allemande nécessiteuse, qui était venu débarquer, avec toute ses misères, dans la province de Constantine, serait émerveillé de voir aujourd'hui ce que les bienfaits de l'Administration et les travaux du Génie militaire ont faits pour ce centre de population qui est doté de tous les avantages communaux. Les villages de Oued Touta et de Guelaa bou Sba, ont été dans les mêmes conditions. Le décret impérial du 28 février 1857, a constitué Néchemeya sur un territoire de 1,019 hectares, 12 ares 87 centiares pour 40 familles. La population est de 168 habitants, qui ont défriché 267 hectares. Il y a 14 hommes de garnison.

7° *Penthièvre*, peuplé avec une partie des mêmes éléments (60 Allemands sur 151 habitants), a été créé par ordonnance du 26 sept. 1847, à 154 kilom. de Constantine, à 35 kilom. de Bône et de Guelma, sur la route de ces deux villes, au confluent de l'oued Moya Berda et de l'oued Dardara, pour 60 familles, sur 1,400 hectares. Le village, qui a une église, est pourvu de fontaine, lavoirs, abreuvoirs. On y cultive les céréales et les plantes légumineuses sur 80 hectares.

ARRONDISSEMENT DE PHILIPPEVILLE.

L'arrondissement de Philippeville comprend trois communes : I° PHILIPPEVILLE, II° BOUGIE, III° JEMMAPES.

I.

COMMUNE DE PHILIPPEVILLE.

SITUATION. Philippeville est situé sur la côte septentrionale de l'Afrique par 4°60' de longitude E., et par 36°80' de latitude N., à 83 kilom. N. de Constantine, à 80 lieues E. par mer d'Alger, 12 lieues E. de Collo, 21 lieues O. de Bône, 41 lieues O. de La Calle.

MOUILLAGE. Le port de Philippeville est la petite anse de Stora, située à 4 kilom. à l'O. 112 maisons, habitées par 605 habitants, dont 106 Italiens, sont groupées autour du port par l'intérêt commercial. Le développement de cette bourgade est limité par le talus à pic de la montagne. Il y a une église. Le décret du 18 novembre 1857 a fait de Stora une section de la commune de Philippeville, qui communique par une bonne route avec ce port. Les bâtiments peuvent s'y mettre à l'abri pendant l'hiver, en s'amarrant à quatre, très-près de terre. Il y a 9 à 10 brasses d'eau dans le milieu. Pendant la belle saison, on peut mouiller dans la baie, entre le port de Stora et le cap Ras Sikida, voisin de Philippeville. On y trouve bon fond, et l'on doit s'y croire en sûreté, parce que les vents du N., qui sont les seuls qu'on puissent redouter, sont alors faibles et présagent le beau temps. Cette partie du golfe de Stora, porte spécialement le nom de *Baie de Stora*. Le golfe, formé par le cap Boudjarone, à l'O., et le cap de Fer, à l'E., séparés l'un de l'autre par 72 kilom., sur une profondeur de 26, se divise en deux baies : celle de l'O. porte le nom de *Collo*. C'est de celle qui s'ouvre à l'E. que nous nous occupons présentement. Les environs de cette baie, du S.-O. à l'E., offrent quelques sites charmants; au bord de la mer, il y a une suite de petites plages entrecoupées de pointes de rochers. Les terres élevées de l'intérieur s'abaissent insensiblement jusqu'au cap Ras Sikida, qui est formé par une terre isolée de 190 mètres de hauteur, se redressant graduellement, mais du côté de la mer, se présentant sous un aspect abrupte et hérissé de rochers. Les parties élevées sont très-boisées. Le Saf-Saf baigne ses pieds à

E. Des ruines romaines à l'O. et au S. ont marqué la place de Philippeville. Un débarcadère en bois, fort tourmenté des vagues et souvent emporté par elles, comme celui qu'on a souvent réparé à Stora, et qui est aujourd'hui taillé dans le roc, dans une partie de son prolongement, sont les seuls moyens solides pour aborder cette plage, en attendant la construction des quais.

NOTE HISTORIQUE. Stora était, dans l'antiquité, le port de Constantine. Une voie romaine en pierres noires, reliant ces deux points, était encore suivie au temps de Léon l'Africain (1512).

Ce chemin communiquait avec Rusicada, ville voisine, à laquelle le cap Ras Sikida avait donné son nom kabile, conservé par les Romains. Dans le vallon qui s'étend entre ce cap et l'intérieur, et s'évase vers la plage, était une cité importante, si l'on en juge par les cintres de voûtes, les restes de citernes, d'amphithéâtre, de mosaïques, de murailles, qui, des bords de la mer, se dirigent, en suivant les sinuosités des collines, jusque assez avant dans le pays. Les Vandales détruisirent cette cité. Les Français et les Génois, que leur commerce attira à une époque déjà reculée dans ces parages, firent quelques établissements à Stora. Ce fut à Rusicada plus au S., que les beys de Constantine construisirent quelques entrepôts.

Le 6 octobre 1838, M. le maréchal Valée, profitant de l'état calme où se trouvait la province de Constantine, commença, auprès des ruines de ce centre antique de population, les fondements de Philippeville, dont l'emplacement avait déjà été choisi.

IMPORTANCE POLITIQUE. Le maréchal Valée, dès le 1er octobre 1840, fit de Philippeville un chef-lieu de cercle, lui donna un Commissaire-civil dès le 8 mai 1841, comme à un chef-lieu de district, et y établit le 18 mai 1841, une Justice-de-Paix. La commune y fut constituée le 9 février 1842. Le 10 décembre de la même année, elle eut un Sous-directeur de l'intérieur, d'où releva Constantine elle-même en tout ce qui avait rapport à l'administration civile. Aujourd'hui, elle a un Sous-Préfet qui administre l'arrondissement, et un Tribunal civil de première instance. Un Commandant supérieur a sous ses ordres 1,796 hommes. La population européenne est de 7,279, dont 1241 Anglo-Maltais et 421 Espagnols. Il y a aussi 1,067 Arabes.

PHYSIONOMIE LOCALE. Philippeville, cité fraîche et neuve, n'a aucune de ces masures qui attristent les yeux dans nos villes africaines, restaurées avec plus ou moins de goût et de bonheur. Riante, elle a un aspect champêtre et prospère, que les crises financières ne sont pas venu rembrunir. Les rues sont belles en général; toutefois, les rues des Citernes, du Cirque, des Numides, de Constantine, de Sétif, sont remarquables. La rue Impériale qui traverse la ville dans toute sa longueur, est bordée d'arcades. Les plus jolies maisons sont la demeure du Commandant supérieur, la Sous-Préfecture, la Direction des Douanes, et les maisons où sont établis les hôtels *des Colonies,* et *de la Régence.* Il y a plusieurs places : la place de l'Église, où s'élève la statue en marbre d'un personnage romain, qui a été trouvée dans des fouilles, et qu'on a dit être l'empereur Caracalla, — la place de la Marine, de la Douane, la place Corneille. Une d'elle présente une plate-forme où l'on monte par trente marches. La place Bélisaire est spacieuse et bien plantée de beaux mûriers; c'est là que se tient tous les jours le marché. La place du Marché aux grains et aux bestiaux, est hors de la porte de Constantine.

Le transit d'approvisionnements de toute espèce, dirigés sur Constantine et d'autres points de l'intérieur, laisse après lui une abondance et une activité commerciale sans cesse renaissantes. L'industrie consiste en marbres de Filfila, en chênes-lièges, en opérations d'échanges. Des tissus en grand nombre sont importés et détaillés à Constantine. La ville a pour enceinte une muraille continue (chemise) et quelques fortins et redoutes. Deux portes donnent entrée : la porte de Stora ou de la Marine, et la porte de Constantine. A cet endroit, les Arabes trouvent un Caravansérail. Un fanal sidéral est établi sur l'ilot des Singes, et un phare de quatrième ordre sur l'île Srigina. Il y a aussi un Télégraphe qui communique avec toute l'Algérie. Un Lazaret existe du côté de Stora.

ÉTABLISSEMENTS MILITAIRES. Les Casernes d'infanterie et du train des équipages, ont une vaste capacité. L'Hôpital militaire, contenant 600 lits, porte une belle horloge, parfaitement exposée. Les magasins des divers services militaires, sont installés sous d'anciennes constructions romaines. Des baraques en bois suppléent à leur insuffisance.

Le local de la Bibliothèque militaire, où se réunissent les membres d'un Cercle appartenant à la population civile et à l'armée, est orné d'antiquités remarquables. Deux sarcophages en marbre, parfaitement conservés, y sont déposés. De magnifiques colonnes, des sculptures, des statues, se voient en d'autres endroits. Les vieilles citernes romaines, consistant en huit grands bassins, ont été déblayées et réparées, dans le style antique, avec un goût qui doit servir de modèle pour les restaurations du même genre. Elles abreuvent la ville aussi bien que des puits nombreux.

L'Église catholique est un monument nouvellement achevé, mais qui a fortement été endommagé par le tremblement de terre du 21 août 1856. Un Oratoire protestant est ouvert aux jours fériés. Une nouvelle Mosquée a été élevée à la porte de Constantine.

ÉTABLISSEMENTS CIVILS. L'établissement d'un Bureau de bienfaisance a été autorisé dès le 31 juillet 1853; une Société de Secours mutuels a été formée le 6 décembre 1857. Il y a une Institution communale pour les garçons, et une école tenue par les Frères de la Doctrine chrétienne. Les Sœurs dirigent l'École des jeunes demoiselles, et reçoivent les femmes malades dans une maison particulière. Le Dispensaire est pareillement tenu dans un local séparé. Il y a un Abattoir civil. Une jolie Pépinière fournit aux plantations nombreuses dont on entoure la ville.

INDUSTRIE PARTICULIÈRE. Les hôtels *Saint-Martin*, *de France* et *des Colonies*, sont les mieux hantés. On y tient pension. On est bien reçu et bien traité à l'hôtel *de la Régence*. Le café *de Foix* et celui *de la Perle*, sont fréquentés par les officiers et les employés. On trouve encore les cafés *Belino*, en face de la mer, *de Paris*, et autres. Les cabarets à la Ramponneau sont en grand nombre et presque tous tenus par les Maltais, qui se sont octroyés ici le privilége de l'exploitation des joies de bas étage. Le Théâtre nouvellement bâti, est desservi par une troupe qui partage l'année avec Constantine et Bône. Le journal du pays est le *Zéramna*, paraissant le mercredi.

ENVIRONS. Les environs de Philippeville sont très-productifs, et offrent de très-jolies promenades. La route de Stora, au N., est curieuse sous le rapport des ruines qu'elle étale; le ravin de Beni Melek, conduisant à Collo, à l'O.; les bords de la petite rivière appelée Zéramna, au S.-O., où s'étend une forêt de 2,800 hectares, et le vallon du Saf-Saf, à l'E., sont, on ne peut plus pittoresques. Trois usines à vapeur se sont établies dans la banlieue.

TRANSPORTS. On trouve de nombreuses voitures, calèches, cabriolets et équipages de gros roulage. Deux diligences vont à Constantine, chaque jour, pour le prix de 10 à 12 fr. Un service est aussi dirigé sur Jemmapes, à 28 kil., et un autre sur El-Arrouch, à 31 kilom.

ROUTES. Quatre routes partent de Philippeville :

1o La route de Bône, à l'E.; 2o la route de Jemmapes, au S.-E.; 3o la route de Constantine, au S.; 4o la route de Stora à l'O.-N., qui pousse un rameau sinueux à l'O., vers Collo.

NAVIGATION. Voir, pour les transports par voie de mer, l'article préliminaire relatif à la *navigation*.

La commune de Philippeville comprend, avec Stora, dont nous avons déjà parlé, trois autres annexes, qui sont : 1o Damrémont, 2o Saint-Antoine, 3o Valée, qui toutes trois ont été créées par arrêté du 26 août 1844.

1o **DAMRÉMONT**, à 5 kilom. au S.-E. de Philippeville, dans la vallée et sur la rive gauche du Saf-Saf, délimité à 450 hectares en prairies, compte 92 habitants. Une distillerie établie dans le village, extrait de l'asphodèle rameux durant les sept mois (du 1er mai au 1er décembre) où cette plante n'étant plus en pleine sève, se trouve propre à la distillation, 30,000 litres d'un alcool de 33 à 35 degrés.

2o **SAINT-ANTOINE**, à 7 kilom. au S., au sommet de la vallée du Zéramna, et sur la rive droite de la route qui mène à Constantine, délimité à 600 hectares, compte 247 habitants. On y élève du bétail; les prairies et les plantations y sont fort belles; les jardins potagers et les vergers magnifiques. Les oliviers greffés sont en grand nombre et donnent de beaux fruits.

3o **VALÉE**, à 5 kilom. de Philippeville, bâti sur un monticule, dans la vallée et sur la rive droite du Saf-Saf. Les céréales, la vigne, les arbres fruitiers et les mûriers sont les principales cultures auxquelles s'adonnent les colons. Deux puits, creusés dans le roc, sur la place du village, fournissent des eaux abondantes, et remplissent un lavoir. Il y a une église. La population est de 242 habitants ; le territoire, de 550 hectares. On remarque cinq fermes importantes où le lin et le tabac sont cultivés.

II.

COMMUNE DE BOUGIE.

SITUATION. Bougie est située par 2°75' de longitude orientale, et par 30°46' de latitude N., sur la côte N.-O. du golfe du même nom, à 229 kilom. N.-O. de Constantine, à 312 kilom. O. de Philippeville, à 385 kilom. O. de Bône.

ASPECT EXTÉRIEUR. Bougie, vue de la mer, a l'aspect le plus pittoresque qu'une ville puisse présenter. Des masses rocheuses, d'une élévation imposante, le Beni Tchoudja (1,261 mètres), le Babor (1,890 mètres), l'entourent à petite distance, avec un rideau de montagnes fort hautes ; on est frappé de la variété des formes de leurs crêtes. Le Gouraya, sur le revers méridional duquel la ville est bâtie, se dresse à 671 mètres au-dessus de la mer, où ses pieds plongent par des pentes fort rapides. Les maisons éparpillées au milieu des arbres, sur la déclivité où se festonne une riante verdure, ont un caractère champêtre qui contraste avec cette nature sévère. Un fort la domine entièrement, un autre qui est sur le rivage, ainsi que plusieurs batteries de côtes, servent à sa défense.

NOTE HISTORIQUE. Bougie (*Bidjaïa*), a été fondée par les Carthaginois, sous le nom de Saldæ. Tous les peuples qui vinrent tour à tour en Afrique, ont reconnu l'importance de sa situation, et lui ont laissé des souvenirs de leur séjour. De nombreuses ruines constatent qu'une grande cité a été florissante sur ce rivage. L'enceinte des Romains est reconnaissable, et se montre encore debout dans un grand nombre d'endroits ; elle avait 2 k. et demie de développement. Genséric s'en empara au Ve siècle, et en fit la capitale de l'empire des Vandales. Il ne lui enleva ce titre qu'après l'occupation de Carthage par ses soldats. C'est à lui qu'on attribue la construction des deux murailles en ruines, autrefois flanquées de tours, qui descendaient de cette crête jusqu'au rivage et dans leur développement de 5,000 mètres, embrassaient une étendue d'environ 60 hectares, aujourd'hui couverte de décombres. Okba ben Nafé la prit en 670, et Moussa ben Noseïr la soumit définitivement à l'Islamisme, en 708. Les Aghlabites, maîtres de Tunis, régnèrent sur Bougie, à laquelle ils donnèrent aussi le nom de Badjaïa. Obeïd Allah le Fathémite, qui les vainquit et les chassa, s'empara de cette ville et la détruisit de fond en comble. Les Zeyrites étendirent leur puissance sur ses débris (991). Les Hammadytes, qui leur succédèrent, en firent leur capitale. Ils y élevèrent une muraille d'enceinte, haute et continue, flanquée de tours, s'étendant le long du rivage, et embrassant exactement la rade, et tous les contours de terrain jusqu'au dehors de la ville, vers la partie plate de la plage qui se raccorde avec la plaine. En 1151, l'Almohade Abd el-Moumen, sultan de Maroc, fit la conquête de l'État de Bougie, où ses successeurs établirent les Hafsites, en qualité de gouverneurs. Ces officiers se rendirent indépendants, et parvenus au trône de Tunis (1240), firent de Bougie, l'apanage de leur héritier présomptif. En 1314, le vénérable Raymond Lulle vint y prêcher le Christianisme, et souffrit le martyre.

Dès 1151, les Pisans avaient établi un agent commercial sur ce point ; en 1220, les Marseillais avaient, dans la ville de Bougie, un quartier tout entier où ils demeuraient et faisaient le commerce. En l'année 1266, ils y réalisèrent de gros bénéfices. Les Catalans obtinrent de leur faire concurrence, dès 1281, et leur époque de prospérité dura de 1446 à 1475.

La nécessité de mettre un terme aux pirateries que les Bougiotes exerçaient depuis 1400, attira Pierre de Navarre dans ces parages. Il s'empara de la ville le 6 janvier 1510, et commença par construire la Casba que nous occupons aujourd'hui. Les habitants, au nombre de 8,000, avaient abandonné leurs maisons. En 1514 Bab-Haroudj (Barberousse), qui vint assiéger Bougie, perdit un bras dans les attaques infructueuses qu'il livra, et se rejeta sur Djidjelli. En 1541, Charles-Quint, après le désastre éprouvé par lui devant Alger, vint se ravitailler à Bougie. Les Espagnols y demeurèrent 45 ans, et privés de secours, se rendirent aux attaques furieuses de Salah Raïs, suivi de 40,000 hommes, et aidé par mer, de 22 fustes (1555). Don Alfonse de Peralta, qui fit la capitulation, n'obtint pas, pour les femmes et les enfants, la liberté qu'on lui avait promise, et revint en Espagne avec 20 hommes, à son choix. Mais Charles-Quint le traduisit devant un conseil de guerre qui le condamna à avoir la tête tranchée sur la place de Valladolid.

La ville, au règne des Turcs, perdit son importance commerciale, due principalement aux exportations de cire et de cuirs, connus sous la dénomination de bougies et de basanes, à cause de ses noms *Bougia, Badjana.*

En 1831, l'équipage d'un brick de l'État, qui avait fait naufrage sur la côte, ayant été égorgé, et en 1832, des insultes ayant été faites au brick anglais *Le Procris* et au brick français *Le Marsouin*, une expédition fut dirigée sur Bougie. Le 29 septembre 1833, elle fut prise par les troupes françaises, et dès-lors demeura bloquée par les Kabyles qui habitent les montagnes voisines. La dernière expédition à travers la Kabylie, a ouvert enfin les voies de la liberté et de la colonisation à la population groupée sur ce point, qui n'était qu'un poste d'occupation militaire.

IMPORTANCE POLITIQUE. Bougie, dès les premiers temps de son occupation, avait été dotée d'un Commissaire du roi pour les intérêts civils; un territoire de 1,176 hectares, qui a été augmenté par la suite, lui fut attribué par arrêté du 27 juillet 1848, et un Commissariat civil y fut institué par arrêté du 21 novembre de la même année. Le 10 mars 1850, un décret présidentiel fit passer le Cercle de Bougie, qui dépendait de la province d'Alger, dans la circonscription de la province de Constantine, et le rattacha à la Sous-

Préfecture de Philippeville. Une Justice-de-Paix y fut établie. Bougie fut érigée en commune le 17 juin 1854, et le Commissariat civil y a été supprimé par décret du 31 décembre 1854. Cette ville est aujourd'hui le lieu de la résidence d'un Commandant supérieur, qui a sous ses ordres 1,428 hommes de garnison. La population est de 1,145 Européens, dont 174 Espagnols, 120 Anglo-Maltais et 107 Italiens. Les Arabes sont au nombre de 878.

BAIE DE BOUGIE. La baie de Bougie a 20 kilomètres de profondeur, sur 45 kilom. d'ouverture, du cap Carbon à l'O., au cap Cavalo à l'E.

A partir du cap Carbon, la côte tourne au S. jusqu'à la pointe escarpée du fort Bouac, puis en faisant diverses sinuosités vers l'O., le S.-O. et le S., elle forme une baie dans laquelle est bâtie Bougie, et où l'on trouve un bon mouillage et un bon abri pour toutes les saisons, mais particulièrement contre les vents du N. au N.-O. et à l'O. Pendant l'été, on peut mouiller partout avec confiance, dès qu'on a atteint 16 brasses d'eau, parce que là, le fond est d'une très-bonne tenue. En hiver, il faut se mettre près de la terre, par 6 brasses, dans cette petite anse qui a reçu le nom de Sidi Yahia, du marabout bâti à sa partie N.

En 1846, on a construit sur le cap Bouac, dans l'emplacement de l'ancien fort, une maisonnette avec cour et corps-de-garde, environné d'un mur crénelé. C'est là qu'est installé le fanal provisoire destiné à signaler le mouillage de Sidi Yahia.

La côte, qui s'incline de l'E. à l'O. en descendant au S., fait place à la petite baie de Sidi Ahmed, et rencontre la pointe où est bâti le fort Abd el-Kader, à l'O. duquel se creuse la plage où l'on trouve le débarcadère. Plus à l'O. encore, est la Casba; au-delà, toujours dans la même direction, le vieux port, ouvert au S. La côte, à partir de ce point, court du N. au S., jusqu'à l'embouchure du Bou Mansour, appelé aussi Oued el-Kebir et Oued Summam.

ENCEINTE. La ville de Bougie a pour enceinte les vieilles murailles romaines, vandales et sarrazines, dont nous avons parlé, qui sont restaurées par les Francais, depuis leur occupation. Ils y ont conservé cinq portes, qui sont : la porte de Fouka, du Vieillard, d'Abd el-Kader, Moussa, de la Casba; ces trois dernières communiquent à trois fortoresses défendant les abords de la place, assises sur les pentes du ravin Sidi Touati, qui divise la ville le long du Gouraya, et se bifurque vers son sommet. Le fort Moussa est sur la rive droite de ce ravin, le fort Abd el-Kader sur la rive gauche, au bord de la mer. La Casba fait face à l'entrée du vieux port, sur la droite.

PHYSIONOMIE LOCALE. La ville a la forme d'un cône, dont le sommet seul est fréquenté. Les maisons de la ville, entourées d'orangers, de grenadiers, de figuiers de barbarie, ont fait de demeures champêtres. La circulation est peu active dans les rues qui sont sinueuses et contournent les accidents du terrain dont la pente est fort rapide. Les communications n'y sont pas faciles. Les rues Trézel et du Vieillard sont les seules qui aient quelqu'apparence. Les places sont : la place Louis-Philippe, où se tient, tous les jours, un marché aux grains; celle de l'Arsenal, où est le marché aux légumes, où se vendent la volaille et le bois. Le grand marché se tient hors la ville, près de l'abreuvoir; c'est le jeudi qu'il est le plus abondant, et les denrées y sont, en général, à bon compte. On trouve aussi un fondouk pour remiser les marchandises des Arabes, qui viennent avec plus de confiance nous apporter leurs produits. Les fontaines sont au nombre de cinq. Des anciens aqueducs fonctionnent encore, et donneraient beaucoup plus d'eau s'il en était besoin.

Bougie a une misérable petite Église, tenue avec une pieuse propreté. Elle a aussi une Mosquée. Au sommet du Gouraya s'élevait le marabout de Sidi Bosgri, que les Kabyles ont défendu avec fureur à l'époque de la prise de la ville : il a été remplacé par un blokaus. D'autres marabouts, au bord de la mer, sont Sidi Aïssa, Sidi Abd er-Rahman et Sidi Yahia.

ÉTABLISSEMENTS MILITAIRES. Les troupes sont casernées à la Casba (100 hommes).

— au Fort Barral (100 hommes), qui est l'ancien fort Moussa, où le général de Barral, blessé à mort aux Beni-Himmel, est enterré; — à la caserne neuve de Bridja (500 hommes); — à Sidi Toati (100 hommes), et dans des baraques pouvant loger 200 hommes. L'Artillerie a ses magasins place de l'Arsenal, au Camp supérieur, à Bridja et à la Casba; le Génie et les Substances militaires, à la Casba; le Campement, près du débarcadère. Sur le plateau de la Bridja est situé un bon Hôpital de 250 lits. Au fort Abd-el-Kader est une Prison vaste et humide. Le Cercle militaire conserve une bibliothèque de volumes incomplets et d'ouvrages dépareillés.

ÉTABLISSEMENTS CIVILS. Il y a un Phare de premier ordre au cap Carbon. Une École de garçons et une autre pour les filles, donnent l'instruction à la jeunesse. Une maison, dite de *l'Hospitalité*, a été construite, aussi bien qu'un Lavoir et un Abattoir bien situé.

INDUSTRIE PARTICULIÈRE. On trouve deux hôtels propres et neufs : l'hôtel *de la Marine* et l'hôtel *des Quatre-Nations*, où l'on ne peut prendre une pension confortable à moins de 75 francs par mois. Le café, sur la place de l'Arsenal, est petit, mais bien fréquenté; les cinq ou six autres ne sont que des débits. Les nombreux oisifs ont aussi pour se distraire la Loge maçonnique des *Frères Numides*. Une brasserie donne des produits assez médiocres. Le moulin à farine de M. Fléchet, à l'oued Ighir, à 16 kilom. de Bougie, est une usine importante. Plusieurs moulins à huile fonctionnent par manège dans les environs. Le commerce promet de redevenir considérable, comme par le passé, à la faveur des récents événements. Il consistera, comme autrefois, en blé, orge, cire, suif, peaux, huiles et fruits.

FORTIFICATIONS EXTÉRIEURES. Les fortifications extérieures sont une ligne de postes militaires qui, de la plaine au S.-E. de la ville, escaladent le Gouraya, en avançant du S. au N.

ENVIRONS. Les environs de Bougie sont très-montagneux, mais d'un aspect agréable et très-varié. La fertilité est répandue sur les pentes du Gouraya, dont la roche calcaire est revêtue d'une épaisse couche de terre argileuse. Du temps de Léon l'Africain (1515), on y voyait des maisons de plaisance ornées de mosaïques et d'ouvrages de menuiseries sculptés et peints avec art, dont il donne la description. Peyssonnel, en 1722, en a vu les restes, et tout prouve que ce pays, qui joint les charmes de la vue de la mer au tableau des montagnes et d'une plaine fleurie, a réuni naguère des hommes qui savaient jouir de la vie. Léon leur reproche leur goût pour la danse, la musique et les doux loisirs. Il ajoute qu'on voit aux entours plusieurs montagnes fort scabreuses, qui sont toutes couvertes de bois dans lesquels se nourrissent une infinité de singes et de panthères. Ces animaux fréquentent encore ces localités, où se montrent éparses 252 constructions, le terrain cultivable de la banlieue de Bougie ayant été réparti entre 94 concessionnaires.

TRANSPORTS. Les seuls moyens de transports à employer dans les excursions que l'on voudrait faire autour de la place, sont les chevaux et les mulets. Une route a été faite dans la direction de Sétif, et une vers Djidjeli, mais elles ne sont pas encore achevées pour le service des gros roulages.

NAVIGATION. Voir, pour les transports par voie de mer, l'article préliminaire relatif à la *navigation*.

III.

COMMUNE DE JEMMAPES.

SITUATION. Jemmapes est situé sur un double mamelon au centre de la vallée de l'Oued Fendeck, à l'embranchement des routes d'El-Arrouch et de Philippeville, à 40 kilom. S.-O. de ce point, à 90 k. N. de Constantine.

NOTE HISTORIQUE. Jemmapes a été fondé par ordonnance du 14 février 1848, pour 120 familles, sur un territoire de 2850 hectares, qui a été porté plus tard à 7400, avec l'adjonction d'un communal de 600 hectares, par décret du 19 décembre de la même année. C'est un des centres de création, développés à cette époque, qui ait le plus prospéré. Le décret du 31 décembre 1856 y a constitué la commune, en établissant Jemmapes en district et lui donnant un Commissaire civil.

IMPORTANCE POLITIQUE. Il y a 10 hommes de garnison et 629 habitants dans 194 maisons.

ÉTABLISSEMENTS CIVILS. Eglise, infirmerie, écoles de garçons et de jeunes filles, lavoir, abreuvoir, réservoir, huit bornes-fontaines alimentées par l'Aïn Sella qui est amené de 5 k. par une conduite de 6,000 mètres, et donne 150 litres d'eau à la minute; tels sont les établissements civils, avec un marché couvert.

INDUSTRIE PARTICULIÈRE. Un marché arabe important a lieu à Jemmapes, qui exploite le chêne-liége et pourra jouir du bénéfice que lui attirera la fréquentation d'une source d'eau chaude récemment découverte dans son voisinage. La ville est traversée par la route de Bône à Constantine et Philippeville, se bifurquant à Saint-Charles, ouverte depuis 1833. A mi-chemin, entre Jemmapes et Guelma, est un Caravansérail à Aïn Ksob.

La commune de Jemmapes comprend trois annexes : 1° Ahmed ben Ali; 2° Sidi Nassar; 3° Fillila.

1° **AHMED BEN ALI**, village à 4 kil. S.-O. de Jemmapes, sur la route de Saint-Charles, constitué définitivement le 4 juillet 1855, pour 32 familles, sur un territoire de 1709 hect. 8 ares 34 centiares, a plusieurs puits pour 112 habitants. Un incendie y éclata le 5 juillet 1856.

2° **SIDI NASSAR**, colonie pénitentiaire, constituée à la même époque, à 4 kil. E. de Jemmapes, sur la route de Philippeville à Bône, pour 20 familles, sur 1024 hectares 01 ares 18 cent., avait été affectée aux transportés politiques de 1852. Ce fut longtemps le plus misérable des centres de population. Aujourd'hui tout y est en voie de progrès. Il y a 131 habitants.

3° FILFILA, concession marbrière habilement dirigée, et dont l'avenir est assuré par la richesse et la beauté des produits. Cette exploitation est devenue un centre puissant d'attraction pour la population ouvrière et coloniale, qui présente un effectif de 106 individus, habitant aussi deux hameaux, Saint-Louis et Saint-Léon-de-Filfila, dans le périmètre de la concession, mais non encore officiellement institués. Il y a une église à Filfila.

L'arrondissement de Philippeville embrasse aussi quelques autres localités non érigées en communes.

1° *El-Arrouch*, gros bourg, à 31 kilom. S. de Philippeville, à 52 kilom. N. de Constantine, traversé par la route, occupe un point culminant de la vallée de l'Oued Ensa. Il a été créé administrativement le 22 mars 1844, et circonscrit à 1621 hectares, y compris 226 hectares, affectés à la ferme du 3° bataillon d'Afrique, par arrêté du 29 mars 1845. Les eaux d'une source abondante, située à 7 kilom. du village, y sont amenées par un canal voûté. Une fontaine à quatre robinets les reçoit sur la place centrale, et les verse, en toute saison, par 120 litres à la minute. El-Arrouch a des lavoirs, des abreuvoirs, une église, des écoles. Le vendredi, les Arabes viennent y tenir un marché d'étoffes et d'huile. Deux moulins à huile sont établis dans la localité. Un d'entre eux donne 70,000 litres par année. Une puissante usine de minoterie fonctionne par cinq paires de meules, sur la rive gauche du Saf Saf, dans la vallée des Zerdezas, à 6 kilom. d'El-Arrouch. Des briqueteries sont en rapport. Les habitants, au nombre de 575, y compris les centres de Cantours et de Toumiettes, où il y a 207 hommes de garnison, sur la droite de la route, vers Constantine, s'adonnent à l'élevage du gros bétail, et des races ovine et bovine.

2° *Gastonville*, à 7 kilom. N. d'El-Arrouch, à 22 kil. de Philippeville, et à 59 kilom. de Constantine, sur la route de ces deux villes, au lieu dit *Bir Ali*, a été créé le 16 novembre 1847, pour 40 feux, près du Saf-Saf, où 330 habitants récoltent, avec le plus de succès, des fèves et du maïs sur un territoire de 555 hectares. Ils ont une église, une mairie, et des écoles.

3° *Robertville*, créé à la même date, pour 60 feux, à 1 k. de l'oued Amon, dans le voisinage de la source Aïn Medjez el-Chich insuffisante pour l'abreuver, emprunte par des norias l'eau de plusieurs puits pour ses 337 habitants, qui ont une église, une mairie, des écoles, plusieurs briqueteries, et qui greffent l'olivier à 6 kilom. de Jemmapes, à 26 kilom. S. de Philippeville, à 65 kilom. de Constantine, sur un territoire de 890 hectares.

4° *Saint-Charles*, au milieu de prairies artificielles, sous l'ombrage d'oliviers et de mûriers, près du Saf-Saf, au confluent de l'oued Zerga, a été créé le 6 avril 1847. Tous les mercredis, on vient de Constantine, qui est éloignée de 60 kilom. au S., et de Philippeville à 17 kilom. au N. pour y acheter des chevaux, des bœufs, des moutons, et des peaux de ces diverses bêtes. Il y a une église. Les Arabes y sont au nombre de 514.

DIVISION DE CONSTANTINE.

(TERRITOIRE MILITAIRE.)

La Division de Constantine a son chef-lieu à Constantine même; la description de cette ville et de ses établissements militaires, a été donnée à la page 357 ci-dessus.

Cette division compte quatre subdivisions, qui sont : I° Constantine, II° Bone, III° Sétif, IV° Batna.

I.

SUBDIVISION DE CONSTANTINE.

La subdivision de Constantine embrasse trois Cercles : 1° le Cercle de Constantine, avec ses deux annexes : Aïn Beïda et Tebessa; 2° le Cercle de Philippeville; 3° celui de Djidjeli.

I. Le **CERCLE DE CONSTANTINE** circonscrit :

1° Le Kaïdat des *O. Abd el-Nour;*
2° Le Kaïdat des *Amer Cheraga;*

3° Le Cheikhat des *Arab Chettâia*, comprenant deux tribus;

4° Le Kaïdat de *Behira Touila*, comprenant quatre tribus;

5° Le Kaïdat de *Barrania*, comprenant deux tribus;

6° Le Kaïdat de *Djemila*, comprenant la tribu des Oulad Yakoub;

Il a été parlé à la page 350 de l'arc de triomphe qu'on rencontre dans ce canton.

7° Le Kaïdat du *Ferdjioua*, comprenant sept tribus;

8° Le Kaïdat de *Mila* et sa banlieue.

La ville de Mila, située à une journée de marche de Constantine, au N.-O., dans un pays accidenté, au pied du versant S. des montagnes de Zouagha, sur la rive gauche du Rummel, dont elle est distante de 10 kilom., possède une belle fontaine de construction romaine. Elle est entourée de jardins, de citronniers et de treilles. Le mur, en assez bon état, est en pierres de taille. On a trouvé plusieurs inscriptions latines dans les maisons. C'est par cette ville que passait la voie romaine d'Alger à Constantine. Saint Optat, l'un des pères de l'Église les plus vénérés, était évêque de Mila *(Milevum)*, vers 370. M. le général Galbois prit possession de Mila le 21 oct. 1838. Il y a une mosquée importante, appelée Sidi Ali ben Yahia, dans laquelle sont, dit-on, de profonds souterrains. Les gens de la ville, au nombre de 1,600, dans 150 maisons, se livrent à la fabrication du kouskouss. Ils exportent d'excellents raisins et des oranges magnifiques et délicieuses.

9° Le Kaïdat des *Mouïa*, comprenant deux tribus;

10° Le Kaïdat de l'*oued Bou Sela*;

11° Le Kaïdat des *Beni Ketit*, comprenant cinq tribus;

Les Oulads Sassy ont chez eux une source très-abondante qui coule sous une très-belle grotte, mais d'un accès difficile; malheureusement ces eaux disparaissent à quelques pas de leur bassin. Des croyances superstitieuses se sont accréditées dans le pays, au sujet de cette singularité. Généralement, les Arabes disent que les Chrétiens ont fait disparaître sous terre les cours d'eau pour désoler le pays, à l'époque de l'invasion musulmane.

12° Le Kaïdat des *Oulad Kebbab*, comprenant deux tribus;

13° Le Kaïdat de l'*Oued el-Kebir*, comprenant dix-neuf tribus;

14° Le Kaïdat des *Segnia*, où s'élevait l'antique *Sigus*;

15° Le Kaïdat de *Sellaoua Kherareb*, comprenant douze tribus, et la tribu des Zenadia, d'origine noble, venant du Maroc;

16° Le Kaïdat des *Serraouia*;

17° Le Kaïdat des *Telaghma*;

18° Le Kaïdat des *Zenatia*;

19° Le Kaïdat des *Zmoul*;

20° Le Kaïdat des *Zouagha*, comprenant quatre tribus;

21° Le Cheikhat des *Oulad Braham*, et les tribus de Azel et de Melk, relevant directement de la direction des affaires arabes.

ANNEXE D'AIN BEIDA, village situé sur la route de Tebessa et de Tunis, en passant par les Hanenchas, à 100 kilom. E. de Constantine, à 88. kil. O. de Tebessa. Il y existe des bâtiments militaires; maison de commandement pour le kaïd, bureau arabe et plusieurs maisonnettes appartenant à des particuliers. Une smala de spahis y campe. Aïn Beïda peut devenir rapidement un point important. Il y a une église. Les terres y sont sans limites. Les Juifs viennent d'y faire construire à leurs frais une synagogue, et les habitants élèvent de nombreux abris pour leurs troupeaux, sur lesquels a sévi si cruellement la mortalité durant l'hiver de 1866. La pierre à bâtir et à chaux se trouve sur les lieux. Une source y donne à la minute 400 litres à peu près d'une eau d'excellente qualité. A 4 kilom. se trouvent beaucoup de broussailles (1). Au 31 décembre 1866, la population était de 218 Européens et de 204 indigènes.

L'annexe d'Aïn Beïda circonscrit :

1° Le Kaïdat des *Oulad Khanfar*, comprenant deux tribus;

2° Le Kaïdat des *Oulad Siouan*;

3° Le Kaïdat des *Oulad Amara*;

4° Le Kaïdat des *Oulad Saïd*;

5° Le Kaïdat des *Kherareb* de l'E.

---

(1) Quelques-uns de ces renseignements, et autres relatifs à des localités lointaines, ont été puisés dans le *Manuel descriptif et statistique de l'Algérie*, par DUVAL.

ANNEXE DE TEBESSA. — Tebessa, antique *Thevaste*, ville sur la frontière de Tunis, à 35°27' N. et 5° 47' E., à 188 kilom. au S.-E. de Constantine, possède une très belle source qui sort du Djebel Dir dominant la ville. Cette cité, de construction romaine, est peut-être la trace la plus vivante du passage du peuple-roi. Ses murailles, en pierres taillées, ont 5 à 10 mètres de hauteur sur 2 en largeur, et sont défendues par 14 tours. Toutes les maisons sont formées de pierres romaines, la plupart assises sur le premier lit. On y voit une porte romaine remarquable, un temple semblable à la Maison-Carrée de Nîmes, et de nombreuses et vastes ruines tant intérieures qu'extérieures. La population de la ville (1077 habitants), sans aucun lien avec celle de la campagne, semble la postérité de l'ancienne population romaine. Tout, dans cette ville, rappelle les souvenirs de l'antiquité. La monnaie romaine avait encore cours lors de la première entrée des Français en 1842. Il s'y fait une grande fabrication d'étoffes de laine. Elle tire du Djebel Dir des meules pour les moulins d'une qualité fort estimée. Une ville européenne, où 90 habitants sont déjà venus se fixer, se forme dans l'enceinte de l'antique cité, qui a une église. Au dehors, un établissement militaire contient 270 hommes de garnison. Un moulin à blé fonctionne, et les indigènes relèvent à l'envi leurs vieilles maisons.

L'*Annexe de Tebessa* circonscrit, outre la ville et la banlieue, relevant directement du commandant supérieur :

1° Le Kaïdat des *O. Yahia ben Taleb*, comprenant trois tribus ;

2° Le Kaïdat des *Brarcha* (Nemamcha), comprenant cinq tribus ;

3° Le Kaïdat des *Allaouna* (Nemamcha), comprenant cinq tribus ;

4° Le Kaïdat des *Oulad Rechaïa*, comprenant quatre tribus ;

5° Le Kaïdat des *O. Sidi Abid*, comprenant deux tribus ;

6° Le Kaïdat de *Negrin*.

A 16 kilom. de Constantine, sur la route de Sétif, le décret impérial du 5 août 1854 a créé, sur 1384 hect. 14 ares 7 cent., un centre de population de cinquante feux, sous le nom d'*Aïn Smara*.

II. **CERCLE DE PHILIPPEVILLE.** — PHILIPPEVILLE, chef-lieu du cercle, a été décrit à la page 427.

Le cercle de Philippeville embrasse :

1° Le Kaïdat des *Radjata ;*

2° Le Kaïdat des *O. Atia des Toumiet ;*

3° Le Kaïdat des *Beni Mehenna et Elma*, comprenant trois tribus ;

4° Le Kaïdat du *Guebli*, comprenant sept tribus et la tribu des Achach, où se trouve la ville de Collo ;

La ville de Collo, que les Arabes nomment El-Koull, est située à 4° 25' de longitude E. et à 37° 2' de latitude N. ; à 90 kilom. N. de Constantine, à 120 E. de Bougie, à 60 E. de Djidjeli, à 100 O. de Bône et à 40 O. de Philippeville. Elle est bâtie au pied d'une montagne, derrière la presqu'île qui porte le nom d'Alderja. Les maisons sont en pierres et recouvertes de tuiles. Elle est habitée par 2,000 Arabes, qui vivent du commerce qu'ils font avec les autres parties de la côte. Ce bourg est l'ancienne Minervia Chulla des Romains, qui avaient là fondé une ville plus considérable, entourée d'un mur dont l'enceinte, détruite par les Vandales, n'a jamais été relevée depuis. Ce bourg est défendu par un mauvais château où les Turcs tenaient un agha et quelques soldats. La Compagnie d'Afrique, de 1604 à 1685, a eu un établissement à Collo pour le commerce intérieur et la pêche du corail. En 1831, sept corallines s'étant avancées sur les gisements vierges de Collo, en ont retiré, en quinze jours, 3,500 kilos de coraux énormes, qui ont fait la fortune des propriétaires de ces embarcations. L'ordonnance royale du 21 décembre 1842, a autorisé le port de Collo à commercer avec tous les ports occupés de l'Algérie, et admet en franchise ses provenances, spécialement les suivantes, qui donneront une idée de son commerce : peaux vertes et sèches, laines en suint, huile d'olive en outres, cire, miel, kermès, fruits frais, figues sèches, légumes verts, lait, beurre, fromages frais, œufs, volailles et gibier. Collo a été occupée le 11 avril 1843, par le général Baraguay-d'Hilliers.

Les environs, tels qu'on peut les voir sur un bâtiment mouillé dans la baie, présentent le tableau le plus varié et le plus pittoresque. Au S., c'est une plaine d'une belle étendue, couverte d'une riche végétation, au milieu de laquelle s'élève une montagne conique, toute boisée, que les habitants ont appelée Roumadja (la Cendrière), et qui, du large, paraît comme une île au fond d'un golfe. Une rivière traverse cette vallée et vient se jeter à la mer dans l'E. de la baie ; à droite et à gauche, de grandes masses s'élèvent graduellement ; toutes les collines sont couronnées de bois ; on voit des terres cultivées sur les endroits les plus élevés.

5° Le Kaïdat des *Beni Toufout*, comprenant onze tribus ;

6° Les *Oulad Atia de l'Oued Zehour*, comprenant trois tribus.

III. Le **CERCLE DE DJIDJELI**. — DJIDJELI est située sur la côte septentrionale de l'Afrique par 3° 40' de longitude orientale et par 36° 50' de latitude N., à 128 kil. N.-O. de Constantine ; à 12 lieues E. de Bougie ; et à 24 lieues O. de Philippeville, par mer.

Djidjeli s'avance en mer sur une pointe rocheuse qu'une plage très-basse relie à la côte. C'est sur cette petite presqu'île que se relève la ville, presque entièrement détruite par le tremblement de terre du 21 au 22 août 1856. L'horizon est borné de très-près par les montagnes de la Kabylie, dont les plus bas gradins sont occupés par nos postes avancés. Une culture riche et bien entendue festonne une vaste bordure au tableau, que des sommets couverts de neige, durant la plus grande partie de l'année, dominent à petite distance. Le port de Djidjeli ressemble à celui de Tripoli de Barbarie, mais il est plus petit et moins sûr. On peut y mouiller avec confiance pendant la belle saison ; il est défendu des tempêtes du N. par une ligne de roches de plus de 800 mètres, qui malheureusement ne sont pas assez rapprochées pour anéantir entièrement la puissance destructive des vagues. Le plus grand intervalle qui les sépare (200 mètres) est du côté de la ville; on y trouve un fond très-inégal, mais il y a cependant des profondeurs de 5, 6 et même 8 brasses; dans d'autres endroits, les plus grandes sondes sont de 4 à 5 brasses. On mouille au S. de l'îlot le plus haut de l'entrée, à environ une encâblure, par 10, 11 et 12 brasses, sur un fond de sable et gravier. Au S. de la ville règne une grande et belle plage qui, en se courbant vers l'E., forme l'enceinte du port; la profondeur de l'eau, au centre du bassin, est de 6 à 8 mètres; elle se maintient à 5 mètres jusqu'au fort Duquesne, assis à un demi-mille environ de la ville, sur un gros rocher tenant à la terre, mais qui paraît s'avancer comme un îlot, et sur lequel était le tombeau d'un marabout, simple maisonnette environnée de quelques arbres. C'est sur ce point que le duc de Beaufort effectua son débarquement, en 1664.

NOTE HISTORIQUE. Djidjeli est l'antique *Igigellis*, fondée par les Carthaginois. Élevée au rang de colonie romaine par Auguste, elle était traversée par plusieurs grandes voies qui conduisaient à Bougie, à Sétif, à Constantine et à Hippone. C'est à *Igigellis* que vint débarquer Théodose, pour finir la guerre excitée par Firmus dans la Mauritanie Sitifienne. Ce fut une ville épiscopale aux époques chrétiennes de l'Algérie. La position avantageuse de son château, eu égard aux moyens qu'on employait à la guerre au temps de l'invasion musulmane, lui assura, vis-à-vis de tous les conquérants, une indépendance dont ses habitants se montraient fort jaloux, et qu'ils ne perdirent jamais, au rapport de Léon l'Africain. Ce géographe, au commencement du XVIe siècle, n'y trouva plus que 600 feux, bien qu'il notât ses relations commerciales très-fructueuses avec Marseille, Gênes, Livourne et Venise. En 1514, Djidjeli se donna à Barberousse, qui fit de son port le repaire de ses pirates et le dépôt de ses déprédations. Il ne le quitta que pour se fixer à Alger. Les Français, les Génois, les Flamands continuèrent à y maintenir des comptoirs qui traitaient avec les tribus de l'intérieur et en tiraient des cuirs et de la cire. Louis XIV ayant voulu former un établissement militaire sur la côte de Barbarie, jeta les yeux sur Djidjeli. Le duc de Beaufort s'en empara, par son ordre, le 23 juillet 1664, et y laissa 400 hommes, commandés par le comte de Gadagne. Un petit fort, dont les restes existent encore au-dessus de la ville, fut construit; mais la mésintelligence ayant éclaté entre les soldats et les marins, les indigènes surent en profiter; ils enlevèrent le fort le 30 octobre, en massacrèrent la garnison, et restèrent maîtres de trente pièces de canon. Il faut lire dans Dapper l'affreuse déroute qu'essuyèrent nos compatriotes, dont le désastre a dû être dissimulé par nos historiens. Depuis, le commerce de Djidjeli avec l'Europe ne s'est pas rétabli; les Kabyles opprimèrent les habitants de la ville, où Peyssonnel ne trouva plus qu'une soixantaine de maisons en 1725. Toutefois, les Arabes continuèrent à faire la pêche du corail et à entretenir quelques échanges avec les ports voisins, au moyen de sandales qu'ils construisaient eux-mêmes avec succès. En 1804, un nommé Hadj Mohammed ben Lahrech, du Maroc, se donnant comme un restaurateur de la liberté de ces peuples, entreprit la course contre les Turcs et leur devint formidable, pendant quelque temps, sous le nom du *pirate de Djidjeli*.

En février 1839, le brick l'*Indépendant* ayant fait naufrage sur la côte, à quelque distance de Djidjeli, les Kabyles firent prisonniers les gens de l'équipage, et ne voulurent les rendre que moyennant rançon. Cette conduite appelait une prompte répression. Le 13 mai 1839, le colonel Desalle débarqua à Djidjeli sans résistance, et improvisa des fortifications qui mirent la ville à l'abri d'un coup de main. Depuis, les lignes de défense furent portées à l'extérieur, et la domination française a été paisible.

Dans la nuit du 21 au 22 août 1856, vers les dix heures, un bruit souterrain, semblable au roulement du tonnerre, se fit entendre, et on éprouva une violente secousse. La Mosquée, la vieille tour du rempart et plusieurs maisons s'écroulèrent. La mer se retira à une assez grande distance pour revenir aussitôt avec un mugissement formidable. La commotion dura quarante secondes. Tous les habitants se précipitèrent en dehors de leurs demeures : il n'y eut que trois femmes mauresques et deux enfants indigènes qui périrent. Le lendemain 22, vers midi moins vingt minutes, comme chacun, reprenant confiance, rentrait dans la ville, une secousse plus forte, plus longue que celle de la veille, se fit ressentir, produisant de longues crevasses dans le sol et faisant bouillonner la mer. A cet ébranlement, accompagné de détonations souterraines, toutes les maisons s'écroulèrent dans un nuage de poussière. L'hôpital seul et la manutention, bâtis sur le roc, ont résisté, mais hors d'état de pouvoir servir à leur destination. A 200 mètres des ruines de Djidjeli, toute la population campa sous des tentes que l'administration militaire, dont le dévouement a été admirable dans ce sinistre, fournit longtemps, jusqu'à ce qu'on ait pu élever un ensemble de constructions en planches. Les pertes n'ont été que de 500,000 francs, dont M. le Ministre de la Guerre a réparé une grande partie, en donnant aux habitants une première subvention de 100,000 francs, qui a été suivie d'autres secours de toute sorte.

Djidjeli, reconstitué, est le lieu de la résidence d'un Commandant supérieur; la garnison est de 1,291 hommes. Les habitants européens sont au nombre de 552; il y a 1,195 Arabes. Un fossé d'enceinte est aujourd'hui la seule défense, avec le fort Duquesne et les batteries de la mer. Un phare à feu sidéral y donne sa lueur. Tous les services sont dans des baraques, si ce n'est l'Hôpital, réduit d'un étage, l'Arsenal et les magasins du Campement et des Subsistances. Sur la place Louis XIV, où coule une fontaine alimentée par un aqueduc qui va prendre l'eau à 1,500 mètres, les Kabyles viennent vendre tous les jours des denrées de toute espèce. Le commerce d'exportation consiste principalement en bestiaux, céréales et huiles. Les matériaux de construction, les vivres et les tissus, sont les marchandises qu'on apporte avec le plus d'avantage. Il n'y a pas d'hôtels; deux pensions bourgeoises donnent à manger moyennant 70 francs par mois. Trois Cafés, celui de *France*, le Café *Impérial* et celui qui a pour enseigne l'*Ancre d'Espérance*, reçoivent les habitués. Il y a une petite Bibliothèque, donnée par le Gouvernement à la garnison, dans un Cercle militaire où MM. les Officiers se sont toujours fait un plaisir d'admettre les fonctionnaires civils de la localité. Des Écoles primaires, une maison d'hospitalité pour les Arabes, un Théâtre, où l'on joue les jeudis et les dimanches, une Pépinière de quatre hectares, forment l'ensemble des établissements publics.

Les ouvrages extérieurs forment la véritable force de la position qui, sans eux, serait dominée par les crêtes d'un plateau bas, qui vient finir à 1,200 mètres de la place, se détachant des hauteurs plus élevées encore, à 4,000 mètres de distance. Ce sont, en commençant par le S.-O., 1° le fort Duquesne, sur un rocher baigné de la mer, et indiquant la limite du port à un mille de la ville, dont les îlots, au N., protégent les eaux sur une ligne qui court de l'O. à l'E.; 2° en inclinant au S.-O., sur le versant d'un mamelon, le blokaus Valée; 3° plus à l'O., sur le sommet d'un mamelon, le fort Sainte-Eugénie;

4° sur le même mamelon, au N.-O., la redoute Galbois; 5° sur la pente N.-O. du mamelon, le blokaus Horain, à la hauteur du fort Duquesne, comprenant ainsi entre lui et le blokaus Valée, une plaine propre à la culture, et où l'on trouve quelques ruines de l'ancienne ville romaine; 6° sur une hauteur, plus au N.-E., et en revenant vers la ville, le fort Saint-Ferdinand; 7° plus au N. encore, la Maison crénelée.

C'est en arrière de ces défenses que Djidjeli couvre au N. sa petite rade, dont les eaux la baignent à l'O., et son grand port à l'E., dont nous avons parlé.

Les environs sont bien cultivés par les Kabyles, dont la population est fort nombreuse en ce canton. Les montagnes, d'un aspect imposant, que l'on voit de très-près, en recèlent, dit-on, 80,000. Elles sont couvertes de forêts de chênes-lièges et, l'hiver, portent une abondance de neige qui, au printemps, se change en une couronne de verdure.

Le bateau à vapeur d'Alger, se dirigeant sur Bône et faisant retour, mouille à Djidjeli. Voir, pour les transports par mer, l'article préliminaire relatif à la *navigation*. On se procure assez difficilement des moyens de transports pour les excursions. Les routes de Sétif, de Bougie et de Constantine demandent encore quelques travaux pour être complètement praticables à tous les véhicules.

Le cercle de Djidjeli circonscrit :

1° Le Cheikhat des *Oulad Bou Bakr ;*

2° Le Cheikhat des *Oulad Tafer ;*

3° Le Cheikhat des *Oulad Tebban ;*

4° Le Cheikhat des *Oulad Saad ;*

5° Le Cheikhat des *Oulad Mohammed ;*

6° Le Cheikhat des *Beni Sekfal ;*

7° Le Cheikhat de *Kheracha ;*

8° Le Cheikhat des *Beni Khezer ;*

9° Le Cheikhat des *Abab Aftit ;*

10° Le Cheikhat des *Chekaroua ;*

11° Le Cheikhat des *Beni Issa ;*

12° Le Kaïdat de *Ziama ;*

13° Le Kaïdat des *Beni Khettab ;*

14° Le Kaïdat des *Beni Ahmed ;*

15° Le Kaïdat des *Beni Kaïd ;*

16° Le Kaïdat des *Beni Amran Djebala ;*

17° Le Kaïdat des *Beni Amran Seflia ;*

18° Le Kaïdat des *Beni Ider ;*

19° Le Kaïdat des *Beni Siar ;*

20° Les Cheikhats des *El-Djena,* comprenant les Lakbia et les Oulad Bou Bakr ;

21° Le Cheikat des *Beni Salah ;*

22° Les Cheikhats des *Beni Maammar,* comprenant les Beni Flah, les Arab Afouzer, les Beni Hamza et les Beni Bou Inoun ;

23° Le Kaïdat des *Oulad Bel Afou ;*

24° Le Kaïdat des *Beni Afer ;*

25° Le Kaïdat des *Beni Foughal,* comprenant les Beni Foughal et les Beni Ouarzeddin.

II.

SUBDIVISION DE BONE.

La ville de Bône a été décrite page 300.

La subdivision de Bône embrasse quatre Cercles : 1° Bône, 2° Guelma, 3° La Calle, 4° Souk Harras.

I. **LE CERCLE DE BONE** circonscrit :

1° Le Kaïdat de *Bône*, comprenant quinze tribus, parmi lesquelles est la tribu des *Chourfa*, de race noble et religieuse qui vient du Maroc, et prétend que la famille régnante actuellement sort de son sein, — et la tribu des Merdâs, émigrée du pays de Tunis depuis 280 ans. Il y a sur son territoire plusieurs ruines sur pied, de monuments romains; les mieux conservées sont celles de Bou-Ksaar, qui servent au marabout de ce nom, et celles de Ksar Hellal, dans la vallée de Dhoum Debel.

2° Le Kaïdat de l'*Edoug*, comprenant vingt-une tribus.

Sur la route de Souk Harras, à 34 kilom. en avant de ce poste militaire, au lieu dit *Bou Chagouf*, un décret impérial du 27 mai 1857 a créé sous le nom de *Duvivier*, un centre de 80 feux, sur un territoire de 1272 hectares.

II. **CERCLE DE GUELMA**. — GUELMA, chef-lieu du Cercle de ce nom, a été décrit page 407.

Il existe, sur le territoire militaire, seize exploitations particulières, d'une étendue de 1388 hectares 51 ares, où habitent 25 individus.

Le Bureau arabe administre directement les trois tribus nommées Sellaoua, Belâd bou Deb, Belâd Gandoura.

Le cercle de Guelma embrasse encore :

1° Le Kaïdat de *Guerfa*, comprenant trois tribus :

2° Le Kaïdat du *Nador*, comprenant cinq tribus ;

3° Le Kaïdat des *Beni Foughal*, comprenant six tribus;

4° Le Kaïdat de *Guelma*, comprenant sept tribus;

5° Le Kaïdat des *Zerdeza*, comprenant vingt tribus.

III. **CERCLE DE LA CALLE.** — LA CALLE, chef-lieu du Cercle, a été décrite à la page 414.

La population est de 102 Européens, dans 60 habitations.

Le Bureau arabe administre directement les Oulad Dieb d'Aïn Khiar, et la smala de Demenet el-Leïl.

Le Cercle embrasse encore :

1° Le Kaïdat de l'*Oued Kebir*, comprenant douze tribus: Les Beni Amar y sont riches en miel, et les Ouled Dieb en sangsues;

2° Le Kaïdat de l'oued *Bou Hadjar*, comprenant quatre tribus. Celle des Chiebanah, venue de Tunis en 1816, occupe un territoire où se trouvent des ruines romaines.

IV. **CERCLE DE SOUK HARRAS.** — SOUK HARRAS, située à 32 kilom. de la frontière tunisienne, est l'ancienne Thagaste, patrie de St Augustin, sur la rive gauche de la Medjerda (antique Bagrada), où l'on a jeté un pont, à la jonction des routes de Tunis à Constantine, et de Bône à Tebessa. Dès 1852, vingt soldats français, enfermés dans le fondouk, arrêtèrent l'insurrection du pays. En 1855, on fit de ce point un chef-lieu de Cercle, et au commencement de 1856, des colons européens, des Tunisiens, des Juifs, des Mozabites, vinrent y fonder spontanément un centre de population qui s'élève aujourd'hui à 1228 habitans fixés dans 133 maisons. Un marché séculaire y réunit de nombreux acheteurs, qui composent une population flottante d'Indigènes connue sous la dénomination de *Berranis*, que le décret du 12 février 1858 place sous la surveillance d'un Amin. Les noms des rues, pris dans l'histoire ancienne, rappellent Massinissa, Scipion, Jugurtha, qui ont eu pour théâtre de leurs exploits les localités de la banlieue, où se sont livrées les fameuses batailles de Zama, du Muthul. M'douroucho (*Madaurus*), patrie d'Apulée et de saint Alype, est dans le voisinage. De bonnes eaux, de belles forêts s'étendent autour de Souk Harras. La garnison est de 725 hommes.

Le Cercle de Souk Harras embrasse :

1° Le Kaïdat des *Hanancha et Oulad Khiar*, comprenant quinze tribus, parmi lesquelles est la tribu de Hamama, qui doit son nom à la particularité singulière de deux sources voisines, dont l'une est chaude et l'autre froide.

2° Le Kaïdat des *Oulad Diah*, comprenant six tribus.

III.

SUBDIVISION DE SÉTIF.

SÉTIF, chef-lieu du Cercle, a été décrit à la page 384.

La Subdivision de Sétif embrasse quatre Cercles : 1° Sétif, 2° Bordj bou Areridj, 3° Bou Saada, 4° Bougie.

I. **LE CERCLE DE SÉTIF** circonscrit :

1° Dix tribus administrées directement par le Bureau arabe :

2° Le Kaïdat des *Elma Gharaba;*

3° Le Kaïdat des *Amer Dahara;*

4° Le Kaïdat des *Amer Guebula;*

5° Le Kaïdat des *Ouled Nabet;*

6° Le Kaïdat des *Ouled Gassem et Guellal;*

7° Le Kaïdat des *Rira Guebala;*

8° Le Kaïdat des *Rira Dahara;*

9° Le Kaïdat d'*Aïn Taghrout;*

10° Le Kaïdat d'*Aïn Tourc;*

11° Le Kaïdat des *Ouled Mosli;*

12° Le Kaïdat de *Guergour;*

13° Le Kaïdat du *Sahal el-Guebli;*

14° Le Kaïdat des *Ammoucha,* dans lequel la fraction des Houamer, prétend être d'origine vandale;

15° Les Cheikhats des *Sebtia;*

16° Le Kaïdat des *Beni Yala;*

17° Le Kaïdat des *Beni Ourthilan;*

18° Le Kaïdat des *Beni Ghebanna;*

19° Le Kaïdat d'*El-Harrach;*

20° Le Kaïdat des *Beni Sliman;*

21° Le Kaïdat des *Illoula Acammer* et *Beni Iadel.*

D'après le décret impérial du 26 avril 1853, la Compagnie génevoise, dite *des Colonies suisses de Sétif,* doit construire dix villages dans un délai de dix ans, sur un territoire de 10,000 hectares, en échange d'une égale étendue, qui demeurera sa propriété. D'après ce traité, elle a terminé dans l'été de 1856, à l'O. et au N.-O. de Sétif, les cinq villages ci-après :

1° *Aïn Arnat,* à 10 kilom. de Sétif, qui a un joli temple protestant, une mairie, des écoles, une fruiterie, à l'exemple des établissements de ce genre dans le Jura;

2° *Bouhira,* pourvu d'une maison communale et d'écoles, situé au N.-O. et à 3 kilom. du précédent village;

3° *Messaoud,* sur le faîte d'une hauteur, à 4 kilom. d'Aïn Arnat, dans les mêmes conditions communales.

4° *Ouricia,* qui a les mêmes bâtiments communaux, avec une église, situé à 13 kilom. de Sétif, sur la droite de la route de Bougie.

5° *Mahouan,* peuplé en partie de Savoisiens, à 10 kil.

de Sétif, sur la droite de la route de Bougie, joignant une église aux mêmes avantages communaux.

Toutes ces localités, dont les 100 maisons sont isolées, ont une population totale de 584 individus, et sont pourvues de fontaines, lavoirs et abreuvoirs.

En juin 1856, on a commencé au N. et au N.-E. de Sétif, les cinq autres villages, dont trois sont déjà terminés. — *El-Hassi*, pour 50 familles. — *Aïn Trick*, pour 20. — *Aïn Malah*, pour 50 familles. Les avances faites aux colons, par la Compagnie, ne doivent porter intérêt qu'à raison de 5 pour cent.

Sur les 10,000 hectares de terres donnés à la Compagnie Génevoise en compensation et à titre de rémunération des dépenses d'intérêt général, elle a fondé dix fermes qui sont El-Bez (centre de ses exploitations), Mellia, Mahouan, El-Aouria, Aïn Mouss, Mahader, El-Harmlia, Goussimet, où tout est en voie de grande prospérité. La population y est de 155 individus, ayant mis en culture 1750 hectares. La Compagnie remet des bestiaux à cheptel et à location, à ceux des colons qui lui en font la demande.

II. CERCLE DE BORDJ BOU ARERIDJ.

— BORDJ BOU ARERIDJ, situé à 68 kilom. de Sétif, et à 198 kilom. de Constantine, sur la ligne de communication de Sétif à Aumale, fut un poste militaire bâti avec les restes d'un établissement romain dont il occupe la place. Il couvre deux mamelons qui s'élèvent au milieu de la plaine. En 1841, il fut occupé, et jusqu'en 1847, les marécages voisins décimèrent la garnison. Des familles européennes s'y sont groupées spontanément, et présentent une population de 239 individus dans 20 maisons; on compte aussi 189 Arabes. La garnison est de 142 hommes. Il y a de beaux jardins, de belles plantations, un établissement hippique, une station télégraphique. Les Beni Mellikeuch, riches en beaux frênes dont ils donnent les feuilles à manger à leurs vaches pour en obtenir du lait excellent, et les Beni Abbès, qui commencent à prendre nos procédés de culture, et nos arbres fruitiers, fréquentent le marché de Bordj Bou Areridj.

Le Bureau arabe administre directement six tribus, le Saguet Roha, Ouled Sidi Ammour ben Ali, El-Korreo, El-Mouten, Ouled Sidi el-Djoudi, Mekarlas, et le kaïdat des Maadid.

Le Cercle de Bordj Bou Areridj embrasse encore :

1° Le Kaïdat de la *Medjana*.

2° Le Kaïdat de l'*Ouennougha*, comprenant neuf tribus;

3° Le Kaïdat de *Mezita;*

4° Le Kaïdat des *Dreat;*

5° Le Kaïdat de *Zamoura;*

6° Le Kaïdat des *Beni Iadel;*

7° Le Kaïdat des *Beni Abbas;*

8° Le Kaïdat des *Ayad;*

9° Le Kaïdat des *Ouled Sidi Ahmar*, comprenant deux tribus;

10° Le Kaïdat de *Msila*.

La ville de Msila est dans cette circonscription. Elle est située à 35°42'30" de latitude N. et à 2°12' de longitude E., à 130 kilom. du littoral E. de la Grande Kabylie. C'est l'antique Zabi. Les Français l'occupent depuis le mois de juin 1841. Son territoire est borné au N. par les montagnes de Maadid. La ville est divisée en trois quartiers, dont le plus considérable occupe la rive gauche de l'oued Ksob, traversant les jardins qui composent les trois-quarts de la cité. Les ruines romaines de l'ancienne Siulia, que les Arabes nomment Béchilga, situées à 5,000 mètres à l'E., ont servi à la construction de ses 400 maisons. La population, composée de Turcs et Koulouglis riches en jardins bien arrosés, dans la plaine d'Emsir, fabrique des burnous, des haïcks, de la sellerie et des pantoufles estimées.

III. **CERCLE DE BOU SAADA.** — BOU SAADA, à 196 kilom. de Sétif, sur un plateau central, dans le bassin du Hodna, entre Biskara et Laghouat, à 248 kilom. S.-E. d'Alger, est une oasis fertile au milieu d'une campagne sèche et pierreuse. 600 maisons, divisées en huit quartiers, sont reliées entre elles par une guirlande de verdure. Il s'y fait un grand commerce d'échange. Les gens du désert apportent des laines brutes, des plumes d'autruche, des tentes en poil, et du sel; les gens du Tell, des draps, des batteries de fusil, des bêtes de somme. Les gens du pays, qui se livrent à la fabrication du savon, en 40 usines, et sont pour la plupart forgerons, armuriers ou potiers, trafiquent au moyen d'essences, d'épices, de soie, de cotonnades, de corail, de vaisselle de cuivre, de bougie, de cire jaune, d'alun, de sucre, de café, et d'ornements d'or et d'argent.

Les Français s'emparèrent de Bou Saada le 15 novembre 1849. Il n'y ont guère que 16 maisons aujourd'hui, pour une quarantaine d'habitants. La garnison est de 407 hommes.

Le Cercle de Bou Saada embrasse :

1° Le Kaïdat de *Bou Saada;*

2° Le Kaïdat des *Ouled Amer;*

3° Le Kaïdat des *Ouled Faradj,*

4° Le Kaïdat de l'*Oued Chaïr,* comprenant cinq fractions et la tribu des Oulad Aïssa;

5° Le Kaïdat du *Hodna,* comprenant sept tribus et les marabouts des Oulad Darradj.

6° Le Kaïdat des *Souama.*

IV. Le **CERCLE DE BOUGIE**. — BOUGIE, chef-lieu du Cercle, a été décrite, page 435.

Le Cercle de Bougie circonscrit :

1° Les Cheikhats des *Zerkhfaoua*, comprenant trois tribus ;

2° Les Cheikhats des *Toudja*, comprenant deux tribus ;

3° Les Cheikhats des *Fenaia*, comprenant cinq tribus :

Dans le cheikhat de Fenaïa proprement dit, et à 51 k. S. O. de Bougie, sur la rive gauche de la Summam, sont adossés à une éminence de 50 mètres, faisant face au N.-E., les restes de l'ancienne *Tubusuptus*, que les Kabiles nomment *Tiklat*. En 1851, M. Féraud, interprète de l'armée, parcourant ces ruines, a eu le courage de descendre dans une profonde citerne romaine, communiquant à quatre autres, que les Arabes disaient être une ville souterraine hantée par des génies malfaisants.

4° Les Cheikhats des *Aith Amer*, comprenant trois tribus ;

5° Les Cheikhats des *Djebabra*, comprenant vingt tribus ;

6° Les Cheikhats des *Souhlia*, comprenant huit tribus.

IV.

SUBDIVISION DE BATNA.

BATNA, chef-lieu de la 4e subdivision de la province de Constantine, est situé à 35° 70' de latitude N., et à 3°90' de longitude E., sur le continent de l'Afrique, dans l'intérieur de l'Algérie, au S., et à 120 kilom. de Constantine, à 122 kilom. de Biskara, à 72 kil. d'El-Kantara, à 11 kilom. de Lambessa et à 40 kilom. de Tamugadis, où gisent des ruines romaines fort importantes.

Batna est au milieu d'une plaine bien cultivée, très-fertile dans les endroits où il y a de l'eau. Tout autour s'élèvent des montagnes rocheuses, nues au midi, et couvertes, au nord, de magnifiques forêts de cèdres, de chênes-verts, de genévriers et d'arbres d'autres essences, sur un périmètre de plus de 30,000 hectares. La ville est agréable, bien qu'elle ne soit pas encore entièrement bâtie. Les rues, tirées au cordeau, et se coupant toutes à angle droit, sont belles, larges et propres. Le nombre des habitations est aujourd'hui de 186.

NOTE HISTORIQUE. Batna, dont le nom signifie en arabe *le bivouac*, n'était qu'un marais, qui a été desséché et occupé d'une manière définitive par l'armée vers le mois de mai 1844, à la suite de l'expédition de Biskara. Un camp fortifié fut assis sur un plateau voisin, où l'on éprouve les ressauts de température les plus brusques, qui, dans le mois de mars, par exemple, descendent, la nuit, à 6° au-dessous de zéro, pour s'élever, le jour, à 33° au-dessus.

En avril et mai 1848, des troupes sortirent de ce poste pour aller rétablir l'ordre dans les montagnes du Belezma et de l'Aurès, où l'autorité des kaïds constitués par la France était peu respectée.

Un village européen s'était établi au pied du camp. Un arrêté du pouvoir exécutif, du 12 septembre 1848, l'érigea en ville pour 5,000 hectares, sous le nom de *Nouvelle-Lambèse*, dénomination qui n'a jamais été adoptée par l'usage.

Au commencement de 1850, une colonne dut encore ramener au devoir les montagnards de l'Aurès, qui étaient en arrière du paiement de leurs contributions. Depuis, la tranquillité n'a pas été troublée dans cette contrée.

IMPORTANCE POLITIQUE. Batna est le lieu de la résidence d'un Général de brigade commandant la subdivision. La garnison est de 2,072 hommes. Un Juge-de-paix remplit les fonctions judiciaires pour les habitants civils, dans ce pays soumis au régime militaire. La population est de 1,386 Européens et de 503 Indigènes.

ENCEINTE. Les fortifications consistent en un simple mur en pierres, avec bastions, qui est achevé autour de l'ancien camp, partie supérieure de la ville, mais n'est pas encore terminé autour des constructions de la ville proprement dite. Les portes de Constantine, de Sétif, de Biskara, de Lambèse, y donnent entrée.

ÉTABLISSEMENTS MILITAIRES. Les casernes, celles de la cavalerie particulièrement, sont fort belles par la hardiesse, la légèreté et à la fois la solidité de leur construction. La toiture en est remarquable par l'élégance de son aspect. Il y a peu de monuments de ce genre, en France même. Ces locaux peuvent contenir plus de 4,000 hommes. L'Hôpital et les magasins des divers Services militaires, ne sont pas en rapport, par leur importance matérielle, avec ces beaux édifices. Il passe par Batna une ligne télégraphique de Constantine à Biskara. Les Officiers ont un Cercle.

ÉTABLISSEMENTS CIVILS. L'Eglise est en construction ; il existe une Chapelle, une Salle d'asile et une Ecole dirigée par les sœurs de la Doctrine chrétienne ; il y a aussi une classe-école pour les garçons. La Mosquée est située hors de la ville. Le marché se tient sur une place à laquelle il donne son nom. Il y a encore une place dite du Bureau - Arabe. Les principales rues sont les rues Bugeaud, de Constantine, de Sétif, d'Alger. Toutes les maisons ont des puits. Une fontaine publique fournit une eau abondante, amenée par un canal de 1,600 mètres, qui donne 2,160 mètres cubes en 24 heures. De simples trous de sonde donnent l'eau de sources souterraines. Les meilleurs hôtels sont ceux de *de France* et *d'Europe*, où la pension coûte 75 francs par mois. Parmi les cafés, fort nombreux, on peut citer celui de *France*, du *Monde*, de *l'Univers* et le café *Roux*. La famille Hyacinthe donne des représentations théâtrales et des concerts le jeudi et le dimanche, dans une baraque qui peut contenir quarante spectateurs.

Trois promenades, celles de la Prairie, de la Pépinière et du Jardin du Général, embellissent les entours de la ville, où quelques centres agricoles, tels que ceux du Madher et de Fesdis, sont assis au milieu de prairies naturelles de plusieurs milliers d'hectares. Le paysage devient magnifique et grandiose à mesure qu'on approche des montagnes sauvages et pittoresques de l'Aurès et du Balezma, où s'étendent de sombres forêts. De fort belles usines, qui ne le cèdent en rien aux établissements analogues de la métropole, se font remarquer à quatre et à sept kilomètres : ce sont les moulins à blé de MM. Pérez et Moureaux, un moulin à vent et cinq moulins à eau. Les Arabes ont les caravansérails d'Aïn Yagout, de Ksour, d'El-Kantara, sur les routes de Constantine et de Biskara. Ils y font un commerce fort important de bois de construction et de chauffage. Ils y apportent aussi du blé, de l'orge, de la farine et y amènent des bestiaux. Un omnibus part deux fois par jour pour Lambessa.

Les concessions rurales s'étendent sur une superficie de 1,210 hectares. Les exploitations isolées sont celles de MM. Pérez, à 22 kilom. de Batna, dans El-Madher; de M. Arnaud, à 10 kil. de Batna, sur la route de Constantine, et la ferme d'Oued el-Snam, à 25 kilom. dans la même direction.

Lambessa, colonie pénitentiaire dépendant de Batna, à 12 kilom. S.-E. de Batna, à 140 S. de Constantine et à 322 kilom. N.-E. de Biskara, est l'ancienne ville romaine surnommée *l'Auguste, la Pieuse, la Vengeresse*, bâtie par la 3e légion, dont le signe numéral est gravé sur la plupart des ruines qu'on y trouve, sur un espace d'environ 4 kilom. carrés. On y voit encore un vaste édifice de 15 mètres de hauteur et de 114 de circuit, qui est l'ancien Prætorium du Légat, dont on a fait un Musée d'antiquités, contenant une vingtaine de statues et deux cents objets antiques qui donnent une idée parfaite de l'état florissant de cette ancienne colonie militaire. Les savants admirent encore à Lambessa les restes d'un temple d'Esculape, quatre portiques bien conservés, plusieurs rues dallées, avec l'empreinte qu'y ont laissée les roues des chars; cinq mosaïques d'un travail exquis et plus de 1500 autels et tombeaux revêtus d'inscriptions latines.

Cette ville, fondée dès le commencement de notre ère, au milieu d'une vaste plaine, comptait plus de 50,000 habitants. Les Arabes l'occupèrent sous le nom de Tazzezoult, et l'avaient abandonnée depuis longtemps, lorsque l'attention fut appelée sur elle en 1844. Le 2e régiment de la Légion étrangère commença des travaux dans ce centre créé en septembre 1848. La loi du 24 juin 1850, affecta cette localité aux déportés politiques, qui y furent établis l'année suivante. Ils y sont au nombre de 300, sous le régime du travail en commun durant le jour et de l'isolement pendant la nuit. Il dépend d'eux d'améliorer tous les jours leur situation sous le rapport de leur bien-être et de leur liberté. Dans un établissement cellulaire séparé, il y a 220 condamnés aux travaux forcés. Cet édifice est le plus grand et le plus beau que les Français aient fait en Algérie.

Les habitants civils, au nombre de 765, se livrent à la culture avec succès. Il y a 212 hommes de garnison.

Lambessa est adossée aux monts Aurès. De Lambessa à Batna, il n'y a que 12 kilom., et cette route est desservie par une voiture publique, qui fait le trajet en une heure. Il n'est pas rare que des voyageurs débarqués à Philippeville un dimanche, accomplissent ce pèlerinage scientifique dans l'espace d'une semaine, en se rembarquant le dimanche suivant.

La subdivision de Batna embrasse deux Cercles : 1º Batna, 2º Biskara.

I. Le **CERCLE DE BATNA** circonscrit :

1º Le Kaïdat de *Batna* comprenant huit tribus;

2º Le Kaïdat de *Bou Aoun*, comprenant cinq tribus;

3º Le Kaïdat des *Oulad Soultan*, comprenant deux tribus et deux villages;

4º Le Kaïdat des *Ouled Sellem* et *Ouled Derradj Cheraga*, comprenant douze tribus et cinq villages;

5º Le Kaïdat de l'*Aurès* Est, comprenant onze tribus. Les *Ouled Oudjana* occupent vingt-trois villages. Une fraction d'entre eux a adopté un langage qui lui est tout particulier.

6º Le Kaïdat de l'*Aurès* Ouest, comprenant six tribus.

Dans toute la circonscription de l'Aurès, on retrouve encore des traces de pratiques du paganisme.

Du sommet de l'Aurès on voit le Sahara oriental, au N. duquel sont les Zibans. Au S. l'oued Rir, l'oued Souf, et Ouargla sont hors de vue.

II. **CERCLE DE BISKARA**. — BISKARA, chef-lieu du Cercle de ce nom, est située par 34° 98′ de latitude N., et par 3°30′ de longitude E., à 120 kilom. S. de Batna; une fois par semaine, une voiture à quatre chevaux apporte les voyageurs qui viennent de ce point, et suivent la route impériale de Stora à Tuggurt, qui traverse Biskara. C'est une oasis de trois lieues de tour, sur les pentes inférieures des monts Aurès et à l'entrée du grand désert, comprenant, au pied d'un fort construit à son extrémité N., une agglomération de maisons en terre et sept villages couronnés de palmiers. Au N.-O. est un rideau de collines qui la sépare de la plaine d'Outhaïa. Les principaux sommets de ces montagnes, qui s'élèvent à peine à 200 mètres au-dessus de la ville, se nomment Bou Mengouch et Bou Ghezal.

Aucune inscription antique n'a été trouvée dans l'oasis, mais des fragments de colonnes annoncent assez une ancienne splendeur sur ce point important. Mgr Dupuch y retrouve l'évêché de Zaba, dont parle Morcelli (Som. nº 706). La position de Biskara lui a valu la prépondérance dont elle jouit sur les autres villes des Zibans, et l'avait fait choisir pour résidence de la garnison destinée à commander au nom des beys dans les régions éloignées. A l'arrivée des Français à Biskara, ou mieux *Raz el-Ma*, en mars 1844, les soldats de l'émir, qui tenaient garnison dans la Casba, ont pris la fuite, et les habitants se sont empressés de venir au-devant de nous et d'acquitter la contribution.

En 1846, l'ancienne citadelle a été abandonnée, et du monticule où gisent ses ruines, on tire du salpêtre dans un établissement nouveau, où il est traité pour alimenter la fabrique de poudre de Constantine. L'ancien village a été aussi délaissé; on l'a reporté en dehors des palmiers, près de la rivière que l'on nomme l'oued Zeyour. A sa sortie des montagnes, elle se nomme Oued Branis; elle est peu considérable, mais a de l'eau en tout temps. Elle descend de l'Aurès, et devient un véritable torrent dans la saison des pluies et à l'époque de la fonte des neiges. Alors, après un cours sinueux de 50 kilom. dans le désert, elle va se perdre dans l'oued Adjedid. En temps ordinaire, l'eau de la rivière est épuisée à Biskara. Son volume est employé en entier pour les besoins de la culture des palmiers et des céréales. Sur la rive droite, les irrigations de Biskara comprennent 103,915 palmiers, dont quelques-uns rapportent 20 fr.; et 4,000 oliviers greffés; celles de Chetma comprennent 10,588 palmiers, et sur la rive gauche, celles de Fliech, 15,802 palmiers. La répartition de l'eau se fait avec un soin admirable; un homme qui tient une horloge de sable, préside à cette distribution, qui a lieu au moyen de canaux naturels et on ne peut mieux ménagés.

Le fort Saint-Germain, contenant tous les établissements militaires et les citernes, est élevé au N. de Biskara. On y trouve un Hôpital pour 70 lits, convenablement organisé, de beaux magasins pour les Subsistances, une Caserne de 911 hommes, un Cercle, pour les officiers, qui possède une bibliothèque assez bien fournie. La population de la ville est de 178 Européens, qui ont une église. Il y a 682 Arabes. Les chefs indigènes se sont associés pour se créer un bain maure. Trente maisons qui sont en construction, viendront s'ajouter aux 53 qui existent déjà. Elles entourent la place Napoléon, la place Petit, la place du Dar Diaf; tel est le nom d'une espèce d'hôtellerie où les Arabes sont hébergés par l'autorité. Au milieu de la place du Marché est un vaste bâtiment *ad hoc*. Le marché s'y tient tous les jours en hiver; en été, il cesse tout-à-fait. Le commerce s'exerce sur les dattes, le henné, le poivre rouge, les orges, les blés, abondamment recueillis dans la localité, où arrivent du Sahara quelques produits, entre autres des tissus de laine de Souf et de Tuggurt. On fabrique aussi à Biskara des burnous, des haïcks, des vases de poteries, des briques, de la chaux. La population civile est composée exclusivement de marchands de liquides et d'épiceries, pour qui la garnison est presque la seule source de commerce. On peut prendre pension à l'hôtel *du Sahara*, et chez *Dutoit fils*. Le café *du Sahara*, et le café *Saint-Germain*, désaltèrent les citoyens haletants, avec une multitude de débits. Les Mozabites, ou marchands indigènes, occupent les abords de la place du Marché. Mais ce qui donne beaucoup de vie à Biskara, c'est la présence, dans cette localité, de 25 à 30 femmes publiques, de la tribu des Ouled Naïls, qui occupent, à elles seules, un quartier de la ville, et y attirent chaque soir une multitude d'Arabes. Leur occupation habituelle est de danser dans les cafés arabes aux sons d'une musique abominable, une danse assez monotone. C'est une des principales curiosités du pays.

Biskara renfermait 22 mosquées. Il ne reste plus que le minaret de la Djema el-Kebir, qui est d'une construction beaucoup plus soignée que les autres édifices de l'endroit.

Un café arabe a été transformé en chapelle chrétienne. Il y a un télégraphe aérien qui met en communication avec Batna.

La température ordinaire, du 15 juin au 15 octobre est de 40 degrés le soir, et 30 à 35 la nuit. Les militaires composant la garnison, exposés aux ophtalmies, à la maladie connue sous le nom de bouton d'Alep, et à l'incommodité des scorpions innombrables qui pénètrent partout, allègent peu à peu leur uniforme aux heures où le service ne les réunit pas, et se montrent dans le costume primitif du père Adam.

Il fait tellement chaud à Biskara, que les chiens n'osent pas sortir en plein midi, et que les bougies fondent à l'ombre; l'eau des ruisseaux est si chaude, que bien des personnes ne peuvent s'y baigner. On peut se promener dans l'oasis, à l'ombre des palmiers; en dehors de l'oasis, on peut aller loin sans rencontrer d'obstacles.

Biskara et les différentes oasis qui apparaissent du col de Sfa, point culminant de la dernière montagne que l'on traverse pour y arriver, ressemblent à des taches d'encre sur un fond gris. C'est la monotonie du désert au S., des montagnes arides et sans ombre de végétation au N.

Les sept villages réunis aux pieds du fort Saint-Germain, sont : Bab-el-Kouka, El-Mecid, Bab el-Darb, Bab el-Ghalek, Gaddécha, Fliêch, Chelma ; ils ont chacun une sorte d'enceinte fermée par une porte assez mal entretenue. Au milieu de chacune de ces bourgades est une place que traverse une grande rue.

Le *Moniteur Algérien* du 25 octobre 1857, nous apprend que la récolte des dattes a dépassé toutes les espérances ; les fruits étant parvenus à maturité, sans avoir été atteints par les vents furieux qui, par intervalle, viennent la détruire en partie. La Pépinière du Gouvernement (Jardin d'essais et d'acclimatation), créée en 1851, dans l'oasis de Beni Mora, admet un certain nombre d'élèves jardiniers indigènes, entretenus aux frais des villages, et qui reçoivent des leçons de lecture et de langue française.

Autour de Biskara, les Arabes créent des prairies artificielles pour nourrir leurs troupeaux pendant l'hiver et le printemps. Pendant l'automne et l'été, il les nourrissent avec la paille provenant de l'orge et du blé.

Zaatcha, Farfar et Lichana, qui sont de riches oasis, se trouvent à 30 kilom. de Biskara.

En dehors des oasis le pays est sec et aride : ici sablonneux, là couvert de cailloux. Il n'y a ni sources ni fontaines potables. Au pied des collines, à l'O. de Biskara, se trouve une source thermale et salée exhalant une forte odeur de soufre. Elle se nomme Aïn Enchichi, et passe pour guérir des maladies syphilitiques les personnes qui en boivent. Une autre source, nommée Hammam Djereb, semble convenir aux galeux.

Dans les Zibans, à *Oum Thiour,* sur le Coudiat-Dohor, où s'étend le petit désert de Morr'an, près des puits de l'oued Itel, devenus insuffisants, nos soldats, véritables bienfaiteurs de ces régions lointaines, ont créé la *Fontaine du Commandant,* donnant 180 litres de 24° par une profondeur de 107 mètres où ne pouvaient pénétrer les experts sondeurs du pays, et ils ont vu la prospérité renaître où le silence et la désolation commençaient à s'établir ; la fraction nomade des Selmia, vagabonde depuis des siècles, s'est enfin fixée au sol. On est pénétré d'admiration et d'attendrissement, en présence d'œuvres aussi puissantes pour le bonheur des hommes.

A *Chegga,* située à 24 N. de l'oued Itel, à 56 kilom. de l'oued Rir, la *Fontaine de la Fertilité* a donné le 26 juin 1857, 90 litres d'eau à la minute, de 22° de chaleur, jaillissant d'une profondeur de 40 mètres.

Le cercle de Biskara embrasse :

1° Le Kaïdat de *Biskara,* comprenant neuf tribus;

A 20 kilom. au S.-E. de Biskara, est la ville sainte de *Sidi Okba.* C'est là que fut inhumé, avec son cheval, l'un des premiers propagateurs de l'Islamisme et des conquérants de l'Afrique, Sidi Okba, fils de Nafé, tué l'an 682 de notre ère, dans une bataille que lui livrèrent les Berbères, commandés par Koceila, à Tehouda, ville du Zab, qui était située au pied de l'Aurès, et à 4 lieues E. de Biskara. Son tombeau, objet de la pieuse vénération des

Arabes, recouvert d'un drap de soie verte, où des inscriptions sont brodées en soie blanche, repose dans un sanctuaire inviolable.

La population de cette ville est sujette à une foule d'infirmités; la lèpre y sévit d'une manière continue; presque tous les habitants sont, en outre, atteints d'ophtalmies, et un cinquième environ est frappé de cécité. Cette ville a été soumise à la France en 1844.

2° Les Kaïdats du *Zab Chergui* et de *l'Hahmar Khaddou*, comprenant trente villages et vingt-deux tribus;

Tadjmout, à 40 kilom. N.-O. de Laghouat est un village composé de cent maisons, que protége une double ceinture de jardins et de murailles; c'est là que les grains des Arabes sont conservés dans des silos. L'industrie capitale est la fabrication des étoffes de laine.

3° Le Kaïdat des *O. Zidn*, comprenant huit tribus.

4° Le Kaïdat des *Sahari*, comprenant six tribus et deux villages.

El-Kantara, située à environ 4 myriam. au N. de Biskara, dans le Kaïdat des Sahari, est une ville qui doit son nom à un pont antique sur l'oued Brenis, venant du N., et coulant à travers une coupure étroite, qui divise les montagnes séparant le Tell du Sahara. On voit aussi le long de la rive gauche de cette rivière, une chaussée où on signale encore la trace laissée par les roues des chars romains. El-Kantara renferme sept Mosquées, 15,000 dattiers, entremêlés d'abricotiers, de pêchers, de cactus, de figuiers et de vignes. Les habitants, au nombre de 1,620, dans 180 maisons, cultivent du blé et de l'orge dans les espaces existant entre les palmiers; sur les terrasses des maisons sont placées des ruches d'abeilles, qui composent un miel d'excellente qualité. A partir d'El-Kantara, le pays est fort accidenté. On y rencontre des ravins très-profonds et beaucoup de rochers; on trouve des montagnes entières de sel et des débris de coquillages, d'huîtres surtout. En s'avançant de Biskara au S., le pays devient plat et sablonneux, sous des chaleurs dévorantes, qui vont jusqu'à 54° centigrades. Plus on avance, plus on voit de sables, qui sont élevés à 75 mètres au-dessus du niveau de la mer, et moins on trouve d'eau, jusqu'à ce qu'elle manque tout-à-fait.

5° Le Kaïdat des *Oulad Naïl Cheräga*, comprenant cinq tribus.

6° Le Kaïdat des *Oulad Djellal*, comprenant quatre tribus.

7° Le Kaïdat du *Djebel Chechar*, comprenant treize villages et cinq tribus.

8° Le Kaïdat des Arabes *Cheraga*, comprenant treize tribus.

9° Le Kaïdat des Arabes *Gharaba*, comprenant cinq tribus.

10° Le Kaïdat de *l'oued Rir et Souf*, comprenant trente-six villages de l'oued Rir, sept villages de l'oued Souf et huit tribus des Arabes *Troud*, dont quatre nomades de l'oued.

A la fin de 1854, le glorieux combat de Meggarin amena la soumission de ces contrées lointaines, en nous ouvrant Tuggurt, dans l'oued Rir.

Les tribus de *Tuggurt*, dénomination sous laquelle on désigne un ensemble de plusieurs oasis, sont riches en palmiers. Un vaste marais, auquel elles donnent le nom de *Mer*, les entoure. La ville actuelle de Tuggurt, se trouve à 2 kilom. de l'ancienne (Tougourt el Kedima), qui était située au milieu des palmiers de Nezla. La citadelle est grande; c'est une ville elle-même, puisqu'elle contient plus de 600 maisons, et s'ouvre par deux portes, mais elle n'a aucune pièce d'artillerie. C'est là que les étrangers qui vont visiter Tuggurt aujourdhui et explorer la ville, sont parfaitement hébergés jusqu'au moment de leur départ. Un luxe fabuleux règne en ce palais.

Salah, bey de Constantine, et Ahmed, un de ses successeurs, assiégèrent Tuggurt en 1789 et 1821, et furent vigoureusement ramenés.

L'oued Souf, qui coule en ce canton, tarit complètement l'été, et ne présente plus à l'œil qu'un lit desséché; on y trouve de l'eau en creusant dans son lit des puits d'environ 2 mètres de profondeur. Les habitants, au nombre de 17,000, dont le teint est fortement basané, possèdent 300,000 palmiers.

Djedidsün, à 56 kilom. N.-E. de Tuggurt, possède les ruines d'un établissement considérable des Béni Mzab, où l'emploi de grandes pierres polygonales gypseuses rappelle, sur une échelle très-réduite, les constructions cyclopéennes. Ces lieux ont été visités par M. Berbrugger en 1850.

Les oasis de l'oued Rir ont été créés par des eaux jaillissantes, à des époques reculées. Faute d'entretien et de moyens assez puissants employés par les plongeurs indigènes qu'on nomme les *rtaus*, ces cantons se mouraient, lorsque des sondages artésiens furent entrepris, le 19 juin 1856, dans ces localités éloignées de plus de 145 lieues du littoral. A *Tamerna*, on vit bientôt jaillir une nappe d'eau, tirée de 60 mètres de profondeur, et versant 4010 litres à la minute, d'une température de 21° centigrades. La reconnaissance des populations baptisa cette source du beau nom de *Fontaine de la Paix*. Mais c'est à *Sidi Rached*, situé à 26 kilom. N. de Tuggurt, que la *Fontaine de la Reconnaissance* a jailli à 54 mètres, pour donner 4300 litres à la minute, de 24° de chaleur. (Le maximum du puits de Grenelle n'a jamais donné que 3400 litres.)

A *Kessour*, au N.-O. de Meggarin et à peu de distance de ce point, le 12 novembre 1857, la sonde ayant pénétré à 48 mètres, l'eau jaillissait à la surface du sol, à raison de 3350 litres à la minute.

A *Si Sliman*, autre oasis de l'oued Rir, privé d'eau depuis 44 ans, le 4 décembre 1857, la sonde brisait la couche artésienne, et une source, qui ne donnait pas moins de 4000 litres d'eau à la minute, sortait d'une profondeur de 75 mètres, et baignait tout l'oasis.

11° Le Kaïdat de *Temacin*, comprenant six villages dans l'oasis, et la tribu de *Saïd Oulad Ammar*.

A *Temacin*, à 60 lieues au S. de Biskara, dans la zaouïa de *Tamelh'at*, où habite le chef de l'ordre religieux de Tedjini, une autre fontaine, dite de la *Bénédiction*, a donné, par les mêmes moyens de forage, 35 litres à la minute, de 21° centigr. de chaleur, et celle dite de l'*Amitié*, qui jaillit dans les jardins mêmes du Patriarche, 120 litres. Ces ondes ont été obtenues de 58 mètres de profondeur.

12° Le Kaïdat des *Oulad Sehia*, comprenant deux tribus et cinq villages.

13° Le Cheikhat des *Oulad Moulet*, comprenant trois fractions djouad, trois fractions serves et deux fractions religieuses.

FIN DE LA PROVINCE DE CONSTANTINE.

PROVINCE D'ORAN.

DE LA PROVINCE D'ORAN EN GÉNÉRAL.

SITUATION. La province d'Oran comprend, le long de la Méditerranée, l'étendue de côtes qui serpentent de l'E. à l'O.-S., à partir du cap Magrawa par 1°50' de latitude occidentale jusqu'à l'oued Adjeroud, par 4°31'. A l'E., les limites de la province d'Alger s'échancrent profondément, dans cette direction, pour ne point embrasser le Djebel Ahmour, puis descendent à l'E.-S. afin de ne pas englober non plus le district de Ouargla. A l'O., les confins beaucoup moins sinueux de l'empire du Maroc longent pareillement le périmètre de la province d'Oran, qui atteint, au S., le grand désert. — Sa superficie totale est de 102,000 kilom. carrés; dont 35,000 kilom. dans le Tell et 67,000 dans le Sahara.

MONTAGNES. Les masses qui dominent les vallées hautes et s'avancent de l'E. à l'O., sont :

Le Chareb er-Rieh, qui sépare le bassin du Chélif de celui de l'Habra; l'Oum el-Debban, près de Saïda, entre l'Habra et le Mekerra; le Djebel Beni Smiel, situé au S.-E. de Tlemcen, et qui sépare le bassin supérieur de la Tafna de celui de l'Isser.

Les masses qui bordent le littoral et dominent les vallées basses, sont : le Karkar, entre Arzew et Oran, le Médiouna, entre Oran et la Tafna, le Trara, près de Djema Ghazaouat, le Filaoucen, entre Nedroma et le Maroc.

PLAINES ET LACS. Le bassin de l'Habra, la plaine d'Oran et le terroir du Chélif, sont les parties les plus belles et les plus fertiles que ces zônes de montagnes embrassent. La Sebka ou lac Salé, près d'Oran, d'une longueur de 50 kilom., sur 20 kilom. de large, est la plus grande masse d'eau que la province renferme; encore est-elle à sec en été. Les lacs qu'entretient l'oued Tlata, dans le voisinage, n'ont pas la dixième partie de cette étendue. Les salines d'Arzew réunies, présentent environ 12 kilom. de longueur sur 2 kilom. 500 mètres de largeur.

RIVIÈRES. Les cours d'eau les plus considérables sont, de l'E. à l'O. :

Le Chélif, le fleuve le plus considérable de l'Algérie, qui a son embouchure entre le cap Ivi et Mostaganem. Il prend sa source aux confins du Sahara, et en s'avançant à l'E., entre dans la province d'Alger, où il décrit un long circuit

Après un parcours de plus de 240 kilom., il revient, à l'O., dans la province d'Oran, d'où il reçoit à gauche, les oueds Riou, Djidiouïa, Mina et, à droite, d'autres ruisseaux.

A l'époque de la grande crue des eaux, le Chélif n'est plus qu'un fleuve de fange, roulant à la mer des myriades de poissons morts, parmi lesquels les barbeaux sont en plus grand nombre. Les Arabes qui stationnent à l'embouchure, se saisissent de ces débris flottants, et après en avoir extrait l'arête, les salent et les conservent comme provision alimentaire.

L'Habra, qui a son embouchure dans le golfe d'Arzew; les principaux affluents qui le composent et dont il porte les noms successifs, sont : les oueds Houenet Bou Telleg, Bonian, El-Hammam; à peu de distance de la mer il reçoit le Sig, et porte le nom de Macta.

L'oued Maleh ou Rio Salado *(flumen salsum)*, qui a son embouchure entre le cap Figalo et l'île Rachgoun. Il est formé par l'oued Mzemzema, qui sort des montagnes des Beni Ammer. Il reçoit, à gauche, le Sidan, dans la plaine des Zeïdour.

La Tafna *(flumen Siga)*, qui a son embouchure dans un vallon de 500 mètres d'ouverture, à l'extrémité ouest du golfe de Rachgoun, après un cours d'environ 130 kilom. Elle a sa source au sud, dans le pays rocheux des Beni Snous et, sans changer de nom, reçoit dans son lit, entre autres ondes, celles de la Moulouïa (la *Malva* antique) et de l'oued Isser.

Les autres cours d'eau de quelque importance sont encore, de l'E. à l'O. : l'Aïn Safra, qui débouche près de Mostaganem; l'oued Razer, dans le golfe de Rachgoun; un oued Saf-Saf, près de Djema Ghazouat; l'oued Adjeroud, frontière E. du Maroc, entre le cap Milonia et un oued Moulouïa.

RIVAGES, CAPS ET ILES. A partir de la pointe Magrawa, la plage est sombre. Le cap Hagmis est bas et assez saillant. La partie avancée du cap, est une falaise rouge, taillée à pic, qui brille d'un bel éclat, lorsque le soleil l'éclaire. Tout ce pays est d'un aspect triste : on n'y voit ni culture, ni troupeaux, ni habitants. La côte rentre, pour former une grande baie; de grandes dunes la bordent et paraissent au loin comme autant de taches blanches. Le cap Ivi est formé par des terres de peu de hauteur, mais derrière lui et à peu de distance, sont les montagnes du Chélif, qui s'élèvent jusqu'à 320 mètres. A 4 milles de là, se trouve une autre pointe rocailleuse, auprès de l'embouchure de ce fleuve.

Depuis la pointe du Chélif jusqu'à quelques milles au S. de Mostaganem, la côte suit une direction générale qui est le S.-O.-O., sans beaucoup de déviation. Elle est aussi formée de roches escarpées. A la pointe de Mostaganem on trouve un mouillage fermé par une pointe assez aiguë, qui s'avance vers le N.-O., et qu'on a appelée *Pointe de Mazagran*. Les terres ont un aspect fort triste; elles continuent à être ainsi, mais en diminuant peu à peu de hauteur, jusqu'à la baie d'Arzew. Avant d'y arriver, on trouve une petite île plate, un rocher nu, très-voisin de la plage, appelé île Tugisme. Le cap Carbon, qui ferme la baie d'Arzew, a le pied entouré de rochers isolés. Le cap Ferrat, dont le sommet le plus élevé a 626 mètres de hauteur, est à 2 milles plus à l'O. Il est composé de roches présentant une surface raboteuse et des coupes abruptes. De ce cap à la pointe Abuja la côte se creuse. La pointe Abuja ressemble au cap Ferrat; elle a auprès d'elle, à la distance d'une encâblure et demie vers le N., un rocher pyramidal d'environ 54 mètres de hauteur, qui a été appelé par les Maures Seba Pharaon (*le pouce de Pharaon*). Tout ce qui est près de cette côte, depuis le cap Carbon jusqu'à Oran, semble frappé de stérilité. Au N.-O. du phare, à la distance d'un demi-mille, il y a une grosse pointe coupée à pic, qui est appelée *pointe Nord*. La côte, après elle, tourne vers le S.-O., présentant toujours à la mer une muraille de roches pendant l'espace de plus d'un mille; elle change ensuite tout-à-coup d'aspect et de direction, remonte au N.-O., vers le cap Falcon, et forme une baie très-grande et très-ouverte, connue sous le nom de *baie de las Aguadas*, où le duc de Montemar débarqua en 1732, pour la reprise d'Oran. Derrière elle, les terres ne sont plus élevées. Le cap Falcon est bas. Le cap Lindlès est formé par des terres hautes, dont les arêtes se dirigent vers l'intérieur, et vont rejoindre la chaîne qui finit à Mers el-Kebir; il est bordé de rochers. Vis-à-vis le milieu de cette grande baie qui sépare les deux caps, il y a un îlot bas qui porte le nom de l'Ile Plane: c'est un rocher qui sert de refuge à une multitude d'éperviers. Du cap Lindlès au cap Figalo, la direction générale de la côte est, à peu de chose près, le S.-O. Le cap Sigale, point le plus saillant qui existe entre les deux, est peu élevé, mais on le reconnaît de loin aux roches blanches qui le terminent. Au N.-O., à la distance de 6 milles, sont les îles Habibas, toutes disposées dans une direction générale du N.-E. au S.-O. La grande île est à l'extrémité S.-O. Son piton le plus élevé a 118 mètres. Les îles Habibas, au nombre de quatre, sont d'un aspect fort triste. On n'y trouve pas d'eau. En continuant vers le S.-O., la côte s'élève, elle devient escarpée et présente, du côté du N., une muraille inaccessible; on y remarque un mamelon de 386 mètres de hauteur, appelé Mésaïta. Les terres s'abaissent graduellement jusqu'au cap Figalo, qui est un des plus élevés de la côte. Il est séparé des terres de l'intérieur par une échancrure, et se montre très-escarpé, presque taillé à pic. Le cap Figalo, distant de la Tafna de 45 kil., forme, entre sa pointe avancée et l'embouchure de cette rivière, un golfe ouvert au N.-O., de 9 kil. dans son plus grand enfoncement, qui est divisé en deux parties égales par le cap Hassa; la première, à l'E., reçoit le Rio Salado. Dans la baie de l'O., de 1800 mètres d'ouverture, se jette la Tafna.

A 12 kilom. O., et à la distance de 2,000 mètres du continent, se trouve l'île Rachgoun, l'ancienne *Acra* des Romains. C'est une petite île de 800 mètres de long sur 200 dans sa plus grande largeur, située à 120 kilom. environ S.-O. d'Oran, à peu près à la hauteur de Carthagène. Elle est escarpée à pic sur tout son pourtour, son élévation au-dessus du niveau de la mer étant de 00 mètres, à l'exception de la partie S.-O. où s'ouvre un petit bassin naturel pour les bateaux et offre un débarcadère très-praticable. Cette île paraît être un produit volcanique; elle est couverte d'une couche assez épaisse de terre végétale, où croissent des lentisques, des palmiers-nains, des buissons et beaucoup d'herbes. Dans la partie la plus déprimée, on aperçoit une petite ruine, que l'on croit être le reste d'anciennes constructions romaines. Au commencement de l'année 1836, on a mis une garnison sur cette île, et fait un établissement militaire sur la rive droite de l'embouchure de la Tafna, qui en est éloigné de 2 kilom. au S.-E. Là s'élève une tour carrée et le fort Rapatel, à l'abri duquel s'est établi un centre de population.

Entre l'île de Rachgoun et le cap Hassa, la côte est escarpée. On voit les ruines d'une ville qui occupait un grand espace le long des flots. Le cap Noé, formé par des terres hautes, est auprès de la montagne de Noé, dont le sommet applati et tronqué s'élève à 930 mètres. Le cap Hone est formé par des terres plus basses que celles des environs vers l'intérieur, qui se terminent par des falaises jaunâtres. Du cap Hone au cap Milonia, il y a 17 milles.

TEMPÉRATURE. La température de la province d'Oran est généralement plus élevée que celle des provinces d'Alger et de Constantine, à cause de la situation du Tel qui s'avance jusqu'à 34° de latitude septentrionale. Cependant son exposition aux brises du N.-O. la rend plus saine que les deux autres.

FORÊTS. La province d'Oran peut être divisée en trois zônes forestières, qui suivent à peu près les lignes naturelles des montagnes : la première, le long du littoral; la seconde, depuis Mina jusqu'à l'Isser; la troisième, depuis l'Ouarensenis jusqu'à la frontière du Maroc.

Le cantonnement d'Oran, qui comprend toute l'étendue territoriale de la subdivision de ce nom, renferme 26,020 hectares boisés; les localités où les essences forestières ont le plus de développement, sont :

La forêt de Muley Ismaël, 12,230 hect., à 36 kilom. E. d'Oran;

La forêt de M'silah, 2,128 hect., à 28 kil. S.-O. d'Oran;

Le bois de Chabbat el-Ham, 2,000 hect., à 10 kilom. N. d'Aïn Temouchen;

Le bois des Oulad Zeïr, 5,260 hect. à 20 kil. E. d'Aïn Temouchen.

Le cantonnement de Mostaganem contient 65,422 hectares de terrains boisés.

Les forêts les plus considérables sont :

La forêt de la Macta, 2,275 hect., à 20 kilom. O. de Mostaganem;

La forêt d'Hakoub, 3,270 hect. à 45 kil. S.-E. de Mostaganem;

La forêt de Dahra, 4,000 hect., de l'embouchure du Chélif à la limite de la province.

Le cantonnement de Mascara possède environ 177,900 hectares de bois. La forêt de Tougaïzid est la plus belle; elle s'étend entre le Tell et le Sahra.

La forêt de l'Ouïsert, située à une distance moyenne de 40 kil. S.-O. de Mascara, offre 23,000 hectares;

La forêt de Nesmoth, à 40 kilom. S.-E. de Mascara, contient 21,000 hectares;

La forêt de Khenlser, à 34 kilom. N. O. de Saïda, comprend 13,000 hectares;

La forêt des Assassna, à 40 kilom. N.-E. de Saïda, comprend environ 30,000 hectares;

La forêt de Sedama, qui fait suite à la précédente, donne une superficie de 46,000 hect.

Dans le cantonnement de Tiaret, on trouve la forêt de Tekedempt, qui occupe un espace de 6,000 hectares.

Le cantonnement de Sidi Bel-Abbès comprend sept massifs qui entourent la ville, savoir :

Le Guétarnia . . .	10,000	94,500 hect.
L'Oued Sliman. .	22.000	
Le Tenira	15,000	
Sidi Ali ben Youb.	3,500	
Djebel Slissen. . .	15,000	
Oued Msoullen . .	3,000	
Daya.	26.000	

Le cantonnement de Tlemcen possède environ 74,738 hectares.

La forêt d'Ouargla, située à 60 kil. S.-E. de Tlemcen, s'étend sur 15,000 hect. ;

Le bois des Beni Smiel, à 50 kil. S.-E. de Tlemcen, sur 13,000 hect. ;

Le bois de l'Oued Chouly, à 80 kil. E. de Tlemcen, recouvre 6,500 hect. ;

La forêt du Nador, à 25 kil. S. de Tlemcen, comprend deux cantons : Titmocren, 6,038 hect., et El-Oguiba, 1,600 hect. ;

La forêt de Sebdou, qui comprend, sous un nom générique, d'immenses espaces entièrement différents sous tous les rapports, autour du fort du même nom, n'a que 8,000 hectares qui méritent quelque attention ;

La forêt d'Ahfir, à 25 kil. S.-O. de Tlemcen, a 5,000 hect. ;

Le bois des Oulad Riah, à l'E. de Lella Maghrnia, comprend 9,000 hect. répartis en plusieurs massifs.

Telle est l'analyse très-succincte de l'important travail de M. de Cherrier, Inspecteur des forêts, publié dans les *Moniteurs* de novembre 1856 et mars 1857.

MINÉRALOGIE. Le service de Mines a instruit des demandes en concession pour les mines de cuivre et de plomb de Rar-Rouban; les mines de fer de Djebel Orousse, aux environs d'Arzew; de plomb et de cuivre de Tazzout, près de la montagne des Lions; de fer et de cuivre de Sidi Saffi, près des ruines romaines de Camarata.

Il y a des gîtes de minerai de plomb aux environs de Tlemcen; — de minerai de cuivre près l'oued Tellout, et non loin d'Arbal; — de cuivre et de fer à Aïn Tarziza, situé à 6 kil. de Temsalmet; — des gîtes de fer aux Traras et entre la Tafna et le Rio Salado.

Le combustible minéral ne consiste guère qu'en lignite, aux *Bains de la Reine*, près de Mers el-Kebir, et aussi sur la rive gauche de l'Isser.

Aux approches de ce cours d'eau sont trois carrières de marbre noir veiné de jaune. Aux environs d'Arzew, on voit une carrière de marbre blanc jaunâtre, veiné de rouge. Le marbre gris veiné de jaune se montre aux Oulad Mimoun; le marbre rouge, près de Lella Maghrnia; le marbre silliceux vert (serpentine), à 2 kilom. du cap Sigale, à l'O. d'Oran; l'onyx translucide, de diverses nuances, dont un mètre cube vaut 1,000 francs, en sept chantiers, entre Aïn Tekbalet et le pont de l'Isser. Une ardoisière existe sur le revers S. du fort Santa-Cruz, à Oran. Sur l'île Rachgoun, on prend de la pouzzolane.

MONUMENTS SOLITAIRES. Il existe à quelques lieues de Frenda, dans les Hauts-Plateaux, vers les sources de la Mina, trois édifices antiques attribués à Salomon, lieutenant de Bélisaire, et investi du commandement à son rappel auprès de Justinien, que les Arabes nomment *Les Djedar* (lieux entourés de murs). Ils ont de 50 à 60 mètres de face, et sont construits de grandes et belles pierres de taille. M. le commandant Bernard a descendu dans l'un de ces monuments par une entrée formée de deux chambranles en pierre, couronnés d'un linteau monolithe. L'envoûtement à gradins et l'escalier lui-même, sont bâtis avec des matériaux de grand appareil. Il n'a pu descendre que cinq marches, n'ayant aucun outil pour écarter les obstacles qui l'empêchaient d'aller plus loin.

ZOOLOGIE. Les lions qui descendent des solitudes du Maroc, viennent quelquefois promener leurs excursions jusque sur la côte; et le Djebel Kahar, entre Oran et le cap Ferrat, au canton de Christel, en a gardé le nom de *Montagnes des Lions*. C'est en cette province qu'ils se montrent le plus fréquemment, et que nous donnons rendez-vous aux chasseurs qui sont en quête de fortes émotions.

Les autruches sont assez communes dans le désert d'Angad, quelquefois même elles s'y présentent en bandes assez considérables pour que, dans l'éloignement, on les prenne pour des troupes de Bedouins.

NOTE HISTORIQUE. Les Maures d'Espagne, à l'époque de leur expulsion, furent moins bien accueillis sur les rivages de la province d'Oran, qu'en aucun autre pays. L'histoire a conservé les détails des tourments atroces que les gens de l'Habra firent endurer à ces malheureux, pour leur arracher quelques restes d'or. Ils s'établirent pourtant en grand nombre sur cette plage, et commencèrent à armer des fustes pour la course, qui sortaient du port d'Oran, et incommodaient le commerce des Espagnols. Le cardinal Ximenès vint prendre cette ville en 1509, et Haroudj Barberousse, en 1515, s'empara de Tlemcen, sur la prière des habitants qui, conjointement avec lui, mirent fin à la dynastie des Zyanites, dont les princes intéressaient les Chrétiens à leurs querelles de famille. C'est en fuyant de Tlemcen, bloqué par les Espagnols, que ce célèbre corsaire trouva la mort, non loin du Rio Salado (1518). Les Chrétiens furent maîtres dans cette capitale jusqu'en 1544, et les Turcs, en 1560, détruisirent définitivement le royaume qui portait son nom, en l'incorporant dans la régence d'Alger qu'ils avaient fondée. Les guerres que la possession d'Oran, par les Espagnols, leur occasionnèrent pendant deux cents ans, ne compromirent guère leur puissance à l'intérieur de la province où gouvernait en leur nom, un bey établi à Mascara (1710). Enfin, maîtres de la place en 1792, ils y constituèrent le siége de ce gouverneur. Ses successeurs firent une guerre incessante aux tribus turbulentes, et se révoltèrent quelquefois eux-mêmes; mais promptement mis à mort par les sicaires du dey, ils ne causèrent que des troubles passagers.

Hassan-Bey, le dernier d'entr'eux, après avoir envoyé son contingent de troupes contre les Français, en 1830, expédia avec empressement sa soumission au général vainqueur, M. de Bourmont ne tarda pas à retirer à lui les forces qu'il avait dirigées sur Oran. Bientôt l'invasion du territoire de Tlemcen par l'empereur du Maroc, y rappela les armes de la France, et le maréchal Clauzel, alors gouverneur, ne voulant pas garder la province d'Oran, en fit remise au bey de Tunis, qui envoya un prince de sa famille et des soldats. Le gouvernement de la France n'approuva point ces arrangements, et, à la satisfaction des Tunisiens bloqués, que l'on ramena chez eux, le général Boyer vint prendre possession.

Ce fut durant son commandement (1832) que le jeune arabe Abd el-Kader, fils du marabout Mahi Eddin, de la tribu des Hachems, aux environs de Mascara, ayant été reconnu Émir par ses compatriotes, osa attaquer Oran à la tête de 12,000 hommes. Le général Desmichels, successeur du général Boyer (1833), eut à repousser les attaques contre Arzew et Mostaganem, de ce chef religieux, auquel il donna une importance politique, lorsqu'il crut pouvoir signer avec lui, le 26 février 1834, un traité qui rendait cet indigène maître de tout le commerce de la côte, des frontières du Maroc au Chélif. Là ne pouvaient pas s'arrêter les prétentions d'un ambitieux; Abd el-Kader voulut obliger les Arabes des Douairs et des Smélas, à quitter le territoire que le voisinage d'Oran protégeait, et le général Trézel, pour les défendre des violences exercées sur eux, sortit à la rencontre de l'Emir : nos troupes essuyèrent une sanglante défaite au gué de l'Habra (28 juin 1835), désigné sous le nom arabe de Macta. Dès ce moment, l'influence du fils de Mahi Eddin s'étendit jusqu'aux portes d'Alger, et la France ne fut guère plus maîtresse sur ce rivage que du sol où stationnaient ses soldats. Le maréchal Clauzel gouverneur des possessions françaises, au N. de l'Afrique, vint prendre à l'Emir, Mascara (8 décembre 1835), et le chasser de devant Tlemcen. La guerre fut heureusement continuée jusqu'au jour où Abd el-Kader obtint, sur les rives de la Tafna (30 mai 1837), un traité qui lui abandonnait toute l'ancienne province de Tittori, comprise aujourd'hui dans celle d'Alger, et la province d'Oran, excepté les villes d'Oran, Mostaganem, Mazagran, avec leur territoire. Vers la fin de 1839, ce nouveau sultan déclara la guerre sainte et commença ses brigandages; Mazagran fut attaquée le 2 janvier 1840, et se défendit héroïquement. Bientôt, le lieutenant-général Bugeaud, nommé gouverneur-général, détruisit en mai et juin 1835 Tekedempt, Boghar, Saïda, Taza, forteresses de l'Emir, — le village de la Guetna, berceau de sa famille, et occupa Mascara, sa capitale. Enfin, les chefs des tribus de l'Ouest, lassés d'une guerre de dévastation, se rassemblèrent auprès de Tlemcen, et, d'un commun accord, proclamèrent la déchéance de l'orgueilleux auteur de leur ruine. La province d'Oran fut conquise sur les dissidens, en l'année 1842. Un khalifat de l'ouest fut créé (31 mai 1842). Dès le commencement de l'année suivante, Abd el-Kader fut repoussé de nouveau, le reste de ses ressources, son camp et ses trésors furent pris auprès de Taguin, dans la région du Haut-Chélif (16 mai 1843). Quelque temps après, son khalifa Ben Allal oulid sidi Embarek était tué et ses troupes étaient taillées en pièces sur les bords de l'oued Maleh *(Rio Salado)* (11 nov. 1843.) L'ex-émir trouva refuge au Maroc, où l'empereur le nomma khalifa de la province du Rif. Investi de ce titre, Abd el-Kader recommença à inquiéter nos frontières et compromit à tel point les armes du chérif, qu'il attira contre elles les forces de la France. Après la violation de notre territoire et le combat de l'oued Mouïla, le maréchal Bugeaud s'empara d'Ouchda, possession marocaine, et le 14 août 1844 gagna, sur le fils de l'empereur, la bataille d'Isly, dont le nom fut joint au sien comme trophée de sa victoire. Le 18 mars 1845, un traité définitif avec le chérif Muley Abd el-Rahman, ferma à notre ennemi tout refuge dans les états marocains. Mais Abd el-Kader, exploitant à son profit l'insurrection que Bou Maza fomentait sourdement dans un intérêt privé, au sein de l'Algérie, revint sur la scène, attira une grande partie de la garnison de Djema Ghazouat dans une embuscade, et la détruisit le 22 septembre 1845, au marabout de Sidi Brahim. Les prisonniers qu'il fit en ce combat désespéré furent lâchement massacrés, le 27 avril 1846, par sa deïra en fuite, après le combat d'Aïn Kebira (13 octobre 1845); qui sembla porter le dernier coup à ses partisans. Un nouveau sultan du nom d'es-Sid el-Fadel (24 mars 1846), qui se disait étranger à la cause de l'ex-émir, se présenta avec ses adhérents, à quelques lieues de Tlemcen et fut encore écrasé. Un seul échec anéantit ce séditieux, tandis qu'Abd el-Kader portait ailleurs ses espérances et sa fatale influence.

Battu partout, chassé de montagne en montagne, par ceux-mêmes qui avaient embrassé sa cause par esprit de religion et dans l'espoir de l'indépendance, Abd el-Kader montrait un courage infatigable, et reparaissait à l'instant où on le croyait bien loin dans les solitudes du Maroc, son repaire habituel. Il parvint à s'aliéner la bienveillance de son protecteur en l'attaquant lui-même, et vit exterminer ses Hachems par les troupes marocaines. Cerné par trois corps et par les forces de la France, dès le 9 décembre 1847, il passa la Moulouïa et l'oued Kis le 21, avec sa deïra, et se rendit prisonnier au poste de Sidi Brahim. Il fut reçu à Djema Ghazouat, le 23, par le duc d'Aumale, gouverneur de l'Algérie, qui le fit embarquer le 24 à Oran, pour Toulon, avec sa mère, ses femmes, ses enfants, les membres de sa famille et quelques serviteurs : en tout 97 personnes.

En 1848, les Arabes incorrigibles se persuadèrent que nos forces étaient diminuées par les besoins de notre mère-patrie, et se remuèrent autour de Mostaganem, de Mascara, de Tlemcen. Les Hamian Gharaba et les Beni Sous eurent le plus à souffrir, en punition de leur turbulence. En 1849 commença, sur nos frontières du Maroc, un système de brigandage et d'émigration. Un prédicateur du nom de Sidi Cheik ben Taïeb, chef des Oulad Sidi Cheik, souleva ses frères, qui furent repoussés au S. du Chott, jusqu'aux confins du Sahara. Les Oulad Nahr Abaïdia, des alentours de Tlemcen, durent être dégoûtés de les imiter Le 12 février 1851, nos Chasseurs d'Afrique repoussèrent au Maroc les Mzaouïr, qui se représentèrent le 6 septembre. Les 10 et 15 mai de l'année suivante (1852), il fallut encore refouler des brigands de pareille provenance. Le 24 juin c'était au tour des Beni Senassen du Maroc, à essuyer le même traitement. Les Rozaïnas Gharabas, de Sidi Bel Abbès, le 24 octobre 1853, et les Hamian de Tlemcen, le 20 novembre, furent les derniers de nos sujets qui montrèrent des velléités de révolte dans la province d'Oran. Le 16 novembre 1855, un brigand marocain, du nom de Moufokh, essaya d'entraîner une émigration des Djeraba, et trouva la mort dans cette tentative.

Le 10 novembre 1856, une tentative de même espèce, de la part de nos Hamian, était punie aux pieds du Djebel Lakdar, et le même jour, les Beni Senassen du Maroc, étaient chassés du cercle de Nemours.

Une grande prospérité commerciale semble devoir être, dans un temps prochain et à la faveur de la paix, le partage de la côte de la province d'Oran, si voisine de l'Espagne, et les antiques entrepôts du commerce du désert vont se rouvrir à Tlemcen et à Oran. A cette portion extrême de l'Algérie est aussi réservé l'illustre honneur de faire pénétrer les lumières de la civilisation dans le foyer de la barbarie, dans cet empire de Maroc, réceptacle de toute tyrannie et de tout obscurantisme, dont elle longe la frontière, où les lauriers fleuriront encore pour nos soldats.

POPULATION. La population européenne,

formant l'élément civil, se compose ainsi qu'il suit :

Français..........	26,976	
Espagnols.........	19,059	
Allemands........	2,103	52,075
Italiens............	1,763	
Autres nationaux...	2,174	
Population indigène.........		35,782
Effectif de l'armée............		22,875

Au 31 décembre 1857, l'instruction publique se répandait sur 6,599 élèves.

GOUVERNEMENT. Un Général de division, avec le titre de Commandant supérieur, et un Préfet, exercent le pouvoir dans leurs attributions respectives.

RÉPARTITION DU TERRITOIRE. La province se divise en territoire civil et en territoire militaire.

Le territoire civil formant le département d'Oran, se subdivise en deux arrondissements : l'arrondissement d'Oran et l'arrondissement de Mostaganem.

Le territoire militaire forme la division d'Oran proprement dite, qui comprend cinq subdivisions, savoir :

Les subdivisions d'Oran, de Mostaganem, de Sidi Bel-Abbès, de Mascara et de Tlemcen.

DÉPARTEMENT D'ORAN.

ORAN.

SITUATION. Oran est situé par 2° 98' de longitude O. et par 35° 75' de latitude N., sur la côte septentrionale de l'Afrique, à 410 kilom. O. d'Alger, à 96 kil. N.-O. de Mascara, à 116 kil. N.-E. de Tlemcen, à 82 kil. N. de Sidi Bel-Abbès, à 76 kil. O. de Mostaganem.

MOUILLAGE. Le golfe d'Oran s'enfonce de 16 kilom. entre la pointe Abaja et le cap Falcon, distants de 36 kilom. Au fond du grand enfoncement qui existe à l'E. du cap Ferrat, il y a deux plages de sable entre lesquelles se trouve la ville d'Oran, bâtie sur les bords inclinés d'un ravin où coule une source abondante. Sa position sur une côte battue par la houle du N. et où les vents du large n'arrivent pas, en éloigne les navires et met à l'abri dune attaque par mer. Les bâtiments de commerce mouillent devant Oran par huit, six et quatre brasses d'eau, fond de sable, dans un petit port, commencé il y a quelques années. Les travaux qu'on y exécute ne manquent pas d'importance, tant pour la jetée que pour les remblais, qui formeront une place devant l'hôtel de la Douane et les magasins adjacents.

Avec les vents de S.-E., les bâtiments y sont fort incommodés par la mer. Ce mouillage est défendu des vents d'O. et de N.-O. par la pointe du fort Lamouna, formée par des terres qui s'élèvent rapidement vers l'intérieur, et sur lesquelles on a bâti, au mont Morgiagio, dans des endroits presque inaccessibles et voisins de la mer, deux forts, celui de San-Gregorio et celui de Santa-Cruz. Ce dernier, qui est le plus haut, s'aperçoit à une grande distance en mer. Le petit mamelon rocailleux sur lequel il est construit fait, avec l'extrémité d'une crête de montagnes qui vient de l'O., une embrasure fort remarquable que l'on appelle la *Selle*, à cause de la configuration qui rappelle la forme d'une selle arabe.

Le débarcadère est entre le fort Lamouna et la ville; il est peu praticable avec des vents N.-E. frais, même pendant la belle saison. Lorsque les embarcations y sont surprises par le mauvais temps de cette partie, elles ne peuvent plus retourner à Mers el-Kebir.

A la pointe du fort Lamouna, la côte tourne à

l'O., puis se courbe en montant vers le N. Elle se joint enfin au fort Mers el-Kebir, qui s'avance comme un môle vers l'E., et forme ainsi le meilleur abri qu'on puisse trouver sur tout le littoral de l'Algérie. C'est aussi le seul port où les grands bâtiments séjournent pendant l'hiver.

La baie de Mers el-Kebir est entourée de tous côtés par des terres élevées; celles du S., appelées monts Ramerah ou Djebel Santo, sont fort remarquables; elles forment une chaîne d'une hauteur uniforme (507 à 437 mètres), dirigée de l'O. à l'E., se terminant par l'embrasure extraordinaire dont nous avons déjà parlé, et une inclinaison très-rapide jusqu'à la mer. Les terres du côté du N.-O., beaucoup moins élevées, sont tout-à-fait stériles, remplies de rochers, et se terminant à la mer par des coupes verticales.

NOTE HISTORIQUE. On a dit qu'Oran était l'*Unica colonia* des Romains. Le docteur Shaw retrouve leur *Portus Magnus* dans Mers el-Kebir. Ces deux localités, profondément fouillées par les Arabes pendant leur longue domination, et plus tard par les Espagnols, qui ont jeté dans ces lieux les fondements de si importants édifices, n'ont rien gardé qui nous parle de l'antiquité. En 902, la ville dont nous nous occupons, et qui avait porté déjà les noms successifs de Œra, Auranum, fut restaurée sous le nom d'Oran (qui veut dire un lieu d'un accès difficile), par deux négociants de la péninsule ibérique, qui fréquentaient Mers el-Kebir, et qui, du consentement des Beni Mesgana, y exercèrent sept ans l'autorité pour le compte des Califes Ommiades d'Espagne. Les Berbères, excités par les Chéites, prirent et brûlèrent Oran, en 909, pour se venger d'un meurtre. L'année suivante, la ville fut rétablie, et saccagée de nouveau en 954. La population en fut exportée. L'almohade Abd el-Moumen s'en rendit maître en 1145, et les émirs Almoravides, qui régnaient au Maroc, la retinrent sous leur puissance.

Oran dépendit du royaume de Tlemcen dès la fondation du trône des Zyanites (1220) en cette capitale. Toutefois, à cause de l'importance de son commerce avec les Pisans (1373), de grandes franchises lui avaient été concédées. Oran choisissait le magistrat qui le gouvernait d'après ses lois particulières, et n'avait d'autres officiers étrangers dans son sein que les employés de la Douane, qui exerçaient toutes les perceptions au profit du sultan de Tlemcen.

En 1500, les Morisques, chassés d'Espagne, arrivèrent en foule à Oran. Leur haine contre les Chrétiens ne put s'accommoder des mœurs douces du commerce; d'ailleurs, ne pouvant point se livrer au négoce faute de moyens et d'habitude pour le faire, ils armèrent des fustes pour la course, et Mers el-Kebir devint célèbre par ses corsaires. En 1505, Ferdinand-le-Catholique envoya des troupes, qui s'emparèrent de ce port, regardé alors comme la clé de l'Afrique. A la faveur de ce pied-à-terre, le cardinal Ximénès, archevêque de Tolède, à la tête d'une expédition qui reçut le nom de *Croisade de Ximénès*, se rendit maître d'Oran le 19 mai 1509. Depuis cette conquête, les Espagnols, par un privilége spécial, furent dispensés de l'abstinence des aliments gras le samedi.

La ville d'Oran ne consistait alors qu'en un village placé sur la rive droite d'un ruisseau abondant; ce petit bourg couronnait la crête du ravin. De l'autre côté, s'élevait une casba et plusieurs forts étagés sur les flancs du Merglagio. Les Espagnols bâtirent leur ville nouvelle au pied de cette montagne et reconstruisirent toutes les fortifications. Ils entourèrent d'une même muraille la ville castillane et la ville mauresque, que séparait le ravin. Ce fut, au sein de la cité, pour les deux peuples, une ligne de démarcation qu'ils ne franchirent pas. Hassan Pacha, fils de Barberousse, ne parvint pas à en chasser les Espagnols, que secoururent les flottes de Don Pèdre de Padilla, d'André Doria et de Francisco de Mendoza. Les Chrétiens exerçaient leur influence à 15 lieues autour, et prenaient un tribut de Tlemcen et de Mostaganem, que leur enleva le dey Hassan Pacha.

Chaban, bey de Mazouna, nommé par les Turcs, attaqua Oran et fut tué sous ses murs. Mustapha Bouchelagram, favori du dey d'Alger, nommé bey et soutenu des troupes de son protecteur, se porta sur Oran, que l'Espagne négligeait, et le lui enleva (1708). Enflé de ce succès, il se révolta, envoya contre Alger un de ses généraux, qui fut battu sur les rives de l'Harrach et décapité. Sa tête fut attachée à la porte Bab-Azoun.

Les Espagnols, qui avaient été maîtres d'Oran, pendant près d'un siècle, ne purent supporter l'idée d'en être exclus à jamais. Le 15 juin 1732, Philippe V faisait sortir de Carthagène une flotte portant 27,000 hommes, commandée par le comte de Montemar, qui, le 1er juillet au soir, entraient dans la ville déserte. Ils la trouvèrent bien armée et remplie de provisions de toute espèce. Ils y demeurèrent soixante ans encore, n'admettant les Arabes, dans la place, que sans armes et les yeux bandés, jusqu'à la place intérieure où se tenait le marché. Durant cette période, les beys, retirés à Mascara, ne régnaient que sur les tribus. Mohammed el-Kebir, l'un d'entre eux, attaqua Oran pendant trois ans consécutifs. Le tremblement de terre de 1790 renversa entièrement la ville espagnole, et dégoûta tellement les Européens de la possession de cette place, qu'ils l'évacuèrent en conséquence d'un traité avec le dey d'Alger. Ils y laissèrent, pour souvenir de leur présence, des travaux prodigieux en communications souterraines et en galeries de mines; le fort Santa-Cruz, au sommet du Morgiagio, à l'O. de la ville, et le fort Saint-Grégoire, à mi-côte de cette montagne; le fort de Lamouna, au pied et au bord de la mer; au S., le fort Saint-Philippe et le fort Saint-André; à l'E., le Château-Neuf; au N. et sur le rivage, le fort Sainte-Thérèse; un magnifique magasin voûté, avec un premier étage, sur le quai Sainte-Marie, une darse et sept autres magasins creusés dans le roc; des casernes, trois églises, une cathédrale, le palais du Gouverneur, un colysée pour la course des taureaux; tous monuments qui faisaient d'Oran une ville d'importance, où les malades de distinction venaient se mettre sous l'influence d'une heureuse température, et lui avaient valu le nom de la Petite-Cour (Corte-Chica). Le dey d'Alger, ne voulant pas que le bey devînt trop puissant, ordonna la destruction de quelques-uns de ces bâtiments, que les commotions du sol avaient laissés intacts, et ne parvint pourtant pas à les détruire tout-à-fait. Mohammed el-Kebir fut le premier qui prit le titre de bey d'Oran. Il eut beaucoup à souffrir de la famine et de la peste, après l'évacuation des Espagnols, et mourut en 1794. Osman, son fils, fut destitué après cinq ans de règne; exilé à Blida, et envoyé bey à Constantine par Mustapha-Dey. Mustapha el-Manzali fut battu par un fanatique qui prit Mascara et Tlemcen; il fut destitué. Mohammed Mokallech reconquit le beylick sur les tribus révoltées; tranquille, il s'adonna au vin et à l'hachich. Ses débauches de femmes révoltèrent ses sujets. Le dey d'Alger l'envoya étrangler. Mustapha el-Manzali revient; la révolte renaît; il est rappelé.

Mohammed Bou Cabous écrase les rebelles; on éprouve de grands froids. Il se révolte lui-même, et se rend après à Omar-Agha, qui le fait écorcher et décapiter (1813). Ali Kara Baghrli, Turc, bat deux fois les Arabes révoltés. Il vient à Alger, apporter son tribut. Des émissaires l'étranglent en route. Hassan détruit les marabouts turbulents; le père d'Abd el-Kader n'échappe à la mort que par la protection de la femme du bey. Il bat Tedjini d'Aïn Madhi, qui faisait le siége de Mascara, et lui fait couper la tête. (1828).

Hassan Bey avait un grand âge lorsqu'il envoya, en 1830, à Alger, son contingent de troupes contre la France. Le capitaine Louis de Bourmont, qui parut devant Oran le 24 juillet 1830, obtint sa soumission immédiate. Cet officier, monté sur le brick le *Dragon*, s'était emparé de Mers el-Kebir, et bloquait la ville avec le *Voltigeur* et l'*Endymion*. Le colonel Berard de Goutfrey fut envoyé avec son régiment, le 21e de ligne, pour prendre possession d'Oran; mais, avant de débarquer, il reçut d'Alger un ordre de rappel, et cet officier, en se retirant, fit sauter un des fronts du fort de Mers el-Kebir. Le général Clauzel, qui succéda à M. de Bourmont, apprenant que l'empereur de Maroc était entré à Tlemcen, et annonçait vouloir reconquérir tout cet ancien royaume, envoya à Oran le général Damrémont. Le 13 décembre 1830, il occupa Mers el-Kebir et le fort Saint-Grégoire; le 5 janvier 1831, il était maître d'Oran. Hassan Bey fut destitué et envoyé à Smyrne, où il mourut.

Le 6 février 1831, le général Clauzel établit bey le prince tunisien Achmed, en conséquence d'un traité spécial, qui n'obtint pas l'assentiment du Gouvernement français, voulant commander par lui-même, alors, dans toute l'étendue de sa conquête. Le général Damrémont ne tarda pas à quitter Oran, où lui succéda le général de Fodoas, qui présida à l'embarquement des Tunisiens, retournant avec joie dans leur pays. Le général Boyer prit le commandement en 1832, et commença à établir un système de terreur qui nous fit respecter et craindre dans ces contrées. Abd el-Kader, qui venait d'être reconnu émir par les tribus de Mascara, exploita leurs dispositions hostiles, en harcelant nos troupes aux entours de la ville d'Oran, et en l'attaquant elle-même à la tête de 12,000 hommes. Le 25 avril 1833, le général Desmichels repoussa victorieusement les Arabes, et déjoua les tentatives de leur chef. A la suite du combat de Temezourar, un traité fut signé entre lui et Abd el-Kader, le 26 avril 1844, en conséquence duquel la France laissait à Abd el-Kader le commerce de toute la côte, de l'embouchure du Chélif au Maroc, et convenait qu'un consul français résiderait à Arzew, en échange d'un consul arabe, agréé à Oran. Des vexations de tous genres accueillirent nos négociants dans les ports de l'obédience du nouvel émir. Les tribus, elles-mêmes, fatiguées des exactions d'Abd el-Kader, refusèrent de lui payer les impôts qu'il exigeait, et se révoltèrent. Mais le général Desmichels, que l'on disait follement vouloir devenir le beau-frère d'Abd el-Kader, se porta à 2 lieues au S. d'Oran, au camp du Figuier, et leur en imposa par cette manœuvre menaçante. Le général Trézel, au contraire, étant venu lui succéder, prit sous la protection de notre drapeau les tribus des Douairs et des Smelas, et, pour les défendre, fut au-devant d'Abd el-Kader (28 juin 1835). Le général d'Arlanches, qui vint alors, se vit bloquer dans Oran par les tribus. Le 3 avril 1837, le général Bugeaud prit les rênes du pouvoir, avec une position indépendante, qui lui permit, le 30 mai suivant, de faire un nouveau traité avec Abd el-Kader, sur les bords de la Tafna, qui reconnaissait à la France la possession de la ville d'Oran et de son territoire. A la suite de nombreux événements qui eurent leur théâtre ailleurs, le camp du Figuier fut attaqué par les Arabes, les 5 et 6 mars 1840. Depuis, la tranquillité n'a pas été troublée.

Une organisation civile avait été donnée à Oran, dès 1831, par l'arrêté du 16 décembre, et une commission provinciale, instituée le 4 janvier 1835. Le 29 octobre 1845, l'arrondissement d'Oran fut divisé en quatre communes; il y en a treize aujourd'hui.

IMPORTANCE POLITIQUE. Oran, chef-lieu de la province du même nom, est la résidence du Général de Division commandant supérieur, du Préfet du département d'Oran et des Chefs de service de toutes les parties spéciales de l'administration, qui dépendent de son ressort. Il y a une Justice-de-Paix, un Tribunal de première Instance, un Tribunal et une Chambre de Commerce.

POPULATION. La population de la ville d'Oran, est de 21,420 individus habitant 1257 maisons, et forment 4,054 ménages. Il y a dans la population européenne, d'après l'État-Civil, 2,350 hommes mariés, 210 veufs, et 4,256 célibataires; 3,357 filles, et 726 veuves. Sur ce nombre, on peut compter 13,008 Catholiques, et 144 Protestants. Voici le classement par nationalités.

Français........	4,662		
Espagnols......	7,541		
Italiens.........	608	13,260	
Allemands......	220		
Autres nationaux...	229		21,420
Population indigène......		7,453	
Population civile inscrite en bloc..............		707	

La garnison est de 9,932 hommes.

ASPECT EXTÉRIEUR. Oran offre un aspect grandiose qu'il doit au vaste déploiement de son golfe, et au rideau de hautes montagnes qui l'entoure, autant qu'aux nombreux et formidables ouvrages de fortifications élevés par les Espagnols et les Français. Rien de plus imposant que les positions, à l'O. du fort San-Grégorio, assis sur un des gradins du Mergiagio, à 178 mètres au-dessus du niveau de la mer; du fort Santa-Cruz, sur le sommet suprême de la même montagne, à 340 mètres de hauteur et du marabout d'Abd-el-Kader, couronnant un mamelon voisin, appelé Alméïda (*la Table*), à 429 mètres d'élévation et dominant tout le golfe. D'autres forteresses occupent, sur des rochers qui bordent le rivage, tous les points en saillie, et forment une enceinte redoutable et pittoresque : le fort Sainte-Thérèse, le Château-Neuf, le Château-Vieux, le fort Saint-André, le fort Saint-Philippe, le quartier d'artillerie et celui de la cavalerie complètent l'ensemble de ce tableau martial et magnifique. Les belles constructions de défense qui couvrent la pointe de Mers el-Kebir, terminée par une tour où est le phare, s'avancent hardiment de l'O. à l'E. avec une élégance toute guerrière. Au centre de cet appareil de la puissance et de la force, les maisons neuves ou restaurées de la ville et les minarets de quelques mosquées, ne perdent pas leur charme de fraîcheur et leur caractère d'originalité. Les plantations effectuées sur les routes et les semis forestiers que l'administration a faits sur les flancs de la montagne de Santa-Cruz, embellissent le paysage d'un masse de verdure qui manquait naguère complètement à l'œil dans ce canton entièrement destitué de végétation ligneuse.

M. Aucour, ingénieur en chef, a présenté un relevé des observations météorologiques, d'où il résulte que, en 1856, la température la plus basse, en février, s'était élevée à 18°, et la plus haute, en août, avait atteint 32° 50. Il y avait eu 196 jours clairs, 124 jours nuageux, et 43 jours couverts. En 57 jours de pluie, il était tombé 519, 3/4 d'eau.

ENCEINTE. Le périmètre d'Oran, dans ses

remparts, est de 72 hectares. Les fortifications qui l'entourent et s'ouvrent par cinq portes, sont estimées avoir coûté plus de 38,000,000. Tout le génie des Castillans, si connu pour les beaux ouvrages de défense des places, semble s'être épuisé dans ces travaux qui portent leur cachet avec un noble orgueil, et font honneur à leur science de la guerre.

PHYSIONOMIE LOCALE. La ville d'Oran a une physionomie fort irrégulière, qui provient du mélange des constructions arabes, espagnoles et françaises. Toutefois, elle conserve une apparence toute européenne, à laquelle l'activité du commerce vient ajouter une complète illusion. Oran, bâti sur deux plateaux allongés du S.-O. au N.-E., qui viennent finir à la plage, où est le quartier de la Marine, est divisé en deux par un ravin où coule un cours d'eau assez abondant, nommé oued Er-Rhhi *(la rivière des Moulins)*. Ce ruisseau est caché dans un tunnel, et les décombres des vieilles constructions jetés avec des déblais de toute espèce dans le vallon, ont rapproché les deux portions de la ville, qui communiquent de plain-pied par le moyen de ce terrassement. La rue Philippe, bordée d'arbres séculaires, prolonge la rue d'Orléans, qui monte de la Marine, en pente assez douce; elle met en relation la petite place Kléber, où se trouve un pont en pierre sur le ruisseau, avec la place du Marché, le quartier de l'Hôpital, et celui de l'Église, laquelle est située sur la place des Carrières. Plus haut, à l'entrée des jardins, est encore un pont, joignant le Château-Vieux au fort Saint-André. La ville est bien percée, et dans un site varié. Les rues sont larges et irrégulières. Les plus belles sont : la rue de la Marine, de Napoléon, de Vienne, Oudinot, Philippe. On remarque le passage Lasry, sous l'hôtel *de France*, qui est la plus belle maison particulière de la ville. Les maisons sont presque toutes construites à la française, agréablement décorées et bien distribuées. Les places, outre celles dont nous venons de parler, sont les places Napoléon, d'Orléans et de l'Hôpital. Des marchés quotidiens se tiennent sur la place du Théâtre, la place Blanche, à la porte Napoléon. Le marché aux grains a lieu trois fois par semaine.

ÉTABLISSEMENTS MILITAIRES. Le Général de Division, commandant la province, a sa résidence au Château-Neuf, dans une habitation primitivement construite pour les usages mauresques, consistant en portiques, galeries et kiosques, dans des jardins et parterres réservés. On s'est efforcé d'aménager cet ensemble asiatique et original par ses distributions, aux exigences de la position et aux habitudes européennes. L'aspect de la mer, celui de la ville et de toute la campagne, est la décoration la plus remarquable de ce séjour exposé à tous les vents, qui ont quelquefois une grande violence.

On compte à Oran trois grandes Casernes : Saint-Philippe, le Château-Neuf, le Château-Vieux (Casba). C'est dans cette forteresse que se tiennent les deux Conseils de guerre de la Division, et qu'on trouve la Prison militaire. Les condamnés au boulet sont gardés dans le fort Lamouna. L'Hôpital militaire, pouvant contenir 1,400 lits, est un vaste bâtiment neuf, qui s'élève majestueusement au-dessus des maisons qui l'entourent, offrant sa façade principale en vue de toute la ville. Les magasins des diverses administrations, Vivres, Campement, sont grandement aménagés. Il y a un Télégraphe aérien et une ligne électrique, qui aboutit place Napoléon.

ÉTABLISSEMENTS CIVILS. Deux Eglises existent à Oran. La plus convenable est une ancienne mosquée, qui est la plus belle de celles qu'on a trouvées (place des Carrières). Les RR. PP. Jésuites ont aussi une charmante chapelle dans une petite mosquée auprès du beau collége qu'ils ont fondé; on y entend de l'excellente musique.

Les Musulmans ont encore un temple pour l'exercice de leur culte.

Les Dames Trinitaires ont une fort jolie chapelle; elles tiennent un magnifique pensionnat de jeunes demoiselles, une école communale pour les jeunes filles et une salle d'asile. Les garçons reçoivent l'instruction dans deux institutions communales. L'Hôpital civil est hors ville, près de la porte Saint-André, dans une construction que l'on destinait à un Caravansérail. L'institution d'un Bureau de bienfaisance a été confirmée par arrêté du 31 juillet 1843. Une Caisse d'épargnes a été aussi fondée. Vers la fin de 1856, elle avait reçu 158 versements, formant un total de 26,684 francs 84 centimes, et avait fait 45 remboursements, pour la somme de 12,787 francs 86 centimes. Une Société de Secours mutuels, fondée le 1er septembre 1856, et comptant 763 membres participants, avait donné des soins à 304 d'entre eux, en 2512 visites ou consultations, au 31 octobre 1857. A cette date, le mouvement financier se soldait par un encaisse de 1,281 fr. 26 cent. Par arrêté du 31 décembre 1853, le prix de la concession perpétuelle, au cimetière, est de 150 fr. par mètre carré, 60 fr. pour la concession trentenaire, et 15 fr. pour celle de 15 ans et plus, sans renouvellement.

Il existe un entrepôt des poudres, qui alimente la consommation de la province, et un entrepôt des tabacs. A partir du 1er juillet 1857, un entrepôt réel des Douanes a été ouvert.

Le commerce s'exerce sur les bestiaux, les laines, les cotons, les grains, les tabacs, la garance.

L'eau ne manque pas à Oran; l'oued Er-Rhhi, légèrement thermal, qui prend sa source au S.-O. de la ville, au pied méridional du Djebel-Santo, est conduit par un aqueduc souterrain, qui coule de l'O. à l'E., et fléchit, au N., 1000 mètres environ avant d'entrer dans la ville. A l'endroit appelé la Fontaine, il laisse échapper une partie de ses eaux par une ouverture pratiquée à la droite de son canal, va arroser des jardins, fait tourner des moulins, et se jette à la mer dans le golfe. L'autre portion de ses ondes se rend, par le conduit souterrain, dans un réservoir placé sur la pente de la partie occidentale de la ville, d'où elle est distribuée dans toute la vallée. On trouve des fontaines rue Philippe, rue d'Orléans, place Kléber. Il y a encore une source près du Château-Neuf.

L'Abattoir civil est placé sur le quai, où débouche le ravin; il est longé à gauche par la rue d'Orléans, et à droite par la promenade Létang. Cette promenade, au pied du Château-Neuf, est en vue de la mer; elle est très-fréquentée. C'est là que viennent jouer les musiques des régiments en garnison à Oran. Le Théâtre, qui s'élève non loin, est desservi, alternativement avec Mostaganem, par une troupe de drame et d'opéra.

INDUSTRIE PARTICULIÈRE. Les meilleurs hôtels sont ceux de *France*, de l'*Univers*, du *Nord*, d'*Orient*, où l'on prend pension de 70 à 95 francs. Le *Café de la Promenade de l'Etang* tient aussi un restaurant très-bien fréquenté, surtout en été, à cause de sa situation agréable, et par la renommée dont il jouit de servir d'excellents déjeuners. Les Cafés de *Paris*, du *Commerce*, de la *Promenade*, du *Théâtre*, des *Mille-Colonnes*, de la *Perle*, et le *Grand-Café des Concerts* ne doivent pas être oubliés. Disons encore que des bals charmants sont donnés, en hiver, à la Loge maçonnique, connue sous le titre distinctif de l'*Union Africaine*, qui renferme un Chapitre de Rose-Croix. L'*Echo d'Oran*, feuille en voie de publicité fort étendue, est le journal officiel de la localité. L'*Éditeur Oranais* est aussi un organe de publication. Un bazar français expose les produits de l'industrie commerciale. La sparterie, la vermicellerie occupent plusieurs fabriques. Dans les faubourgs d'Oran, dix-sept moulins à vent, huit à manége, deux à vapeur, six à eau, fonctionnent avec avantage. Le roulage est établi pour tous les points importants de la province. Des services de diligences suivent les mêmes parcours.

ROUTES. Sept routes partent d'Oran, dont quatre s'épanouissent en éventail vers l'E. :

1° La route de Mostaganem, par Arzew, remontant au N. pour passer par Saint-Cloud ;

2° La route de Fleurus, directement à l'E. ;

3° A l'E.-S., la route d'Assi-Bounif, Assi-Ameur, faisant jonction, à Ben-Okba, avec celle de Saint-Cloud ;

4° Plus au S., la route de Saint-Louis, desservant Sidi-Chami et le Lac Salé ;

5° Au S.-E, la route de Mascara, desservant La Sénia, Valmy, le Tlélat, Saint-Denis-du-Sig et la plaine de l'Habra ; plus à l'O. se trouve un embranchement pour Sidi-bel-Abbès; cette route, tracée en ligne droite, est bordée, de chaque côté, d'une double rangée de mûriers d'une très-belle venue, jusqu'à 8 kilom. d'Oran;

6° Plus au S.-E, la route de Tlemcen, desservant Missorghin et Aïn-Temouchen;

7° La route de Mers el-Kebir, contournant la baie, jusqu'au village d'Aïn el-Turk, au S.-O.

ENVIRONS. Le pays est découvert et aride, bien que la terre n'y soit pas stérile. Au S. de la ville, vers le lac Sebka, la plaine est complètement inculte. On y voit çà et là quelques bouquets de lentisques, des palmiers-nains, des haies de cactus et d'aloës. Un figuier, célèbre par le camp établi auprès, — un caroubier auprès de Mers el-Kebir, visités par les promeneurs, étaient naguères les deux seuls arbres qui ombrageaient la campagne. Entre les pieds de l'Atlas et du Djebel-Santo, s'allonge, à l'O., la Sebka, vaste espace qu'on voit occupé, en hiver, par des flaques d'eau que les torrents des montagnes voisines viennent y déposer, et qui, en été, ne présente plus, après leur évaporation, qu'un champ de sel immense, traversé à pied sec par les hommes et les animaux. Au S.-E. de la ville, vers le beau plateau qui, des remparts, s'étend jusqu'à La Sénia, on voit de riches cultures; des champs en plein rapport et d'une étendue considérable, entourent des habitations gracieuses, et bordent la route.

Il y a, dans la banlieue d'Oran, 128 exploitations isolées, cultivées avec le plus grand soin. 75 d'entre elles sont pourvues des bâtiments nécessaires à leur mise en valeur. Au nombre des fermes les plus remarquables, sous le rapport de l'élève du bétail, des grandes cultures en céréales, des mûriers, des tabacs, des cotons, il faut signaler les fermes Dandrieu, Ernest de Saint-Maur, Lignières, Gaussens, Maire, Marc Arnaut, George. La vigne occupe déjà de grandes étendues, et ne fera qu'augmenter chaque année. Le succès de sa culture est complet, les produits en sont de bonne qualité.

Les exploitations de moindre étendue et les plus rapprochées de la ville, sont livrées aux cultures maraîchères et au jardinage. Les cultivateurs sont des hommes rudes au travail, sobres et religieux. Le bien-être que ces qualités procurent, est encore augmenté par la salubrité du pays.

ARRONDISSEMENT D'ORAN.

L'arrondissement d'Oran comprend treize communes, qui sont : I° ORAN, II° ARZEW, III° FLEURUS, IV° MASCARA, V° MISERGHIN, VI° STE-BARBE-DU-TLÉLAT, VII° SAINT-CLOUD, VIII° SAINT-DENIS-DU-SIG, IX° SAINT-LOUIS, X° SIDI BEL-ABBÈS, XI° SIDI CHAMI, XII° TLEMCEN, XIII° VALMY.

I.

COMMUNE D'ORAN.

La commune d'Oran a cinq annexes : 1° Karguenta et banlieue, 2° Mers el-Kebir, 3° La Sénia, 4° Aïn el-Turk, 5° Bou Sfer.

1° KARGUENTA est un magnifique village qu'il serait plus juste de nommer le faubourg d'Oran. Il n'en est séparé que par un petit ravin plein de jardins, que contourne la route de Mostaganem. Il fut bâti aux entours d'une mosquée, par l'initiative intelligente de M. Ramoger, qui comprit l'heureuse exposition de ce point. Une grande église, la halle aux grains, le magasin des tabacs de l'Administration, le quartier de cavalerie, les magasins des subsistances militaires, des écoles communales et salle d'asile, entretiennent une grande animation dans ce beau quartier. La population de Karguenta et de la banlieue est de 3,735 individus, dont 2,170 Espagnols, et 265 Italiens.

Vers la Sénia, sur la route de Mascara, s'est élevé un village exclusivement peuplé de nègres. Ces 165 Indigènes offrent les plus curieux types de races et de mœurs primitives que l'on puisse rencontrer.

2° MERS EL-KEBIR, à 8 kilom. O. d'Oran, est un centre maritime et commercial d'une grande activité.

Mers el-Kebir occupe, dit Marmol, l'emplacement d'une forteresse bâtie par les Romains. Les rois de Tlemcen, vers le XVI° siècle, au rapport de Léon l'Africain, y firent bâtir une petite ville. Les Vénitiens venaient à cette époque s'y réfugier dans les mauvais temps, et, comme aujourd'hui, transportaient leurs marchandises à Oran par le moyen d'allèges. En 1505, Mers el-Kebir fut pris par Don Diégo de Cordoue. Les Maures s'y défendirent vigoureusement avec un canon de fer, jusqu'à ce qu'il creva. Ils capitulèrent alors, et évacuèrent la position. Hassan Pacha, fils de Barberousse, l'attaqua vainement après. Toujours lié au sort d'Oran, Mers el-Kebir suivit les phases de la fortune espagnole sur ce point principal. Le 13 décembre 1830, il fut définitivement occupé par les Français. Le village est bâti en amphithéâtre, sur la pente du Ramerah. Nous avons parlé ailleurs de son port remarquable par sa profondeur. Il y a une église, un phare, un entrepôt réel, un service de Santé, un bureau des Douanes, un quai bien entretenu, une caserne dans le fort construit par les Espagnols, en 1754. Une conduite en tuyaux et en maçonnerie, qui s'embranche à la source de Ras el-Aïn, au-dessus d'Oran, alimente des bornes-fontaines, des abreuvoirs et lavoirs qui servent à l'approvisionnement des navires. Les voyageurs trouvent des cafés à leur débarquement, mais ils devront être pourvus de monnaie, car les cabaretiers de l'endroit n'en ont jamais pour leur rendre. Des fiacres et des calèches viennent à l'arrivée des courriers pour transporter les voyageurs et leurs malles à Oran.

Une ordonnance royale du 23 août 1846 a créé, sous le nom de *Village des Pêcheurs,* sur un promontoire de la rade de Mers el-Kebir, et sur la route qui conduit à Oran, un centre de population maritime, qui fait partie de Mers el-Kebir. Une étendue de 1 hectare 10 ares est affectée à l'établissement des maisons. Cette concession n'est que temporaire, et devra finir en 1864, époque à laquelle les habitants devront se reporter à quelque distance au-dessus, dans le bourg de Saint-André, qu'il ne faut pas confondre avec le village du même nom, existant dans la commune de Mascara. La population de ces divers centres est de 1380 individus, dont 660 Espagnols et 148 Italiens.

Une fort belle route, taillée dans le roc sur les deux tiers de son parcours, et traversant une percée souterraine de 50 mètres, conduit à Oran, en contournant le golfe, qu'elle domine presque partout à pic et à des hauteurs effrayantes. Une haie d'aloès et un parapet de pierre la bordent sur toute sa longueur du côté de la mer. Il y a une source d'eau thermale dans une grotte, au-dessous du chemin et au bord de la mer, connue sous le nom de *Bains de la Reine*, et entourée d'un petit établissement où les malades viennent chercher quelques soulagements à leurs maux, sur les traces de l'infante Jeanne, fille d'Isabelle-la-Catholique, qui y fut, dit-on, guérie il y a trois cents ans.

3° LA SÉNIA est un charmant village créé par arrêté du 10 juillet 1844, sur une circonscription territoriale de 635 hect. C'est là que se trouve le dépôt des colons de la province. Il y a une église. De belles cultures maraîchères s'y développent. Des norias, des puits, des pompes les arrosent et les multiplient. La route qui rattache ce joli canton à Oran, est bordée à droite et à gauche de nombreux mûriers. Deux autres routes viennent encore se lier à la Sénia : la route de Valmy (le Figuier), au S.-E., et celle de Sidi Chami, à l'E., conduisant à Mostaganem, par Arzew. La population est de 550 individus, dont 310 Espagnols. Il y a 63 Arabes. La Sénia est à 7 kilom. d'Oran, et à 13 kilom. de Valmy.

4° AIN-EL-TURK, situé au bord de la mer, au fond de la baie du cap Falcon, à 10 kilom. d'Oran, a été créé par arrêté du 11 août 1850, sur une étendue de 2,000 hectares de pacages, et 900 de terres labourables. On s'y occupe des céréales et de l'élève du bétail. Si un village, — où chaque maison s'élève au milieu d'un enclos de verdure et de fleurs, le long d'une large rue descendant d'un mamelon où apparaît l'église, jusqu'au bord de la mer où une douane, des fontaines, des abreuvoirs occupent les entours d'une place demi-circulaire, — forme un champêtre séjour que l'on puisse envier, on peut féliciter les 209 colons d'Aïn el-Turk, de posséder ce charme; 118 Espagnols habitent avec eux. Il y a 295 Arabes. Un moulin à vent rend de grands services à la localité.

3° BOU SFER, village situé à 8 kilom. d'Aïn el-Turk, et à 20 kilom. d'Oran, a été fondé en 1850. Situé à l'autre extrémité de la plaine dite *des Andalous*, aux pieds de la montagne qui l'entoure, ce centre, indépendamment de 54 familles européennes, comprend deux annexes : un hameau de 5 familles européennes, au lieu dit *Les Figuiers*, et un hameau arabe de 50 feux. Les eaux y sont fournies par trois sources que recueille dans le ravin une conduite de 125 mètres. M. Garbé a une ferme au lieu dit *Bou Ameur*, dans le voisinage. On cultive les céréales dans ce canton, où habitent 149 Européens, dont 90 Espagnols.

II.

COMMUNE D'ARZEW.

SITUATION. Arzew-le-Port est situé par 2° 70′ de longitude O., et par 36° 90′ de latitude N., sur la côte septentrionale de l'Afrique, à 10 lieues marines E. d'Oran, et 7 lieues O. de Mostaganem, par la même voie; par terre, à 37 kilom. d'Oran, et à 44 kilom. de Mostaganem.

MOUILLAGE. La baie d'Arzew, qui a 52 kil. d'ouverture, et 22 kilom. de flèche, offre un excellent mouillage pour toutes les saisons, aux bâtiments ordinaires du commerce, et en général à ceux qui sont au-dessous de la force des frégates, parce qu'ils peuvent mouiller en dedans de la ligne qui joint la pointe du fort aux terres hautes du Chélif. Dans cette position, ils sont à l'abri de la mer, que soulèvent les vents du N. et du N.-E. Les grands navires mouillent en dehors de cette ligne par 6, 7 et 8 brasses, fond de sable; ils y sont bien pendant la belle saison seulement. Des navires d'un assez fort tonnage peuvent débarquer leur cargaison à quai; elle peut être chargée immédiatement sur les voitures devant faire le transport à destination. Cet avantage n'appartient à aucun autre point maritime de la province.

NOTE HISTORIQUE. Les Espagnols avaient construit un quai en pierres fort long, sur un développement de mille mètres, qu'on a réparé en partie. On a fondé un débarcadère sur une longueur de 15 mètres, et le port offre une étendue de 800 mètres carrés. C'est le *Portus Deorum* des anciens, auquel venait aboutir la voie romaine de *Victoria* (Mascara). Les Arabes l'appelaient la Mersa et le port des Ben Zian, à cause des princes de ce nom, qui régnèrent près de 380 ans à Tlemcen, et tenaient des magasins pour le sel dans la localité dont nous nous occupons. On y est si bien entouré de toutes parts, qu'il y a des points de l'étendue de la rade, où la haute mer étant cachée par les côteaux, on se croirait dans un lac. C'est autour de ce port que l'établissement français s'éleva avec une promptitude merveilleuse, à la place même où une tribu de Kabyles marocains, fuyant les vexations des officiers de l'empereur, était venue se réfugier, et avait bâti quelques cabanes, qu'elle abandonna lors de l'occupation française. Les Gharabas lui succédèrent, et finirent par l'imiter dans sa retraite.

Les souvenirs de l'antiquité se rattachent principalement au vieil Arzew, aujourd'hui Saint-Leu, situé sur une hauteur, à 9 kilom. E. du port, et à 4 kilom. S. de la plage, dont il est séparé par de profonds précipices. Là se trouvent des vestiges incontestables d'une grande splendeur, inscriptions, tombeaux, mosaïques, chapiteaux, colonnes, temple de Neptune, cirque et théâtre, médailles d'Antonin-le-Pieux, etc. Marmol dit que la ville fut ruinée par les Arabes, lors de leur invasion en Afrique, et que les princes qui régnèrent à Tlemcen la relevèrent.

Les Turcs avaient à Arzew des magasins servant de dépôts aux grains qu'ils destinaient à l'exportation. Pendant les guerres de l'Empire, il en est parti jusqu'à 800 navires par an, chargés de grains, pour l'armée anglaise en Espagne. En 1814, 40,000 bœufs ont été exportés pour cette destination.

En 1831, le cadi Bethouna ne fit pas de difficulté de

pourvoir de vivres et de chevaux nos troupes d'Oran, bloquées dans la place. Abd el-Kader commença ses hostilités par s'emparer de la personne de ce vénérable docteur de la loi, qui l'avait élevé lui-même, et après avoir pillé Arzew, l'emmena à Mascara, où on le fit étrangler. Le général Desmichels profita de l'exaspération que cette nouvelle excita dans la population d'Arzew, pour s'en emparer le 4 juillet 1833. En conséquence du traité du 25 février, conclu entre ce général et l'émir, trois oukils de ce dernier furent envoyés à Oran, Mostaganem et Arzew. Ben Mahmoud, désigné pour Arzew, ne tarda pas à démontrer, d'une manière brutale, aux négociants français établis dans la ville pour le commerce des grains, qu'Abd-el-Kader voulait avoir le monopole de ces transactions, de première main, vis-à-vis des Européens. La guerre recommença, et, au mois de juin 1835, Arzew devint le refuge du petit corps d'armée d'Oran, après le désastre de la Macta. Sa position fut attentivement étudiée. Le traité de la Tafna nous en assura la possession. Ce ne fut que le 12 août 1845, qu'il parut une ordonnance royale, portant qu'une ville de 1,500 à 2,000 âmes serait fondée au lieu dit Arzew-le-Port, et qu'un territoire de 1,800 hectares y serait annexé, pour être concédé aux Européens qui viendraient s'y établir.

Le peuplement n'eut lieu qu'en 1846. La localité fut érigée en district, par décret du 4 novembre 1850, et en conséquence, pourvue d'un commissariat civil. Le décret du 19 septembre 1848 y créa 13 villages, qui en furent détachés par le décret du 21 décembre 1856, en conséquence duquel le commissariat civil y fut supprimé et la commune constituée. Un arrêté du 27 octobre 1856, avait fait remise à l'Administration civile des populations indigènes sur la partie S.-E. du district. Après quelques années d'un essor rapide, Arzew, cruellement éprouvé par le choléra, écrasé entre ses deux puissants voisins Oran et Mostaganem, est tombé dans une défaveur passagère, d'où les qualités nautiques de son port, ne tarderont pas, sans doute, à le relever. (Duval. — *Manuel du Colon en Algérie.*)

IMPORTANCE POLITIQUE. Le nouvel Arzew a une population européenne de 1,029 individus, dont 543 Espagnols. Il y a aussi 133 Arabes et 5 gendarmes de garnison.

ENCEINTE. L'enceinte n'est qu'une simple

chemise, percée de deux portes : la porte de Mostaganem et celle d'Oran. Elle est attristée par l'abandon de nombreuses maisons. Le Pavillon des Officiers, la Direction du port, la maison des Finances, sont dignes de leurs affectations. Les places sont : la place d'Isly, Philippe et Clauzel.

BATIMENTS MILITAIRES. Une Caserne, qui peut loger 348 hommes, renferme aussi une Ambulance sédentaire, où les habitants civils sont admis. Des Magasins pour les Vivres, les Fourrages, le Campement, sont établis. Il y a un Cercle civil et militaire. Le fort *Lapointe,* qui protége le port, est la fortification la plus avancée au N. Un réverbère sidéral de Bordier-Marcet, élevé plus au N. encore, sur un petit ilot, porte à neuf milles et signale, la nuit, le mouillage d'Arzew.

ÉTABLISSEMENTS CIVILS. L'Église est une des plus jolies et des mieux entretenues de la province. Une Mairie, un Bureau de police, une école de garçons, une école de filles, une salle d'asile, tenue par les Sœurs Trinitaires, répondent aux besoins de ce petit endroit. Les eaux de la source dite Tsémamine située à 6 kilom. de la ville, y ont été amenées, aussi bien que celles qu'on a réunies dans le ravin de Muley Magoun. Quatre fontaines publiques les débitent et les déversent dans un lavoir et un abreuvoir. Une sorte de boulevard a été tracé et complanté en dehors du mur de la ville. Un Abattoir a été récemment construit. Les légumes et les fruits sont apportés tous les jours sur la place Clauzel, où se tient le marché. Tous les mercredis il en est un autre pour les bestiaux, les grains, le sel, les poissons salés, et le charbon de bois.

COMMERCE, INDUSTRIE. La culture des céréales est l'occupation principale des colons d'Arzew; toutefois, l'anis, le cumin et le tabac, réussissent bien dans leurs terres, où les arrosements se font par le moyen des norias. L'eau, qu'on trouve à 2 mètres de profondeur, est très-potable et très-saine, bien que saturée de sel. L'emploi de l'alpha pour nattes et couffins, la confection de briques, tuiles, carreaux de dallages, poteries, cruches dites *gargoulettes*, l'exploitation de fours à chaux, sont les industries du pays. Un hôtel dit *de la Régence*, prend en pension. Les cafés *Féraud*, *Dupuis*, *Duboscq*, et un café maure, sont ouverts aux consommateurs.

MOYENS DE TRANSPORT. On trouve, à volonté, des voitures de tout genre. Les diligences qui vont et viennent de Mostaganem à Oran, offrent des moyens faciles et agréables de locomotion.

NAVIGATION. Voir, pour les transports par mer, l'article préliminaire relatif à la *navigation*.

ENVIRONS. L'aspect extérieur du pays, à l'O., est celui d'un vaste plateau bien cultivé, mais dépourvu d'arbres, à cause du défaut de cours d'eaux. Toutefois, un seul colon a planté 1,200 figuiers, 3,000 amandiers, 600 arbres fruitiers de diverses espèces et a fait un semis de 50,000 caroubiers. Toutes ces essences sont de la plus belle venue. La ferme Vizede est parfaitement dirigée par son propriétaire.

A 14 kilom. au S. du port d'Arzew, on trouve les salines, dont l'étendue, qui va du N.-E. au S.-O., est d'environ 12 kilom. de longueur sur 6 de largeur. Le sel s'y cristallise par l'évaporation naturelle. La cristallisation commence par les bords de cette espèce de lac, au commencement de l'été. A la fin de juillet, elle est complète. Alors bêtes de somme et voitures peuvent circuler sur ce vaste miroir dont les reflets sont éblouissants, et qui fournit un sel d'une blancheur éclatante. Les couches ont 1 m. et 1 m. 50 d'épaisseur. La compagnie qui exploite ce produit, en a livré, en 1855, 2,700 tonnes, au prix de 20 fr. à la ville d'Oran, qui a tout absorbé.

La commune d'Arzew comprend trois annexes : 1° Damesme, 2° Saint-Leu, 3° Muley Magoun.

1° DAMESME, colonie constituée par décret du 11 février 1851, à 8 kilom. S.-E. d'Arzew, à 3 kilom. S. de la plage, sur un plateau fertile en céréales, où des travaux ont amené l'eau suffisante pour le lavoir, abreuvoir, rinçoir, etc. 214 arbres bordent les deux côtés de la rue principale. La population est de 136 habitants. Il y a 15 Arabes.

2° SAINT-LEU, situé sur le même plateau que Damesme, à 9 kilom. S.-E. d'Arzew, et à 4 kilom. S. de la plage. Ce village a été créé par ordonnance royale du 4 décembre 1846. On y cultive les céréales et on y élève avec succès la race porcine. L'eau que les colons ont amenée, est légèrement saumâtre. Ils ont aussi utilisé d'anciens conduits romains, qui abreuvaient un centre de population antique au lieu où 507 Arabes habitent encore, et qui est l'emplacement du vieil Arzew. Des silos gigantesques, de 15 mètres de haut sur 20 de large, des ruines de toute espèce, ont été trouvés en cet endroit. La ferme Girard, au lieu dit les *Trois puits*, a pris une certaine importance par ses constructions et ses cultures.

3° MULEY MAGOUN, petit hameau, créé en 1848, sur le bord du ravin qui porte ce nom, à 5 kilom. O. d'Arzew. Des puits ont été creusés pour les besoins des hommes et des cultures en céréales. La population, jointe à celle de Saint-Leu, est de 172 habitans.

III.

COMMUNE DE FLEURUS.

SITUATION. Fleurus est situé à 20 kilom. E. d'Oran, sur le revers oriental de la plaine de Télamine, où les cultures en céréales s'étendent au loin.

NOTE HISTORIQUE. Le village a été créé par ordonnance royale du 14 février 1848 pour 20 familles, et sur un territoire de 469 hectares, s'étendant des deux côtés de la route d'Oran à Mostaganem, au lieu dit *Assi el-Gir*. Il est resté dans la circonscription d'Oran jusqu'à ce que le décret impérial du 31 décembre 1856 l'ait érigé en commune.

IMPORTANCE POLITIQUE. La population est de 272 individus.

PHYSIONOMIE LOCALE. Les colons qui s'adonnent avec succès, à l'élève du bétail, ont mis un soin tout particulier à leur installation. Leurs 74 maisons sont remarquables de bonne tenue. La rue principale et la place sont plantées d'arbres. Une noria à manége, avec un lavoir et un abreuvoir, suffit aux besoins du village. L'eau ne s'y perd pas; il n'y en a pas non plus à perdre. Il y a une église et des écoles.

La commune de Fleurus a trois annexes : 1° Assi ben Okba, 2° Assi Ameur, 3° Assi bou Nif.

1° ASSI BEN OKBA, situé à 3 kilom. de Fleurus. Ce village, créé en 1848, sur le versant des collines qui terminent la plaine de Telamine, a une rue plantée d'arbres, un puits qui donne de bonne eau et suffit aux besoins avec quelques sources recueillies au ravin Darzeleff. Les habitants, qui sont au nombre de 194, s'occupent de cultures en céréales.

2° ASSI AMEUR, village créé en 1848, n'a que des céréales. Quelques mûriers bordent les rues et la place. Un puits à noria, à un kilom. du village, donne une eau saumâtre. Un puits artésien pourra donner de l'eau plus potable au milieu du village même. La population est de 193 habitants.

3° ASSI BOU NIF, village créé en 1848, dans un bassin fermé où les eaux, sans écoulement, sont absorbées; aussi les puits sont-ils abondants. Une noria à mains alimente un abreuvoir et un lavoir. — Les cultures sont étendues. On élève du bétail qui va paître dans les maquis ombrageant les hauteurs. On compte 186 habitants. Il y a une église. — Entre Assi ben Okba et Assi bou Nif, s'étend la ferme du baron Garbé.

IV.

COMMUNE DE MASCARA.

SITUATION. Mascara est située par 2° 22′ de longitude occidentale, et par 35° 36′ de latitude septentrionale, dans l'intérieur de l'Algérie, à 96 kilom. S.-E. d'Oran, à 71 kilom. S. de Mostaganem, à 164 kilom. E. de Tlemcen.

ASPECT EXTÉRIEUR. De quelque côté que le voyageur arrive à Mascara, cette ville lui présente l'aspect d'une imposante cité. Elle est assise au versant S. des collines qui ferment au N. la plaine d'Eghrès, sur deux mamelons séparés par un ravin où coule l'oued Toudman, que l'on passe sur trois ponts de pierre. Sa vaste enceinte crénelée, les élégants minarets de ses mosquées, la masse grandiose des édifices militaires, la beauté des vignobles et des jardins qu'on traverse, tout concourt à donner de cette ville une impression favorable.

NOTE HISTORIQUE. Mascara a été bâtie pour les Turcs, il y a environ cent cinquante ans, sur l'emplacement de Victoria, colonie romaine, par Mustapha Bouchelagram, bey de Mazouna, qui abandonna l'ancien Mascara, situé au lieu dit *El-Kourt*, à 4 kilom. plus au S.-O. L'étymologie de Mascara, soit qu'elle vienne de Omm Asker (*la Mère des soldats*), ou plus simplement de M'asker (*lieu où se rassemblent les soldats*), atteste une ancienne réputation guerrière qui est justifiée par tout ce que nous savons de son histoire. Le bey Mustapha Bouchelagram est celui qui, en l'année 1708, s'empara d'Oran, dont il sortit en 1732. Il mourut d'hydropisie à Mascara en 1737, et ses successeurs y séjournèrent près de soixante ans. Son fils, Joussef, y mourut de la peste, en 1738. Mustapha el-Hamar, son beau-frère, y régna dix ans, et mourut assassiné. Gaïd el-Dob, frère de ce dernier, homme généreux et magnifique, craignant l'envie du dey d'Alger, se sauva chez les Espagnols, en 1751. Mohammed el-Djami, son successeur, périt assassiné. Osman s'occupa pendant dix-neuf ans à détruire les Métals, et reprit en 1760, Tlemcen révolté. Hassan-Bey, craignant d'être victime d'intrigues de cour, se sauva en Orient. Ibrahim de Miliana, qui lui succéda, mourut en 1776, dans son lit, et Hadj Kellil, qui vint après, fut tué par un orage de pierres qui fondit sur sa tente, vers l'année 1779. Mohammed el-Kebir attaqua Oran durant trois ans, et n'y rentra que par suite d'une capitulation avec les Espagnol, en 1792. Les habitants de

Mascara, s'il faut en croire Sidi Hamed ben Youssef de Miliana, ne jouissaient pas alors d'une grande réputation de probité, puisqu'il dit, dans ses vers : « J'avais conduit des fripons prisonniers dans les murs de Mascara; ils se sont sauvés dans les maisons de cette ville. » Et, ailleurs : « Si tu rencontres quelqu'un gras, fier et sale, tu peux dire : c'est un habitant de Mascara. » Les Hachems cantonnés aux entours, n'avaient pas mieux été traités par lui : « Une pièce fausse est moins fausse qu'un homme des Hachems, » avait-il dit.

En 1830, les Koulouglis occupaient la ville et la rendirent par capitulation aux Kabyles, qui les attirèrent dans la plaine d'Eghrès, et les massacrèrent sur les rives de l'Oued Résibia.

C'est en 1806 que naquit, à seize kilomètres N.-O. de Mascara, dans un hameau nommé *la Guetna,* situé au quartier d'El-Hammam, où se trouvent des eaux thermales, le célèbre Abd el-Kader, fils du marabout Mahi ed-Din, de la tribu des Hachems, prétendant descendre des califes fatimites, et, par là même, du prophète Mahomet. Ce jeune Arabe ayant été reconnu émir des Croyants par ses compatriotes, et inauguré en cette qualité, le 28 septembre 1832, établit le siége de sa puissance dans la ville dont nous nous occupons. Par suite du traité de la Tafna, en date du 26 février 1834, un consul français fut admis dans cette place. Après la reprise des hostilités, le maréchal Clauzel et le duc d'Orléans s'ouvrirent glorieusement la route de Mascara, où ils entrèrent le 6 décembre 1835, et la trouvèrent déserte. Ils y séjournèrent jusqu'au 9, et l'évacuèrent en la livrant aux flammes et détruisant l'arsenal et les établissements militaires qu'Abd el-Kader y avait fondés. Mustapha ben Tamy y revint et y était khalifa pour l'émir en 1840. Le maréchal Bugeaud l'occupa définitivement le 30 mai 1841, et la ravitailla en août. Le général Lamoricière, le 30 novembre, y installa, en qualité de bey, Hadj Mustapha Oulid Osman.

IMPORTANCE POLITIQUE. Mascara, qui est le chef-lieu de la 2e subdivision militaire de la province d'Oran, est la résidence d'un Général de brigade, qui a sous ses ordres une garnison de 1,724 hommes. Un Commissaire civil règle les intérêts de la population européenne, qui est de

2,329 individus, dont 502 Espagnols et 109 Italiens; il y a 5,032 Arabes.

PHYSIONOMIE LOCALE. L'ancien Mascara, proprement dit, était d'une fort petite étendue. Placé sur la rive gauche de l'oued Sidi Toudman, qui coule du N. au S., elle ne renfermait guère que les établissements militaires du beylik, et les faubourgs qui l'entouraient occupaient un plus vaste espace que la ville elle-même. Sur la rive droite du ravin, était un quartier, l'Argoub Ismaël, qui a conservé son vieux nom arabe, et qui était complètement séparé de Mascara par un mur en pisé, avec tourelles. Les beys avaient là leur quartier de cavalerie. Aujourd'hui, un commun système de défense, consistant en un rempart crénelé et planté d'arbres, flanqué de huit bastions et de dix tours, embrassant 50 hectares de surface, de 3 kilom. de pourtour, lie ensemble ces deux points et a englobé un vaste faubourg qui s'étendait au S. de Mascara, et portait le nom d'Aïn-Beïda. Six portes sont percées dans cette enceinte : 1° celle d'Oran, 2° et 3° les deux portes du faubourg de Bab-Ali; 4° la porte de Mostaganem; 5° celle de Tiaret; 6° celle de Sidi-Mohamed.

Quatre grandes fontaines abreuvent la ville : la fontaine de la place Louis-Philippe, dont la coupe en marbre blanc vient des anciens beys; la fontaine dite Aïn-Beïda (la fontaine blanche), qui est la plus abondante de toutes et a donné son nom à un quartier; la fontaine de l'Argoub et celle de la place Clauzel. Elles sont alimentées par l'oued Sidi-Toudman, qui prend sa source au lieu dit Ras el-Aïn, à 3,000 mètres au N.-O. de Mascara, et à 2,000 mètres au-dessous, entre le faubourg de Bab-Ali et la ville, reçoit l'Aïn bent el-Soltan (fontaine de la fille du Sultan), qui vient du S.-E. Ces deux cours d'eau réunis coulent dans le ravin qui se creuse du N. au S., et sépare Mascara proprement dit, du quartier de l'Argoub-Ismaël; le vallon, large au départ, se rétrécit peu à peu. Un rocher taillé à pic forme, dans ce parcours, un versant d'où l'eau se précipite en cascade dans un précipice très-profond. Les rochers qui forment la rive gauche, sur laquelle Mascara est assise, disparaissent à l'endroit où le vallon s'évase de nouveau en approchant de la plaine. On passe l'oued Toudman sur trois ponts en maçonnerie, dont un maintient la circulation des habitants, et les deux autres sont éclusés pour régler les eaux, l'un à leur entrée dans la ville, l'autre à leur sortie, à environ 500 mètres des murs. Le ravin de l'oued Toudman, d'une longueur d'environ 200 mètres, qui était, au sein même de la ville, un foyer d'infection compromettant pour la salubrité, a été transformé en un jardin public, d'une étendue de 3 hectares et demi. Il y a trois rues françaises principales, qui sont les rues de Nemours, d'Orléans et Louis-Philippe. La place d'Armes, qui est le point habituel de promenade, est remarquable, non par sa régularité ni par les édifices qui l'entourent, mais par un mûrier séculaire d'une dimension considérable. Les autres places publiques, réservées dans les plans de la ville, ne sont encore qu'à l'état de projet.

ÉTABLISSEMENTS MILITAIRES. Parmi les vieux édifices, on peut citer : le Beylick, où se trouve l'horloge publique, c'est un édifice de construction espagnole ou italienne, et non arabe; les deux grands bâtiments servant encore d'Hôpital militaire, en attendant l'achèvement du nouveau, et la maison actuellement occupée par le service du Génie, sur la place d'Armes.

Les constructions militaires modernes sont : une fort belle Caserne d'infanterie, placée sur un point élevé de la ville, d'un fort bel aspect, ainsi que le Pavillon des Officiers, qui lui est contigu; un quartier de cavalerie de construction analogue, avec d'immenses cours et de belles écuries; le nouvel Hôpital militaire, en construction sur le point culminant de la ville, d'où l'on jouit d'une salubrité et d'un point de vue admirables, — cet édifice sera prochainement terminé; — le magasin à poudre, situé à l'Argoub. On doit aussi citer le Cercle des Officiers et surtout son jardin, créé en 1854.

ÉTABLISSEMENTS CIVILS. L'église affectée au culte catholique est une ancienne mosquée appropriée assez convenablement, et suffisante jusqu'à ce jour pour la population. La mosquée qui reste affectée au culte musulman touche à la place d'Armes; elle a un minaret d'un assez bel effet. Elle n'est pas plus au milieu des populations musulmanes que la précédente au milieu des populations chrétiennes. L'ancienne mosquée d'Aïn-Beïda, située au milieu des bâtiments militaires, où elle sert de magasin, conservera, dans l'avenir, un titre intéressant à la renommée : c'est là qu'Abd el-Kader prêchait de préférence à ses coreligionnaire. Jusqu'ici, le seul édifice civil qui soit digne d'être mentionné, c'est le Bureau arabe, de style mauresque très-élégant, construit en 1854 et en 1855, par le Service des Bâtiments civils, au quartier de l'Argoub.

Les Services publics administratifs sont tous, jusqu'à ce jour, installés dans des maisons particulières, prises en location. Un Comité de bienfaisance a été autorisé, le 31 juillet 1853. Une ligne télégraphique aérienne est établie depuis 1854. Des écoles publiques, une salle d'asile, sont ouvertes aux jeunes filles et aux garçons. Un abattoir est convenablement placé.

Un marché très-important de grains et de bestiaux, se tient tous les jours à l'Argoub et à la porte d'Oran. Il s'y fait un mouvement d'affaires très-considérable.

COMMERCE ET INDUSTRIE PARTICULIÈRE. La minoterie occupe cinq moulins, que met en mouvement l'oued Toudman. Le commerce s'exerce sur les vins et les huiles, aussi bien que sur les grains et les bestiaux. Dire qu'en 1856 Mascara a produit pour un million de valeur, rien qu'en vins, n'a rien d'exagéré, et ce chiffre est appelé à un notable accroissement.

MOYENS DE TRANSPORTS. Le service postal est quotidien entre Oran et Mascara, et réciproquement. Il se fait par des diligences de légère construction. Tous les jours, en outre, un second service de voitures suit le même parcours.

ROUTES. Les routes rayonnant de Mascara, sont :

1o Route carrossable de première classe d'Oran, par l'oued El-Hammam, le Sig, Tlélat; 2o route de traverse de Mostaganem, par St-Hyppolite, la redoute Perregaux, Aïn-Nouïssy; 3o route carrossable vers la même ville, par El-Bordj, Aïn Kebira, Assian Romri; 4o route carrossable de Tiaret, par Ternisin, Medjaref, Djilali ben Amar, où l'on rencontrait des voleurs; 5o route carrossable de Saïda, par Aïn Fekan, l'Ouisert, Dra er-Roumel.

Avant de parler des environs de Mascara, il ne faut pas oublier ses faubourgs. Celui de Bab Ali, occupant le fond d'un vallon, contient une population arabe assez considérable qui lui donne quelque importance. Il est situé à 100 mètres de Mascara, dont l'oued Toudman et l'Aïn bent Sultan, à leur jonction, le séparent entièrement.

Celui de Sidi Mohammed est composé de gourbis qui tombent chaque jour.

ENVIRONS. Les terrains qui entourent Mascara dans un rayon de 2 kilom. environ, sont soigneusement cultivés. Le sol est presque partout calcaire. M. Vessiot, sur les glacis mêmes de la place, a fondé en 1840 un bel établissement horticole, qui possède une collection d'arbres fruitiers fort remarquable. La partie O. des abords de Mascara est couverte de vignes, dont le produit est on ne peut plus abondant. M. Savelly, en 1855, a récolté plus de 150 hectolitres de vin, sur une étendue de 10 hectares. Une Pépinière est placée à 2 kilom. de Mascara, dans la plaine d'Eghris. Cette riche plaine est située au pied des coteaux où la ville est assise, et à moins de 1,000 mètres de son enceinte. MM. Olivi, Cabassot, Podencoig, Cady et Berlier, Neveu et Pierre Auguet, ont eu de grandes difficultés à vaincre pour s'y créer des exploitations agricoles assez importantes. Les céréales réussissent, mais la température est trop froide pour les cotons. La garance, les arachides, les plantes textiles s'y plaisent mieux. Mascara est située à 550 mètres d'altitude, le climat est très-sain. L'horizon est presque toujours pur et sans nuages. En hiver, le froid est beaucoup plus vif qu'à Oran, et les montagnes voisines se couvrent ordinairement de neige. En été, la température est très-élevée ; le vent du Sud (*Siroco*) arrivant du désert, y donne des journées de chaleurs très-fatigantes; mais en temps ordinaire, une légère brise, venant de la mer, se fait sentir vers trois heures après midi. En automne et au printemps, l'air est pur et propre à hâter le retour de la santé des convalescents. Les habitants de Mascara sont rarement atteints des maladies particulières au climat d'Afrique, et les fièvres intermittentes sont presque inconnues parmi eux. Les trois cours d'eau de l'oued Toudman, d'Aïn-Beïda, et de Ben Arrach, se réunissent sous les murs de Mascara, à 100 mètres au S. de la ville. Ils vont se déverser dans la plaine d'Eghris, fournissent aux besoins des irrigations, et vont se perdre dans les prairies domaniales, à 10 kilom. environ, au S.-E.

La commune de Mascara comprend deux annexes : 1° Saint-André, 2° Saint-Hyppolite.

1° SAINT-ANDRÉ. Ce village, commencé en 1847, à 1800 mètres S.-O. de Mascara, au lieu dit *Arcibia*, n'a été définitivement constitué que par décret du 22 janvier 1850, pour 50 familles, sur un territoire de 1602 hectares. Les premiers colons étaient des anciens militaires. Leur nombre s'élève aujourd'hui à 283. Les eaux du ravin d'Arcibia ont été amenées et alimentent la fontaine située au centre du village, et à leur sortie, sont réunies dans un vaste bassin, d'où elles vont arroser les jardins de ce canton fertile.

2° SAINT-HYPPOLITE, situé sur le petit plateau d'Aïn-Toudman, à 3,500 mètres au N. de Mascara. Il a été créé aux mêmes époques et dans les mêmes conditions que Saint-André, pour quatorze familles, sur un territoire de 225 hectares, au milieu des montagnes qui séparent la plaine d'Eghris de celle de l'Habra. La route de traverse qui conduit à Mostaganem, touche un des angles de ce village. Entre le ruisseau, qui abreuve les habitants, et une chaîne de mamelons à pente assez escarpée, se trouve une zône de terrains aplanis et arrosables, d'une largeur de 60 mètres, sur une grande longueur : c'est sur cet emplacement qu'on a distribué aux colons des jardins potagers, qui sont en plein rapport et plantés d'arbres de toute espèce. Le village présente un carré, dont les côtés ont 140 mètres. Il possède une belle place, ornée d'une plantation de mûriers. Chaque colon jouit, à côté de son habitation, d'une grande cour formée par des murs crénelés, d'une assez grande élévation, formant une enceinte presque continue. Un fossé et deux bastions complètent le système de défense. Des peupliers, plantés à 2 mètres des murs, leur forment tout autour une ceinture verte du plus gracieux effet. Cette position domine la plaine d'Eghris. La population est de 63 individus. La cascade de Sidi Dahô, à environ 4 kilomètres, est assez curieuse pour mériter l'attention des visiteurs.

V.

COMMUNE DE MISSERGHIN.

SITUATION. Misserghin est situé à 15 kilom. S.-O. d'Oran, sur la route de Tlemcen, sur le versant méridional d'une colline, au bord de la Sebka.

NOTE HISTORIQUE. Misserghin était le lieu de plaisance des beys d'Oran, qui y entretenaient autrefois un palais champêtre. Dès 1837, une colonie de spahis réguliers fut établie dans une redoute retranchée, auprès des ruines de cette habitation. L'arrêté du 23 novembre 1844, a créé à Misserghin un village de 104 feux, sur un territoire délimité à 1,044 hectares. Le décret du 31 décembre 1856 l'a érigé en commune.

IMPORTANCE POLITIQUE. La population est de 1277 habitants, dont 234 Espagnols. Il y a une brigade de gendarmerie.

PHYSIONOMIE LOCALE. Le vallon de Misserghin, formé par le voisinage du Djebel-Santo, ou mont Ramerah, est très-sain. Il est arrosé par un ruisseau qui prend sa source à 12 kil. N.-O., fait tourner six moulins, et rend fertile une plaine, où se trouve la Pépinière, d'une étendue de 16 hect. 28 ares 40 cent. Le 31 mars 1851, elle a été concédée, avec le domaine de Tailhanel (32 h. 42 a. 70 c.), les bâtiments et terrains affectés à l'ancien camp (6 h. 45 a. 50 c.), à l'abbé Abram. Cet abandon, en toute propriété, a été fait à condition que cet ecclésiastique élèverait un Orphelinat pour 200 sujets, qu'il entretiendrait pendant vingt ans, et exploiterait la Pépinière durant le même espace de temps. Sur ces concessions a aussi été établi un Refuge, connu sous le nom de Bon-Pasteur, principalement destiné aux filles et femmes repenties et aux filles dites à préserver.

Un Orphelinat de 80 jeunes filles est ouvert, sous la Direction des Dames Trinitaires, dans l'ancienne maison du général Montauban, acquise par l'Etat à cet effet. Les fleurs et les fruits des jardins de cette demeure méritent l'attention, aussi bien que les arbres de la pépinière de M. Cailler, et le vaste établissement de M. Bonfort, à Tlemsalmet. Il existe une fabrique d'alcool d'asphodèle.

La commune de Misserghin a pour annexe BOU-TLÉLIS. Ce village, à 30 kilom. d'Oran, qui compte 534 habitants, dont 24 Espagnols, fut remis à l'autorité civile par arrêté du 6 avril 1853. Il a été constitué définitivement pour 106 familles, sur un territoire de 1,054 hect. 80 cent., par décret du 4 juillet 1855.

VI.

COMMUNE DE SAINTE-BARBE-DU-TLÉLAT.

SITUATION. Sainte-Barbe est située à 28 kil. S. d'Oran, le long du cours d'eau nommé le Tlélat, à l'extrémité d'une grande et fertile plaine, à mi-chemin de la route du Sig, entre la forêt de Muley-Ismaël et l'extrémité orientale de la Sebka.

NOTE HISTORIQUE. L'ordonnance royale du 4 décembre 1840, a créé ce centre de population, dont M. Adam, capitaliste français, fut reconnu concessionnaire en 1847; il en a réparti une portion entre des colons et a fondé, sur le reste, un grand établissement agricole. Le décret du 31 décembre 1856 a érigé Sainte-Barbe-du-Tlélat en commune. Il y a une Eglise.

IMPORTANCE POLITIQUE. La population européenne est de 335 individus, dont 49 Espagnols et 29 Arabes. Il y a une brigade de gendarmerie.

PHYSIONOMIE LOCALE. Les travaux du Génie militaire ont amené le défrichement de la plaine du Tlélat, qui est de 8,000 hectares. Un barrage sur le cours d'eau a procuré l'irrigation des jardins.

SIDI BEN KAIR est l'annexe de Sainte-Barbe. On y tient un marché très-fréquenté par les Arabes.

VII.

COMMUNE DE SAINT-CLOUD.

SITUATION. Saint-Cloud est situé à 28 kil.

E. d'Oran, et à 16 kil. S. d'Arzew, sur la route qui relie ces deux villes au lieu nommé Goudiel. Il offre un trapèze, orienté par les angles aux quatre points cardinaux, entre Telamine et Joinville, au S., entre Arzew et Saint-Fernandez, au N.

NOTE HISTORIQUE. Saint-Cloud a été fondé par ordonnance royale du 4 décembre 1846. L'arrêté du 6 juillet 1850 l'a doté d'une Justice-de-Paix, qui comprend Sainte-Barbe dans son ressort. Le décret du 31 décembre 1856 l'a érigé en commune.

IMPORTANCE POLITIQUE. La population européenne est de 775 habitants, dont 113 Espagnols. Il y a encore 445 Arabes, et une brigade de gendarmerie.

PHYSIONOMIE LOCALE. Toutes les maisons sont construites d'après le même plan. Les rues sont complantées d'arbres de diverses essences et d'une belle venue, qui donnent un air de gaîté au village. La fontaine de la place est remarquable par l'abondance et la qualité de ses eaux et la belle végétation des saules qui l'entourent. Un abreuvoir et un lavoir sont alimentés par les eaux courantes.

ÉTABLISSEMENTS CIVILS. Il y a une petite église, fort jolie, et un temple protestant; une école de garçons et une autre pour les filles, dirigées par les Sœurs de la Providence. Une ambulance est bien établie.

INDUSTRIE PARTICULIÈRE. Saint-Cloud possède une salle de spectacle, de nombreuses guinguettes, des bals champêtres, des fêtes animées, et l'on comprendra que l'on ait pu dire de sa population qu'elle est à la fois la plus intelligente et la plus dansante du pays (J. DUVAL, *Manuel descriptif de l'Algérie)*. Le meilleur hôtel est la *Rotonde*, tenu avec le plus grand soin. La pension y coûte 90 fr. par mois. Il y a aussi un beau café dans cet établissement. Un moulin à vent et un moulin à manége, répondent aux besoins de Saint-Cloud et des localités environnantes.

ENVIRONS. Le territoire, d'une vaste étendue et d'une fertilité remarquable, est arrosé par un cours d'eau formé à l'aide de nombreuses saignées exécutées dans les montagnes, travail aussi pittoresque qu'utile et ingénieux. A côté des céréales se montrent de belles plantations, parmi lesquelles on distingue celle du mûrier. Le chanvre de France y prospère. Les colons tirent parti des broussailles qui les entourent pour faire du charbon. Une centaine d'ouvriers exploite le plomb argentifère de Tazout, à 4 kilom. N. de Saint-Cloud. Une source minérale a été découverte dans la montagne des Lions qui est dans le voisinage. — Le commerce s'exerce sur les bestiaux et les laines.

La commune de Saint-Cloud comprend quatre annexes : 1° Kléber, 2° Mefessour, 3° Sainte-Léonie, 4° Christel.

1° KLÉBER. Ce village, créé en 1848, au moyen d'émigrants parisiens, est situé à 29 kilom. d'Oran, dans une position aride, qui lui fit donner le surnom de *Colonie de la Soif*. Aujourd'hui, elle est abreuvée par une source amenée de 300 mètres du village, par des tuyaux en poterie, et qui donne 11,520 litres d'eau par 24 heures, qui sont débités par une fontaine, dans un lavoir et un abreuvoir. Il y a aussi un bon puits à 800 mètres du village. Les plantations publiques consistent en arbres plantés sur les bords des rues et des places. Des essais importants ont été entrepris sur la culture du lin et de la moutarde blanche. Les légumes y deviennent fort beaux. La population est de 212 habitans, dont 11 Espagnols. Il y a une église.

2° MEFESSOUR est assis au point où la route de Mostaganem vient joindre celle d'Oran à Arzew, au milieu d'un sol fertile arrosé par vingt-quatre puits et une noria. — La place principale et les grandes voies de communication y adhérentes, sont plantées d'arbres. Un abreuvoir circulaire, de 16 mètres de développement, a été construit autour d'un puits, et alimente un lavoir et un rinçoir. Les habitans, réunis depuis 1848, sont au nombre de 247. Le village est éloigné de 4 kilom. de Saint-Cloud.

3° SAINTE-LÉONIE, située à 31 kilom. d'Oran, et à 6 kilom. d'Arzew, sur la route de ces deux villes, au lieu dit *Muley Magoun*, a été créé par ordonnance du 4 décembre 1846, pour recevoir, sur 600 hectares, 40 familles prussiennes, amenées en Algérie, en 1845. Il y a une église. Il y existe de belles plantations, et l'eau y est en bonne abondance.

4° CHRISTEL, petit village maritime, à 21 kilom. N.-E. d'Oran, entouré de beaux jardins qui s'entrevoient de cette ville. Un poste de douaniers y a été établi pour surveiller la contrebande espagnole. MM. Veyret et Delbosso, concessionnaires de la localité, par ordonnance royale du 12 mars 1847, ont fait bâtir le village. Ils élèvent de nombreux troupeaux dans la ferme Guessiba, entre Arzew, Sainte-Léonie et Kléber. On exploite sur le territoire de Christel de beaux gisements de plâtre. La population européenne de cette localité, jointe à celle de Sainte-Léonie, présente un effectif de 251 individus, dont 132 Prussiens. Il y a une vingtaine d'Arabes.

VIII.

COMMUNE DE SAINT-DENIS-DU-SIG.

SITUATION. Saint-Denis est situé à 52 kil. S.-E. d'Oran, sur la route de Mascara, à peu près à mi-chemin de ces deux villes, sur la rive droite du Sig, traversant une vaste plaine de 28 kilom. de longueur, sur une largeur variable de 12 à 16 kilom. Un barrage établi à 3 kilom. du bourg, au point où le lit de la rivière, avant de déboucher dans la plaine, se trouve resserré entre deux masses de rochers, oppose aux flots grossis par l'hiver une large muraille en pierres de taille, de 9 mètres 20 cent. de hauteur, au-dessus du fond du lit de la rivière, sur 42 mètres 76 cent. de longueur. C'est le plus important ouvrage de ce genre, dans toute l'Algérie. Les eaux retenues et élevées, sont répandues à droite et à gauche par des canaux latéraux de 30 kilom. de développement. Des aqueducs, ménagés dans l'épaisseur de la maçonnerie, et garnis de vannes, permettent de vider le bassin d'amont. Par ce moyen, la plaine a été rendue à la culture, dont l'inondation la privait depuis longtemps. Aujourd'hui, le Sig ne détruit plus, il arrose 3,200 hectares de terre, en débitant 4 mètres 800 millimètres d'eau par minute, durant les plus grandes chaleurs.

NOTE HISTORIQUE. Les Turcs, à trois reprises, et à de longs intervalles, avaient construit des ouvrages dans le genre du barrage du Sig; leur rupture avait désolé la localité. L'arrêté du 20 juin 1845 créa, dans la vallée, non loin du pont du Sig, et à 4 kilom. du barrage, un centre de population pour 100 familles. Le voisinage de la concession provisoire, faite à la société civile dite l'*Union agricole d'Afrique*, attira une affluence de colons qui donna un grand relief à Saint-Denis. Un Commissariat civil y fut établi le 15 janvier 1855. La Commune y fut constituée par décret du 31 décembre 1857. Il y a une église.

IMPORTANCE POLITIQUE. Saint-Denis-du-Sig, résidence d'un Commissaire civil et d'un Juge-de-Paix, créé par décret du 5 décembre 1857, a une population européenne de 2,145 habitants, dont 1129 Espagnols, y compris les employés de la Société de l'*Union*. Il y a 130 Arabes, et une garnison de 59 hommes.

PHYSIONOMIE LOCALE. Le territoire, d'environ 8,000 hectares, presque partout irrigable, est entièrement cultivé. Depuis que la sécurité a permis de construire au dehors de l'enceinte, une multitude de constructions importantes a surgi dans les environs. Des jardins, peuplés de beaux arbres, entourent Saint-Denis et lui donnent un aspect remarquable et satisfaisant.

Le développement des cultures industrielles au Sig, a été considérable. Un moment, la population a été de 3,000 âmes. C'est à la suite de la magnifique récolte de coton de 1853. Mais elle a diminué depuis, parce que les récoltes suivantes n'ont pas répondu à ce brillant début.

Les terres du Sig sont susceptibles de produire, outre des céréales, des tabacs, cotons, garances d'excellente qualité ; malheureusement, par le fait des irrigations, elles sont incessamment envahies par le chiendent, qui y domine facilement toute autre culture.

On compte trois pépinières, celle du Génie, celle de M. Sévignon, celle de M. Capmas, au *Bois sacré*. Ce dernier, aussi bien que M. Ligney, a une ferme à cet endroit, que l'on visite avec intérêt. M. Gleizes en a une autre sur la route d'Oran. Nulle part les arbres ne poussent avec plus de vigueur, comme on peut en juger par les beaux peupliers et mûriers des plantations publiques et privées. Tous les dimanches 7 à 8,000 Arabes tiennent un important marché sous les murs de Saint-Denis, qui occupe le cœur de la province d'Oran, et se voit traversé sans cesse par les diligences, les roulages, les troupes, et tout ce qui peut ajouter par les chances commerciales aux avantages agricoles. L'une des grandes sources de richesse pour Saint-Denis, provient des chutes d'eau fournies par le canal du Sig; elles font tourner quatre moulins pour la minoterie, et mettent en mouvement les machines d'une grande usine à égréner le coton. Le débit moyen des eaux du Sig n'atteint pas un mètre cube par seconde, et reste bien au-dessous de ce qu'on avait assuré dans l'origine. Cette diminution du volume d'eau, paraît due en partie à la création de la ville de Sidi Bel-Abbès, en amont de la rivière,

La commune de Saint-Denis-du-Sig n'a qu'une seule

annexe, qui est la grande exploitation de la Compagnie d'actionnaires dite l'UNION AGRICOLE D'AFRIQUE, située à 5 kil., sur la rive droite du Sig. Une ordonnance du 8 novembre 1846 concéda à cette Société civile, moyennant de certaines conditions, qu'il fut impossible de remplir, une étendue de 3,059 hectares, dans le but d'y essayer, non pas un *phalanstère*, comme on s'est obstiné à le répéter, malgré les dénégations persistantes des chefs de l'entreprise, mais l'association du capital et du travail dans la propriété et dans les bénéfices. De grands défrichements furent opérés, de vastes bâtiments construits, une grande pépinière créée, un moulin à eau à deux tournants mis en action, une briqueterie et tuilerie établies, au moyen des apports de 400 actionnaires. Les directeurs de l'Union ont été successivement : les capitaines d'Artillerie Gautier, Garnier et Blondel; M. Jules Duval, — souvent cité dans le présent livre, pour des renseignements puisés dans son *Manuel descriptif de l'Algérie,* publié en 1855, — a rempli pendant trois ans les fonctions d'administrateur de la Société. Aujourd'hui, un titre définitif de concession attribue à l'Union une étendue de 1,792 hectares, qu'elle cultive avec le plus grand succès.

IX.

COMMUNE DE SAINT-LOUIS.

SITUATION. Saint-Louis est situé à 24 kil. E. d'Oran, sur le versant d'une colline qui le met à l'abri des vents du N. et de l'E., et domine une plaine qui s'étend au loin, n'étant séparé que par un mamelon du Lac-Salé d'Arzew.

NOTE HISTORIQUE. Saint-Louis, créé en 1848, a été, avant son annexion au territoire civil, le chef-lieu d'une direction de colonisation. Il a été constitué en commune par le décret du 31 décembre 1856.

IMPORTANCE POLITIQUE. La population est de 395 habitants.

ÉTABLISSEMENTS CIVILS. Eglise et puits

avec lavoir et abreuvoirs, dont un à plan incliné, dans la partie du village qui se rapproche de la plaine de Telamine.

AGRICULTURE. Les terrains sont légèrement salifiés, ainsi que les eaux; les défrichements sont pénibles. On élève des bestiaux et on cultive les céréales.

La commune de Saint-Louis n'a qu'une seule annexe, qui est **ASSI BEN FERREAH**, séparé de Saint-Louis par une distance de 2 kilom. Il a été créé en 1848. L'eau est de médiocre qualité, et la terre n'offre que des ressources bornées pour la culture. La population, composée de 178 habitants, va vendre ses broussailles à Oran, avec quelques céréales. Il y a par-là quelques arbres dans les rues et sur les places, deux puits, un abreuvoir et un lavoir.

X.

COMMUNE DE SIDI BEL-ABBÈS.

SITUATION. Sidi Bel-Abbès est situé à 82 k. S. d'Oran, sur l'emplacement d'un marais fréquenté par les chasseurs de bécassines, et où une redoute avait été construite dès 1843, pour dépôt d'approvisionnements, sur la route de Tlemcen à Mascara, dans la plaine que traverse la Mekera.

NOTE HISTORIQUE. La puissante tribu des Beni Amar abandonna le territoire en 1845, et, autour du poste français qu'on y établit, vinrent se grouper des industriels, qui ont donné quelque importance à ce centre. Il a été le théâtre de la tentative de quelques fanatiques, persuadés d'être invisibles, qui vinrent alors se jeter sur les bayonnettes de nos soldats, qu'ils croyaient venir désarmer sans péril, en plein jour, et en chantant leurs prières. Sidi Bel-Abbès fut reconnu officiellement par arrêté du 5 janvier 1849, comme ville de 2 à 3,000 habitants, chef-lieu de la 3e subdivision militaire d'Oran.

Sidi Bel-Abbès fut érigé en commune par décret du 31 décembre 1856, en même temps qu'un Commissariat civil et une Justice de Paix étaient constitués pour le district.

IMPORTANCE POLITIQUE. Sidi-Bel-Abbès est la résidence du Général de brigade commandant la Subdivision, ayant sous ses ordres 5,019 hommes de garnison. La population européenne est de 3,535 habitants, dont 1,172 Espagnols et 315 Allemands. Il y a 621 Arabes.

ASPECT EXTÉRIEUR. Sidi-Bel-Abbès est une ville entièrement européenne, qui semble perdue dans une forêt de verdure; ce sont les plantations qui ombragent les rues, les boulevards, les routes, le lit de la rivière, les jardins et les villas des habitants.

PHYSIONOMIE LOCALE. La ville, enfermée par un mur crénelé, bastionné, et défendue par un large fossé, s'ouvre par quatre portes, qui sont : celle d'Oran, de Daya, de Tlemcen, de Mascara. Elle est divisée en deux quartiers entièrement distincts ; le quartier militaire et le quartier civil.

ÉTABLISSEMENTS MILITAIRES. Le quartier militaire comprend tout un vaste système de beaux établissements, pour le Campement, le Génie, les Subsistances, qui ont des silos magnifiques pour conserver les grains ; l'Hôpital, non achevé, et pouvant déjà recevoir 500 malades, les Casernes d'infanterie, pour 1,200 hommes, et de cavalerie, pour 300 chevaux, le Cercle des Officiers.

ÉTABLISSEMENTS CIVILS. Le quartier civil est percé de larges rues, bien construites, se coupant à angles droits, et présentant une grande activité. Les plus belles places sont : celle du Quinconce, celle de l'Eglise, qui est en construction, celle dite du Marché, où les légumes, les fruits et les grains sont apportés chaque jour. Elles sont décorées de fontaines, dont les eaux parcourent toute la ville.

Sidi Bel-Abbès a un Télégraphe électrique, une Ecole communale, tenue par les Frères de la Doctrine chrétienne, et une autre sous la férule d'un laïc. Les Dames Trinitaires dirigent l'Ecole des jeunes filles et surveillent une Salle d'asile.

Un grand marché a lieu le jeudi, à la porte d'Oran. Les Arabes y amènent des chevaux, du bétail ; y apportent des laines, des tapis, du blé ; y achètent des farines, des cuirs, des briques.

INDUSTRIE PARTICULIÈRE. Le beau moulin à farine de MM. Jaclot et Vivès, est une usine d'une grande importance. Les meilleurs Hôtels sont ceux de *France*, de *Flandre*, de *Paris*, de *Bayonne*. La pension y coûte de 70 à 80 francs. Les Cafés sont ceux de *Paris*, d'*Hiver*, et celui de l'*Univers*, tenu par Savary, où l'on fait de la musique. M. Bazin, directeur du Théâtre, donne ses représentations le dimanche et le jeudi.

ENVIRONS. Aux pieds des murs de la ville, au S., est l'ancienne ferme de la Légion étrangère, qui est devenue une pépinière et un parc qui serait admiré en France. C'est une superbe promenade, qui est rivalisée, dans un genre moins apprêté, par les boulevards, l'avenue d'Oran, et les bords ombragés de la Mekera, qui parcourt la plaine dans sa plus grande longueur. 5,000 mètres de canaux d'irrigation répartissent la richesse de ses ondes. Le sous-sol donne aussi une eau d'une excellente qualité, à quelques mètres de profondeur.

La santé publique, pendant longtemps compromise par l'ancien séjour des détritus paludéens, s'est complètement améliorée à la faveur du dessèchement du foyer d'infection. Les broussailles environnantes, naguère le repaire des sangliers, des chacals, des hyènes et du lion luimême, ont fait place à des jardinages estimés, dont les Espagnols retirent de grands profits. Ils élèvent aussi des porcs de petite race qui réussissent à merveille.

Le territoire de la banlieue de Sidi Bel-Abbès a une étendue de 16,000 hectares; on y compte trente fermes isolées.

Le Tessala est un sommet de 1,000 mètres d'altitude, appartenant à la grande chaîne qui sépare la subdivision de Sidi Bel-Abbès du littoral oranais. Une brume épaisse le recouvre pendant une grande partie de l'année. C'est le baromètre du pays : « Quand le Tessala met son » bonnet de nuit, Sidi Bel-Abbès se réjouit ; il » pleuvra, » disent les Indigènes.

ROUTES. Les routes qui aboutissent à Sidi Bel-Abbès, sont : 1° venant du N.-E., la route d'Oran ; 2° de l'E., la route de Mascara ; 3° de l'E.-S., la route de Daya ; 4° du S. et du S.-O., deux routes partant de Tlemcen.

La Commune de Sidi Bel-Abbès compte quatre annexes : 1° Sidi-Brahim, 2° Frenda, 3° Sidi Lahsen, 4° Le Rocher.

1° **SIDI BRAHIM**, fondé en 1851, sur la route d'Oran, et sur une hauteur dominant une plaine couverte de magnifiques moissons. D'anciens barrages arabes régularisent le parcours des eaux. MM. Lacretelle, Didier et Bleuzé, ont de bonnes fermes dans ce centre. La population est de 110 habitants, dont 47 Espagnols.

2° **FRENDA**, ancienne petite ville arabe, où l'on confectionnait des djellels (couvertures de cheval), et où les Arabes avaient élevé quelques fortifications que les Français ont occupées à leur tour et réparées à leur manière. C'est une localité malsaine, que les miasmes du Sarno, cours d'eau saumâtre et insuffisant pour la culture, rendent dangereuse. Toutefois, les terres y sont assez fertiles pour que 204 habitants, dont 98 Espagnols, soient venus s'y fixer, dans 95 maisons. Il existe un Caravansérail, entre Frenda et Mascara.

3° **SIDI LAHSEN**. Ce centre, peuplé d'émigrants allemands, est dans une situation saine, près de la Mekera, et sur la route de Tlemcen. Le puits qui l'alimente est profond, et les eaux en sont insuffisantes pour l'arrosage. Le décret du 18 novembre 1857 lui a donné une existence légale, en formant de son importance une section de la commune de Sidi Bel-Abbès. La population est de 428 habitants, dont 162 Espagnols et 113 Allemands. Il y a une église.

4° **LE ROCHER** n'a que 7 maisons, dont une en construction, et 48 habitants, dont 19 Espagnols.

XI.

COMMUNE DE SIDI CHAMI.

SITUATION. Sidi Chami est situé à 13 kil. S.-E. d'Oran.

NOTE HISTORIQUE. Ce village a été créé par ordonnance royale du 16 décembre 1845, sur un territoire de 886 hectares 48 ares 24 cent. Le décret du 31 décembre 1856, l'a érigé en commune.

IMPORTANCE POLITIQUE. La population est de 546 individus, dont 79 Espagnols et 26 colons originaires du grand duché de Bade, qui sont venus former un petit hameau de 12 feux annexé à Sidi Chami.

PHYSIONOMIE LOCALE. Le fossé d'enceinte, devenu inutile en l'état de sécurité qui règne autour de Sidi Chami, a été comblé, et il est devenu un charmant boulevard, où les arbres prospèrent aussi bien que dans les rues de la ville. Il y a une église, un puits public et un abreuvoir, fournissant suffisamment aux besoins des hommes et des animaux. De nombreuses norias, construites par les particuliers, arrosent les plantations importantes qui ornent chaque propriété. On trouve l'eau à très-peu de profondeur.

INDUSTRIE PARTICULIÈRE. Le territoire est de bonne qualité. La culture des céréales se fait sur une grande échelle. Un moulin à farine débite l'exploitation considérable de la commune.

Le coton, le tabac et les mûriers sont cultivés avec soin. La garance semble devoir s'étendre sur une vaste superficie. Le bétail est une source de prospérité assurée pour les éleveurs.

La principale ferme est celle de Sidi Marouf, mise en rapport par M. Calmels. M. Billard Feurier possède 22 hectares de vignes avec tous les appareils vinaires. M. Gros cultive les fleurs de spéculation.

ENVIRONS. Saint-Rémy est une agglomération de petites propriétés où des cultivateurs aisés font réussir la vigne, les céréales, et entretiennent de petits troupeaux.

La Commune de Sidi Chami comprend trois annexes : 1o Arcole, 2o Assi el-Biod, 3o L'Étoile.

1o ARCOLE, village créé par ordonnance du 14 février 1848, à 5 kilom. d'Oran, sur l'ancienne route qui conduit de cette ville à Arzew et à Mostaganem. Il y a une église. L'insuffisance des eaux force les habitants à se borner au soin des céréales. L'abreuvoir, le lavoir, le puits que l'Administration ménage aux habitants de tous les centres de population, sont aidés dans leur service par ce qu'on peut obtenir des norias que plusieurs particuliers ont fait organiser. M. Daudrieu possède une ferme sur ce territoire. Il y aussi une poterie pour les usages champêtres. Quelques arbres se montrent. On a découvert dans le voisinage, un filet d'eau douce.

2o ASSI EL-BIOD, et

3o L'ÉTOILE, sont deux hameaux de six à huit feux, où l'on remarque quelques exploitations bien dirigées. On y voit des vignes et des mûriers. La population européenne de ces trois centres est de 140 individus, dont 76 Espagnols. Il y a 33 Arabes.

XII.

COMMUNE DE TLEMCEN (1).

SITUATION. Tlemcen est situé par 3° 70' de longitude occidentale, et par 34° 95' de latitude septentrionale, dans l'intérieur de l'Algérie, à 118 kilom. S.-O. d'Oran, à 64 kilom. S.-E. de Nemours, à 48 kilom. E. de Lalla-Maghrnia, à 36 kilom. N. de Sebdou, à 66 kilom. S.-O. de Sidi Bel-Abbès, à 52 kilom. S.-S.-E. de Rachgoun, son port naturel.

ASPECT EXTÉRIEUR. Tlemcen, au-dessus d'une plaine onduleuse, est agréablement situé sur un petit plateau de 820 m. 50 c. d'altitude, au pied du Lalla-Sety, croupe rocheuse qui le domine au S. et provient du Djebel Terny. La Pépinière, le Bois de Boulogne, et une forêt d'oliviers forment une magnifique ceinture autour de lui. Le thermomètre n'a jamais dépassé 37° centigrade, par les forts vents du désert; la température est de 28 à 29° en été, et de 6 à 7° au-dessus de 0 en hiver. La neige tombe peu de jours et ne séjourne que sur les plateaux environnants.

NOTE HISTORIQUE. Les Magraoua, branche de la tribu

---

(1) C'est à la complaisance de M. Des Aceux, imprimeur à Tlemcen, que sont dus les renseignements récents d'après lesquels cet article a été rédigé.

des Zenètes, passent, parmi les Arabes, pour être les premiers fondateurs de cette ville, qui s'agrandit aux dépens de l'antique Siga (*Civitas Succitanorum*), capitale de la Mauritanie, située à 4 kilomètres au N., et délaissée dès l'époque où cette région fut occupée par les Romains. M. Mac Carthy retrouve dans le point dont nous nous occupons, l'antique *Pomaria*, nom qui lui fut donné à cause des pommiers dont il était entouré. Pomaria était florissante au IIe siècle. A la faveur des Vandales, auxquels ils payèrent un tribut, les Zenètes reprirent l'autorité dans la ville (430), qu'ils nommaient Djidda. Après les premières fureurs de l'invasion musulmane, les Abd el-Oueds, chefs de la nation Zenète, redescendirent des montagnes et fondèrent à Djidda une royauté qui dura plus de 300 ans, jusqu'au jour où Youssef ben Tachfin, fondateur de la puissance des Almoravides, eut fixé aux contingents de son vaste empire, cette ville pour *rendez-vous*; ce que le mot Tlemcen signifie en langue chellah, ainsi que le dit le colonel Walsin Esterhazy. Les Almoravides et les Almohades de Maroc y maintinrent leur puissance, en y laissant toujours pour gouverneur un prince de la grande famille des Zenètes. Yagh Morhassan, un d'entr'eux, se déclara enfin indépendant, et fut le chef de la dynastie des Zianites, presque toujours en guerre avec les empereurs du Maroc et de Fez, et les rois de Bougie et de Tunis. Ces derniers princes déposèrent, prirent, chassèrent, mirent à mort quelques-uns des rois de Tlemcen, et, par l'envie que les richesses fabuleuses de cette capitale excitaient en eux, causèrent de grands ravages dans le pays. Un sultan de Fez, de la race des Merynites, Youcef ibn Yacoub al-Mançour, était venu, en 1302, attaquer Tlemcen, et resta plus de sept ans devant ses remparts. Il éleva à 2,200 mètres à l'O., une ville dont il ne reste plus que l'enceinte carrée, désignée sous le nom de Mansourah, rectangle de 900 mètres sur 700 mètres, formé d'une muraille en pisé de 7 à 8 mètres de haut, et 2 mètres d'épaisseur, couronnée de créneaux et défendue par des tours carrées, distribuées de 30 mètres en 30 mètres. Quatre portes se correspondent sur les quatres faces. Un minaret hardi, dont il ne reste que la moitié, sur toute la hauteur, s'élève à l'intérieur, sur un ressaut de terrain, vers l'angle N.-O. Ce minaret est une des ruines les plus curieuses et les plus extraordinaires que l'on puisse rencontrer. Les fouilles ont fait trouver de jolies sculptures sur marbre translucide, et des inscriptions qui ornent le jardin de la Mairie de Tlemcen. C'est dans le vaste enclos du Mansourah que le village de ce nom a été construit.

Les Merynites devenus maîtres de Tlemcen, par l'assassinat et la trahison, la gouvernèrent durant 40 ans, et la perdirent en 1348. Une suite de princes fratricides y régnèrent, à partir de cette époque.

Le royaume de Tlemcen se composait des villes de Nedroma, Djidjeli, Mers el-Kebir, Oran, Arzew, Mazagran, Mostaganem; ses trésors étaient cachés dans une caverne voisine des salines d'Arzew, en un lieu nommé Djira. Léon l'Africain vante l'opulence des rois de ce pays, dont le palais était dans la citadelle nommée le *Méchouar*. Il ne reste rien de cette splendeur qui s'éclipsa entièrement en 1516, lorsque Baba Haroudj (*Barberousse*) fut appelé par les habitants, inquiétés des querelles de la famille royale intéressant les Espagnols à ses dissensions domestiques. Le pirate délivra Bou Zian du cachot où son oncle Bou Amou le retenait. Mais voyant la nullité de ce personnage, il voulut exploiter, dans un intérêt personnel, les efforts de valeur et d'intrigue que sa délivrance lui avait coûtés. Bou Zian et ses sept fils furent pendus par son ordre, au moyen de la toile de leurs turbans, aux piliers de la galerie du Méchouar. Tous les membres de cette malheureuse famille lui furent amenés et jetés par son ordre, dans un étang où, dit Marmol, *il les fit noyer, prenant plaisir à leurs postures et à leurs grimaces*. Cette exécution atroce irrita les habitants contre les Turcs, et leur fit regretter les princes dont les crimes non moins révoltants avaient amené la chute. Le gouverneur d'Oran, sollicité par eux, envoya Martin d'Argote à Tlemcen, où il fut reçu par les Maures. Barberousse, retiré dans le Méchouar, ne put s'y maintenir, faute de vivres, et s'enfuit la nuit, par un passage souterrain. Mais, poursuivi par les Espagnols, il sema vainement ses trésors par la route pour arrêter leur course, et périt courageusement sur les bords du Rio Salado (l'oued Maleh). Bou Amrou, replacé sur le trône, se reconnut tributaire des Castillans. Son successeur refusa toute redevance. A sa mort, Khaïr-ed-din-Barberousse fit reconnaître pour roi, Hamed, son fils puîné, au détriment d'Abdallah, que Charles-Quint fit installer par le comte d'Alcaudete (1544), gouverneur d'Oran, à la suite de deux expéditions, coûteuses à l'Espagne et onéreuses aux Tlemcéniens. Ces derniers chassèrent Abdallah, accueillirent Hamed et les Turcs; mais ne tardant pas à se dégoûter de ces étrangers, ils invoquèrent les Espagnols, qui obligèrent les Turcs à évacuer la place. Hamed resta roi, Hassan, son frère, succéda sous les auspices des Turcs d'Alger. Ce prince voulut se rendre indépendant de cette tutelle; environné d'intrigues, il se sauva à Oran, où il mourut de la peste. Son fils fut baptisé sous le nom de Carlos, et Tlemcen resta au pouvoir des Turcs, malgré les efforts des chérifs de Fez (1560). 110 ans après, les habitants prirent parti pour eux contre le bey Hassan (1670), qui les vainquit et détruisit la ville presqu'entièrement, ayant reçu ordre d'Alger d'en finir avec ce foyer d'insurrection qu'il ne parvint pourtant point à éteindre tout-à-fait.

En décembre 1830, l'empereur de Maroc pensa que le moment était venu de faire valoir ses anciennes prétentions sur cette cité, et s'en empara. Les Koulouglis s'étaient retirés dans le Méchouar, et s'y maintinrent pour les Turcs d'abord, et pour les Français ensuite, lorsqu'une solde leur eût été assurée au titre de la France. Les Marocains évacuèrent la ville lorsqu'Abd el-Kader, vainqueur de la coalition des tribus, après le traité de février 1834, se présenta dans ses murs. Le maréchal Clauzel, après l'expédition de Mascara, se porta sur Tlemcen, pour en ravitailler la citadelle. Il y entra le 12 janvier 1836, nomma un bey, en conséquence de l'arrêté déjà pris le 8 décembre 1835, et préleva sur les habitants de la ville, par un autre arrêté du 28 février, un emprunt forcé de 150,000 fr., qui ouvrit la porte à bien des désordres, et ne rapporta que 94,000 fr. Le capitaine Cavaignac fut laissé dans cette citadelle avec un bataillon qui prit le nom de *Bataillon de Tlemcen*, et eut à souffrir les plus grandes privations. Le général Bugeaud ravitailla ce point en juillet 1836. Le traité de la Tafna, du 20 mai suivant, l'ayant cédé à Abd el-Kader, il fut évacué le 12 juillet 1837. L'émir le posséda quatre ans et en fit sa capitale. Le 30 janvier 1842, à la suite des événements de la guerre renouvelée, Tlemcen fut occupé de nouveau et n'a pas cessé de nous être soumis.

IMPORTANCE POLITIQUE. Tlemcen est le chef-lieu de la cinquième subdivision militaire de la province d'Oran. C'est la résidence d'un Général de brigade, ayant sous ses ordres une garnison de 2,712 hommes, d'un Commissaire civil, d'un Juge-de-Paix, avec pouvoir étendu, assisté de trois Juges suppléants. La population européenne est de 2,885 habitants, dont 409 Espagnols et 58 Allemands. Les Arabes sont au nombre de 14,490.

ENCEINTE. Tlemcen avait autrefois sept enceintes dont on voit encore de nombreux débris qui disparaîtront bientôt. Aujourd'hui elle n'a plus qu'un rempart solidement construit en pierres, qui a 4 kilom. de tour, embrassant une superficie de 70 hectares. Ce mur est percé de cinq portes monumentales : la porte de Fez, à l'O. — des Carrières, à l'O. encore, — la porte du Sud, — la porte Boumedin à l'E., — et la porte d'Oran, à double voie.

Le Mechouar, si célèbre dans l'histoire est aujourd'hui la citadelle. Il est situé au S. de la ville, qu'il touche mais ne domine pas. C'est un rectangle d'environ 200 mètres sur 180, dont les longues faces sont parallèles à la montagne et dirigées de l'E. à l'O. Le mur en pisé, à larges créneaux, élevé de 12 à 15 mètres, est percé de deux portes et armé de canons de petit calibre. Deux tours rondes accouplées, font face au N. vers la ville. Dans l'intérieur se trouvent l'Hôpital militaire, qui a 320 lits, une Caserne d'infanterie contenant le Génie, l'Artillerie; la Sous-Intendance, la Manutention, la Prison, le Campement, la Poudrière. Voilà tout ce qui reste de la splendeur du palais des rois du Moghreb (occident), tant exaltée par les écrivains du moyen-âge.

PHYSIONOMIE LOCALE. La ville, à première vue, a un aspect assez triste. La plupart des maisons des Indigènes sont en ruines; on dirait une ville qui vient de subir un bombardement. Les plus beaux quartiers appartiennent aux Juifs, qui construisent peu ou construisent mal. Le nouveau rempart vient d'enfermer dans la ville 26 hectares de jardins qui feront un quartier neuf et sans doute presque exclusivement européen. Les belles rues sont : les rues Napoléon, Clauzel, la rue Neuve, de l'Abattoir, de Mascara. L'éclairage est resplendissant. Les belles maisons sont l'hôtel *de France*, la brasserie Flokner. Les places d'Armes, des Victoires, Saint-Michel, Napoléon, Bugeaud, Kesaria où se tient tous les jours le marché aux laines, sont les espaces que l'ouverture de la ville a ménagés dans son sein. Il y a d'autres marchés dans l'intérieur des murs : celui du Fondouck, celui des Ghossels tenu tous les vendredis. A l'extérieur, est le marché quotidien de Bafrata. Les huiles, dont le commerce fait la principale richesse du pays, les blés, les légumes, les fruits — pommes des montagnes du Trara, amandes, pêches, cerises, figues excellentes, y sont apportés. Les bois de fusils et de pistolets, les selles, les pantoufles de maroquin, les ouvrages de laines et tapis, sont aussi les objets du négoce. L'industrie a une filature de laine, plusieurs tanneries, trois usines à huile et 25 moulins à farine, mus par l'oued Kissa, venant du S.-O., et l'oued Kallah, du S.-E., et tous deux émanant de la croupe rocheuse du Lalla-Sety. Ces deux cours d'eau parcourent les pentes du Mansourah, et tombent dans le ravin voisin des ruines du vieux fort Biskerik, auprès de la ville.

ÉTABLISSEMENTS MILITAIRES. Le Général commandant la subdivision habite une belle maison. Celle du khalifa, et le Pavillon des Officiers sont aussi des édifices convenables pour leur destination. De nombreuses casernes logent les militaires des différentes armes ; la grande caserne, au centre du Mechouar, loge un régiment tout entier. La caserne du Beylik est affectée à la cavalerie ; les quartiers de Gourmela, de Kesaria, sont encore des locaux recommandables par leur commodité et leur étendue.

Les officiers ont un Cercle qu'ils se sont exclusivement consacré, et y conservent une bonne bibliothèque. Le magasin de l'Habra contient les orges, aussi bien que les silos de Sidi Brahim. Le magasin Hamet est pour la manutention, et celui de M'dersa pour les vivres de campagne. Les autres entrepôts militaires sont au Mechouar. Un Télégraphe aérien est en mouvement.

ÉTABLISSEMENTS CIVILS. Le culte catholique occupe, pour ses cérémonies, une église et une chapelle ; il y a un temple protestant. Les Musulmans ont conservé la grande mosquée, la mosquée de Sidi Brahim, celle de Sidi Daoudi, et 27 chapelles où sont les restes de saints personnages. Les Juifs ont cinq synagogues. L'hôtel de la Poste et la Mairie qui a une bibliothèque, et dans le jardin de laquelle est une sorte de Musée d'antiquités, sont des espèces de petits monuments. Sur la place Saint-Michel, on voit une fontaine architecturale ombragée de beaux arbres. Dix-neuf autres fontaines publiques abreuvent largement Tlemcen, qui a encore six abreuvoirs et deux lavoirs, avec un grand bassin que remplissent les eaux de l'oued Kissa et de l'oued Kallah. Des rigoles pavées font courir l'eau dans les rues. Des égoûts importants ont été réparés et construits. Les écoles communales sont tenues par les Frères de la Doctrine chrétienne et les Dames Trinitaires. Il y aussi une école arabe fréquentée par 41 jeunes indigènes dont 20 adultes, et une classe pour les Israélites. Le Cercle tlemcénien, réunion d'habitants appartenant à l'ordre civil, possède une bibliothèque importante. L'institution d'un Bureau de bienfaisance a été confirmée par arrêté du 31 juillet 1853. L'esplanade du Méchouar, ombragée par quatre rangées d'arbres de la plus belle venue, le Bois de Boulogne, en dehors de l'enceinte, sont de fort belles promenades. Le Grand Bassin est aussi un point de réunion fort fréquenté.

INDUSTRIE PARTICULIÈRE. Les logements sont rares et chers. L'hôtel de *France* reçoit en pension pour 70 fr. par mois. De nombreux Cafés s'ouvrent aux amateurs : les Cafés du *Commerce*, de l'*Esplanade*, des *Victoires*, de l'*Union*, le *Café Guès* et le *Café National*. MM. Fritz Flockner et Ayme, tiennent chacun une bonne brasserie.

MOYENS DE TRANSPORTS. Diligences pour Oran, voitures de louage, mulets pour les excursions.

ROUTES. Six routes s'épanouissent en éventail : 1° celle de Rachgoun, au N.-O.; 2° celle d'Aïn-Temouchen, aboutissant à Oran, au N.; 3° celle de Sidi Bel-Abbès, au N.-E.; 4° une autre vers le même point, partant dans la direction de l'E.; 5° la route de Si-Brahim, à l'E.-S., et 6° celle de Sebdou, qui serpente dans le S.

ENVIRONS. Le paysage offre les sites les plus variés, où l'abondance des eaux vient apporter la fécondité et le mouvement de la vie. Six belles cascades amènent du S. et de la belle vallée de Mafrouck, les eaux du Saf-Saf, qui tombent dans une profondeur de 300 pieds, et, de là, s'écoulent dans le vallon du Lorzot; elles sont portées dans le ravin d'El-Kallah, où deux petits ponts de pierre les traversent. Sous le nom de Sikah, elles se réunissent enfin à l'Isser, après 5 lieues de parcours.

Le jardinage occupe 300 colons, qui habitent des maisons isolées, autour de la ville. Les Indigènes cultivent avec succès une variété de tabac qui, triturée par eux, est estimée par les priseurs.

La colonisation libre prend peu d'extension,

parce qu'elle se trouve enfermée dans un cercle formé par les propriétés que cultivent les Indigènes. Les exploitations isolées les plus remarquables sont celles de : M. Guimbelot, entourée d'une vaste ruine en forme de fossé d'enceinte, servant de parc à de superbes cochons; — de M. Desaitre, jardinier de la Pépinière du Gouvernement, dont les produits sont aussi beaux que ceux de l'Anjou et de la Touraine; — la pépinière de M. Gérard, la ferme Lassalle et la ferme Imbert, attenante à une usine à huile et à farine, très-importante.

La Commune de Tlemcen comprend six annexes : 1° Sidi Boumedin, 2° Bréa, 3° Hennaya, 4° Mansourah, 5° Négrier, 6° le Saf-Saf.

1° Le hameau de SIDI BOUMEDIN, à 2,400 mètres S.-E. de la ville, sur le versant N. du mont Terny, est tout composé de maisons mauresques, qui tombent en ruines, et entourent une mosquée, remarquable par son architecture et sa conservation, où le tombeau du saint personnage, donnant son nom à la localité, est conservé avec soin; il y a là un ancien collége arabe. A l'E. de la ville, une autre mosquée, pareillement entourée de décombres, renferme les restes de Sidi Daoudi. Un portique ogival, près du minaret, mérite l'attention de l'archéologue.

2° BRÉA, ancienne ferme fondée par le Gouvernement, en 1844, à 4 kil. N.-O. de Tlemcen, à 671 m. d'altitude, entre le ravin d'Aïn el-Kab et la route de Nemours, fut entourée d'un mur de clôture, flanqué de tours; on la dota d'une pépinière, de fontaine, de lavoir et d'abreuvoir, au moyen d'une conduite d'eau de 600 mètres. Cette ferme fut concédée au capitaine Safrané, qui continue à y fabriquer des huiles. Les cultures dominantes sont celles des céréales et des pommes de terre, recueillies par 177 habitants, dont 30 Espagnols, qui ont formé, en 1848, le village, dont la constitution légale remonte au 11 janvier 1849, pour

50 familles, sur un territoire de 630 hectares. Il y a une église.

3° HENNAYA, centre de population, créé en 1851, à 11 k. N.-O. de Tlemcen, sur la route de Lalla-Maghrnia, de Nemours, de Rachgoun, au débouché principal de la vallée de la Tafna, vers Tlemcen, occupe une plaine oblongue, d'une superficie de 60 à 70 kilom., qui est plus basse (444 m.), que la plaine de Tlemcen, dont elle est séparée par un pâté de petites éminences. On y voit un grand nombre d'oliviers arrosés par deux petits cours d'eau, qui viennent alimenter une fontaine, un abreuvoir, un lavoir, et remplir un bassin dans l'intérieur même du village. Il y a une église. Les habitants sont au nombre de 230 habitants, dont 30 Espagnols, 21 Italiens et 25 Allemands.

4° MANSOURAH est un centre de population de 128 habitants, dont 24 Espagnols et 13 Italiens, établi à 3 kil. O. de Tlemcen, dans une partie de l'enclos dont nous avons déjà parlé en traçant la note historique du chef-lieu de la commune. Les eaux, amenées par une conduite de 1,400 mètres de longueur, sont réparties, par une fontaine, dans un lavoir, un abreuvoir, arrosent les jardins et les vergers, et désaltèrent de nombreux individus de la race porcine.

5° NÉGRIER, fondé en 1840, à 5 kilom. N.-E. de Tlemcen, à cheval sur la route de cette ville à Aïn Temouchen, au lieu dit Benzarve, près du pont du Saf-Saf, sur un territoire de 580 hectares. Le village est entouré d'un fossé de défense. Il ne manque pas de moyens d'arrosage de toute espèce. Les habitudes de la population, qui est de 125 habitants, dont 25 Espagnols, sont plutôt tournées vers le commerce que vers l'agriculture. Les plantations publiques, qui bordent la route de Négrier sur une longueur de 6,500 mètres, sont en très-bon état. C'est sur la route de Tlemcen à ce village, à mi-chemin environ, non loin de la ferme Martinols et d'un bois d'oliviers, que, le 12 septembre 1856, à 5 heures du matin, la diligence d'Oran fut arrêtée, et que Si Mohammed ben Abdallah, agha des Beni Snous, son khodja et un négociant français, furent assassinés par un groupe d'hommes revêtus de costumes arabes. La Cour d'Oran a statué sur cette affaire, le 25 août 1857. La clémence impériale s'est étendue sur les coupables.

6° Le SAF-SAF, centre créé par décret du 6 mai 1850, à 4 kilom. S.-E. de Tlemcen d'une élévation de 589 m. Sa population, formée d'anciens militaires et d'anciens colons, présente un effectif de 70 habitants, dont 16 Espagnols. La culture des céréales et l'entretien des oliviers, sont la principale ressource du village, pourvu de tous les moyens d'arrosage convenablement aménagés. Il y a un four banal.

Au-dessus du mamelon sur lequel est assis le village du Saf-Saf, à 9 kilom. de Tlemcen, s'étend l'exploitation créée en 1850 par le commandant Bernard.

Dans les entours de Tlemcen, on rencontre encore quelques villages arabes, dont les trois plus importants sont : *Ouzidou,* à 7 kil. N.-E. ; *Aïn el-Hout,* à 6 kil. N., et *Aïn el-Adjar,* à 8 kil. N.-O. Il y a des eaux chaudes au voisinage, dites Hammam Bougrara.

Tels sont les environs de Tlemcen, dont l'admirable position, — dominant les cours de l'Isser et de la Tafna, à 12 lieues de la frontière du Maroc, à égale distance de la mer et du désert, qu'elle découvre pleinement à 2 lieues, au S., — lui a fait donner le nom de Bab el-Ghrarb (porte du Couchant).

XIII.

COMMUNE DE VALMY (LE FIGUIER).

SITUATION. Valmy est situé à 14 kil. E. d'Oran, sur la route de Mascara.

NOTE HISTORIQUE. Un énorme figuier, que l'on voit encore sur le bord de la route d'Oran, donna longtemps son nom à la localité, qui le porte encore, bien qu'elle soit officiellement dénommé autrement. A cet endroit, un camp, qui est aujourd'hui abandonné, fut assis et occupé comme avant-poste. C'est dans cette place d'armes que le général Trézel, le 16 juin 1835, conclut, avec les chefs des tribus des Douairs et des Smélas, un traité qui rattacha définitivement les goums à la cause française. Le village fut légalement créé par ordonnance royale du 14 février 1848 pour 50 feux sur 500 hectares. Le décret du 31 décembre 1856, l'a érigé en commune.

IMPORTANCE POLITIQUE. La population

de Valmy est de 407 individus, dont 41 Espagnols et 11 Italiens.

ÉTABLISSEMENTS CIVILS. Il existe à Valmy une belle église, une école mixte. Au milieu du village est un bassin d'irrigation, contenant 96 mètres cubes d'eau, alimenté par une noria à manége, un puits avec abreuvoir à auges doubles, et un lavoir. Les plantations de la place et des rues sont en bon état.

AGRICULTURE. Les céréales et les cultures industrielles se développent jusqu'aux abords de la Sebka, dont les terrains salans ne servent que de parcours aux nombreux troupeaux de chameaux que les Indigènes y font paître. Des fermes importantes y sont distribuées sur l'étendue de la commune. Les principales sont celles de MM. Peyre et Durand, Coyral, Ricard.

La seule annexe de Valmy est MANGIN, village créé en 1848, à 15 kilom. S.-E. d'Oran, sur la route du Sig, par le plateau. Le terrain est de bonne qualité, propre aux cultures des céréales ; la pénurie des eaux ne permettrait guère d'autre espoir de profit. Les primes pour défrichements, accordées par l'Administration, ont rendu force et vigueur aux habitants, dont un certain nombre s'était découragé, et avait abandonné les concessions. Des familles plus fortes et plus laborieuses ont été installées à leur place. La population est aujourd'hui de 182 habitants, dont 9 Italiens, dans 45 maisons.

ARRONDISSEMENT DE MOSTAGANEM.

L'arrondissement de Mostaganem comprend cinq communes : I° MOSTAGANEM ; II° ABOUKIR ; III° AÏN TEDLÈS ; IV° PÉLISSIER ; V° RIVOLI.

I.

COMMUNE DE MOSTAGANEM.

SITUATION. Mostaganem est situé par 2° 15' de longitude occidentale, et par 35° 95' de latitude N., sur la côte septentrionale de l'Afrique, à 7 lieues marines E. d'Arzew, et 20 d'Oran, dans la même direction.

MOUILLAGE. On mouille vis-à-vis l'ouverture du ravin, sur lequel la ville est assise, à la distance d'environ un mille ; on trouve alors 14 et 15 brasses, fond de vase ; on ne saurait y rester avec les vents d'O. et de N.-O. Dans la belle saison, on peut mouiller provisoirement sur tous les points de cette côte; le fond est bon, il n'y a aucun danger. La partie du S. du mouillage est terminée par une pointe aiguë, qui s'avance vers le N.-O., et qu'on appelle pointe de Mazagran, du nom d'une petite ville située à peu de distance vers le S.-S.-E., sur des collines, comme Mostaganem.

NOTE HISTORIQUE. Mostaganem était, dans l'antiquité, une aggrégation de villages nommés *Caltadia*, dont on trouve les traces, moins dans les ruines qui couvrent les entours de la ville actuelle, que dans leur emplacement sur les flancs d'un ravin que parcourt, en serpentant, l'oued Safra.

Léon l'Africain dit que ces divers hameaux furent fondés par les Allemands, ce qu'il faudrait entendre d'une restauration de ces centres de population par les Vandales. Youssouf ben Taschefyn, l'Almoravide, bâtit, au milieu de la ville, le château que nous appelons le fort des Cigognes.

Les rois de Tlemcen régnèrent longtemps à Mostaganem, et y entretinrent une grande prospérité. Lorsqu'ils commencèrent à déchoir, le pays s'en ressentit. Sidi Hamed ben Youssouf, de Milianah, voulant peindre l'esprit des habitants, uniquement attentifs aux jouissances grossières, a dit qu'ils se hâtaient de relever les talons de leurs pantoufles pour courir plus vite après un bon morceau.

Khaireddin Barberousse s'empara de Mostaganem en 1516; il en agrandit l'enceinte et la fortifia. Matamore, espèce de faubourg, de l'autre côté du ravin, sur la rive droite de l'oued Safra, fut entouré d'un mur, et bientôt 20,000 habitants jouirent, sur ce point, de tout le bien-être qu'amène un grand mouvement commercial. Les Maures, fugitifs d'Espagne, vinrent y tenter de larges exploitations agricoles et transplanter, dans ces vallées fertiles, la culture du coton.

En 1558, le vieux comte d'Alcaudète parut devant Mostaganem; mais Hassan Pacha, fils de Barberousse, l'obligea à lever le siége.

L'incurie des chefs turcs et, plus que toute autre cause funeste, la présence des milices qui entourèrent longtemps les beys de Mazouna, réfugiés dans la ville, contribuèrent à écarter les habitants paisibles et laborieux de ce centre industriel, véritablement favorisé de la nature. En 1792, le bey ayant repris possession d'Oran évacué par les Espagnols, les habitants de Mostaganem furent transplantés dans cette capitale, pour la repeupler, au détriment de leur ville natale.

En 1830, le commandement de Mostaganem ayant été donné au kaïd Ibrahim, les tribus environnantes refusèrent de reconnaître son autorité, pillèrent les récoltes et détruisirent les maisons de plaisance qui ornaient les abords de la ville. Les combats acharnés que les Turcs livrèrent aux Arabes, finirent par amener l'émigration totale de tous les Maures.

En 1832, Kaïd-Ibrahim, tenant la ville avec les Coulouglis, accepta une solde de la France, à la condition de nous conserver ce poste. Le 28 juillet 1833, le général Desmichels vint, avec la frégate la *Victoire*, et 1,400 hommes, occuper Matamore, et ramena les Coulouglis à Oran. Mais à peine était-il parti, qu'Abd el-Kader assiégea la place, et y maintint une espèce de blocus. Par suite du traité du 26 février 1834, un consul de cet Arabe, reconnu émir, fut agréé pour résider dans la ville, qui fut conservée à la France par le traité de la Tafna. L'arrêté du 8 décembre 1835, y institua un bey; celui du 8 mai 1841, en y créant un commissaire civil, en fit un chef-lieu de district, et l'arrêté du 9 août de la même année, créa au bey un entourage de khalifas, d'aghas, de hakems et de kaïds. La délimitation du territoire fut fixée par l'arrêté du 18 juillet 1845.

IMPORTANCE POLITIQUE. Mostaganem est le chef-lieu de la troisième subdivision militaire de la province d'Oran, résidence d'un Général de brigade qui commande à une garnison de 1,479 hommes. C'est aussi une sous-préfecture. Une Justice-de-Paix fonctionne depuis longtemps. Un Tribunal de première instance a été établi le 6 février 1856. La population européenne est de 4,251 habitants, dont 1,899 Espagnols, et 121 Italiens. Il y a 4,311 Arabes.

ASPECT EXTÉRIEUR. Mostaganem est bâti

à 1 kilom. de la mer, sur une colline élevée de 85 mètres, que contourne l'oued Safra qui, venant de l'E., lave les pieds du coteau du S. au N., tourne au S.-E., enveloppant ainsi la ville, et fléchissant mollement au N.-O., se décharge à la mer dans le golfe d'Arzew. Mostaganem est entouré d'une enceinte crénelée, qui va jusqu'à la crête du mont où il est assis. Le fort des Cigognes, situé du côté de la plus petite partie de la ville, est aperçu de loin à cause de la blancheur de ses murailles et de leur configuration. Une belle caserne se montre aussi avec avantage. De la mer, on voit la grande place dont le périmètre carré est bordé d'arbres et encadré de belles constructions à arcades. De l'autre côté de l'oued Safra, rive droite, sur un coteau, à l'E. de Mostaganem, s'étend le quartier de Matamore qui domine toute la ville et se trouve dominé lui-même par le fort de l'Est. C'est là que se trouvent tous les bâtiments militaires. Une route longe, de l'O. au S.-O., Matamore, dont elle sort, descend dans le ravin où tournent neuf moulins, passe le cours d'eau, et remonte le monticule de Mostaganem. Il y a cinq portes à la ville, qui sont la porte de Matamore, des Medjers, de la Marine, de Mascara, et d'Arzew.

PHYSIONOMIE LOCALE. La ville, d'un aspect riant, a conservé son caractère mauresque dans la partie basse. La grande rue Napoléon, toute bordée de maisons à arcades, qui se prolonge jusqu'à la porte de la Marine, — la rue de Tlemcen, de Matamore et du Faubourg, sont les voies de communication les plus remarquables. Les places sont : la place du Sig, du Premier de Ligne, des Cigognes, et la place de la Halle, où toutes les maisons bâties uniformément, ont des arcades et des galeries. Le marché se tient tous les jours sur la place du Sig et à la Poissonnerie.

Le commerce a pour objet les bestiaux, les laines, le coton, le tabac, les grains. La minoterie David et Cosman, ainsi que celle de M. Rossi, constituent des usines importantes. Il y a aussi quelques tanneries et de nombreuses briquetteries et fours à chaux, aux abords de la ville.

ÉTABLISSEMENTS MILITAIRES. Outre la Grande-Caserne dont nous avons parlé, il y a encore un Camp occupé par la cavalerie et le train des équipages. Les Turcos sont réunis dans une ancienne mosquée. Les différents corps en garnison dans la ville y ont des magasins pour leur matériel. Un vaste Hôpital, à Matamore, contient 1,000 lits. Il existe un Cercle militaire qui conserve une petite bibliothèque. Un Télégraphe électrique communique avec Oran.

ÉTABLISSEMENTS CIVILS. L'église catholique est bâtie en saillie sur la place de la Halle, qu'elle dépare. Un oratoire du culte protestant a été ouvert par arrêté du 9 septembre 1856. Les Musulmans ont une mosquée, à laquelle ils sont très-assidus. Une synagogue est en construction dans la rue Napoléon. Les Sœurs Trinitaires élèvent 500 jeunes filles, et tiennent une salle d'asile. Les jeunes personnes israélites ont aussi une école. Un établissement communal réunit encore, en deux classes, les enfants chrétiens et juifs. Une Société de secours mutuels existe depuis peu. L'institution d'un Bureau de Bienfaisance a été approuvée dès le 31 juillet 1853. La Mairie, sur la place de la Halle, est un beau bâtiment. On poursuit l'achèvement du local où le Tribunal tiendra son siége. La Halle aux grains, près de la porte de Mascara, la Halle aux poissons, le Caravansérail des Arabes, favorisent le commerce. Un ancien aqueduc apporte l'eau, qui est débitée par des bornes-fontaines, et alimente la fontaine Bourjoly au faubourg Tigditt, qui a encore un autre monument de la même utilité. Le ravin qui traverse la ville, séparant Matamore, quartier militaire de Mostaganem proprement dit, offre la promenade la plus agréable, après la belle place déjà décrite plus haut. Un Cercle civil, et une Loge maçonnique, sous le titre distinctif des *Trinosophes africains*, réunit les affiliés à ces genres de récréation.

INDUSTRIE PARTICULIÈRE. Pendant quatre mois de l'année, les dimanches, mardis et jeudis, s'ouvre une jolie salle de spectacle, trop petite au gré des nombreux amateurs, qui ont une société philharmonique. Elle est construite dans des conditions défavorables pour l'opéra, seul genre de spectacle qui ait chance de réussir. Du reste, Mostaganem est la ville de l'Algérie où l'on s'amuse le plus, dit M. Duval dans son *Tableau de l'Algérie*. Parmi les nombreux cafés, il faut citer ceux *de Paris*, *du Commerce*, *de la Bourse*. Les meilleurs restaurants sont ceux des *Pyrénées*, *de France*, *de la Régence*, *Amat*, *Gaudérique*, où l'on prend en pension. Des voitures de place sont à la discrétion des promeneurs. A des heures fixes, des diligences se dirigent sur Oran, en passant à Mazagran, à Stidia, à Arzew.

BANLIEUE DE MOSTAGANEM. Trois faubourgs se développent auprès de la ville: *Tigditt*, occupé spécialement par les Indigènes, qui cultivent des légumes et les fruits, *Régmout* et *la Marine*, dont la population se compose en grande partie de jardiniers génois et espagnols, de chevriers maltais, et de pêcheurs de toutes les nations. Un petit hameau existe aussi à la pointe dite de la *Salamandre*. Il est exclusivement peuplé de pêcheurs; à 1 kilom. de la ville, du côté du S., entre Mostaganem et Mazagran, est située la Pépinière publique, de 10 hectares. Le plus bel établissement à visiter, est le Haras, peuplé de chevaux, de juments et d'élèves, qui exercent sur la régénération de la race chevaline du pays, la plus précieuse influence. Autour des bâtiments s'étendent de beaux jardins. Le nombre des exploitations isolées s'élève à plus de 220, occupant une superficie totale de 3,317 hectares. De nombreuses vignes, et plus de 70,000 figuiers, donnent des fruits renommés. La campagne a la réputation d'être la plus fertile de toute l'Algérie, dans un rayon de 4 kilom. autour de Mostaganem. Le relevé des observations météorologiques pendant 1856, porte la moyenne de la chaleur, en juillet, à 29o3, et du froid, en décembre, à 7o9 au-dessus de zéro.

ROUTES. Sept routes rayonnent de Mostaganem :

1o et 2o Au N. celles de Karouba et de Tounin ; 3o Au N.-E. celle d'Orléansville, passant par Pélissier ; 4o A l'E.-S. celle de Bel-Assel ; 5o Plus au S. encore, celle d'Aboukir ; 6o Au S.-O. celle d'Aïn Noussy ; et 7o La route d'Arzew, qui contourne le golfe dans la direction de l'O.

NAVIGATION. Voir, pour les transports par voie de mer, l'article préliminaire relatif à la *navigation*.

La Commune de Mostaganem comprend trois annexes : 1o Karouba, 2o Mazagran, 3o Ouréa.

1o KAROUBA. Ce village a été créé, en 1848, à 4 kilom. E. de Mostaganem, en face de la mer. Le territoire sablonneux est plutôt propre au seigle qu'au froment. Quelques puits suffisent aux habitants, qui sont au nombre de 28. Un abreuvoir a été établi. Le service forestier a fait des semis pour reboiser les dunes.

2o MAZAGRAN, village construit à 5 kilom. S.-O. de Mostaganem, sur le plateau qui domine à l'E. la Vallée des Jardins et celle du Nadour, — à l'O. la mer, dont il n'est éloigné que d'un kilom., — occupe l'emplacement d'une ville antique, relevée par les anciens Arabes, sur le versant occidental d'une colline très-raide. Le plateau est livré aux céréales; le flanc et le bas de la colline sont couverts de beaux jardins et de vergers. La redoute, qui domine la plaine, la mer, et le centre de population, forme le sommet du triangle incliné que figure l'ensemble des constructions.

Après la mort du comte d'Alcaudète (1558), Hassan Pacha, fils de Barberousse, s'empara de Mazagran. En 1833, une garnison française y ayant été établie, les habitants abandonnèrent leurs maisons. Abd el-Kader signala la rupture du traité de la Tafna, par l'attaque de ce point, le 13 décembre 1839. Du 2 au 7 janvier 1840, Mustapha ben Tamy, kalifa de l'émir à Mascara, attaqua le réduit, où 123 soldats du 1er bataillon d'infanterie légère d'Afrique, sous les ordres du capitaine Lelièvre, tenaient garnison, et livra quatre assauts à la tête de 12,000 Arabes soutenus de deux pièces d'artillerie. Le mur d'enceinte de Mazagran a été relevé et réparé. Une colonne monumentale, ouvrage de M. Latour, s'élève sur le fort, théâtre de la défense. L'ordonnance royale du 18 janvier 1840 y a créé, sur un territoire de 1,310 hectares 25 ares, un centre de population qui présente aujourd'hui un effectif de 500 individus, dont la plus grande partie est composée de bons laboureurs des bords du Rhin et des montagnes de l'Ariége. Il y a parmi eux 72 Espagnols. Les Arabes sont au nombre de 347.

La situation de ce village civil est charmante et dans des conditions avantageuses ; on l'a surnommé *le Diamant de la Province*. Une très-jolie église avec horloge, une fort belle école pour les deux sexes, fréquentée par les adultes durant les longues soirées d'hiver, sont les bâtiments communaux de la localité. Une fontaine est construite sur la place du village, le lavoir et l'abreuvoir sont pleins d'une eau savoureuse et limpide. Les eaux abondantes qui sillonnent les jardins, y sont amenées par des conduits partant de nombreux bassins. Un grand nombre de puits et des norias viennent encore augmenter les ressources d'irrigation de ce centre. La vigne fait de rapides progrès. De nombreuses plantations de mûriers réjouissent la vue. On visite avec intérêt les cultures et le nombreux bétail de MM. Combes et Clausel. Un moulin à vent fonctionne pour la minoterie. C'est entre ce point et Mostaganem, et le long de la route d'Arzew, que s'étend, du côté de la mer, le vaste hippodrome de forme ovale, théâtre des courses qui ont lieu depuis le 11 nov. 1847. Les chevaux en ont parcouru le tour en une minute quarante-cinq secondes (terme moyen).

3° OURÉA, hameau sur la route d'Oran à Mostaganem, à 6 kilom. de ce point; a été fondé en 1850, et régulièrement constitué par décret impérial du 22 avril 1853, pour 15 familles, sur un territoire de 190 hectares, principalement propre aux céréales. On y rencontre aussi de vastes champs de vignes et de nombreux carrés affectés aux cultures maraîchères et légumineuses. Les troupeaux trouvent dans les petits vallons formés par les dunes, et sur la montagne qui s'élève à l'E., une pâture très-appétissante. La situation d'Ouréa, resserrée entre la mer et des collines escarpées et rocheuses, s'oppose à l'extension de la laborieuse population, présentant un effectif de 45 individus. Deux sources fournissant, par une conduite, le débit d'une fontaine et un abreuvoir, suffisent aux besoins de l'endroit.

II.

COMMUNE D'ABOUKIR.

SITUATION. Aboukir est situé à 12 kil. S.-O. de Mostaganem, et à 79 kil. d'Oran, dans le voisinage de la plaine de l'Habra, sur la route de Mostaganem à Mascara.

NOTE HISTORIQUE. Ce centre, créé en 1848, pour des colons parisiens, a été définitivement constitué par décret du 11 février 1851, au lieu dit *Mezara* et les *Trois-Marabouts*. Le décret du 31 décembre 1856 l'a érigé en commune.

IMPORTANCE POLITIQUE. La population est de 213 individus, dont 4 Allemands.

AGRICULTURE ET INDUSTRIE. Les eaux sont abondantes et d'un aménagement facile. Deux fontaines, un lavoir, de vastes abreuvoirs, des bassins, des canaux, un ruisseau qui traverse le village en toute saison, assurent les irrigations. Le territoire est de bonne qualité, quoique couvert de palmiers-nains. La culture des céréales occupe presque tous les bras des colons; la vigne y vient très-bien. Une plantation de cette essence, située sur le revers d'un coteau incliné vers le S., se fait remarquer par la richesse de sa végétation. M. Sohn a fait une belle plantation de mûriers. Les cultures légumineuses rendent d'excellents produits. Les petits pois sont cultivés par hectares, et il s'en écoule des cargaisons par Mostaganem. Le commerce du bétail est favorisé par les excellents fourrages de la plaine de l'Habra. On élève aussi beaucoup de volaille à Aboukir, qui a la renommée bien méritée pour les canards. Un habitant expédie avec avantage des tortues à Paris, en Belgique, en Angleterre. La piquette, confectionnée avec des figues douces, dont le pays abonde, de l'orge, des caroubes, des figues de Barbarie, présente une boisson économique, qui est devenue populaire dans le pays. Il y a une église.

Une curiosité des environs est une belle grotte, pleine de stalactites.

La commune d'Aboukir se compose de deux annexes : 1° Aïn Si-Chérif, 2° Bled Touaria.

1° AIN SI-CHÉRIF, créé en 1849, à 18 kilom. de Mostaganem, sur la route de cette ville à Aboukir, au pied d'une montagne, reçoit les eaux qui viennent d'une gorge et se joignent à celles d'une source, qui donne son nom à la localité, pour arroser les terres, spécialement affectées aux céréales. Cet endroit a un abreuvoir et un lavoir. La population est de 100 habitants, qui s'escriment contre les palmiers-nains, dont le sol est envahi. Le décret du

4 juillet 1855, a définitivement constitué ce centre pour 36 familles, sur 1,204 hect. 93 ares 25 cent.

2° BLED TOUARIA, créé à la même époque qu'Aïn Si-Chérif, et constitué, par le même décret, pour 80 familles, sur 1,425 hect. 87 ares 60 c., est situé à 10 kil. de Mostaganem. Trois bons puits remplissent un abreuvoir et un lavoir. Les colons, venus de la Lorraine et de l'Alsace, cultivent les céréales et les pommes de terre, qui sont chez eux d'une qualité excellente. Ils ont le monopole de la vente des fagots et du charbon de bois, aux entours. Leur sol, vigoureusement disputé par eux aux palmiers-nains, est riche en carrières à plâtre, en albâtre, en pierres de taille, en terre plastique. Un colon fournit de poterie tous les villages environnants. La population est de 330 habitants, dont 116 Allemands. Il y a une église.

III.

COMMUNE D'AIN TEDLÈS.

SITUATION. Aïn Tedlès est situé à 20 kilom. E. de Mostaganem, sur un plateau qui descend en pente douce vers la vallée du Chélif, et se compose d'un sol qui renferme des qualités très-distinctes. Sur le plateau, les terres calcaires sont unies à une proportion variable d'argile; sur le coteau et dans la vallée, elles sont argileuses, et, partout d'une fertilité remarquable. Au bord du fleuve, elles se couvrent de prairies sur une largeur de 1,000 mètres.

NOTE HISTORIQUE. Cette colonie agricole a été fondée en 1848, sur la route d'Orléansville. Le décret du 31 décembre 1856 l'a constituée en commune.

IMPORTANCE POLITIQUE. Les habitants sont au nombre de 400.

PHYSIONOMIE LOCALE. Le village est bâti et entretenu avec plus de luxe que les centres de population du même degré. Les rues sont larges et bordées de trottoirs. Des arbres les décorent. Une jolie pépinière est créée dans un ravin, où des puits nombreux ont été creusés. Un puits, au milieu de la place, une fontaine, un abreuvoir, un lavoir couvert, à la porte du village, suffisent abondamment à tous les besoins. Il y a une église.

INDUSTRIE PARTICULIÈRE. Les colons d'Aïn Tedlès cultivent les céréales, la vigne; font des conserves de figues, spéculent sur les foins; font de bonnes affaires avec les Arabes, qui fréquentent un marché où la circulation du numéraire est importante.

La Commune d'Aïn Tedlès comprend deux annexes : 1° le Pont-du-Chélif; 2° Sourk el-Mitou.

1° Le PONT-DU-CHÉLIF est une colonie agricole fondée en 1849, remise en 1852 à l'administration civile, et constituée définitivement, par le décret du 4 juillet 1855, à 29 kil. E. de Mostaganem, pour 59 familles, sur un territoire de 1,889 hect. 50 ares 40 cent., que traverse le fleuve. Les Turcs avaient bâti en cet endroit, qu'on croit être l'antique *Quiza Municipium*, un pont de 70 mètres de longueur, au moyen du travail de 4,000 Espagnols captifs. Les Français l'ont réparé pour 405,110 fr., dont les tribus voisines ont payé le quart, par des dons volontaires. Le village, sur la rive droite du Chélif, est composé de 54 maisons, qui avaient été construites pour des transportés politiques, en 1852, et ont été concédées à d'anciens habitants de l'Algérie et à des familles laborieuses du Midi. 195 individus, dont 16 Espagnols, forment la population. La culture des céréales, l'élevage du bétail, sont leurs ressources fructueuses. Un puits, à fond de gravier, sur le bord du Chélif, est un vaste filtre où les eaux du fleuve arrivent dépouillées des matières qui nuisent à leur bonne qualité, pour les usages domestiques. La route de Mostaganem au Pont-du-Chélif, passe par Aïn Tedlès.

2° SOURK EL-MITOU, colonie agricole de 1848, située à 24 kilom. de Mostaganem, sur les collines qui se terminent en face du Chélif, vers lequel on descend par un ravin, qui est un des sites les plus remarquables de la contrée. Les ruines d'un fort antique témoignent de l'importance, toujours appréciée, de ce poste fréquenté encore par les Arabes, qui s'y donnent rendez-vous à un opulent marché. Les colons parisiens, qui sont venus s'y installer, y forment une population de 240 individus, dans 70 maisons, et cultivent les céréales et toutes les plantes industrielles. Les arbres fruitiers donnent des produits d'un volume et d'une saveur remarquables. Les abricots, et surtout les pêches, ont une délicatesse justement renommée. Les fleurs, même, sont l'objet de lucratives spéculations.

Les sources alimentent une fontaine, un lavoir, un abreuvoir, et mettent en mouvement un moulin à deux tournants, établi sur le versant du Chélif, à très-peu de distance du village. Il y a une église. La route de Sourk el-Mitou à Mostaganem traverse Aïn Tedlès, Tounin et Pélissier.

IV.

COMMUNE DE PÉLISSIER.

SITUATION. Pélissier est situé à 4 kilom. E. de Mostaganem, sur la route de ce point à Orléansville, à l'extrémité E. de la Vallée des Jardins, vis-à-vis de Rivoli.

NOTE HISTORIQUE. Ce centre, créé en 1846, pour être peuplé de soldats de l'armée d'Afrique libérés du service militaire, avait été nommé *Les Libérés*. Cette pensée n'a pas été réalisée, et la population n'ayant été formée que de colons sortis de la classe civile, ces derniers ont demandé le changement d'une dénomination bizarre, qui avait l'inconvénient de présenter un sens équivoque. Dans le rapport précédant le décret impérial du 31 décembre 1856, qui a érigé en commune la localité dont nous nous occupons, M. le Ministre de la guerre dit à l'Empereur : « Votre Majesté approuvera sans doute ma proposition de faire droit à la juste réclamation des habitants, en conférant à la commune dont il s'agit, un nom illustre dans les fastes militaires et civils de l'Algérie, et particulièrement cher à la province d'Oran. »

IMPORTANCE POLITIQUE. Pélissier a une population de 230 habitants, dont 57 Espagnols.

ÉTABLISSEMENTS CIVILS. Un puits public, pourvu de tout son matériel, avec abreuvoir en pierres de taille, donne l'eau nécessaire aux habitants et aux bestiaux.

ASPECT DU PAYS. Le territoire, composé d'un sol rouge et sablonneux, est particulièrement propre à l'arboriculture. Les céréales et toutes les cultures industrielles y réussissent très-bien. On compte 250 hectares plantés en vigne, ainsi que 15,000 figuiers et 11,000 mûriers. Un colon a établi une nopalerie.

La Commune de Pélissier embrasse trois annexes : 1° Tounin, 2° Aïn Bou Dinar, 3° La Vallée des Jardins.

1° TOUNIN, colonie agricole de 1848, située à 4 kilom. de Pélissier, et à 9 kilom. de Mostaganem, pour une population composée en grande partie d'artisans des villes qui se sont façonnés aux travaux des champs. La vigne y réussit très-bien. Les céréales se font remarquer par un rendement exceptionnel. De jolies plantations publiques embellissent le village, qui possède fontaine, abreuvoir, lavoir, et des puits nombreux. Là est une station télégraphique. Une briqueterie livre ses nombreux produits. Un colon a établi un Tivoli qui est une curiosité de l'endroit. La population est de 100 habitants qui ont une église.

2° AIN BOU DINAR fait remonter sa fondation à 1849. Son peuplement n'a commencé qu'en 1851. Le décret du

4 juillet 1855, a constitué définitivement Aïn bou Dinar pour 47 familles sur un territoire de 1,381 hectares 62 ares 80 centiares, à 12 kilom. de Mostaganem.

3° LA VALLÉE DES JARDINS, légèrement ondulée, développe sa vaste étendue à l'E. du plateau calcaire de Mostaganem, éloigné de 3 kilom. Les exploitations forment un corps de ferme où les norias favorisent tous les genres de culture. On distingue à droite de la route d'Oran à Mascara, qui parcourt toute la longueur de la vallée, les fermes du kaïd des Frittas, celle de M. Vincent Yvas, la maison de plaisance princière de Sidi Laribi, la ferme de M. Migette qui est du côté du village de Pélissier. A gauche de la route est la ferme de M. Grayard. La population totale de ces fermes, y compris l'effectif d'Aïn Bou Dinar, est de 180 individus, dont 9 Suisses.

V.

COMMUNE DE RIVOLI.

SITUATION. Rivoli est situé à 8 kilom. S. de Mostaganem, à l'extrémité O. de la Vallée des Jardins, sur la route de Mascara.

NOTE HISTORIQUE. Rivoli a été un poste militaire, peuplé par des émigrants parisiens, et constitué en commune par le décret du 31 décembre 1856.

IMPORTANCE POLITIQUE. La population est de 422 individus, dont 41 Espagnols.

ÉTABLISSEMENTS CIVILS. Une Église, des Écoles, une Salle d'Asile, sous la conduite des Dames Trinitaires, sont établies dans des locaux appartenant aux colons. Une fontaine, un abreuvoir, construits sur la place, servent plutôt aux passagers qu'aux habitants, qui ont des puits dans chacun de leur domaine, et ne manquent point de moyens d'irrigation, la nappe d'eau s'étendant à 5 ou 6 mètres de profondeur.

INDUSTRIE, CULTURE. Les céréales, les plantations, le bétail sont en belle voie d'augmentation et de prospérité. Un moulin à manège fonctionne pour les colons de Rivoli et les Arabes du voisinage.

La Commune de Rivoli comprend deux annexes : 1° Aïn Nouissy, 2° La Stidia.

1° **AÏN NOUISSY**, colonie agricole, à 15 kilom. S.-O. de Mostaganem, fondée pour des émigrants parisiens, qui se dégoûtèrent, et furent remplacés par une population laborieuse et entreprenante, qui s'est assuré le bien-être par les céréales et la vente du bétail, que les Arabes viennent chercher en un marché fort bien hanté. Le village est situé au débouché de la route de Mascara, dans la plaine de l'Habra, protégé des vents du N. par des collines couvertes de broussailles. L'eau, qui n'est pas abondante, est amenée par une longue conduite fréquemment réparée. 10,000 figuiers et 17,000 mûriers et arbres fruitiers sont en plein rapport. La population d'Aïn Nouissy est de 205 individus, dans 77 maisons. On est admirablement bien servi à l'hôtel tenu par M. Moiroud, qui conserve précieusement, et montre à tous les voyageurs, la tasse dans laquelle le Général Pélissier prenait habituellement du café, lorsqu'il venait à Aïn Nouissy, à l'époque de la fondation de ce village. Il y a une église.

2° **LA STIDIA**, située à 17 kilom. de Mostaganem, et traversée par la route d'Oran à cette ville, fut fondée par ordonnance du 4 décembre 1846, pour être peuplée, comme Sainte-Léonie (commune de Saint-Cloud), par des émigrants prussiens, qui s'étaient réunis pour se rendre au Brésil. M. Duval (*Manuel descriptif de l'Algérie*) fait une peinture touchante des premiers efforts de ces courageux colons : « Pendant longtemps, dit-il, les familles ont passé les nuits à défricher, pour aller le lendemain vendre le bois à Mostaganem, et acheter les quinze sous de pain qui devaient les faire vivre le jour, et elles recommençaient la nuit suivante, jusqu'à extinction. » Aujourd'hui, ce centre, de 430 habitants, dont 348 Prussiens, est le plus florissant de l'arrondissement de Mostaganem. La culture des céréales est encore la principale industrie, mais les plantations sont vigoureuses et bien entretenues, les cultures industrielles promettent; de riches jardins entourent les maisons. Les enfants y sont nombreux. On fabrique de la sparterie, de la poterie; on distille les figues, les seigles, les caroubes. Chaque colon a un troupeau assez fort. Il fabrique lui-même ses outils, répare ses charrues. — L'industrie a un moulin. — La Stidia est dotée de fontaines, de lavoir, abreuvoir et canaux d'irrigation. — Elle a une église.

DIVISION D'ORAN.

(TERRITOIRE MILITAIRE.)

La Division d'Oran a son chef-lieu dans la ville de ce nom, dont la description a été donnée à la page 498.

Cette Division compte cinq Subdivisions, qui sont : I° ORAN, II° MOSTAGANEM, III° SIDI BEL-ABBÈS, IV° MASCARA, V° TLEMCEN.

I.

SUBDIVISION D'ORAN.

Le territoire militaire de la subdivision d'Oran est habité par 206 individus, dont 71 Espagnols, sous la protection de 206 soldats. Les fermes isolées y sont au nombre de seize, savoir : la ferme d'Arbal, où 23 familles se livrent à la culture; il y a un moulin à vent, une fabrique d'alcool d'asphodèle, boulangerie, brasserie, forge, chaudronnerie, menuiserie et huilerie; — la ferme de Khemis. — de Croze, — de Grotus, — de la veuve Œuf, — d'Aléonard, — d'Ellaou Schkoun, — de la veuve Roux, à Tafaraoui; — les fermes Cassan, Calvet, Bazet, Thérésien, à Mustapha ben Grada. — Les moulins Bonnafosse, Loubet; Dandoy, la ferme Jean Michel.

Aïn Khial, fondé par décret du 22 décembre 1855, sur

la route d'Oran à Tlemcen, pour 68 familles, sur un territoire de 3,135 hectares 95 ares 60 centiares, est à moitié chemin d'Aïn Temouchen à Pont d'Isser. La population est aujourd'hui de 40 individus dans 11 maisons.

Pont d'Isser, centre de population de 60 feux, sur un territoire de 2,100 hect., créé par décret du 12 mai 1858.

Lourmel, fondé par décret du 15 janvier 1856, sur la route d'Oran à Tlemcen, au lieu dit Bou Rchach, pour 70 feux, sur 3,684 hectares, est à 8 kilom. de Bou Tlelis, du côté d'Aïn Temouchen. On y a conduit les eaux d'Amria.

La Subdivision d'Oran, qui ne forme qu'un Cercle, embrasse :

1° L'Aghalik des *Douairs*, comprenant cinq tribus;

2° L'Aghalik des *Zmela*, comprenant deux tribus;

3° L'Aghalik des *Gharaba*, comprenant deux tribus.

ANNEXE D'AIN TEMOUCHEN. — *Aïn Temouchen*, l'ancienne *Timici Colonia* des Romains, était le lieu d'un marché que les Arabes tenaient tous les jeudis, et qui a été maintenu. On y apporte des grains, de la laine. Les Arabes y séjournent au nombre de 139. Un camp est occupé par une garnison de 166 hommes. Les habitants européens, au nombre de 710 individus, dont 240 Espagnols, sont venus se grouper dans cette localité, située sur la route de Tlemcen à Oran, qui est à 70 kilom. S.-O. Sept ou huit camps sont échelonnés sur la partie de route non encore ferrée entre ces deux villes.

Le décret du 26 décembre 1851 reconnaît un territoire de 1,159 hectares 99 ares 60 centiares, pour 228 familles, qui ont une église. La culture des céréales est celle à laquelle les habitants s'adonnent plus spécialement. Les eaux de l'oued Snan et d'Aïn Temouchen, font marcher trois usines à farine, et sont amenées jusqu'à une borne-fontaine qui donne déjà 67 litres à la minute. On construit une belle fontaine sur la place, ombragée d'acacias magnifiques. Le sol a du bois de construction, de la chaux, des pierres, de la terre à briques et à tuiles. Un chef arabe a bâti dans le voisinage une belle maison et un moulin à vent. L'annexe d'Aïn Temouchen forme l'Aghalik du même nom qui comprend deux tribus.

II.

SUBDIVISION DE MOSTAGANEM.

MOSTAGANEM, chef-lieu de la deuxième Subdivision militaire d'Oran, a été décrit à la page 565.

Dans la Subdivision de Mostaganem, sauf l'ancien Parc aux bœufs, nommé *Ferme Rolla*, louée à un colon qui en a fait une porcherie, et les plantations de coton du sieur Graillat, dans la plaine de l'Habra, il n'y a pas de fermes ou d'exploitations isolées proprement dites. La population est cependant de 93 individus, dont 30 Espagnols. Il y a 28 hommes de troupe.

La Subdivision de Mostaganem embrasse deux Cercles : 1° Cercle de Mostaganem, 2° Cercle d'Ammi Moussa.

I. Le **CERCLE DE MOSTAGANEM** circonscrit :

1° L'Aghalik de *Mostaganem*, sous les ordres du Chef du Bureau arabe, comprenant cinq tribus;

2° L'Aghalik des *Medjaher*, comprenant huit tribus;

3° L'Aghalik des *Flita*, comprenant dix-neuf tribus;

4° L'Aghalik de *Mina* et *Chélif*, comprenant dix-neuf tribus.

Un centre de population se forme à *Relizane*, dans la plaine de la Mina, sur un territoire de 4,000 hectares, depuis le 24 janvier 1857.

II. **CERCLE D'AMMI MOUSSA**. — AMMI MOUSSA est un poste-magasin, qui a une garnison de 239 hommes, et une population de 50 individus civils. Il y a aussi 26 Arabes. Il est situé dans le pays des Beni Ouragh, dans la vallée de l'oued Riou, et forme, avec Orléansville, la base d'un triangle dont le sommet est à Sidi bel-Hacel, du côté de l'O. Il y a dans le voisinage une forêt d'oliviers sauvages, sur les bords de l'oued Tlélat. La résine, la thérébentine, le goudron, et le bois de construction sont également à portée. On trouve sur les lieux mêmes la pierre à bâtir, la pierre de taille, la chaux, le plâtre, et le sable.

Le Cercle d'Ammi Moussa circonscrit :

1° L'Aghalik des *Beni Ouragh*, comprenant dix-sept tribus ;

2° L'Aghalik des *Beni Meslem*, comprenant quatre tribus.

III.

SUBDIVISION DE SIDI BEL-ABBÈS.

SIDI BEL-ABBÈS, chef-lieu de la troisième Subdivision militaire d'Oran, a été décrit à la page 545.

Plusieurs centres de population prennent de l'accroissement dans ce territoire militaire.

Muley Abd el-Kader compte 140 habitants, dont 37 Espagnols, dans 41 maisons.

Sidi Khaled, 107 habitants, dont 54 Espagnols, dans 48 maisons.

Les Trembles, 80 habitants, dont 11 Espagnols, dans 20 maisons. C'est une station de voyageurs sur la route de Sidi Bel-Abbès au Tlélat. Un beau pont a été jeté sur la Mekera.

Sidi Amadouch est en voie de peuplement.

Dans la Subdivision, les fermes détachées sont au nombre de trente.

Le Bureau arabe administre directement la tribu qui séjourne à Amarna. Il a encore sous sa direction :

1° L'Aghalik des *Beni Amer Cheraga*, comprenant neuf tribus ;

2° L'Aghalik des *Tribus sahariennes*, comprenant cinq tribus.

Le décret du 30 janvier 1858, a créé sur la route actuelle de Sidi Bel-Abbès, à Daya, au lieu dit *Ténira*, un centre de population de 40 feux, sur un territoire de 2.758 hectares 40 ares 40 centiares.

ANNEXE DE DAYA. Ce poste est à 71 kilom. de Sidi Bel-Abbès, et à pareille distance de Tlemcen, à l'entrée des Hauts-Plateaux entre Sebdou et Saïda. Il a été occupé le 24 avril 1845, et offre tous les matériaux de construction à l'état primitif. Il est entouré d'un mur à créneaux et contient des baraques couvertes en tuiles, pour la garnison qui est de 203 hommes. La population civile, qui ne se compose que de cantiniers, est de 51 individus, dont une veuve. Quatre tribus sont comprises dans l'annexe de Daya.

IV.

SUBDIVISION DE MASCARA.

MASCARA, chef-lieu de la quatrième Subdivision militaire d'Oran, a été décrite à la page 525.

Un centre de population européenne qui tend à prendre de l'importance auprès de Mascara, est l'*Oued el-Hammam*, fondé par décret du 10 novembre 1851, à 20 kil. N.-O. de Mascara, sur la route d'Oran, pour 54 feux, sur un territoire de 700 hectares, auprès d'un pont sur pilotis, qui a été emporté durant l'hiver de 1856 à 1857, par la crue de la rivière se nommant l'Habra à vingt-quatre kilomètres plus bas. C'est au mois de mars 1854 que remonte la véritable création de ce centre, qui s'est composé de 167 émigrants, en grande partie sans ressources. 400 hectares ont été ensemencés en céréales. 2,000 arbres ont été plantés, des boutures de saules ont été placées sur les bords de la rivière, dont les eaux sont contenues par un barrage en libage, à 15 kilom. en amont du village. Un canal d'irrigation a été creusé, aussi bien qu'un puits sur l'emplacement d'un marché assidument fréquenté par les indigènes, tous les mercredis, sous les murs du village, qui est défendu par des travaux d'enceinte. On y trouve un four banal, et un relai de diligences. La population est de 187 individus, dont 102 Allemands et 11 Espagnols. Il y a une brigade de gendarmerie.

Dans la plaine de l'Habra, le long de la rivière, 60 colons français et espagnols se sont installés dans des gourbis, et font de grandes cultures de tabac et de coton. Le sieur Bourdeyron, se livre à la culture des céréales dans les terres de Tekedempt, et le sieur Ferrugive exploite un moulin à farine au même lieu. Sur l'Aïn ben Soltan, M. Bonfleur a aussi un moulin à farine. M. Allène exploite une ferme sur la route de Daya, et a construit, sur l'oued Saïda, une scierie pour les bois de construction.

D'anciens villages arabes méritent ici une mention particulière :

Benyaklef, remarquable par ses immenses jardins, enveloppés de haies de cactus, et remplis d'arbres fruitiers, est situé à 5 kilom. E. de Mascara, sur la route de Tiaret. M. Cartey a construit un moulin pour utiliser une chute d'eau, qui lui a été concédée en cet endroit.

Kacherou, à 20 kilom. S.-E. de Mascara, sur la route de Frenda, est le lieu où les Arabes viennent vénérer le tombeau du marabout Si Mahi ed-Din, père de l'ex-émir Abd el-Kader. Un beau bois d'oliviers y répand son ombrage. Un caravansérail pour les voyageurs se trouve dans le voisinage.

El-Hammam Hanefia, à 24 kilom. O. de Mascara, sur la route de Sidi Bel-Abbès, a des sources thermales où viennent les malades, qui y trouvent un caravansérail.

La subdivision de Mascara embrasse trois Cercles : 1° le Cercle de Mascara, 2° de Tiaret, 3° de Saïda.

1. **CERCLE DE MASCARA**. Le commandant supérieur administre directement la tribu d'Atha Djemala.

Le Cercle de Mascara circonscrit encore :

1° L'Aghalik des *Beni Choughran*, comprenant six tribus;

2° L'Aghalik d'*El-Bordj*, comprenant neuf tribus.

El-Bordj est un village arabe, situé à 24 kilom. N.-E. de Mascara, sur la route carrossable de Mostaganem. On y trouve un vaste enclos de murs en terre, ou pisé, dans lequel se réfugiaient les troupeaux et les populations pendant la guerre.

Kalâa, petite ville arabe située à 10 kilom. plus loin que El-Bordj, dans un pays extrêmement montagneux. Il est difficile de trouver quelque chose de plus sauvage que sa position, et un terrain plus escarpé pour y asseoir des habitations. Cette petite ville est renommée par la fabrication des tapis arabes qui portent son nom, et qui font vivre presque exclusivement sa population.

3° L'Aghalik des *Hachem Cheraga*, comprenant quatre tribus;

4° L'Aghalik des *Hachem Gharaba*, comprenant sept tribus;

5° L'Aghalik des *Sdama*, comprenant dix tribus;

6° Le Khalifalik des *Oulad Sidi Cheikh*, comprenant vingt-cinq tribus;

7° L'Aghalik de *Ouargla*, comprenant treize tribus.

Ouargla, à 31°45' de latitude N. et 1°05' de longitude E., est au milieu d'une oasis, forêt de palmiers, de 6 kilom. carrés. C'est la ville la plus australe de l'Algérie; elle est située à 700 kilom. au S. d'Alger. C'est une des plus anciennes et des plus célèbres cités de l'Afrique septentrionale. Léon l'Africain la nomme Gouargala. M. Berbrugger est le premier voyageur qui y soit pénétré, en 1852. Il nous apprend que l'oasis, entourée d'un désert plein d'efflorescences salines, que traverse l'oued Mïa, ouvre, au N., une allée d'un quart de lieue, pour mener à la ville, sorte de quadrilatère qui s'allonge du N. au S. Il y a sept portes à l'enceinte, formée d'une muraille de 2 mètres de hauteur, défendue d'un large fossé plein d'eau, qu'un étroit chemin de ronde sépare des palmiers environnants. De petits ponceaux agrestes donnent passage pour entrer dans la ville, où habitent trois tribus : les Beni Ouaggin, les Beni Sissin et les Beni Brahim, souvent en querelles sanglantes les unes contre les autres. La Casba, attenant à un jardin intérieur, et à une plate-forme, espèce d'avant-scène où le Chérif venait se donner en spectacle à la population, est en ruines. Il y a une petite mosquée dans cette citadelle, et deux autres dans la ville, dont l'une a un minaret de trente pieds d'élévation. La population est de 12 à 15,000 âmes. Elle a été du double, au temps de la *gloire sans pareille* du pays. Des puits artésiens arrosent l'oasis, où la température, en février, monte à 33°, à l'ombre.

A 120 kilom. au N.-O. de Ouargla, se trouve la ville de *Guerara*, qui fait partie du Mzab, région orientale. A 3 k. O. de cette ville, sur une colline isolée, où sont les ruines d'un village nommé Ksir el-Hameur (le petit château rouge) on rencontre les restes d'une petite tour romaine

II. **CERCLE DE TIARET.** — TIARET est situé à 124 kil. E. de Mascara, sur la ligne de crête du Tell, à proximité des Hauts-Plateaux, et à 12 kil. S.-O. de Tekedempt, aujourd'hui en ruines, où Abd el-Kader avait établi ses arsenaux, sa fonderie, sa monnaie, ses magasins de provisions de guerre et de bouche. Tekedempt était une ancienne et opulente ville, abandonnée depuis un siècle par les Arabes, lorsque toute cette animation industrielle et guerrière y fut apportée en 1838, entre deux forts bâtis par l'Emir. Tout a été détruit en avril 1843, et Tiaret a été fondé. Une enceinte bastionnée, suivant le système de Vauban, s'ouvre par trois portes : la principale est celle de Mascara, au N., qui donne entrée dans la Grande-Rue, traversant le quartier civil, autrement dit le village, et aboutissant à la porte du

Sud, qui est en face de la première, et donne accès dans le quartier militaire, dit le Fort, où sont tous les établissements militaires. On y trouve deux Casernes d'infanterie, un Quartier de cavalerie, les Magasins, l'Hôpital, la Chapelle, dans une des salles de cet édifice; un Cercle pour les Officiers. — La garnison est de 500 hommes; la population, de 589 Européens, dont 96 Espagnols. Il y a, aux entours, 389 Arabes. Le marché, qui se tient sous les murs de la ville, tous les lundis, attire quelquefois 10,000 Indigènes, qui commercent sur les céréales, les laines, les moutons, les chevaux, fort estimés dans ce canton, et sur les objets d'usage un peu luxueux dans la vie arabe : tapis, bijouterie, plumes d'autruche, cuirs tannés. Un fondouck, composé de 24 magasins, offre un asile aux produits que l'on apporte des tribus. Il y a un caravansérail pour les Juifs et un bain maure. Une fontaine abondante coule dans le bastion Ouest. Une pépinière a été fondée; le Génie militaire a planté 70,000 arbres et effectué des semis considérables de noyers et de châtaigniers, qui ont bien réussi. Les plantations privées comptent déjà 8,000 arbres fruitiers et forestiers dans la banlieue; 4,500 dans la smala des Spahis, et 600 dans la ferme de Tekedempt. Un territoire de 4,517 hectares est cultivé en céréales. Au S., 34 fermes les exploitent. 22 hectares de vignes sont en rapport. Un moulin à vent, trois moulins à eau, et une distillerie pour le sorgho, sont les usines de la localité.

Le village de Sidi Khaled, au S.-E. du mamelon de ce nom, compte déjà une quarantaine de maisons.

Le Cercle de Tiaret embrasse :

1° L'Aghalik de *Tiaret*, comprenant vingt-sept tribus.

2° L'Aghalik du *Djebel Ahmour*, comprenant huit tribus.

L'agha Eddin ben Yahia a exécuté de nombreuses plantations dans le Djebel Ahmour. Elles comprennent aujourd'hui 6,300 sujets, en orangers, citronniers, bananiers, arbres fruitiers européens de toute espèce, platanes, pruniers, acacias, vignes, etc.

Les Ouled Khelif, qui habitent l'E. du Cercle, tribus naguères vagabondes, ont exécuté, à l'oued Susselem, des barrages qui assurent le fruit de leurs labours. Trois groupes de puits ont été creusés par eux sur la ligne qui mène au Djebel Ahmour; ils sont entourés d'ombrages qu'ils entretiennent avec soin.

III. **CERCLE DE SAIDA**. — SAIDA est à 80 kilom. S. de Mascara, dans la tribu des Beni Yakoub. C'est une ancienne ville peu considérable, dont Abd el-Kader fit relever les murs d'enceinte. Son beau-frère, Hadj Mustapha ben Tamy, khalifa de Mascara, y faisait son séjour. Occupée par nos armes, le 27 mars 1844, Saïda a été ruinée. Au mois de mars 1854, on y fonda un poste militaire. On a créé, auprès, un centre de population, sur un territoire de 650 hectares; les habitants, presque tous anciens militaires ou cultivateurs venus de France, sont au nombre de 256, dont 50 Espagnols. Il y a 197 Arabes. Les céréales forment la base des cultures. La pomme de terre et la vigne y réussissent très-bien. Le marché du lundi est fréquenté par 2 ou 300 Arabes, qui apportent des laines et viennent vendre des moutons et des chevaux.

Les travaux de défense consistent en un ouvrage à cornes, où sont établis un Hôpital de 80 lits, des Magasins et une Caserne, dans des baraques. Le Pavillon des Officiers, contenant seize chambres, est terminé. La garnison est de 147 hommes et 50 chevaux.

Les plantations publiques, faites et entretenues par le Génie, dans la redoute et au-dehors, se composent de près de 3,000 arbres de haute futaie. Les particuliers ont de nombreuses plantations, qui réussissent très-bien. Un conduit souterrain, en maçonnerie, de 800 mètres, alimente une fontaine à quatre jets. L'excédant de cette source fait mouvoir une scierie et deux moulins à farine, et sert à l'irrigation des jardins. On a construit sur l'oued Saïda, qui coule à 200 mètres de la place, un barrage et des canaux nombreux, qui ajoutent aux éléments d'agriculture. Le pays environnant est fort beau et bien boisé. Il n'est pas rare d'y rencontrer des lions. On trouve des carrières de marbre, veiné en jaune, avec lesquels on peut faire de jolis travaux d'ornementation.

Le Cercle de Saïda circonscrit :

L'Aghalik de la *Yakoubia*, comprenant dix-sept tribus.

Géryville, est un poste situé à 70 lieues au S. de Saïda, dans un endroit appelé en arabe *El-Abiod*. C'est un de nos points les plus avancés dans le Sud. Les tribus qui en dépendent, insoumises avant la prise de Laghouat, étaient toujours prêtes, au moindre prétexte, à profiter de leur mobilité pour s'enfoncer dans le Sahara, et venir, de là, inquiéter le Tell.

Géryville a été fondée à la fin de 1852. C'est aujourd'hui le chef-lieu d'un petit cercle concentrique où commande un officier de Bureau arabe. Ce point d'occupation consiste en un petit fort, de construction très-régulière, avec quatre bastionnets aux angles; casernes et bâtiments militaires dans l'intérieur. Sous sa protection se trouve un ouvrage en terre, qui sert de lieu de campement aux troupes de passage, aux caravanes et convois.

Les deux tribus des Oulad Ziad Gharaba et des Oulad Ziad Cheraga, sont dans la juridiction militaire de Géryville.

On a construit un caravansérail à Aïn-Sfisiffa. Le forage d'un puits a été entrepris dans le lit de l'oued El-Maï, sur la rive N. du Chott, où s'élève un autre caravansérail. Des recherches d'eau, dans l'oued Thouil et sur le plateau voisin de Kadra, ont pourvu aux besoins des voyageurs. A Kheneg-Azir, notre première étape sur la route qui mène à Mascara, un puits a succédé à des mares bourbeuses. Là s'élève un bon abri pour les hommes et les chevaux. Un barrage, construit en 1857, sur l'oued Zergoun, amène l'eau des crues dans le bas-fond fertile du Ksar de Tedjeraoua.

VI.

SUBDIVISION DE TLEMCEN.

TLEMCEN, chef-lieu de la Subdivision a été décrit à la page 552.

L'autorité militaire a toléré, entre Tlemcen et Aïn-Temouchen, pour les haltes et les ravitaillements, la construction d'auberges, où les voyageurs trouvent des abris. A quelques centaines de mètres de ces auberges, en descendant l'Isser, et sur ses bords, est établi une minoterie d'assez grande importance. A Aïn Tekbalet, autre auberge près de l'Isser, et à 24 kilom. au N. de Tlemcen, le sieur Flokner exploite une belle concession. A l'extrémité de la vaste plaine des Ouled Mimoun, M. Guignard a construit un moulin dans une concession moins étendue, où il cultive les plantes industrielles; sur la route de Sidi Bel-Abbès, un caravansérail est ouvert à Mechera K'teb, un autre à la Tafna (Mechera Gueddora), sur la route de Lalla Maghrnia. La population est de 77 individus sur ces divers points; on y voit parmi 24 Espagnols.

La Subdivision de Tlemcen embrasse quatre Cercles : 1o Cercle de Tlemcen, 2o Nemours, 3o Lalla Maghrnia, 4o Sebdou.

Io **CERCLE DE TLEMCEN**. Ce Cercle circonscrit :

1° L'Aghalik des *Oulad Riah*, comprenant dix tribus;

2° Les Kaïdats des *Trara Cheraga*, comprenant six tribus;

3° Le Kaïdat des *Oulhassa*, comprenant deux tribus;

4° Le Kaïdat des *Beni Ouazzan*;

5° L'Aghalik des *Ghossel*, comprenant huit tribus;

6° Les Kaïdats du *Djebel*, comprenant sept tribus.

IIo **CERCLE DE NEMOURS**. — NEMOURS, situé à 62 kilom. N.-O. de Tlemcen, à 34 kilom. E. de la frontière du Maroc, par 4o 30′ de longitude O., et par 35o 10′ de latitude N. sur la côte septentrionale de l'Afrique, est l'ancienne *Gypsaria*, nommée Djema Ghazaouat par les Arabes, c'est-à-dire *la Mosquée des Pirates*, à cause d'un édifice religieux qui s'élève à mi-côte du rocher de Tount, au S.-E., où est actuellement un phare.

Au moment de l'expédition contre le Maroc, le poste de Djema Ghazaouat a été occupé (1er septembre 1844). Son mouillage, quoiqu'assez médiocre, est cependant très-accessible aux navires dans la belle saison, et, sous ce rapport, il a été extrêmement utile pour le ravitaillement de l'armée qui opérait du côté d'Ouchda. Abd el-Kader, à la suite de notre expédition dans le Dahra, et pour exploiter les ressentiments soulevés par l'exécution militaire dont les célèbres grottes de ce canton avaient été le théâtre, apparut dans la tribu des Souahlia. Il attira, le 22 septembre 1845, le colonel Montagnac et 350 chasseurs d'Orléans, suivis de 60 hussards, dans une embuscade, à 5 kilomètres à l'E. du marabout de Sidi Brahim, situé au S.-O. de Djema Ghazaouat, et à 12 kilom. de ce dernier point. Nos soldats furent presque tous victimes de l'entraînement d'un courage malheureux. Quelques-uns se défendirent trois jours héroïquement dans le marabout de Sidi Brahim. Quatorze seulement revinrent à Djema Ghazaouat, après avoir lutté contre une immense affluence d'ennemis. L'ordonnance royale du 24 décembre 1846 a changé le nom arabe de la ville dont nous nous occupons, en celui de Nemours, et a délimité son territoire à 11 hectares 75 centiares.

La ville est enfermée dans une simple chemise bastionnée, de 50 centimètres d'épaisseur, qui couronne les crêtes, rejoint la mer par les extrémités E. et O., et qui s'ouvre par deux portes : la porte de Nedroma et celle du Tount à l'E. Elle est resserrée entre la mer au N., et des rochers auxquels elle s'adosse au S.; à l'E. s'élève la montagne de Tount, dont un torrent lave le pied au temps des pluies, et à l'O. se creuse le ravin où coule l'oued El-Mersa, nommé aussi oued ben Tekhi. La garnison, qui est de 349 hommes, infanterie et cavalerie, aussi bien que l'ambulance, trouvent abri dans des baraques. La chaleur est excessive dans ces murs de planches. L'église, elle-même, est établie dans une baraque. La population civile, qui est de 728 habitants, dont 304 Espagnols et 64 Italiens, se compose de négociants, presque tous Français, qui ont élevé 73 jolies maisons, et de cultivateurs qui habitent leurs jardins. 217 Arabes travaillent aussi, avec ardeur, le sol profondément haché par des ravins fertiles en jardinages et en arbres fruitiers très-variés. Un aqueduc prend les eaux à 1 kilom. de la ville, où des canaux les distribuent aux fontaines, lavoirs, abreuvoirs, construits tant à l'intérieur qu'à l'extérieur, et entourés de saules et de peupliers. La route qui va à la Pépinière, située à 2 kilom., dans un ravin pittoresque, qui s'évase vers la mer, est aussi bordée d'une double rangée d'arbres. Nemours présente une anse très-ouverte, battue en plein par tous les vents dangereux. On peut mouiller à l'O. d'un rocher taillé à pic, du côté du large, à 2 kilom. S.-O. du cap Hone, mais ce ne peut être que provisoirement et avec des vents de la partie E. Il y a un débarcadère en bois. Le commerce a lieu sur un marché qui se tient chaque jour près de la porte du Sud, à l'extérieur. Les Indigènes, et les gens du Maroc, surtout, y apportent de grandes quantités de blé et d'orge, de miel, de cire, d'œufs, de volaille; aussi la vie matérielle n'y est-elle pas chère. L'hôtel *des Voyageurs* et l'hôtel *de France*, prennent en pension. Le café *Paulmiès*, et le café *Corrieux* dans une des plus jolies maisons, offrent aux habitants quelque distraction. Les officiers ont aussi un Cercle où ils admettent les civils.

Les chevaux et les mulets se prêtent aux excursions à travers les collines sablonneuses, coupées de petits vallons étroits et verdoyants, qui sillonnent les environs. Nemours a une route carrossable vers Lalla Maghrnia, et une route muletière sur Tlemcen.

A 8 et 12 kilom. de Nemours, on rencontre des plateaux d'une lieue d'étendue, propres à la grande culture. A 16 k. au S.-O., s'élève la vieille ville de *Nedroma*, que le docteur Shaw croit être l'*Urbara* de Ptolémée, et d'autres l'ancienne *Kalama*. Elle s'est rapprochée des montagnes, dont elle était jadis à 2 kilom., et couvre aujourd'hui le pied du Djebel Filhoucen, non loin du col dit *Bab Taza*, en vue de la mer. Un muraille très-haute la fortifie, et une végétation riche et abondante l'entoure. Chaque jeudi, les bouchers de toute la province viennent s'approvisionner au grand marché, rendez-vous des Marocains et des Beni Snassen. Les tissus et les poteries de la localité sont des objets de commerce recherchés par les Indigènes.

Dans le Cercle de Nemours, on remarque l'exploitation agricole de M. Droveton, où l'on trouve un moulin à manége, et une vaste citerne. La petite ferme de M. Corvillon a trois puits, une noria et une grande quantité d'arbres fruitiers.

Le Cercle de Nemours circonscrit :

1° Les *Trara*, comprenant cinq tribus ;

2° Les *Djebala*, comprenant quatre tribus;

3° Les *Achache;*

4° Les *Souahlia*, comprenant six tribus;

5° Les *Msirda*, comprenant quatre tribus.

III. **CERCLE DE LALLA MAGHRNIA.** — LALLA MAGHRNIA, à 52 kilom. O. de Tlemcen, à peu de distance de la frontière du Maroc, et en face de la petite ville d'Ouchda, a été fondée en 1844, sur l'emplacement d'un vieux camp romain, dont on a retrouvé des pierres portant le nom de *Sour*. Ce camp où l'on entrait par quatre portes, avait une étendue de 400 mètres sur

420 mètres, entourée d'un fossé profond et flanqué de tours carrées. La légende arabe d'une femme riche et vertueuse qui habitait ce canton, y perpétua son nom, Lalla Maghrnia. Afin de mettre ce poste en état de résister à l'artillerie des Marocains, en cas de guerre, on a composé le retranchement d'un parapet en terre, précédé d'un fossé avec escarpe en maçonnerie et ayant, en arrière, une ceinture crénelée, abritée des vues du dehors et formant réduit. On a construit, en terre, l'enceinte bastionnée du fort, proprement dit, ainsi que celle du camp inférieur, avec front bastionné sur l'oued Ouerdesou. Il y a dans l'intérieur du réduit deux casernes pour 280 hommes; deux Pavillons pour 10 officiers; un Hôpital-ambulance pour 80 malades; deux écuries couvertes en tuiles; une manutention avec deux fours et des magasins de subsistances. La garnison est de 306 hommes. On a installé deux fours à chaux, un four à briques, et un local pour les ateliers du Génie. 2,000 arbres : mûriers, peupliers, acacias, ont été plantés, tant à l'intérieur qu'à l'extérieur de la redoute. Les colons, dont les maisons se sont élevées auprès du fort, ont quelques arbres fruitiers. La Pépinière est abondamment pourvue d'essences forestières. Une noria a été construite, et des forages entrepris, dans le camp inférieur, ont donné de l'eau à 11 mètres de profondeur. L'oued Erdefou contourne la redoute de l'E. à

l'O., passant par le S. Le Génie, qui en a construit la canalisation, a ménagé une prise d'eau. La population civile est de 132 individus. Les Arabes forment un effectif de 415 cultivateurs, répandus aux environs. Chaque dimanche ils tiennent un marché, où les chevaux et le bétail sont vendus avec avantage. Les colons ont fait réussir les porcs, et n'ont guère étendu leurs cultures

Le Cercle de Lalla Maghrnia comprend cinq tribus.

IV. **CERCLE DE SEBDOU.** — SEBDOU, à 36 kilom. au S. de Tlemcen, à 1,200 mètres d'altitude, tout près de la limite des Hauts-Plateaux, forme un poste qui a été occupé en 1844. Il se trouve sur l'emplacement de l'ancienne Atoa et d'un fort d'Abd el-Kader, qui a été agrandi. L'enceinte du nouveau fort est bastionnée, se compose d'un mur crénelé de 4 mètres de hauteur, et est précédée d'un fossé. Elle renferme deux casernes, contenant ensemble 310 hommes; le magasin des subsistances, au rez-de-chaussée; et un Pavillon pour 20 officiers, au-dessus. On y voit aussi un Hôpital-ambulance pour 70 malades, et un Magasin à poudre. La garnison est de 327 hommes. En dehors du camp est une avancée, protégée d'un retranchement terrassé sur le front E. Il y a là une écurie pour 75 chevaux. Le long de la courtine N.

est le Parc aux bœufs, l'Abattoir, les ateliers du Génie et la noria qui élève, dans le camp, les eaux des sources coulant au N., lesquelles sont réunies et amenées par un canal souterrain. Non loin du camp, on a construit deux fours à chaux, et un pour les tuiles. Les matières premières pour les confections ne manquent pas, non plus que le bois de chauffage. Une forêt de chênes-blancs, sur le chemin de Tlemcen, fournit abondamment aussi des matériaux de construction. On a déblayé quatorze silos qui peuvent contenir chacun 200 quintaux de grains. Il existe deux usines à farine. La population est de 180 individus, dont 117 Espagnols.

Le Cercle de Sebdou circonscrit :

1° L'Aghalik du *Djebel du Sud*, comprenant les Beni Snous, en six fractions, et deux autres tribus. L'agha Sidi ben Abdallah avait obtenu, dans ce canton, une importante concession couverte d'oliviers où il avait pris charge de construire un moulin à huile;

2° L'Aghalik des *Hamian Gharaba*, comprenant quatorze tribus;

3° Les *Ksour*, comprenant six tribus;

4° Les Kaïdats des *Amours*, comprenant huit tribus.

FIN DE LA PROVINCE D'ORAN.

Au point où nous arrêtons le cours de ces descriptions, après les avoir fait passer sous les yeux de nos lecteurs comme autant d'épreuves photographiques, qu'il nous soit permis d'exprimer toute notre admiration devant tant d'efforts tentés, tant de travaux accomplis en ce pays. Quelle nation eut jamais à coloniser une région plus vaste en aussi peu de temps, une contrée d'un plus difficile accès, et a fait autant de choses, en de certains moments, avec aussi peu de moyens! Que l'expérience du passé nous pénètre d'une douce espérance. Le bonheur sourira pour tous les habitants de notre belle conquête; la crise sociale d'où sortent les Indigènes, n'aura eu qu'un temps, pareille à celles qu'éprouve l'homme aux époques climatériques de son existence physique. — Que l'Algérie toute entière prenne donc confiance en face de son beau ciel, qui lui sera toujours fidèle, en présence des intelligences généreuses qui travaillent à sa prospérité! Puisse-t-elle s'épanouir bientôt sous les yeux de celui dont la bouche auguste a daigné dire : *l'Algérie qui dans des mains habiles, voit ses cultures et son commerce s'étendre de jour en jour, mérite de fixer particulièrement nos regards.* (Discours d'ouverture du Corps législatif, 16 février 1857.)

TABLE ALPHABÉTIQUE

DE TOUS LES POINTS D'OCCUPATION DE L'ALGÉRIE

DÉCRITS DANS L'INDICATEUR.

FIN.

www.ingramcontent.com/pod-product-compliance
Lightning Source LLC
Chambersburg PA
CBHW071931240426
43668CB00038B/1088

* 9 7 8 2 0 1 2 5 5 6 6 4 5 *